U0893154

本书编辑组

主　编　邓金松

副主编　孙　瑛

编　辑　姜卫东　杨沫江

浙江脱贫攻坚
—— 口述史 ——

中共浙江省委党史和文献研究室　编著

当代中国出版社
Contemporary China Publishing House

图书在版编目（CIP）数据

浙江脱贫攻坚口述史 / 中共浙江省委党史和文献研究室编著. -- 北京 : 当代中国出版社, 2025. 1.
ISBN 978-7-5154-1473-7

Ⅰ. F127.55

中国国家版本馆 CIP 数据核字第 20249ZP291 号

出 版 人　蔡继辉
责任编辑　乔镜蜚
责任校对　贾云华　康　莹
印刷监制　刘艳平
封面设计　宋　涛　鲁　娟
出版发行　当代中国出版社
地　　址　北京市地安门西大街旌勇里 8 号
网　　址　http://www.ddzg.net
邮政编码　100009
编 辑 部　（010）66572744
市 场 部　（010）66572281　66572157
印　　刷　浙江国广彩印有限公司
开　　本　710 毫米 × 1000 毫米　1/16
印　　张　28.75 印张　2 插页　411 千字
版　　次　2025 年 1 月第 1 版
印　　次　2025 年 1 月第 1 次印刷
定　　价　128.00 元

版权所有，翻版必究；如有印装质量问题，请拨打（010）66572159 联系出版部调换。

坚持守正创新、勇立潮头，走出一条具有中国特色浙江特点的反贫之路

——改革开放以来浙江扶贫开发历程

（代序）

浙江山多田少、人多地少，千百年来，浙江人民一直对小康怀有割舍不断的情愫，祖祖辈辈为过上幸福美好生活劳苦奋斗。改革开放以来，浙江全面贯彻党中央重大战略方针，着力求实创新、推进发展，持续加大扶贫开发力度，推动浙江人民早日奔小康。特别是21世纪初习近平同志在浙江工作期间，为浙江解决贫困问题号诊把脉、谋篇布局，探索实践浙江扶贫开发新思路、新路径，极大地消解了浙江的贫困现象。历届省委、省政府沿着习近平同志所指引的路子，坚持一张蓝图绘到底，一任接着一任干，在全国率先实现了从解决农村整体性贫困到解决绝对贫困再到解决相对贫困的迭代跃迁，从建设总体小康到全面建设小康社会再到高水平全面建成小康社会的梯次跨越，走出了一条具有中国特色浙江特点的脱贫攻坚之路。

一、推动农村发展，率先消除区域性绝对贫困（1978—2002）

农村贫困是长期以来浙江贫困状况的主要特征。改革开放以来，历届省委、省政府坚决贯彻党中央重大决策部署，大力推进农村改革，提高农民发展生产的积极性和主动性，搞活农村经济，同时不断调整扶贫目标，根据目标要求适时转变扶贫方式，突出扶贫重点，取得很好的扶

贫效果，在较短时间内就解决了区域性贫困问题。到 21 世纪初，浙江扶贫开发已取得历史性成就，成为扶贫开发工作的样板省份。

1. 推进农村改革，减缓农村整体贫困。

新中国成立以来，由于受到城乡二元结构体制等因素影响，农村长期处于基础设施落后、人口众多、生产不发达状态。党的十一届三中全会后，党中央决定在农村实行以家庭联产承包责任制为中心内容的农村改革，彻底改善农村的生产关系。省委、省政府积极贯彻党中央重大部署，在浙江农村全面推行家庭联产承包责任制，实行政社分设，恢复乡村组织，发展社队企业，调整农副产品收购政策。巨大的改革红利、政策红利和发展红利席卷浙江农村。农业生产全面恢复，农村活力迅速激发，社队企业茁壮成长，农村市场蓬勃发展。至 1985 年，浙江农村居民年人均纯收入从 1978 年的 165 元增至 549 元，农村贫困人口从 1200 万人减至 500 万人，农村贫困发生率从 36.1% 降至 15.2%。

2. 实行开发式扶贫，消除贫困县。

随着改革开放的不断推进，浙江沿海和平原市县经济增长较快，农村贫困面逐渐缩小，但地理位置偏、资源禀赋少、交通条件差的浙西南山区发展相对缓慢。1986 年，党中央实施有计划、有组织、大规模的开发式扶贫战略。根据党中央部署，省委、省政府制定了《贫困地区经济开发计划（1986—1993）》，实行包括工业贷款切块安排、农业税减免、大专院校委托代培、发达县挂钩支持等在内的差异化扶贫举措，推动浙西南山区等贫困地区加快发展。1994 年，国务院制订“八七扶贫攻坚计划”，力争用 7 年时间解决全国 8000 万贫困人口的温饱问题。省委、省政府坚决落实“八七扶贫攻坚计划”，持续深化农业开发，探索下山脱贫，促进创业就业。至 1997 年，浙江提前 3 年完成了“八七扶贫攻坚计划”，成为第一个没有国家级贫困县的省份。

3. 突出重点扶贫，消除贫困乡镇

解决了县域贫困，并不等于消灭了贫困现象。在生产生活条件恶劣的山区、海岛，浙江还有许多贫困乡、贫困村。为推动贫困乡镇尽早脱贫，从 2000 年开始，省委、省政府启动“百乡扶贫攻坚计划”，以

1999年农村居民年人均纯收入1500元以下的101个乡镇为重点，由省财政安排专项资金帮助发展效益农业、建设交通设施、组织下山脱贫及科技培训等，扶持贫困户脱贫致富，助力贫困乡镇加快发展。至2002年，101个贫困乡镇农村居民年人均纯收入达1922元，年人均纯收入1000元以下的贫困人口减至3.7万人，贫困乡镇如期实现脱贫目标。为推动山区海岛地区与沿海和平原地区发达县（市、区）均衡发展。2001年8月，省委、省政府出台《关于加快欠发达地区经济社会发展的若干意见》，把丽水、衢州所属各县（市）及淳安、泰顺、文成、永嘉、苍南、磐安、武义、三门、仙居、天台等县确定为25个欠发达县，加大对欠发达县的扶持力度，以其达到或高于全省平均增长速度。浙江扶贫开发方式由解决区域性绝对贫困向解决区域性相对贫困的转变，开启了省域层面扶贫开发工作的新实践。

二、坚持守正创新，推动扶贫开发向纵深发展（2003—2011）

区域性绝对贫困比较容易解决，但要解决区域性相对贫困却面临着诸多瓶颈，比如城乡二元结构问题、区域发展不平衡、工农差距问题等。21世纪初，习近平同志从福建调至浙江工作。他长期从事扶贫工作，对贫苦群众怀有深厚感情，对扶贫开发作过深邃思考。在习近平同志主持下，省委、省政府着力加强区域合作，推进城乡一体化，加快下山脱贫，建立健全社会保障体系，在解决区域差别、城乡差别和工农差别上迈出实质性步伐。浙江扶贫开发工作局面焕然一新，区域经济发展差距稳步缩小，贫困人口进一步减少，经济社会发展更趋健康协调。扶贫开发工作的“浙江样本”呼之欲出。

1. 把欠发达地区培育成浙江经济“新的增长点”，推动欠发达地区实现跨越式发展。

21世纪初，省委、省政府把解决区域发展不平衡问题作为重要工作。2002年12月，习近平同志在省委十一届二次全会上首次提出，要使欠发达地区的经济发展成为浙江“新的增长点”。2003 年 7 月，省委十一届四次全会将欠发达地区经济发展作为浙江“新的增长点”上升为“发挥八个优势、推进八项举措”（后简称“八八战略”）的重要组成部分。让欠发达地区成为“新的增长点”，突破了西方发展理论的“贫困锁定”，是中国特色社会主义扶贫开发理论的重要创新，具有很高的“含金量”。省委、省政府给“新的增长点”设定衡量指标，在 2005 年 12 月发布的《关于推进欠发达地区加快发展的若干意见》中明确要求，“十一五”期间欠发达地区要在人均 GDP 、城镇居民人均可支配收入和农村居民人均纯收入 3 个增长速度上达到全省平均水平。《意见》还将平阳县也纳入欠发达县，从而使欠发达县增加到 26 个。要使欠发达地区成为浙江经济“新的增长点”，就必须探索一条欠发达地区的发展新路子。

在习近平同志主持下，省委、省政府坚守区域合作扶贫开发思路，持续实施“山海协作”工程。通过分工合作、产业转移、劳动力流动，“山海协作”工程既为发达地区优化了经济结构，缓解了生产要素约束，也为欠发达地区输入资本和产业，增强了“造血”能力，从而使经济增长具有更加广阔的发展空间和更加持久的推动力量。从 2003 年开始，实施“欠发达乡镇奔小康”工程，以下山脱贫、农民培训、产业化扶贫为重点，强化结对帮扶，加大财政扶持，着力解决欠发达乡镇的相对贫困问题。省委、省政府还积极推进“千万农村劳动力素质培训”工程，2003 年至 2006 年，建立了 5 个省级农民培训基地和一批市县级农民培训点（站），累计培训农民 209 万人次。为切实帮助欠发达地区改善基础设施建设，打下加快发展的“硬件”基础，大力实施“百亿帮扶致富”工程，加大对基础设施投改善提升力度。

通过一系列重大工程的实施，欠发达地区抓住机遇、乘势而上，发挥优势、加快发展。至 2007 年底，361 个欠发达乡镇农村居民年人均纯收入达 4500 元，比 2002 年翻了一番；80% 以上欠发达乡镇的农村居民年人均纯收入超过全国平均水平；通乡公路全部硬化，等级公路通村率达 94.3%，安全卫生饮用水普及率达到 72%，广播电视“村村通”达 90%。欠发达地区经济社会发展面貌得到根本改善，与发达地区的发展差距逐步缩小，也为浙江可持续协调发展积蓄了新力量。

2. 抓住扶贫开发的本质要求，拓展扶贫工作新思路。

浙江经济社会发展走在全国前列，许多问题早发先发，扶贫开发也一样。习近平同志强调要把扶贫开发目标从人均 GDP 转变到人民群众生活水平和生活质量上来。习近平同志指出，“不断提高人民群众的生活水平和质量，是我们发展的根本目的；让不同区域的城乡居民享有基本同等的生活水平和质量，是我们统筹区域发展的出发点和落脚点”。他还强调，“推进欠发达地区加快发展，一定要把着力点放在人民群众生活水平的提高上，放在生产生活环境的改善上，放在人口素质的提升上。”[①] 在习近平同志推动下，省委、省政府形成了扶贫开发工作新思路，扶贫方式方法也顺利实现路径转换。

从扶贫对象来看，扶贫开发由原先的大范围扶贫向小范围扶贫转变。从 20 世纪末到 21 世纪初，浙江在消除县域贫困、乡镇贫困后，扶贫范围逐步缩小，贫困现象由块状分布向点状分布转化，主要集中在贫困村、贫困户。对于点状分布的贫困现象，必须创新方式方法由面向点逐步推进，进而向贫困人口聚焦。

从扶贫方式来看，扶贫开发逐渐由单一性经济扶贫向整体性扶贫转变。习近平同志多次指出，欠发达地区可以根据区位条件、资源禀赋、产业基础等特点，有侧重地选择自身的发展重点。对于发展基础比较薄弱、发展条件比较差的少数民族、革命老区和边远山区县，习近平同志强调要做好“内聚外迁”工作，鼓励下山脱贫、劳动力转移和异地开发。为彻底消除城乡差别、工农差别这一深层次贫困根源，习近平同志着力推进城乡一体化建设。2005 年 1 月，正式出台《统筹城乡发展　推进城乡一体化纲要》。这是全国最早的城乡一体化纲要。在此基础上，又出台一系列重要决策，推动城乡在医疗体系、教育体系、社会保障等方面实现全面接轨。为彻底改变农村面貌，推动实施“千村

---

① 习近平:《干在实处　走在前列——推进浙江新发展的思考与实践》，中共中央文献出版社 2006 年版，第 203-204 页。

示范、万村整治”工程，结合交通、水利、土地综合整治、危旧房改造、农村电气化等扶贫开发工作，推动农村村落向新型社区转变，打破城乡阻隔。由此，扶贫方式实现全面转型升级。

从帮扶方式来看，扶贫开发由单纯的政府扶贫转向政府主导下的社会扶贫转变。习近平同志特别重视扶贫开发中的社会帮扶作用，在他的推动下，扶贫开发的帮扶主体越来越多，帮扶方式越来越丰富，帮扶领域也越来越广。在政府主导下的社会力量共同扶贫格局下，贫困村、贫困户有了坚强的依靠力量，增强了脱贫致富的信心和动力。浙江构建的全社会合力扶贫良好格局，提升了扶贫开发的针对性和实效性，为全面高标准脱贫打下了坚实的基础。

3. 聚焦低收入农户增收，推进基本公共服务均等化。

2007 年初，在“欠发达乡镇奔小康”工程基本完成后，省委、省政府把扶贫靶向瞄准低收入农户。2008 年 7 月，出台“低收入群众增收行动计划”，决定在农村实施“低收入农户奔小康”工程，在城镇实施“城镇低收入家庭增收”工程。“低收入群众增收行动计划”是“全面小康六大行动”之一，特别是“低收入农户奔小康”工程，实施以产业开发帮扶、培训就业帮扶、下山搬迁帮扶、基础设施建设、社会救助覆盖、区域协作促进、金融服务支持、社会援助关爱等八大行动，切实帮助低收入农户实现增收，加快低收入群众迈向小康社会的步伐。

推进整体性扶贫，基本公共服务均等化是重要一环。2005 年，浙江为 180 万被征地农民建立基本生活保障制度，其中 68 万人按月领取基本生活保障金或养老金。深入推进医疗、教育、文化、社会保障等基本公共服务逐步向农村延伸，城乡差别进一步缩小。2008 年 8 月，又提出“基本公共服务均等化行动计划”，建设就业促进、社会保障、教育公平、全民健康、文体普及、社会福利、社区服务、惠民安居、公用设施、民工关爱等“十大工程”，促进城乡基本公共服务均等化，构建改善民生的长效机制。2009 年 3 月，出台《关于加快推进基本公共服务均等化　进一步改善民生的若干意见》，多措并举，逐步改善农村金融、教育、医疗和住房等条件，并特别向低收入农户和“低保”家庭倾斜。浙江在全国率先实现社会养老保险制度全覆盖。

根据党中央统一部署，2006 年，浙江启动社会主义新农村建设，全面推进农村布局优化、道路硬化、路灯亮化、四旁绿化、河道净化、卫生洁化、住宅美化、服务强化等“八化整治”，显著提升农村宜居环境，明显改善农民生产生活条件。2008 年，启动第二轮“千村示范、万村整治”工程建设，完善村庄布局规划、分类推进村庄整治。2010 年 6 月，省委十二届七次全会提出要全面整治提高农村环境，建设“美丽乡村”。浙江持续推动欠发达地区加快发展。2011 年初，出台《关于推进欠发达地区加快发展的若干意见》，要求欠发达地区加快绿色发展，实现生态富民，缩小与发达地区的差距。此外，省直部门和经济发达地区还出台了一系列的专项帮扶政策，从资金、项目、人才等多方面给予欠发达县以重点支持，夯实欠发达地区的发展基础。

扶贫开发思路的创新，推动扶贫工作不断向纵深发展。至 2011 年，浙江基本消除家庭年人均纯收入 2500 元以下的低收入农户，走在全国前列，成为当之无愧的扶贫开发工作的“浙江样本”。

三、构建精准高效扶贫体系，打造脱贫攻坚战的“浙江版本”（2012—2020）

党的十八大以来，党中央将扶贫开发摆在更加重要的位置，提出精准扶贫理念，要求坚决打赢脱贫攻坚战。浙江坚决贯彻党中央扶贫工作部署，在率先完成高标准脱贫的基础上，又构建出精准高效的扶贫工作体系，努力解决相对贫困，让低收入群众同全省人民一道迈入高水平全面小康社会。省委向全省人民作出庄严承诺：绝不把绝对贫困现象带入“十三五”。

1. 全面落实精准扶贫，高标准消除绝对贫困。

为争取早日让低收入群众同步迈入小康社会，浙江持续加大扶贫开发力度。2012 年浙江调整扶贫标准，按上年全省农村居民人均收入的 45% 确定扶贫标准为 4600 元（2010 年不变价）。新确定的扶贫标准比国家扶贫标准翻了一番，为全国最高。按新确定扶贫标准估算，浙江农村贫困人口大约有350万人，占农村户籍人口的10.9%。

扶贫标准的重大调整，为的扶贫开发工作设定了新目标，明确了新方向。2012年7月，出台《关于加快山区经济发展的若干意见》，进一步加大对重点欠发达县的支持力度，加快推进山区县基础设施建设，推动产业集聚和“内聚外迁”等工作。8月，又出台《关于推进“山海协作”产业园建设的意见》，进一步完善“山海协作”机制，推动“山海协作”转型升级。2013年初，全面实施“低收入农户收入倍增计划”。该计划通过加强低收入农户素质技能培训、扶持低收入农户发展特色农业、帮扶低收入农户实行易地搬迁、提高低收入农户社会保障水平等方式，全面提升低收入农户的自我发展能力。

2013年11月，习近平总书记到湘西调研时提出因地制宜、精准扶贫的扶贫工作思路。省委、省政府坚决贯彻落实习近平总书记的重要指示精神，坚持精准扶贫、精准脱贫。为打赢脱贫攻坚战，浙江对12个重点欠发达县实施第二轮特别扶持计划。省委、省政府还持续推动“山海协作”转型升级，重点建设9个省级“山海协作”产业园，帮助欠发达县形成特色产业体系。从2014年开始，省委、省政府又开展新一轮扶贫结对帮扶行动，针对5000个扶贫重点村实行“一村一计一部门”制度。通过精确界定、精准施策、结对帮扶，欠发达县经济持续快速发展，教育、医疗、卫生、劳动力培训等社会领域发展水平大为提升，与发达地区差距逐步缩小。由此，浙江区域协调发展方式也由“经济追赶型”向“功能互补型”转变。至2015年，26个欠发达县经济发展同步提速，人均GDP接近全国县级平均水平，农民年人均纯收入增速赶超全省平均水平。同年3月30日，出台《关于推进淳安等26县加快发展的若干意见》，决定26县集体摘帽，不再称“欠发达县”，改称“加快发展县”。此外，还通过产业帮扶一批、金融服务一批、培训就业一批、易地搬迁一批、社保兜底一批，瞄准靶子，对症下药，推动低收入农户迅速增收脱贫，至2015年底，浙江全面消除家庭年人均纯收入低于4600元的绝对贫困现象，绝对贫困问题在浙江率先得到解决，庄严兑现了不把绝对贫困现象带入“十三五”的承诺。

2. 营造合力扶贫大格局，高效率减缓相对贫困。

高标准脱贫是浙江的历史性成就，但解决绝对贫困，并不等于完成中央部署的脱贫攻坚任务。根据中央对打赢脱贫攻坚战的总体部署，在完成高标准脱贫后，既要确保贫困现象不反复，还要增强低收入人群的自我发展能力，同时强化制度供给，探寻解决相对贫困的方式方法，推进长效机制建设。

推进高质量区域协调发展。省委、省政府明确要求继续加大对加快发展县的帮扶力度，进一步完善“两山一类”专项奖励政策（主要依据为农村常住居民和低收入农户人均可支配收入水平、公共服务有效供给水平等），对 12 个重点加快发展县每年每县安排专项激励资金 1.5 亿元，切实增强这些地区的内生发展动力。同时，还加大对革命老区、少数民族地区和边远地区的转移支付力度，完善差别化支持政策，帮助它们跟上全省发展步伐。

积极拓宽低收入农户增收渠道。省委、省政府持续加大对低收入农户的产业和项目扶持，支持低收入农户依托特色资源优势，积极发展一批农、林、牧、渔等特色产业项目；加大下山移民力度，提高易地搬迁补助标准，做好搬迁后的保障发展工作，让他们下得来、稳得住、富得快；开发多种形式的公益岗位，引导低收入农户就近就业，有活可干、有钱可赚。浙江还在拓宽农户财产性收入方面广开增收门路，搞活农村“三权”、林权、集体资产股权等财产性权能，打造持续收益的“源头活水”。2018 年 9 月，实施“低收入农户高水平全面小康计划”，以健康扶贫、教育扶贫、科技扶贫、电商扶贫、旅游扶贫等多种形成，完善精准帮扶机制和解决相对贫困的长效机制，提升低收入农户的增收能力。至 2019 年，全面消除了家庭年人均可支配收入 7600 元以下现象。强化村集体在提高低收入农户自我发展能力中的重要作用。2017 年 7 月，实施“消除集体经济薄弱村三年行动计划”，要求全面消除集体经济年收入低于 10 万元的薄弱村，经济发达县所有村年经营性收入达到 5 万元以上。至 2020 年 1 月，浙江已实现基本消除集体经济薄弱村的目标。

持续提升公共服务水平。没有良好的教育环境，贫困就会代际传递；没有良好的医疗救助体系，脱贫群众很容易因病返贫。为确保不发生一起因贫失学、因学返贫事件，全面实施“雨露计划”，至2019年底，全省有3.5万人享受“雨露计划”政策。省委、省政府还积极建立医疗“双下沉两提升”（医疗资源下沉、医务人员下沉，服务能力提升，就医满意度提升）机制、推动“医共体”改革，有效破解城乡医疗资源不平衡的结构性矛盾。2018年12月，实施“农村饮用水达标提标行动计划”，同时全面建立健全农村饮用水县级统管长效管护机制，基本实现城乡居民同质饮水。浙江精准识别“低保”对象，稳步提高最低生活保障标准，对符合最低生活保障条件的城镇和农村困难群众做到应保尽保。在此基础上，还进一步统筹制订城乡社会保险、社会救助、社会福利等社会保障政策，逐步提升标准、扩大范围、加大救助力度，让低保户及低保边缘户普遍过上小康生活。

坚持完善结对帮扶制度。纾困济难是中华民族的光荣传统，结对帮扶是扶贫开发工作的重要经验。2018年9月，浙江启动新一轮结对帮扶工作，按照“低收入农户绝对数>100人/村、低收入农户人数比例>10%”和“2017年底仍是村集体经济薄弱村”的标准，确定2856个扶贫重点村。驻村工作组进村入户摸实情、出计策、定规划，切实帮助结对村加快发展、帮助低收入农户加快增收。

在解决相对贫困的过程中，省委、省政府注重把扶贫开发工作与党中央和省委重大决策相结合，包括乡村振兴战略、打造“山海协作”工程升级版、推动基层治理创新等，积极动员和凝聚全社会力量，推动形成社会扶贫的最大协同效应、综合效应，营造出全社会合力扶贫的良好格局，为全国解决相对贫困创造出精彩的浙江经验。

3. 秉持责任使命，赢得脱贫攻坚战的伟大胜利。

改革开放以来，浙江省委、省政府坚决贯彻党中央决策部署，坚持高标准脱贫，努力解决相对贫困，带领浙江人民打赢了一场宏伟壮丽的脱贫攻坚战。

农村绝对贫困问题全面消除。浙江在扶贫开发工作上一直走在全国前列，1997 年率先在全国消除贫困县，2002 年率先消除贫困乡镇，2015 年又率先消除年人均纯收入 4600 元以下的绝对贫困现象，欠发达县一次性全部摘帽，在全国率先实现高标准脱贫。

区域发展更趋协调。浙江不断促进欠发达地区因地制宜，发挥后发优势，努力加快发展，取得明显成效。2002 —2019 年，26 个加快发展县（欠发达县）GDP 年均增长 10.7%，比全省高出 0.4 个百分点。同时，26 个加快发展县特色优势产业逐步形成，产业结构明显优化，第三产业比重提高到 55%。区域间经济发展差距的缩小，促进不同区域间社会事业同步提升、城乡一体协同发展 。

“两不愁三保障”问题圆满解决。浙江积极提高公共服务水平，推进公共服务均等化改革，全面构建基本公共服务体系。2019 年，学生义务教育入学率、巩固率已分别达到 99.99%、100%，医保参保率达 99.61%，且基本医疗财政补助标准保持领先，农民安全饮水达标人口覆盖率达 92.9%，社会保障水平不断提高。同时，还实现自然灾害救助、医疗救助、教育救助、住房救助、就业救助和临时救助等救助政策全覆盖，实现了学有所教、病有所医、困有所济的扶贫目标。

低收入农户收入水平持续提升。自 2008 年以来，浙江低收入农户收入年人均收入增速就明显高于同期全省农民平均水平。2019 年，低收入农户人均可支配收入为 12546 元，是全国农民平均收入（16021 元）的 78.31%、全省农民平均收入（29876 元）的 42.12%。2019 年，全面建成小康社会按国家标准实现度为 98.7%。城乡居民收入加快增长的同时，差距也正逐步缩小。2020 年，城乡居民收入比为 1.96，连续 8 年呈缩小态势。

人民生活更加幸福。浙江持续推进“小县大城、内聚外迁”战略，不断优化村庄布局，发挥集聚发展优势。从 2002 到 2019 年，近百万农民完成易地搬迁，从根本上改变居住环境、发展条件，实现生态保护、资产盘活和公共资源集约配置的良性互动。通过连续 3 轮的“千万工程”，农村环境得到根本性改变，在此基础上推进美丽乡村建设，不断美化乡村环境；推进“农村文化礼堂”建设，发掘农村文化，构建农村精神家园；浙江乡村人居环境、基础设施已得到全面改善，厕所改造、生活污水治理、生活垃圾收集处理实现全覆盖，美丽乡村已成为浙江高水平现代化建设中璀璨的珍珠，正展现出蓬勃的生机和活力。

四、凸显政治担当，全面展示对口支援帮扶合作的浙江力量（1992—2020）

从1992年开始，浙江就坚决贯彻党中央、国务院对口支援、对口帮扶和对口合作等重大决策部署，为全面打赢脱贫攻坚战展示了浙江风采、贡献了浙江力量。

1. 响应中央号召，坚决贯彻对口支援帮扶合作重大决策。

为支持三峡工程建设，1992年中央安排浙江对口支援四川涪陵市（现为重庆市涪陵区），宁波单独对口支援四川万县（现为重庆市万州区）。1994年7月中央第三次西藏工作座谈会明确提出“分片负责、对口支援、定期轮换”的对口支援方针，正式开启对口援藏工作，从1995年开始，浙江开始对口支援西藏那曲地区及所辖3个县。1996年，中央又作出对口援疆的重大决策部署，从1997年起，浙江开始对口支援新疆和田地区。为进一步实现东西部地区之间的协调平衡发展，帮助西部贫困地区脱贫致富，1996年党中央、国务院作出东部沿海13个发达省市对口帮扶西部10个欠发达省区的战略部署，浙江承担四川广元、南充两市及所辖12个贫困县（区）的脱贫任务，宁波作为计划单列市，单独对口帮扶贵州省黔东南苗族侗族自治州、黔西南布依族苗族自治州及所辖12个贫困县（区）。

从2010年开始，中央将浙江援疆结对关系由原来的和田地区调整为阿克苏地区和新疆生产建设兵团农一师。同年，国务院加大对口支援藏区工作，浙江除继续对口支援西藏那曲外，还对口支援青海省海西蒙古族藏族自治州和四川藏区。为此，国务院扶贫办将浙江原先的四川结对地区调整为甘孜藏族自治州、阿坝藏族羌族自治州和凉山彝族自治州的木里县，共32个藏区县，原浙江对广元、南充两市的经贸合作继续开展。从 2013 年 2 月起，根据国务院要求，杭州开始对口帮扶贵州省黔东南州，宁波仍对口帮扶黔西南州。2014 年 8 月，国务院又将浙江对口帮扶的四川藏区调整为阿坝州和凉山州木里县。2016 年，国务院调整东西部协作扶贫原有结对关系，明确浙江对口帮扶四川，杭州对口帮扶湖北省恩施土家族苗族自治州和贵州省黔东南州，宁波对口帮扶吉林省延边朝鲜族自治州和贵州省黔西南州。结对关系调整后，浙江对口帮扶涉及四川、湖北、贵州和吉林 4 个省，总计 80 个县。2017 年，浙江与吉林正式建立对口合作结对关系。

省委、省政府始终胸怀大局，深刻学习领会党中央和习近平总书记关于对口支援、东西部扶贫协作、脱贫攻坚和对口合作等重要指示精神，努力做好对口支援帮扶合作工作，投入大量人力、物力，助力全面打赢脱贫攻坚战。

2. 坚持多措并举，深度推进扶贫协作。

省委、省政府高度重视在推进对口支援帮扶工作中，既遵循社会发展客观规律，又弘扬浙江精神、传递浙江经验、贡献浙江力量，既注重发挥党和政府的主导作用，又强调发挥市场主体的积极性、使浙江的对口支援帮扶工作走在全国前列。

坚持民生导向，聚焦困难群众。省委、省政府高度关注对口支援帮扶地区的民生问题，倾尽全力、尽己所能，帮助对口地区不断改善民生条件。切实解决当地居民生活条件，从 2001 到 2010 年，浙江在四川广元、南充两市投入资金 3085.9 万元，帮助修建井池、提灌站等小型水利工程 52134 处，解决了 23.94 万贫困农民、78.48 万牲畜的饮水困难。在 2010 年后的新一轮援疆工作中，实施“百万城乡居民饮用水”工程，使 100 多万群众彻底告别喝高氟苦咸水及人畜共饮的历史。从 2007 年开始，浙江在援藏工作中聚焦民生工程，援建那曲地区农牧民安居工程和农牧区光明工程，兴建安置农牧民的“浙江小区”。教育扶贫是阻断贫困代际传递最有效的途径。在对口支援帮扶工作中，浙江一直高度重视教育扶贫，多方筹措资金帮助对口地区兴建学校、提升师资、培训人才。仅 2001 年至 2010 年，浙江在帮扶广元、南充两市过程中，投入资金

3628.63万元，修建165所希望小学，惠及5万多贫困学生。健康扶贫是对口支援帮扶工作的重要组成部分。浙江是全国19个援疆省市中唯一同时承担支援兵地两家医院的省份，医疗人才“组团式”援疆被誉为“最接地气的援疆工程”、“增进团结的民心工程”。

坚持产业扶贫，增加内生动力。浙江帮助对口地区推广新品种，发展新技术，扶持产业项目。在广元、南充两市，浙江帮助发展茶叶、大豆、长毛兔、大棚蔬菜等产业；在新疆，浙江帮助培育核桃、红枣等“一县一品”产业；在西藏那曲，浙江帮助推动发展黄蘑菇深加工产业。通过产业发展帮扶，结对地区贫困群众显著提高了增收致富能力。省委、省政府积极牵线搭桥，引导一批民营企业到对口地区创办实业，成为推动当地经济社会发展的生力军。“十二五”期间，浙江在对口支援帮扶地区实施经贸合作项目324个，到位资金302.6亿元。通过帮助对口地区培育主导产业，加强产业嫁接，对口地区经济加快发展，产业体系逐步形成，自我发展能力逐渐增强。

3. 聚焦脱贫攻坚，全面推动融合发展。

党的十九大报告着重指出，“让贫困人口和贫困地区同全国一道进入全面小康社会是我们党的庄严承诺”。省委、省政府坚决贯彻党中央的重大决策部署，在坚持原有对口扶贫方式的基础上，加强了与对口地区的精准对接和密切合作，推动各类帮扶资源向深度贫困地区倾斜，坚决助力全国打赢脱贫攻坚战。

产业合作是增强对口地区“造血”功能的治本之策。浙江加快实施一批重大项目、重大平台和重大工程，促进对口地区产业发展和提升。2018年4月，安吉县黄杜村20名党员给习近平总书记写信，自愿捐赠1500万株“白叶1号”茶苗帮助贫困地区，获得了习近平总书记的批示点赞。安吉白茶先后在四川青川县、贵州沿河土家族自治县和普安、湖南古丈县等地广泛种植。浙江还推动仙居杨梅、白沙枇杷、湖羊、缙云茭白、金丝皇菊、食用菌等优质高效农业品种落户对口帮扶地区，帮助贫困地区群众找到了一条脱贫致富的宽广大道。

聚焦贫困群众增收是打赢脱贫攻坚的关键。浙江着力拓宽贫困地区农产品销售渠道，提出了“单位购销、结对助销、企业带销、活动促销、商超展销、电商营销、基地订销、旅游促销、劳动帮销、宣传推销”10大举措，帮助贫困地区农产品实现价值转换。浙江始终坚持将解决贫困人口的就业问题作为脱贫攻坚的重要举措，专门出台东西部扶贫劳务协作文件，提出10项补贴政策，截至2020年7月底，中西部22省在浙江的建档立卡务工人员达213.28万人，其中对口帮扶地区有28.1万人在浙江实现稳定就业。浙江推动对口帮扶地区浙商企业累计帮助对口帮扶地区解决建档立卡贫困人口就近就业18.43万人。

推动融合发展，建立对口支援帮扶合作的长效机制。通过20多年的对口支援帮扶合作，浙江与对口地区建立了紧密的协作关系。在对口支援帮扶合作过程中，浙江将推动民营经济发展、生态经济、数字经济、“最多跑一次”改革、特色小镇建设、乡村振兴、文化礼堂等方面的先进理念及做法，推广到对口地区，助推对口地区经济社会实现跨越式发展，形成了具有鲜明浙江特色的对口工作模式。浙江也借助对口支援帮扶合作这一平台，推动企业“走出去”，在更大范围内实现各种要素资源的合理配置，拓展了发展空间。同时，浙江还积极推动与对口地区的各领域双向交流，拉近了浙江与对口地区的距离。浙江与对口地区实现了优势互补、资源互通、利益共享的融合发展格局，也为对口地区解决相对贫困建立了长效机制。在浙江的倾力帮扶、真诚支援下，经过结对地区的不懈努力，到2020年，浙江对口支援帮扶合作的4省80个县全部脱贫摘帽。

在以习近平同志为核心的党中央领导下，省委、省政府干在实处、走在前列、勇立潮头，取得了脱贫攻坚战的伟大胜利，为浙江高水平全面建成小康社会、高水平推进社会主义现代化建设打下了坚实的基础。浙江成为全国城乡居民收入差距、区域发展差距最小，全面小康实现度最高的省份之一。浙江扶贫开发的历程，是中国共产党以人民为中心的发展思想在扶贫领域的重要体现，也是中国特色社会主义制度优越性在省域层面的精彩展示。

（执笔：邓金松）

目　录

001 陈伟
高质量推动东西部扶贫协作和对口支援工作走在前列

009 陈利江
当好新时代东西部扶贫协作的“答卷人”

018 吴联峰
当好帮扶战线上的排头兵

027 姜永柱
“山里人”的一千零一天

039 肖国耀
真心交流交往交融，争做民族团结的先锋

045 汪四花
情系苗疆热土，秉承信念前行

053 刘启宏
贡献脱贫攻坚的浙江民航力量

058 谢建华
身处西子湖，情系白水城

064 沈翔
在黔东南大地上书写无悔人生

072 王世美
心中有信仰，脚下有力量

080 史莹莺
一针一方显仁心

088 周君
扶贫路上守初心，万里征程履使命

093 曹敏杰
愿做白山黑水间脱贫的引路人

104 陈顶峰
愿以钉钉子精神做好扶贫工作

116 袁永君
共创“一座城”，共赢脱贫路

121 杨靠山
当好“三农”干部，讲好“三农”新故事

129 汪浩
脱贫攻坚战全面胜利的“温州答卷”

138 朱齐鹤
盛开的桃花源

145 金世来
忘不了这段干事创业的激情岁月

149 彭来恩
医者仁心雪域情

157 徐育雄
真心实意、真抓实干，助力脱贫攻坚

163 杨卫东
携手打造浙川东西部扶贫协作示范样板

169 张开荣
从完成任务到选择留下

175 吴秋景
精准“双扶”，助力低收入农户脱贫增收

182 盛阿伟
“白茶扶贫”是实实在在干出来的

188 王全华
若尔盖援建记

198 王金良
李花又开放，他乡即故乡

207 纪勇
栽下梧桐树，引得凤凰来

214 董坚强
与一个划时代的梦想同行

221 | 谢军
着力在建设高质量全面小康上为全国脱贫攻坚作贡献

229 | 杨曙方
一颗蓝莓带动九省万人脱贫

236 | 张伟亚
潮平两岸阔，风正一帆悬

246 | 金文胜
用情用心用力帮扶，打赢精准脱贫攻坚战

258 | 杨尚弟
绝不让一个人在小康路上掉队

267 | 黄森
热爱“三农”工作，多渠道扶贫攻坚

273 | 麻成广
跨越千里去支教，点燃理县新希望

278 | 张卫东
把脱贫攻坚胜利的旗帜插上小凉山

284 | 陈飞
责任在肩，使命光荣，全力做好扶贫工作

291 | 吕跃龙
脱贫攻坚，横店“有戏”

298 | 王盛洪
以“排头兵”姿态助力对口地区脱贫攻坚

307 汪有土
扶贫廿四载在路上，红心一颗真情为民

317 贵丽青
练好绣花功夫，帮扶一方百姓

326 叶德刚
东西协作山海情，南柯北川一家亲

332 余永宜
努力做精准扶贫的忠诚实践者

337 余雄富
“雄”心致“富”十四年，从脱贫攻坚走向共同富裕

342 陈益
以实干践行入川初心，用担当履行援川使命

347 钟佩玲
愿做扶贫帮困传递幸福的热心人

353 金庆华
助残路上的坚守

361 柴芝红
只为守护彝区群众健康

368 刘庭才
只有人民打出的分数才经得起历史的检验

374 罗文
民生无小事，枝叶总关情

380 辛宏权
咬定青山，为初心而奋斗

386 张新建
怀揣初心跑好农村工作指导员这一棒

394 罗运乾
舍家报国，倾情援疆

402 林雷
千里巴江情，三年平昌春

410 叶伯军
干在实处，走在前列，决战决胜脱贫攻坚

420 李春萌
小茭白播种致富希望

426 李跃亮
我与沿坑岭头村的富裕梦

高质量推动东西部扶贫协作和对口支援工作走在前列

陈伟

党的十八大以来，浙江省委、省政府深入学习习近平总书记关于扶贫工作的重要论述和决战决胜脱贫攻坚系列重要讲话精神，坚决贯彻落实党中央关于东西部扶贫协作和对口支援的重大决策部署，真心实意、真金白银、真抓实干，扎实推进东西部扶贫协作和对口支援工作，助力对口支援帮扶地区全面消除绝对贫困，成效显著，成绩喜人。我十分有幸担任浙江省对口工作办公室专职副主任，成为这一伟大历史进程的亲历者、见证者，也很高兴把自己所见所闻所为分享给大家，让更多的人特别是青年朋友们了解、记住我们党这段辉煌而伟大的历史。

一、浙江省推进东西部扶贫协作和对口支援工作的总体情况

消除贫困、改善民生、实现共同富裕，是社会主义的本质要求。先富带后富、共奔富裕路，是作为东部沿海发达省份的职责使命。从 1992 年开始，浙江省就坚决贯彻党中央、国务院关于对口支援工作的重大决策部署，积极支持西藏、新疆、青海、四川、重庆、贵州、湖北和吉林等省区市所属结对县（区）努力脱贫致富奔小康。

2010 年，党中央、国务院调整对口支援结对关系，浙江省对口支援新疆由原来的和田地区调整为阿克苏地区和新疆生产建设兵团农一师，同时，浙江还对口支援西藏那曲地区、青海省海西州和四川藏区。这些地方

都属于深度贫困地区，自然条件恶劣，产业基础薄弱，交通设施落后，贫困人口脱贫能力较差，脱贫难度很大。浙江省委、省政府坚决贯彻党中央、国务院的重大决策部署，多次召开省委常委会会议、省政府常务会议、对口（支援）工作领导小组会议，研究部署对口支援工作，先后成立援藏、援疆、援青3个指挥部，全要素、全方位、全过程开展对口支援工作。特别是"十三五"以来，浙江省共安排援疆资金90多亿元，选派援疆干部人才3批近3000人次；投入援藏（藏区）资金50余亿元，其中支援西藏那曲市近20亿元，支援青海海西州10多亿元，支援四川阿坝州和凉山州木里县20多亿元，还向三地藏区选派干部人才1500多人次，全面助推对口支援地区实现长足发展。此外，浙江还对口支援四川青川、重庆涪陵，对口帮扶四川广元、南充和贵州黔东南、黔西南等地。

党中央始终高度重视扶贫工作。2012年11月，党的十八大作出了全面建成小康社会的战略部署，脱贫攻坚是实现第一个百年奋斗目标的底线任务和标志性指标。2015年，党中央、国务院作出《关于打赢脱贫攻坚战的决定》，明确要求健全东西部扶贫协作机制。根据党中央、国务院部署，从2016年起，明确浙江省对口帮扶地区为四川省，杭州市对口帮扶湖北省恩施州和贵州省黔东南州，宁波市对口帮扶吉林省延边州和贵州省黔西南州。这样，浙江对口帮扶地区涉及四川、湖北、贵州和吉林4省80个县。2016年以来，浙江省累计向对口帮扶地区投入财政帮扶资金近110亿元，实施帮扶项目近4300个，动员社会力量捐款赠物超27亿元，选派260多名党政干部、8400多名专业技术人才到对口帮扶地区挂职，组织协调近1700家企业到对口帮扶地区投资兴业，实际到位投资额达近730亿元，还帮助对口帮扶地区解决建档立卡贫困人口就近就业近21万人。

截至2020年，浙江省对口支援的新疆、西藏、青海所属各县均实现脱贫摘帽，对口帮扶的4省80个县已全部脱贫摘帽。在这场脱贫攻坚战中，浙江省为全国作出了巨大贡献。

二、坚决贯彻习近平总书记关于扶贫工作的重要论述和决战决胜脱贫攻坚系列重要讲话精神，不断深化思想认识、提高政治站位

早在浙江工作期间，习近平同志就高度重视对口支援帮扶工作，曾多次亲自带队到一线调研指导。2003 年 8 月，他带队到新疆和田地区调研对口支援工作，2004 年 5 月，他又带队到四川广元、南充和重庆涪陵考察对口支援帮扶工作。党的十八大以来，习近平总书记 7 次主持召开中央扶贫工作座谈会，50 多次调研扶贫工作，走遍 14 个集中连片特困地区，坚持了解扶贫脱贫实际情况，并围绕“扶持谁、谁来扶、怎么扶、如何退”等核心问题，作出了一系列重要论述。

我们始终把习近平总书记关于扶贫工作的重要论述和决战决胜脱贫攻坚系列重要讲话精神作为思想动力源泉，不断提高政治站位，切实增强脱贫攻坚的责任感、使命感、紧迫感，把积极推进支援帮扶地区消除绝对贫困作为重大政治责任扛在肩上、抓在手上。2017 年，我国贫困发生率下降到近 3%，剩下的贫困人口脱贫难度比较大，需要下大决心啃下解决深度贫困的“硬骨头”。同年 6 月 23 日，习近平总书记在山西太原主持召开深度贫困地区脱贫攻坚座谈会，强调指出，“脱贫攻坚本来就是一场硬仗，”[①] 深度贫困地区的脱贫攻坚更是这场硬仗中的硬仗，必须给予更加集中的支持，采取更加有效的举措，开展更加有力的工作。习近平总书记的重要指示，给浙江对口支援帮扶队伍注入了“强心剂”。我清晰地记得当时很多同志告诉我，之前确实有些畏难情绪，学习了习近平总书记的重要指示精神后，有一种重新披上战袍的感觉。2020 年是决战决胜脱贫攻坚的收官之年，极为关键，可以说胜利在望，但是突如其来的新冠疫情打乱了原来的工作节奏，给打赢脱贫攻坚战带来了严重影响和严峻挑战。这场战役要不要延期？脱贫标准会不会打折扣？正

① 《人民日报》2017 年 9 月 1 日。

在彷徨之际，又是习近平总书记给大家吃了“定心丸”。当年3月6日，习近平总书记出席决战决胜脱贫攻坚战座谈会并发表重要讲话，传递出举全党全国之力全面完成脱贫攻坚任务决不动摇的必胜信心，为攻克最后贫困堡垒、坚决打赢脱贫攻坚战发出了“最高动员令”和“总攻冲锋号”。3月29日至4月1日，习近平总书记在浙江考察期间，对浙江提出了“努力成为新时代全面展示中国特色社会主义制度优越性的重要窗口”的新期望，强调要“认真做好东西部扶贫协作和对口支援、对口合作工作，助力对口地区跨越发展”①。这使大家倍受鼓舞。省委、省政府更是高度重视，要求全省上下进一步保持攻坚态势，创新举措，加大力度，攻克最后难关，当年就投入东西部扶贫协作财政援助资金近40亿元。精神的力量是无穷的，在这个决胜年，我们披荆斩棘、不畏艰难，全身心投入到总攻战中，高标准高质量助力支援帮扶地区全面消除绝对贫困，圆满打赢了这场史诗般的战役。

三、始终坚持精准施策，注重以融合发展推进对口支援帮扶地区全面奔小康

习近平总书记指出，“要把东西部产业合作、优势互补作为深化供给侧结构性改革的新课题，大胆探索新路”②。在推进东西部扶贫协作工作过程中，浙江省始终坚持把浙江特色优势和对口支援帮扶地区特色优势相融合，经过努力探索，形成了一种“造血式”精准长效扶贫模式。这里，我举几个例子。

以创立扶贫产业园、“飞地”产业园的方式，共建产业合作平台，这是探索创新东西部扶贫协作产业合作的新模式。如嘉兴市海盐县和宜宾市屏山县合作共建“海屏纺织产业协作示范园”，目标是成为西南最大的现代纺织城。湖州市南浔区和广安市广安区合作打造“南浔·广安东西部扶贫协作产业园”，重点引进装备制造、智能家居、电磁线等先进

---

① 《人民日报》2020年4月2日。

② 《人民日报》2016年7月22日。

制造业企业，被国家发展改革委员会列为“中西部承接东部地区产业转移示范区”。位于乐山市的“浙江—乐山东西部扶贫协作产业园”，引入浙江晶科能源总投资150亿元的25GW单晶拉棒、切方项目，已于2021年11月建成，可新增年产值200亿元。这种产业帮扶模式，不仅有效促进当地经济发展，还能吸纳更多的贫困户就近就地就业。

立足西部自然资源禀赋，积极引进安吉白茶、仙居杨梅、白沙枇杷、湖羊、缙云茭白、金丝皇菊、食用菌等浙江优质高效农业品种，培育好产业扶贫新的“致富点”。如安吉白茶“白叶1号”，已经在四川青川，贵州沿河和普安、雷山，湖南古丈等地大面积种植，带动大量贫困人口增收脱贫。当地村民说，这些白茶苗是“浙江亲人”送来的“希望苗”。我们还发挥浙江市场大省优势，帮助对口帮扶地区建设一批专业市场，扩大对口地区特色产品影响力，如青田县助力全国首个青花椒交易中心于2020年6月在平昌县开业运营，推动平昌花椒走出四川、走向世界。吉林大米、新疆水果、西藏牦牛以及四川、贵州、湖北等地的农牧业特产都以更大销量、更多渠道进入浙江市场。浙江是用工大省，对口支援帮扶的一些省份人口较多，特别是四川，更是人口大省。我们鼓励支持浙江2000多家人力资源服务机构深度参与东西部扶贫劳务协作，组织用工企业赴对口地区开展劳务协作专场招聘会，定点定向批量输送贫困劳动人口到浙江就业。

浙江还有一个很重要的特色就是民营经济较发达，民营企业占到了中国民营企业500强当中96席，连续22年居全国各省首位。我们也充分发挥这一优势，聚焦对口地区义务教育、基本医疗等方面的突出制约问题，大力引导民营企业参与精准扶贫，践行社会责任。2016年3月，浙江吉利集团启动“吉时雨”精准扶贫行动，截止到2020年，已先后投入近6亿元，帮扶贫困人口近3万人次，像雷山云尖茶厂这样的农业项目就建了31个。从2018年起，浙江传化集团启动健康扶贫行动，在14个国家重点贫困县（市），以深度贫困村为重点，援建了1037所“安心·卫生室”和1所“安心·卫生院”，服务村民180万多人，其中建档立卡贫困村民34万多人。浙江新湖集团设立1亿元“浙江新湖慈善基金”，重点开展“新湖乡村幼儿园计划”，在贫困地区发展学前教育。除民营企业外，省属国有企业、社会组织和爱心人士也积极参加精准扶贫，形成全社会共同扶贫的大格局。据统计，全省共有近 6000 家企业和社会组织参与扶贫协作帮扶，动员社会力量捐赠资金或物资超过 27 亿元。

这样的事例还有很多。总而言之，我们立足于发挥浙江民营经济、市场经济和人才等优势，结合对口地区实际，研究制订脱贫攻坚重大举措，促进对口地区增强自主发展能力，做深做强“融合发展”这篇大文章。

四、始终秉持浙江精神，干在实处、走在前列、勇立潮头，以昂扬的精神面貌和扎实的工作作风，树立浙江对口支援帮扶工作的新风尚

浙江是中国革命红船的起航地，浙江省的对口支援帮扶队伍，有责任、有使命、也有条件当好新时代对口支援帮扶的排头兵。这么多年下来，我们在工作中始终在“实”字上下硬功夫。“立足实际”，在对口帮扶工作标准的把握上，既不降低标准，也不拔高标准；在对口帮扶工作内容的把握上，主要是助力对口地区发展产业、帮助贫困人口脱贫增收，围绕“两不愁三保障”的薄弱环节和突出问题，提升对口帮扶工作中贫困人口的受益面、满意度；在对口帮扶工作导向的把握上，提升对口地区内生发展动力和造血功能，以项目为主要载体，在推进项目建设过程中，促进理念交融，帮助对口地区摆脱思想贫困、意识贫困。“崇尚实干”，对照东西部扶贫协作和对口支援规划、计划，对照任务清单、指标体系、评价办法，进一步细化责任，排出时间表、作战图，一项一项狠抓落实；在对口帮扶工作上坚决不搞形象工程，也不搞“数字”工程，更没有搞弄虚作假，确保脱贫工作的过程扎扎实实，经得过历史检验。“注重实效”，在推进工作中，我们不断加强对接沟通、深入调查研究，切实把对口地区脱贫攻坚中存在的困难和问题摸清楚，把需要帮扶的事项厘清楚，做到突出重点、对症下药；在帮扶举措上，基本能够做

到因地制宜、各有侧重，对于对口地区中已经先期脱贫摘帽的那些贫困县，工作原则就是继续往更好的方向发展，底线是绝对不能让他们返贫，而对于那些坚中之坚、难中之难的贫困县，目标只有一个，就是坚决采取强化攻坚举措，必须确保如期完成脱贫任务。

不仅做到了“实”，还凸显出一个“新”字。我们始终以排头兵的精神状态，运用新发展理念，不断创新脱贫举措和方式方法，很多方面都走在了全国前列。比如说，在全国率先开发东西部扶贫协作动态管理平台，实现对贫困人口劳务协作的精准服务，协调解决在浙江省建档立卡人员子女入学入托、住房、就医等方面的问题，引导更多的建档立卡人员出得来、留得住、能致富。又比如，打造了共建产业合作平台、消费扶贫平台、“干部 + 理念、校长 + 老师、院长 + 医生、专家 + 设备”的全链化智力帮扶平台等等，这些创新举措大大加快了对口地区的脱贫进程。浙江 11 个设区市在对口支援帮扶工作中都非常注重创新创造。杭州市发挥电商和文旅优势，着力推动消费扶贫、旅游扶贫和引导社会扶贫，“名誉村长”的做法成为全国东西部扶贫协作金名片；宁波市积极推进劳务协作，消费扶贫和产业合作取得显著成效，成立万里对口协作和反贫困研究院开展理论研究；温州市积极动员温商企业参与扶贫事业，大力建设扶贫车间，就业扶贫成效突出；湖州市在党建引领扶贫和产业合作模式上示范效应明显；嘉兴市发挥果品批发市场渠道促进消费扶贫和产业合作；绍兴市创新“飞地”产业园合作模式；金华市在劳务协作方面成效突出；衢州市、舟山市在旅游扶贫、消费扶贫方面探索新机制；台州市深入开展“组团式”智力帮扶持续发力，创新引入金融扶贫；丽水市发挥种养殖优势，立体化推进对口帮扶地区农牧业发展。多年来，我们继承和发扬浙江人干事创业的优良传统，苦干实干创新干，走出了一条具有浙江特色的对口支援帮扶地区的脱贫攻坚之路。

总的来讲，浙江的对口支援帮扶工作，不仅圆满完成了党中央、国务院赋予的重要使命，更为全国脱贫攻坚奔小康提供了很多浙江经验、贡献了浙江智慧。浙江的对口支援帮扶工作成绩也多次得到党中央、国务院的充分肯定，2018 年、2019 年、2020 年，浙江省、杭州市、宁波市连续在全国东西部扶贫协作工作成效考核评价中获得“好”的等次。站在新的历史起点上，浙江将全面贯彻习近平新时代中国特色社会主义思想，深入实施东西部协作和对口支援，丰富创新协作方式，加快构建全方位、多层次、宽领域的协作体系，持续推进智力支援、产业支援、文化教育支援，助力对口帮扶支援地区实现高质量发展。

（采访整理：陈之卉　杨沫江；采访时间：2022 年 1 月 5 日）

当好新时代东西部扶贫协作的“答卷人”

陈利江

2015 年 11 月，党中央、国务院作出《关于打赢脱贫攻坚战的决定》，明确要求健全东西部扶贫协作机制。从 2016 年起，浙江省对口帮扶四川省 11 个市州的 40 个县，奋力开展脱贫攻坚战。2018 年，根据党中央统一部署，浙江省又选派 92 名干部组成赴四川省东西部扶贫协作帮扶工作组。我受组织委派，担任工作组组长，挂职四川省政府副秘书长、阿坝州委常委、副州长。我和另外 2 位省级机关派出的同志组成工作组领导班子，挂职在四川省级机关，下面设 8 个片区，片区负责人挂职在市、州政府，其他同志挂职在 40 个结对县。带队援川责任重大、使命光荣、任务艰巨，自组织上明确让我带队援川后，我就一直在思考“来川为什么、在川干什么、离川留什么”这 3 个问题。

习近平同志在浙江工作期间提出，“当县委书记一定要跑遍所有的村，当地（市）委书记一定要跑遍所有的乡镇，当省委书记一定要跑遍所有的县市区”①，即“三个跑遍”的工作方法。到川后，我也采用这个方法，先后到发改、农业、教育、卫生、西开办等部门了解面上的情况，又专门考察一些情况较为特殊的结对县，深入到部分乡镇、村，与基层干部、农民进行座谈，了解具体情况。通过扎实调研，我发现，40 个结对县普遍山高路远、交通落后、条件艰苦，“发展没门路、产业没基础、贫困户就业没技能”的问题十分突出。这严重制约着贫困地区的发展，脱贫困难非常大。怎么办？脱贫攻坚是政治任务，绝不能退缩，硬着头

① 《习近平谈治国理政》第一卷，外文出版社 2018 年版，第 440 页。

皮也要上。我们共产党人的初心使命就是为中华民族谋复兴、为中国人民谋幸福。浙江是党的诞生地，又是习近平总书记曾经工作过的地方，浙江的党员干部，更应该响应习近平总书记和党中央的号召，秉持和发扬浙江精神，开拓创新、真抓实干，坚决完成党中央和浙江省委、省政府交办的扶贫协作任务。

一、做好顶层设计，构建协调高效的工作推进机制

我认为，高质量推进东西部扶贫协作和对口支援工作，必须加强统筹协调，让各方密切配合，合力推进各项工作。首先需要理顺工作关系。我主动与四川省组织部门、对口市县主要负责同志进行沟通，理清楚工作组与当地党委、政府在扶贫协作中的职责职能。当有些挂职干部反应自己承担的日常工作过多，以致影响扶贫协作工作时，我明确提出要求，挂职干部既要在当地党委、政府领导下开展工作，又要确保将主要精力用于脱贫攻坚工作。工作关系理顺之后，就要明确工作思路。而要明确工作思路，就离不开理论的指引。我系统学习习近平总书记关于扶贫开发的系列重要讲话精神和扶贫政策文件。虽然自己平时也在学，但这次带着任务去学，在更大格局、更宽视野中思考扶贫工作，体会更加深刻。围绕党中央关于东西部扶贫协作重要部署和考核要求，我协调浙江省发改委、四川省发展改革委和扶贫移民局共同编制《浙江省扶贫协作四川省 26 个贫困县三年行动实施方案（2018 —2020 年）》，完成对口支援四川藏区“十三五”规划的中期评估和修编，以及“十四五”规划建议，同时研究确定扶贫协作主要资金安排和重点任务。在此基础上，我主持制定了扶贫协作年度工作计划，明确目标任务和主要工作举措，并组织有关部门及时审定年度帮扶项目计划。通过中长期和年度计划，明确了扶贫协作的工作思路。之后，我积极推动浙川两省建立高层定期互访，定期召开高层、部门联席会议，狠抓年度工作重点落实，组织年度扶贫重大活动，同时还建立工作组与前后方发改、扶贫移民部门的定期协商、信息互通机制，形成共同研究、共同部署、共同落实的协同效应和工作合力。

关系理顺，思路明确，机制建立，接下去就是“怎么干”了。在反复思考和研究后，我认为要以“造血开发”为主线，重点帮助结对地区发展产业、建设园区，促进贫困人口、特困群体就业，只有这样才能从根本上解决贫困问题。

二、发展特色产业，让老百姓真正富起来

经过前期调研，我发现四川 40 个结对县的地理气候，除了藏区等高海拔地区外，比较适合发展特色农业产业。我多年从事农业农村工作，对浙江特色优势产业的培育和发展过程比较清楚，因此决定在结对县认真做好特色产业这篇大文章。在具体实施推进中，主要是做好“外部引进”和“内部培育”。在产业基础薄弱的地方，以引进为主，让挂职干部牵线搭桥，逐步把浙江的特色优势产业引过来；在有一定产业基础的地方，通过提供技术指导、打响特有品牌、提高产品品质等方式，帮助做大做强当地优势产业。“两条腿”同时发力，结对县的特色产业迅速发展起来，成了扶贫协作的一大亮点，多次得到国扶办的肯定。2019 年全国“携手奔小康”现场会在四川泸州、宜宾两地召开，与会领导、代表对浙川两省产业协作纷纷点赞。

这里，我介绍一下大家都比较熟悉的“白叶 1 号”扶贫项目。2018 年 4 月，安吉县黄杜村 20 名农村党员给习近平总书记写信说，“吃水不忘挖井人，致富不忘党的恩”，提出捐赠 1500 万株“白叶 1 号”茶苗帮助贫困地区群众脱贫，得到了习近平总书记的批示肯定。在青川县挂职的张文斌同志第一时间打电话给我，要我帮助联系协调，争取把白茶项目落地到青川县。这是一件有利于扶贫工作的大好事，既进一步丰富了浙川两省东西部扶贫协作内容，又能实现黄杜村党员群众先后带后富、青川县贫困群众脱贫致富的美好愿望。我马上与浙江省对口办、国扶办有关同志联系，详细汇报青川县情况，提出想让白茶项目落地青川。他们对此都很支持。在此基础上，我们又协调了前后方有关部门，落实白茶种植地，又顺利将首批茶苗运到青川县，并邀请浙江茶叶种植专家全

程指导种植。当年秋季，青川县就种了 1500 多亩。2020 年部分春茶已经可以采摘，不少贫困群众可以到茶园打工，每天收入至少有 80 元，同时还有入股的股金可以分红。白茶项目使贫困户每户增收 4300 元以上，带动 1500 多名贫困群众走上脱贫之路。

白茶项目是浙江帮扶四川发展农业产业的一个缩影。产业扶贫是推动脱贫的根本之策。我们始终把产业扶贫作为扶贫工作的重中之重，坚持与浙江优势绑定、与当地特色绑定、与贫困群众绑定，3 年共投入帮扶资金 48.6 亿元，实施了 1611 个项目，撬动社会资本投入 60 多亿元，建成了 400 多个、100 多万亩特色优势和生态高效农业基地，打造了一批万亩黄茶、万亩柑橘、万亩花椒等特色优势农业产业。浙江的仙居杨梅、缙云茭白、湖州湖羊等，都在四川安了“新家”。四川南江县引种缙云茭白，当年种、当年收，一亩地就能收入上万元，真正让贫困群众有了富起来的机会和能力。我们还推动开发了一批民宿、文旅基地和电商产业园，带动 50 多万农户增收脱贫。

三、创建产业园区，为当地经济振兴注入新动能

俗话说，“无农不稳，无工不富”。我们帮扶的贫困县，有一个共同的特点，就是工业基础普遍薄弱，缺乏脱贫致富的“造血功能”。面对交通偏远落后、产业链不完整的西部贫困县，许多东部企业望而却步。想办法把东部企业引到四川贫困地区，是我们需要迫切解决的问题。一次在考察四川成都的成阿工业园区时，我受到很大启发。“共建园区，创新‘飞地’，筑巢引凤，承接产业转移”，浙江不是有现成的很成熟的经验吗！有了这个想法后，我推动部署推广“共建产业园区”模式。结对贫困县因地制宜，将浙江的资本、人才、管理等市场先发优势与四川的劳动力、土地等要素资源优势结合起来，在 3 年时间里建成产业园区 40 个，引导 828 家企业到四川投资，实际到位资金 545 亿元。这些工业园区已成为当地工业经济的“领头羊”，带动 10.36 万贫困人口脱贫。

屏山县为支持向家坝水电站建设，曾经“封库停建”10 年，县域规

模以上工业几乎为零。通过“共建产业园”模式，在屏山县建立了纺织产业园区。短短两年时间，入驻企业33家，年产值300亿元，解决就业1万余人。同时，为了解决像阿坝州这样的生态功能区和深度贫困地区的发展难题，我们打破行政区划界限，建立“保底分红+税收分成”的利益共享机制，在浙江嘉善、南湖、新昌等地建成“飞地园区”15个，实施“飞地”扶贫，为贫困地区带来源源不断的财富。

四、打造扶贫车间，实现就近就地就业

增加就业是最有效最直接的脱贫方式。我们坚持把贫困人口就地就业和转移就业作为扶贫协作的重要举措，着力打造扶贫车间本土化、技能培训精准化、劳务输出组织化的“就业帮扶”模式，构建“政府推动、企业主导、精准对接、稳定就业”的劳务协作长效机制，在深化劳务协作中帮助一大批贫困人口实现就业增收、脱贫致富。

在四川不少地方，流传着这样一句俗语：“离开了家乡，顾不了家人；舍不得家乡，奔不出好汉！”这句话道出了务工与顾家难以两全的无奈和心酸。面对不能外出务工的贫困群众，我们尝试用很多办法帮助他们实现就近就地就业。第一种办法是扶贫项目尽可能招用贫困人员就业，对每个扶贫项目都提出要求。第二种办法是鼓励浙商企业招用贫困人员，通过各级商会动员会员企业设置适合贫困人员就业的岗位。第三种办法是开发公益性岗位，在贫困村设置孤寡老人和留守儿童看护、社会治安协管、乡村道路维护、保洁保绿、防疫消杀等农村公益性岗位1万余个。第四种办法是建设扶贫车间，利用乡镇、村集体闲置土地和房屋，建设一批投入少、见效快的产业扶贫车间，让留守的贫困群众在家门口实现就业增收。用贫困户的话来说，就是“持家、挣钱，两不误”。在具体实践中，我们发现扶贫车间吸纳就业人数较多、稳定性高，效果非常好。3年来，我们累计建设各类扶贫车间495个，吸纳务工就业2.8万人，人均每月增收2000元以上。扶贫车间使贫困群众成为车间工人，昔日的“上山找钱”也变成了“上班挣钱”。

浙江是用工大省，劳动力需求很大。四川劳动力充裕，是劳务输出大省。如果能组织四川贫困劳动力到浙江务工，既解决浙江工厂缺人问题，又增加贫困群众收入，是个双赢之举。为此，我们协调推动前后方出台贫困群众到浙江务工系列奖励政策，如包工作、包培训、包路费等，把招工服务延伸到“最后一公里”。在系列政策奖励下，四川 4 万名建档立卡贫困群众走出大山，到浙江务工。同时，我们还想办法让四川 1461 名建档立卡贫困学生到浙江就读职业院校。我特别想说的是，在新冠疫情发生后，浙川两省第一时间进行对接，率先在全国采用“点对点、一站式”包车、包机、包专列等方式，把四川贫困群众输送到浙江务工，还出台鼓励返岗务工的帮扶政策，交出了“战疫”“战贫”的高分报表。

五、引导消费扶贫，借市场之力带动脱贫增收

消费扶贫是助力脱贫攻坚的重要手段。只有把产品卖出去，才能让老百姓的腰包鼓起来。但是，四川贫困地区农特产品销售难、卖不出好价格是普遍难题。浙江是市场大省、电商强省，拥有 2700 多个专业市场。做好扶贫协作工作，就要把浙江的市场优势和四川的产品优势对接起来，实现优势互补。为推动四川农特产品在浙江销售，我们采用线上线下同步进行。一方面，从电商入手，培育建设电商平台（企业）102 家，建成政采云“四川扶贫馆”，开通“消费扶贫 · 每周一助”专栏，建立贫困户“一户一码”信息系统，开展点对点“订单式”消费帮扶，广泛开展“消费扶贫月”、结对地区产品展销会等消费扶贫和产销对接活动，综合利用直播经济、“网红”流量，打通线上销售渠道；另一方面，招引浙江龙头企业、专合组织、批发市场、大型商超等市场主体到四川开展产销对接，在两地搭建专卖店、专柜、专场。特别是 2019 年初，我们专门安排了帮扶资金帮助各地培育专业市场和市场主体，这比国家明确要求将消费扶贫列入东西部扶贫协作工作考核内容足足提前了半年多。

3 年来，我们与浙江大后方一起创新实施了单位购销、结对助销、

企业代销、活动促销、商超展销、基地定销、旅游促销、劳动帮销、宣传推销和电商营销等10大举措，系统化开展消费扶贫，全面打通四川扶贫产品进入东部消费市场的通道，线上线下累计销售四川农产品、手工艺品等30.4亿元，带动8万名贫困人口增收。

六、动员社会帮扶，构建全社会助力东西部扶贫协作新格局

脱贫攻坚是一项社会性系统工程，必须统筹社会力量共同推进。通过动员社会力量参与扶贫，整合各方资源，形成合力，是有力推动贫困地区脱贫的一种重要方式。我们积极推动社会力量参与东西部协作，打出扶贫工作的“组合拳”，跑出协作工作的“加速度”。我们统筹协调开展捐资助学、慈善公益、医疗救助、支医支教、社会工作和志愿服务等扶贫活动。3年来，共组织524所学校、336所医院、199个乡镇、139个村、1864家企业和商会等社会组织参与结对帮扶，社会各界累计捐款捐物12.8亿元。同时参与组织23家省属国有企业与四川省100个贫困村签订村企结对帮扶协议，落实帮扶资金6000多万元，实施300多个帮扶项目。还积极落实国家挂牌督战的重大部署安排，协助组织286家民营企业和社会组织参与四川102个村的结对帮扶工作，到位帮扶资金（含捐赠物资）7703.58万元，解决贫困人口就业3017人。

七、立足人才振兴，留下一支“带不走”的队伍

浙江的干部迟早要回浙江，这是一个现实问题。浙江干部走了以后，如何保障四川贫困地区老百姓的致富路不中断，是我们一直在思考的问题。我们共产党人做事力求长远，一定要给当地留下点什么。浙川两地的产业合作项目肯定是长期的，但扶贫不仅要产业扶贫、经济扶贫，更需要思想扶贫、人才扶贫，因此我们大力实施“志智双扶”，着力为四川打造一支留得住、能战斗、“带不走”的本土人才队伍。

我们把“志智双扶”贯穿于东西部扶贫协作工作全过程，通过“扶

智、帮残、励志”3种模式，有效提升受扶人员的生产技能和素质，持续激发贫困群众脱贫致富的内生动力：通过组团帮扶、智力培训、技能提升等，帮助培育一支“带不走”的干部人才队伍；通过政策扶残、企业帮残、项目带残等，帮助贫困残疾人提高自我生存、自我发展能力；通过政策引导、典型示范、社会关怀等，激发贫困群众脱贫致富的信心和志气。

教育和医疗是老百姓最关切、最在意的事。2018年以来，我们派出教师594名、教育帮扶团队517个，以“传帮带”方式提升受扶地区教师的整体业务水平；派出医疗专技人员619名、医疗团队1196个，在受扶地区建立重点科室359个，填补当地空白技术168项，输入新技术199项。近年来，我们还派出专业技术人才3968名，累计开展残疾人就业培训1.48万人次，帮助实现就业1.15万人、扶持贫困残疾人自主创业2470人，通过扶贫产业项目带动2.39万贫困残疾人脱贫增收。同时还完成专业技术人才培训13.72万人次，培训党政干部8.06万人次，为脱贫攻坚提供了良好的人才智力支持。

八、锤炼党性修养，从严抓好援川队伍建设

扶贫任务繁重，援川干部非常辛苦，有时候周末都不能休息，但即便工作再忙，政治建设一刻也没有松懈。在川期间，我们深入学习贯彻习近平新时代中国特色社会主义思想和习近平总书记系列重要讲话精神，增强“四个意识”，坚定“四个自信”，做到“两个维护”。我们常态化开展政治学习，加强干部的党性修养，严格遵守党的政治纪律和政治规矩，在大是大非面前时刻保持清醒的头脑。我们还深入学习贯彻中央、省委决策部署，提高政治站位，增强政治责任和政治担当，切实提高对做好东西部扶贫协作和对口支援工作重要性的思想认识。

为锻造一支不辱使命、不负众望的浙江援川铁军，我们成立临时党委，下设8个片区党支部，充分发挥党组织的战斗堡垒和党员的先锋模范作用。同时制订挂职干部工作规范和学习、工作制度，确保挂职干部

把主要精力放在东西部扶贫协作上。定期召开片长会议、全体会议以及专题培训学习会议，全面开展“不忘初心、牢记使命”主题教育，在践行初心使命、勇于担当作为上走在前、作表率。严明纪律要求，严格遵守八项规定精神和廉政纪律，自觉维护浙江挂职干部的良好形象。传承和发扬浙江干部能吃苦、能战斗、讲团结、守纪律的优良作风，全身心投入东西部扶贫协作各项工作，主动协助当地党委、政府开展工作。自觉践行群众路线，主动进村入户，把脉问诊、对症下药，送政策、解难题、鼓干劲，帮助贫困群众转变观念理念。浙江挂职干部的敬业奉献、担当作为、开拓进取精神，受到当地干部群众的充分肯定，许多挂职干部被亲切地叫作“牦牛县长”“茭白县长”“网红县长”。

3 年来，在浙川两省省委、省政府的关心关怀下，我们牢记重托，将汗水和热血挥洒在巴蜀大地，接续打赢了东西部扶贫协作的“翻身仗”“巩固仗”“提升仗”，成功助力四川 40 个贫困县全部摘帽，3948 个贫困村全部退出，196 万贫困人口顺利脱贫，圆满完成党中央交给我们的光荣任务。在国家东西部扶贫协作考核中，浙江省连续获得“好”等次，赴川帮扶工作组被党中央、国务院授予“全国脱贫攻坚先进集体”荣誉称号。这是对我们的最大奖赏。

（采访整理：吴劲松　杨沫江；采访时间：2021 年 12 月 21 日）

当好帮扶战线上的排头兵

吴联峰

我的扶贫工作，是从到乡镇履职开始的。2005 年，我在龙泉市道太乡担任党委书记。在平时工作中，经常会走访困难家庭。其中有一户我至今记忆犹新，男主人意外去世，女主人改嫁异乡，家中只留下年幼的女儿和年迈的爷爷，生计主要靠爷爷干农活来维持。了解情况后，我立即协调有关部门帮助他们申请低保，每年安排农药、化肥、种子等补助，当看到爷孙俩由衷的笑容和对党和政府的感激时，我感到无比欣慰，也深切感受到帮助困难家庭意义重大。在后来的工作中，我总是尽自己的最大能力来帮助贫困家庭。从此，我也与扶贫工作结下不解之缘。2011 年，我担任龙泉市农办主任、扶贫办主任，2013 年调到省农办、省扶贫办，2014 年任省扶贫办扶贫开发处副处长，2021 年 7 月开始任省农业农村厅（乡村振兴局）乡村振兴协调处处长。这些年来，我就像帮扶战线上的一名排头兵，既要当好领导的参谋，又要带好帮扶队伍。回顾这段经历，对我本人来说，真真切切是一笔宝贵财富。

一

我的扶贫工作经历主要可以分为 3 个阶段。

第一阶段（2005 —2012 年），扶贫一线的战斗员。

浙江从 2003 年至 2007 年实施了“欠发达乡镇奔小康工程”，2008 年至 2012 年实施了“低收入农户奔小康工程”。期间我先后作为龙泉市所属乡镇和市扶贫办的主要负责人，亲历了习近平同志推动的下山脱贫、千村示范万村整治、基础设施建设和公共服务全覆盖等举措的实施过程。很多农民从山上搬迁下来住进了中心镇和市区的下山脱贫小区，村庄内部的“脏乱差”现象得到了彻底扭转，农民的基本医疗达到了全覆盖，“康庄工程”将道路修到了每一个行政村所在地，村集体和农民的小型产业效益也有了质的提高。从全省面上的情况看，到2007年，欠发达乡镇农民人均纯收入达到4500元，80%以上的欠发达乡镇农民人均收入超过全国平均水平，区域性的绝对贫困得到基本解决。到2012年，全省111万户低收入农户人均纯收入6260元，农民收入与低收入农户收入之比降到2.32 ：1，年家庭人均纯收入2500元以下农户基本消除。79.4%的低收入农户（“低保”农户除外）家庭人均纯收入超过4000元。

第二阶段（2013—2015年），浙江省全面脱贫的见证者。

从2013年开始，浙江省启动实施“低收入农户收入倍增计划”，扶贫标准作了较大调整，在全省设定4600元低收入农户认定标准的同时，发达地区按照“2012年农民人均收入45%左右和不低于农村户籍人口10%”的要求，以设区市为单位确定地方扶贫标准，由县（市、区）认定低收入农户。全省共认定318万人的低收入农户，2012年底全省低收入农户的人均可支配收入为5230元。

2015年初，经过测算，确认浙江26个欠发达县与全国所有的县相比，社会经济发展水平均比较靠前，人均生产总值接近全国县级平均水平，农民收入增速赶超全省平均水平。因此，省委、省政府作出对淳安等26个欠发达县一次性摘帽的重大决策，印发《关于推进欠发达地区加快发展的若干意见》，按照摘帽不摘政策的要求，提出推进26县加快发展的政策措施，并明确发展要求。为将工作落实到位，由省扶贫办组织实施对26县经济社会发展实绩开展考核。我全程参加了考核办法的制定工作，广泛征求各县和省级各单位意见，并进行了模拟打分。最终经省委、省政府同意后，印发了考核办法。这项考核对推动26个县发展起到了重要作用。

在落实26个加快发展县有关政策的同时，省委、省政府提出了一个针对低收入农户增收的重要要求：“到2015年年底，全省消除低收入农户家庭人均收入4600元以下贫困现象。”也就是说，到当年年底，全省不能再有4600元以下年人均收入的困难农户。接到这一任务后，我作为负责具体业务的扶贫处负责人，立即组织抓落实工作。第一项是摸底，组织各县扶贫办干部和乡镇干部，对所有农民家庭进行“地毯式”排查，找出到年底可能仍低于4600元以下的人员；第二项是帮扶，指导各地针对因病、因残、因学、因灾、因老等各种致贫情况，制定帮扶方案，落实帮扶措施，确保每一个需要帮助的人都得到帮助；第三项是督查，全程跟踪，不定期进行检查。年底，各级人大代表、政协委员开展了一次全面大督查，“不落一户、不漏一人”。通过这些举措，2015年底，浙江宣布全面消除4600元以下绝对贫困现象，这项成绩在全国都是领先的。

第三阶段（2016—2020年），脱贫攻坚战的好参谋。

这个阶段，党中央、国务院作出了打赢脱贫攻坚战的决策部署，省委、省政府全面落实精准扶贫、精准脱贫，持续推进扶贫目标、举措、机制迭代转型，接续实施“低收入农户收入倍增计划”、“低收入农户高水平全面小康计划”，使脱贫攻坚各项工作走在全国前列。这个阶段也是我全身心投入扶贫，并发挥一定作用的阶段，概括起来主要做了以下几项工作。

逐步完善精准动态管理机制。通过对比国际贫困标准、全国扶贫标准以及我省经济社会发展情况，对标缩小发展差距要求，我牵头开展完善扶贫对象识别认定、标准设定、动态管理等机制的研究和政策制定。一是首创“两线合一”认定标准。我建议要制定与经济社会发展水平相衔接的帮扶标准动态确定办法，与民政部门、财政部门多方协调，确定了以县为单位，每年按上年最低生活保障标准的1.5倍或农民收入的40%动态制定低收入农户帮扶标准，实行“最低生活保障边缘户认定标准线”与“低收入农户认定标准线”的“两线合一”。参照最低生活保障标准最低县的标准每年设定最低收入的托底线，如2015年的托底线为4600元，2020年的托底线为8000元。二是精准识别帮扶对象。要求各地严格申请受理、家庭经济状况核查、初审、公示、审批、结果公布程序，创新一站式申报、一窗式服务、一键式申请等办法，确保扶贫对象申报充分。组织并指导全省强化防返贫预警监测，将扶贫对象定期排查、自然灾害等纳入基层治理“四平台”、农村全科网格等巡查范围。三是数字赋能管理体系。充分发挥我省数字技术优势，开展浙江扶贫信息系统的完善工作，首创“浙农码”扶贫版。并与全省多个部门多次沟通，打通数据壁垒，做到低收入农户信息在 11 个部门 61 项数据的归集，实现全帮扶周期跟踪，对象调整周期从 1 年缩短到 1 个月，帮扶及时性、精准性显著提升。

多措并举促进低收入农户增收。着眼于提升低收入农户自我发展能力，以深化改革激活农民主体、以技能培训增强农民能力、以政策激励支持农民发展，着力拓展低收入农户增收渠道。一是强化就业培训。每年都认真组织低收入农户素质技能培训计划，将其纳入“千万农民素质提升工程”，实行低收入农户劳动预备制、岗前、订单和岗位技能提升等免费政策，推进培育体系从普通务工型向劳动技能型转变，促进低收入农户逐步由低端产业链向中低端提升。“十三五”期间，共培训低收入农户 31.3 万人次，基本实现有劳动能力的低收入农户家庭至少 1 人稳定就业，工资性收入占比提升到 40% 以上。二是加大产业扶持。认真指导各地做好扶贫产业谋划，要求大家把扶贫产业纳入现代乡村产业体系一并规划，并强化对重点帮扶村乡村产业的培育力度。通过与财政、人力社保部门的协调，将扶贫产业由农村公益岗位、来料加工等向农家乐、农村电商、乡愁产业等新产业新业态进行拓展。这几年，我每年都负责落实省级以上产业增收资金 10 亿元以上，落实小额信贷 1 亿元以上。“十三五”期间，共安排产业项目 6.7 万个，发放扶贫小额信贷 9.93 亿元。三是搭建服务平台。把对低收入农户带动作用作为乡村产业平台建设的重要指标，要求平台布局向重点帮扶村、加快发展县倾斜，推动各地一村一品、一村一业格局加速形成。同时，我也很重视电子商务的作用，借助网上农博、直播带货等渠道，立体式多维度搭建免费面向低收入农户的扶贫产品宣传、展示、交易平台。四是促进要素流动。在政策制定中，注重探索建立财政资金和社会帮扶资金折股量化到低收入农户和重点帮扶村的办法，并优先保障他们获得稳定收益，安排 3 亿多资金开展扶贫综合项目试点，探索建立“资金＋项目＋低收入农户”利益联结机制。

高质量解决“两不愁三保障”突出问题。在这项工作中，坚持高于全国、领跑东部的定位，通过建立良好的工作机制，深入推进基本公共服务均等化，着力推进救助兜底全面覆盖、标准水平全面并轨，较好实现学有所教、劳有所得、病有所医、老有所养、住有所居等目标。一是持续提高社会保障水平。与民政、教育、医疗、卫健、建设等部门积极协调，争取各部门重视支持，将支出型贫困纳入低保范围，率先施行县域低保标准城乡同标，全省平均达到 886 元 / 月，在全国各省区排名第一。不断完善自然灾害救助、教育救助、住房救助、就业救助和临时救助，实现各类社会救助对低收入农户全覆盖。完善 15 年教育费用奖补或减免政策。建立政策性医疗保险为主、商业性医疗保险为补充的保障体系，全面推进医疗补充政策性保险，住院报销比例提高到 75%，所有定点医疗机构均已开展县域医疗救助“一站式”结算，实现困难群众就医结算“一次不用跑”。二是持续加快社会事业发展。针对区域之间、城乡之间的社会事业发展差距，会同有关部门持续实施“两山一类”激励政策，加快补齐 26 县民生短板，大力提升教育、卫生、文化等服务能力和水平，高质量推进农村地区“20 分钟医疗卫生服务圈”“20 分钟交通可乘圈”“30 分钟文化服务圈建设”。三是持续改善农村居住条件。进一步规范扶贫易地搬迁工作，深入实施小县大城、内聚外迁战略，参与制定《浙江省人民政府关于规范易地搬迁工作的通知》《浙江省扶贫易地搬迁项目管理办法》，通过保障平等享受迁入地公共服务和创新管理方式等政策，切实保护搬迁农户权益。“十三五”期间，完成扶贫易地搬迁 13 万人。实行农村困难群众危房改造即时救助制度，建立常态化动态核查、动态清零机制，2020 年省级危房治理补助标准提高到 15000 元 / 人。全面实施农民饮用水达标提标工程，基本实现城乡居民同质饮水。

不断健全各方参与协同机制。我们始终把扶贫工作作为重中之重的政治任务来做，希望通过自身努力，协调各方凝聚合力，构建起社会关注扶贫、人人关心扶贫、个个参与扶贫的大扶贫工作格局。一是党建引领。推动各地全面建立党委领导、政府主抓、扶贫开发领导小组牵头协调、扶贫办公室组织实施、相关部门共同参与的领导体制和工作机制，一把手责任制全面落实，五级书记一起抓，省扶贫开发领导小组成员单位从 24 个增加到 30 个。把扶贫开发与基层组织建设有机结合起来，着力建强村级党组织，向重点帮扶村派驻农村工作指导员和第一书记，提高党组织带领群众增收致富的能力。二是政策保障。将帮扶工作作为全省乡村振兴条例、乡村振兴规划重要内容，每 5 年接续出台促进山区 26 县加快发展扶持政策和促进低收入农户增收专项政策。2018 年，我组织起草了全省《低收入农户高水平全面小康计划》，省委印发这个文件后，我又参与制定了扶贫结对帮扶、低收入农户动态管理、产业增收等 7 个子政策，还参与了 34 个配套政策的出台，形成“3+7+N”政策体系。三是责任闭环。参与制定《关于进一步健全扶贫领域问题发现机制和压实工作责任的方案》，明确县级主体责任、部门监管责任和乡村两级具体责任，形成覆盖各个环节、各个层面的责任链，提高问题主动发现能力和纠错能力。紧盯乡镇以上行政事业单位和国有企业干部结对低收入农户动态，纳入督查、巡视、审计和纪检监察范围，在帮扶数字化管理系统中单设纪委监督模块，实现纪检监督全过程全覆盖。四是县村户帮扶。进一步健全省级团组结对帮扶制度，实施驻村帮户、联乡带县结对帮扶，做到“一村一计一部门”“一户一策一干部”。以 2020 年为例，全省帮扶干部共有 17 万人，帮扶次数 192 万次。

“十三五”期间，全省低收入农户人均可支配收入年均增长 13% 以上，增速比全省农民人均收入增长高 4 个百分点，绝对值达到 14365 元；全面实现年家庭人均收入 8000 元以下、“两不愁三保障”突出问题和集体经济薄弱村“三个清零”，低收入农户同步实现高水平全面小康。中央、省级主流新闻媒体都对我省的扶贫成果进行宣传报道，我们也发布了《浙江精准扶贫报告》和《浙江精准扶贫十大案例》，出版了《解决相对贫困——浙江样本》等，这也算是浙江省扶贫部门对全省扶贫成效的一个总结，为脱贫攻坚圆满收官作一个有意义的注解。

二

在庆祝中国共产党成立100周年大会上，习近平总书记庄严宣告：“经过全党全国各族人民持续奋斗，我们实现了第一个百年奋斗目标，在中华大地上全面建成了小康社会，历史性地解决了绝对贫困问题，正在意气风发向着全面建成社会主义现代化强国的第二个百年奋斗目标迈进。”作为长期工作在扶贫战线的我，听到总书记的宣告感到无比自豪和骄傲！多年的劳累和艰辛瞬间转化成了无穷动力，立志在我省高质量发展建设共同富裕示范区中扛起乡村振兴干部的责任与担当。

2021年下半年开始，我从扶贫干部转变成了乡村振兴干部，感觉身上的担子更重了。首先是工作层面迭代升级，要在守好脱贫攻坚成果的基础上，有效衔接乡村振兴，推进乡村全面振兴，通过接续奋斗促进共同富裕；其次是工作视野进一步拓展，原本的工作重点是着力保障低收入农户、重点帮扶村、山区26县发展，现在把全省的低收入农户，包括发达地区低收入农户的帮扶，与乡村振兴工作提到同样重要的位置；最后是关注面更为广阔，从致力解决“两不愁三保障”突出问题转变为提升农村人居环境、加强基础设施建设、基层组织建设、公共配套完善、传承弘扬乡村文化等方面，提升乡村治理体系和治理能力现代化水平，打造新时代美丽乡村，工作内容不断扩展。

2021年以来，我们充分利用信息技术优势，结合数字化改革，在巩固拓展脱贫攻坚成果同乡村振兴衔接方面采取了一系列行之有效的举措。一是提升“浙农帮促”数字化应用，在原防返贫监测系统的基础上，重构低收入农户帮促应用场景，围绕低收入农户“我要帮促一件事”，打造农户需求、一户一策、幸福清单、多维帮促、监测预警等五大子场景，推进帮扶举措集成、数据共享、流程重塑，实现低收入农户诉求“一码通办”、结对干部“一帮到底”、监测风险“一键预警”、社会帮扶“一键直达”等。二是提高数字化应用场景的使用率，目前系统已覆盖全省所有低收入农户47万户、71万人和帮扶干部17万人，通过每月跟进帮扶干部走访进度和内容、普及低收入农户应用等措施，提高系统应用激活率、使用率。三是健全防返贫监测机制，纵向贯通省市县乡村五级，横向协同20余个省级部门，对低收入农户实行绿黄红三色预警管理，实现由“两不愁三保障”单项攻坚向“幸福清单”集成帮扶提升。全年“浙政钉”端月活跃度37.8万人次，“浙里办”端月活跃度1.8万人次，“浙农码”使用量达221.2万次，已累计预警4515户、风险消除率97.9%，处理农户诉求3457个，农户满意率达100%。

高质量发展建设共同富裕示范区是以习近平同志为核心的党中央赋予浙江的光荣使命，省委、省政府提出要按照“每年有新突破、5年有大进展、15年基本建成”的安排压茬推进，率先推动共同富裕理论创新、实践创新、制度创新、文化创新，不断形成阶段性标志性成果、普遍性经验，蹄疾步稳向共同富裕目标迈进。缩小收入差距、优化收入分配格局，加快推进我省低收入农户增收和“26+3”县的发展，是共同富裕示范区建设的重要组成部分，在具体帮扶工作上，我们主要作了以下尝试。

发挥“带动力”，推动巩固拓展衔接。发挥好省级衔接资金“四两拨千斤”的作用，以重点帮促村为重点，谋划好乡村振兴综合试点项目，培育发展特色优势产业，健全联动低收入农户利益联结和分配机制，不断增强重点帮促村内生发展动力。加大对低收入农户在创业、就业、教育、培训、金融贷款等方面的支持力度和医疗保险、风险救助等方面保障力度，不断提高低收入农户自身发展能力和抗风险能力。2022年，计划培训低收入农户6万人，提供公益性岗位不少于1万个，带动低收入农户就业2万人以上，完成低收入农户2亿元生产性贷款贴息，为71万低收入农民免费开展医疗补充政策性保险。

加强“核心力”，实施红色乡村振兴计划。聚焦巩固筑牢“红色根脉”，把革命老区作为推动乡村振兴的突破口和重点区域，打造新时代“红色乡村”。聚焦文化传承、产业优化、基建提升、农民增收，指导相关县开展省级革命老区示范区规划设计，推动红色资源赋能乡村振兴。2022年实施4个省级革命老区乡村振兴示范区建设项目，续建2个国家级革命老区乡村振兴示范区。到2025年，实现山区26县中18个革命老区县乡村振兴示范区全覆盖。

促进“集聚力”，推进易地搬迁政策扩面。指导“26+3”县积极落实易地搬迁扩面政策，加快对符合条件的村、户的搬迁力度，促进农业转移人口市民化，将易地搬迁工作理念从“挖穷根”转向“促共富”，探索生态资源保护、城乡融合与农民搬迁有机结合的新路径。“十四五”期间，确保实施易地搬迁15万人。

回首过往，感慨万千，当看到一户户贫困家庭在党和政府的帮扶下过上了小康生活，我为这么多年的心血没有白费而高兴。展望未来，砥砺前行，我将不忘初心，牢记使命，履职尽责，接续奋斗，在浙江大地先行探索共同富裕新征程上再立新功。

（采访整理：陈贤明；采访时间：2021年12月22日）

“山里人”的一千零一天

姜永柱

一

2013年，根据党中央、国务院统一部署，杭州对口帮扶贵州省黔东南州。2014年7月，受组织委派，我作为杭州市第二批挂职干部前往黔东南州工作，开启人生首次扶贫生涯。

去贵州工作前，我担任杭州市政府办公厅综合一处处长。临行时，杭州市领导叮嘱我：“你是杭州干部在黔东南州的形象代言人。”这是组织和领导对我的巨大信任，更是肩上一份沉甸甸的责任。我始终以此激励自己，以“个人形象一面旗”的标准严格要求自己。

明确挂职后，我第一时间开始“准备”：一方面做了大量“功课”，全面深入了解黔东南州；另一方面，面对即将到来的对口帮扶压力与挑战，比如因语言、饮食、习惯等不同可能产生的“水土不服”问题，也早早做好了充足的心理准备。可真正到黔东南州后，当地的贫困落后还是超出了我的想象。

黔东南州分布着33个民族，常住人口中少数民族占比超过80%，其中苗族、侗族人口合计比重超过70%。2013年，黔东南州GDP不足600亿元，城镇居民人均可支配收入不到2万元，农村居民人均纯收入刚突破5000元；而同期杭州GDP已超过8000亿元，城镇居民人均可支配收入接近4万元、农村居民人均纯收入接近1.9万元。

通过数据对比，足见东西部差距之大，也让我瞬间明白了对口帮扶任务之重，特别是广大山区农村更是整个脱贫工作的重中之重。当地干部告诉我，黔东南州是贵州贫困发生率最高、贫困面最大、贫困程度最深的地区，全州 16 个县市中有 15 个属于国家级贫困县，贫困人口达到百万之巨。刚到黔东南的半年时间里，通过一次次的下乡入村实地调研，我对黔东南山区贫困有了更直观、更直接、更切身的感受。其中，有几个场景让我始终难以忘怀。

初到一个高山苗寨，本打算随机与老百姓聊聊天，不料村民看到我们这群陌生人，纷纷“逃”回家，陪同的驻村干部解释说，这里与外界交流极少，很多老人一辈子甚至没下过山，普遍怕“生”。有一次我去看望一家农户，老远就闻到了空气中弥漫着臭味，走到农户家门口才明白，原来他家一楼养着几头猪和牛，二楼住着一家六口人。当时我觉得很惊讶。但是随着调研的深入，我发现“人畜混居”现象在当地很普遍。

这一幕幕的所见所闻，深深刺痛了我。作为一名在红旗下成长起来的共产党员，这趟挂职扶贫让我更加深刻理解国家推动东西部协作的意义与内涵所在。治国之道，富民为始，共同富裕是社会主义的本质要求，是人民群众的共同期盼。作为已经先行富起来的东部地区，有责任、有义务先富带后富；作为一名生活在东部的党员干部，有幸参与这场脱贫攻坚战，责任重大、使命光荣。也正因如此，一年挂职满期后，我主动提出希望继续坚守并得到组织同意。我的出发点很简单：生逢这个伟大的时代，在有限时间里尽自己最大能力为百万苗侗同胞做点事情，是我个人的家国情怀。

白天忙调研、晚上做研究，“白＋黑”，“5+2”。围绕“如何借杭州之力脱黔东南之贫”这一重大课题，我们积极建言献计，系统性思考突破点，针对性形成一个个可行性报告。我们认为，黔东南当时面临的核心问题是禀赋优势得不到发挥，导致“走不出去”，基础短板突出导致外部资源“引不进来”；从长远看，根子上还是产业市场化活力不够、动力不足、持续性不强。于是，一条产业扶贫、精准扶贫的路径逐步清晰起来。

二

高山云雾、绿水青山、绚丽多彩的民族文化是生产绿色有机农产品和特色民族手工艺品的天然理想场所，比如雷山银球茶、丹寨硒锌米、凯里红酸汤、苗族非遗银饰等。但受制于产业规模小、分散生产等原因，当时黔东南州不少优质产品基本上处于自产自销、自给自足状态，只能“藏在深闺人未识”。

贫在生计，困于思维，这是最为根本的致贫因素之一。

2014 年是中国电商发展最为快速的一个时期。当时的杭州，网络企业众多、电商业态丰富，已成为国际知名、国内领先的“中国电子商务之都”。反观黔东南州，电商几乎为零。也正是从这年起，杭州主抓电商扶贫，以“互联网 +”形式推动很“土”的农产品站到时代风口之上，通过互联网不受时空限制等特点，让“万水千山”变为“近在咫尺”，让“苗货侗产”走进千家万户。

因此，我们在黔东南州大刀阔斧进行电商“拓荒”，特别是把构建农村电商体系作为精准扶贫的重点与突破口之一。考虑到电商本身就是市场化产物，从一开始，我们就确定了“政府引导、市场主导”的路径模式。

比如说强化顶层设计。在两地领导支持下，我牵头制定了《黔东南州电子商务发展“北斗”计划实施方案》，从园区建设、人才培养、农村电商示范点、模式探索创新、平台建设、主体培育等多方面提出目标任务，并推动确立“无线黔东南”战略。这份方案也成为黔东南电商产业的“基石”。

比如说落地体验店。2015 年 7 月，黔东南州首个电商诚信体验店西江特产旗舰店揭牌，“OTA+O2O+ 政府公信力”三位一体模式打响第一枪。此后，诚信体验店陆续在镇远、施秉、黎平、从江等地挂牌营业，推动拓展实体消费和电子消费双向市场。

比如说建运营中心。2015 年 10 月，黄平县农村淘宝运营中心投入使用，该中心被赋予“为全州农村电商探路”的新定位。

不到半年时间，由政府主导的一系列举措就已相继落地，黔东南州电商开始呈现星火燎原之势。但相比之下，更难的是如何让当地百姓更新理念、转换思维，最大程度上理解、接受并尝试电商这一新鲜事物。这等于说，电商扶贫第一关是“科普”，我们要承担起“启蒙者”“推广者”的角色。

为此，我们采用了最“土”、最“笨”，事后看来也是最有效的办法：组织人员走村入户，通过印刷墙体广告、悬挂横幅、制作喷绘标语、发放宣传手册等方式，大力开展农村电商知识培训和普及活动，使得农村电商家喻户晓。从效果来看，比预计要好很多，比如在黄平县村级服务站农村淘宝合伙人招募过程中，就有1000余人前来应聘，其中包含回乡人员50余人。

另一方面，背靠杭州这棵“大树”，如何争取东部城市特别是杭州电商资源、重点互联网企业支持，成为黔东南州电商扶贫做好开篇的关键一招。

恰好此时阿里巴巴集团正在做农村淘宝“千县万村”计划，我们就把它作为电商扶贫一个最好突破口。那段时间，我们与阿里巴巴之间基本上保持着随时随地对接沟通状态，并时常在两地奔波劳碌。这期间到访阿里巴巴的次数远远超过我在杭州工作时的频率，而我印象最深的莫过于2015年7月10日参加淘宝大学面试答辩的场景。

那一天，杭州正在迎战超强台风“灿鸿”。我们一大早从凯里出发，几经周折，克服重重困难才抵达阿里巴巴，原本六七个小时的行程用了十二三个小时。但我们根本顾不上旅途疲惫，心里反复琢磨面试答辩的各种细节。结果，整个答辩过程双方交流非常愉快，原本计划半小时的答辩延至1个小时，效果相当不错。结束后走出阿里巴巴大门，望着杭城高楼大厦、霓灯闪烁，听着台风呼啸之声、看着车辆川流不息，我们心里别提有多高兴。一名同事不由感叹，再大的台风也阻挡不了我们发展电商的决心。是的，电商这股大风也终于要刮到黔东南州了。有了阿里巴巴这样的头部企业“加持”，电商扶贫持续加速，多家电商龙头企业也相继进军黔东南州。黔东南电商扶贫在电商龙头企业的推动下迅速发展起来，各种前期工作有序展开，其中比较有节点意义的当属筹建电商人才培训基地。2015 年 8 月底，淘宝大学黔东南电子商务人才培训基地揭牌，黔东南百千万电子商务人才培训活动同步启动，这是全州第一个专门培育电商人才的机构。第一期 180 人经历数周培训后，成为黔东南州首批试水电商的“种子选手”；此后“电商市长”“电商县长”开始涌现，一个个苗族姑娘、侗族小伙也纷纷“触网”上线卖货，淘宝“特色中国·黔东南馆”、京东“丹寨馆”、贵州电商云“黔东南馆”“凯里馆”“黄平馆”、凯里市民族商品线下体验店示范园等陆续开业，“黔货出山”势头逐渐明朗起来。

但电商扶贫是个系统性工程，绝对不是简单开个网店就大功告成。我们始终认为，只有生态环境优化了，电商人才集聚了，产业链完善了，电商扶贫才会成功。

2016 年元旦刚过，凯里互联网众创产业园开园，面积达 10 平方千米，集电子商务运营、物流配送、人才培训、电商孵化、众创产业、线下体验等 6 大功能为一体，以多功能、大容量和高度市场化 3 大特点吸引了首批 116 家企业入驻，包括阿里巴巴、富士康、北京易麦通电子商务等行业“大鳄”。园区内设有阿里巴巴农村淘宝凯里运营中心、富士康互联网 + 体验中心、中国邮政黔东南电商运营中心等板块，真正体现了线上线下协同发展、虚拟实体融合发展的电商产业趋势。如今，凯里互联网众创产业园已是当地电商“大众创新、万众创业”的一张金名片，成为黔东南州电商实现弯道取直、后发赶超的最重要支撑点之一。

电商种子就这样在黔东南州播下、生根并发芽。黄平、凯里、台江、黎平列入了阿里巴巴农村淘宝“千县万村”计划，施秉县列入贵州省级电商扶贫试点县，凯里、台江、雷山、剑河、丹寨、从江、黎平等 7 个县（市）入围国家级电子商务进农村综合示范县名单；凯里成为中国县域互联网 + 行动联盟、中国县域互联网 + 扶贫协作联盟执委单位，旅游电商“西江模式”逐步形成和推广；此外，电商人才培训基地每年组织培训上万人次。2016 年，黔东南州电子商务交易额达 57.07 亿元，网络零售交易额达35.96亿元，分别排名贵州省第4、第3位；2017年凯里市县域电商发展指数名列贵州省第1位、全国第91位。

电商扶贫对于黔东南州来讲是一场“思想解放”运动。通过电商市场化、便捷化、高效化运作方式，让身处“世外桃源”的山区百姓充分享受到网络发展红利；同时，这也是一条见效很快、影响深远、效果持久的扶贫“捷径”，比如，发展电商解决了大量劳动力就业问题，帮助山区百姓增收致富。人力资源和社会保障部2014年发布的一份调查显示，全国网店平均用工2.55人，月均工资2115元。尽管电商普遍呈现交易规模偏小、交易额偏低、经营收入有限等，但对当时的黔东南州山区百姓而言，却已是“弥足珍贵”，网店已成为吸纳消化剩余农村劳动力的主要载体之一。

从经济发展角度看，电商本质是拓展市场，即我们所讲的“电商换市”，在市场拓展到一定程度后，市场又反过来倒逼推动农村产业变革，比如促使高山茶叶实现产业化、养鸡实现规模化等，最终推动黔东南山区从小农经济过渡到现代化市场经济阶段，且影响持续而深远。

在电商“推波助澜”下，2020年6月，黔东南州为全面提升地方特产品牌价值，启用“苗侗山珍”农产品区域公用品牌。目前已发展87家会员单位，品类包括蔬果、中药材、手工艺品等200余种。从包装、出产地、制作工艺，这些产品带有浓郁的民族文化和生态特色。通过价值挖掘、符号创意、策略结构等内容构建，黔东南州着力打造了带有地理标志的独特高端农产品，有力促进农业高质量转型升级，也为持续将生态优势转为经济优势写下最好注脚。

在发展电商扶贫进程中，作为早期挂职干部，我们做得更多的是大量基础性工作，或者说处于蓄势阶段，努力帮助黔东南电商完成从“0”到“1”的积累。这之后，电商扶贫成为杭州挂职干部重点任务之一，也是在各界大力支持下，黔东南州电商最终实现了从“1”到“N”的飞跃。

例如，近几年“黔货出山”是贵州的“网红标签”，在全国识别度很高。这背后是我们当年播下的电商“种子”已经茁壮成长、变为参天大树，即健全的农村电商体系、充满活力的电商生态圈，山区百姓对电商也已“轻车熟路”。特别是随着直播电商、社交电商兴起，黔东南在凯里、三穗、榕江、雷山、岑巩、锦屏、黎平、天柱、黄平 9 县（市）建立了直播基地，山区百姓更是纷纷“抱团作战”，利用淘宝、抖音、快手、拼多多等主流网络平台积极开展直播带货活动，一场活动创收少则几十万元、多则上百万元，年轻人再也不用愁“家门口没地方好赚钱”了。

三

中国地大物博，每座城市都有一两个最独特的品牌，比如杭州最大的品牌是西湖。同样地，作为全国苗族侗族人口最集中的地区，黔东南最大的品牌是民族文化、传统村落。据统计，黔东南州有 276 个村落被列入中国传统村落名录，占全国传统村落的 10.8%，位列全国地（州）第 1 位；有国家级非物质名录数 53 项 72 个保护点，位列全国地（州）第 1 位。黔东南民族历史文化积淀丰富，民族风情浓郁独特，当地老百姓绝大多数仍保留着唐代发型、宋代服饰、明清建筑、魏晋遗风。黔东南州拥有原生的民族文化、原始的自然生态，被称为“歌舞之州、森林之州、神奇之州、百节之乡”，并被冠以“中国苗侗风情国际旅游目的地”之美誉。

但很长一段时间里，守着丰富优势资源的黔东南老百姓却没有过上好日子，拿着“金饭碗”过着清苦的日子，我们觉得，其中关键在于黔东南的优势资源尚未进行深层次市场化开发，缺乏可持续、有竞争力的“变现”通道。黔东南整个文旅市场开发浅、不成熟、没体系、无品牌。面对这些短板痛点，我们用上了当时颇为流行的“用户思维”，站在游客体验角度，提出并实施了“找得到、进得来、留得下、带得走”12 字文旅产业发展方针。

“找得到”，说的是品牌培育。借船出海、借梯登高是我们的惯用做法，通过牵线搭桥，我们开展各种推介活动，比如，定期到北上广深杭等城市组织黔东南州旅游宣传推介会，又比如，借助杭州主办的国际性会议（展会）平台，推动世界休闲博览会、西博会等在黔东南州设立分会场。这么做，都是为了扩大黔东南文旅知名度、品牌力，让更多人知道黔东南、了解黔东南，从而吸引他们前来旅游，用当前比较流行的话来说叫做“培育潜在客户”。

有一件事值得说说，黔东南州是中国传统村落分布最密集、保存最完整、最具民族特色的地区。2015 年 11 月，凯里举行首届“中国传统村落·黔东南峰会”，峰会由贵州省政府主办，是一个以“传统村落与现代文明的对话”为主题的大型会议。为进一步提高档次、提升覆盖面，我们借力杭州资源，在相关国家部委办局支持下，与联合国教科文组织取得了联系，通过反复对接沟通，成功将峰会升格为由联合国教科文组织指导主办。这一“升格”意味着一场省级活动变成了一个国际性活动，最终吸引了国内外业界著名专家学者、传统村落的各方代表和致力于传统村落保护的各界人士 500 余人出席，其中包括来自联合国教科文组织、联合国人居署、德国柏林工业大学、意大利拉奎拉大学等知名机构专家学者，以及全国人大教育科学文化卫生委员会，住房城乡建设部、国家旅游局、农业部等领导。这些高层次人士齐聚凯里，纷纷为黔东南传统村落“代言”，这是一场多么好的营销啊！

有了品牌与知名度，还要保证全国各地旅客“进得来”。这就涉及到内外交通通达性、便捷性。长龙航空是浙江唯一本土航空企业，总部位于杭州市萧山区。2017 年 3 月 26 日，从萧山国际机场出发的首架长龙航空飞机降落凯里黄平机场，标志着杭州“直飞”凯里的航线正式开通。此后这条“扶贫航线”成为了黔东南州“黄金航线”，大力推动两地在经济、贸易、人文等领域开展深度交流。另一方面，我们用好用足对口帮扶资金，不断推动“四在农家·美丽乡村”建设，修路造桥，串珠成链，改善黔东南山区交通条件，有力促进乡村旅游兴起，也提升了农村公共服务水平。

“留得下”，指的是推动当地包括住宿等在内的接待设施建设，让游客留得下来，不至于形成“到此一游”的“通道型”旅游，着力发挥旅游的最大综合性效应。我们联系杭州市旅委，请他们参与编制《黔东南州智慧旅游规划》。《规划》对全州旅游设施等进行顶层设计，推动打造高等级景区集群。在后来一批批挂职干部的接续努力下，如今的黔东南旅游接待能力提升很快，特色民宿、高端酒店等已成为一道亮丽风景线。

结束行程，游客能带走什么？当然是各种文旅产品。我们积极引导"苗妹银饰"等一批龙头企业创新发展"旅游＋工业"业态，精心包装银饰刺绣、生态米、红酸汤等旅游商品，让游客把"文化"带走，特别是通过电商扶贫发展起来的物流体系，实现了"人未到家货已到"。另一方面，我们希望能带走口碑，以口口相传形式为黔东南带来更多人流量，为此，我们开展大量宣传培训，帮助规范文旅市场，努力让当地人建立优质服务意识。媒体曾披露过一组数据：2017 年黔东南接待游客总人数达 8850 万人次，同比增长 32%，实现旅游综合收入达 837 亿元，同比增长 51%。

挂职期间，我们为黔东南州搭建了电子商务、产业招商、旅游推介、文化会展、农产品展销五大平台，并全力把杭州优秀企业、先进理念、管理方法等引进到黔东南。就个人而言，围绕产业精准扶贫，我主要分管了三大块工作，除了前面提到的电商扶贫、文旅帮扶之外，还有招商引资。这块工作也是我们着力攻坚的难点和重点。

黔东南州"九山半水半分田"，发展大规模传统工业先天不足，空间要素受限也导致工业化程度很低。对很多企业来说，原料基础不在那里、市场基础也不在那里，投资黔东南吸引力就不大。但要素受限并不代表"无事可做"，我们瞄准黔东南州既有优势资源，围绕发展大健康、大数据产业等实施产业链精准招商。

比如，2015 年引入知名企业杭州华东医药集团，促成企业在凯里投资设立贵州中药公司，投建中药饮片生产项目。利用黔东南丰富中药资源优势，贵州中药公司填补了民族医药的中苗医苗药空白，并带动周边一大批苗民就业。又比如，引导华东林业产权交易所与凯里达成合作，推动华东林业产权交易所大宗现货电子交易线上平台落地。华东林业产权交易所是全国首家林业碳汇交易试点平台、浙江省唯一全省性林权交易平台。

招商之难，只有亲历者才能真正体会。这其中，杭州这个大后方的全力支持让我们感动至极。

2015 年底在杭州召开的黔东南大扶贫、大数据、大健康产业招商引资推介会上，杭州市里组织 150 多家企业主要负责人参加，起初部分企业抱着完成任务的心态前来“捧捧场”，不料活动还没结束我已被企业家“包围”，不少企业表达了考察投资意向。我还记得，当时推介会上一共签约了 11 个项目，投资金额达 23 亿元，这是历次招商会上最多的一次。

有了项目怎么落地？面对招商这个“最后一公里”问题，我们把杭州东部产业园模式复制到了黔东南州。

2014 年 4 月，在原杭州经开区提供的 2000 万元初始资金支持下，凯里·杭州经开区协作园挂牌成立。协作园规划面积 3.5 平方千米，由智能终端产品生产制造区、集成电路产业聚集区、基础配套产业区、生活服务区和大数据拓展应用中心等“四区一中心”组成，首批企业富士康、云泰科技等也于同日入驻。此后，作为杭黔两地产业合作结合点、共同招商重要平台，协作园建设进入“快车道”，到 2020 年底，已有 19 家企业建成投产，累计引导企业完成实际投资 10 亿余元，其中包括浙江亚芯微电、锦虹微科技、中科汉天下、申黔数据等高科技创新企业。目前协作园已形成了一定产业集聚效应，成为凯里经济发展新引擎，并为地方创造了相当可观的税收，解决上千人就业问题，称得上是两地园区共建的典范。

当然，对我们挂职干部来说，引资不仅仅局限于招商领域，还包括到社会各界去“引资”。到黔东南后，我深切感受到苗乡侗寨农村实在太穷了，这里需要帮助的人、解决的问题实在太多了。尽管单凭一己之力无法彻底改变，也不是一时就能彻底扭转，但我总想着再尽一份力，能帮上一点是一点。

“我又来‘化缘’了，请您帮助苗乡侗寨做点事。”在黔东南挂职期间，这成了我和杭州部门领导、亲朋好友通电话时的一句“口头禅”。

在社会各界大力支持下，杭州市民政局、慈善总会等部门，杭州“第九世界”公益俱乐部等公益组织，杭州华东医药集团等爱心企业，以及上海市温州商会、云南省温州总商会等单位纷纷慷慨解囊，捐款捐物总价值超过 1500 万元，这些钱物全部投入助学、助困和救灾等领域，用于改善黔东南各项社会事业。

四

在我离黔返杭的 3 年后，2020 年 11 月 23 日上午，手机几乎同时收到两条信息。第一条是推送的新闻：黔东南州 15 个贫困县已经全部摘帽，1853 个贫困村全部出列，130.19 万建档立卡贫困人口已全部脱贫；另一条是在黔干部发来的一条微信：黔东南脱贫攻坚取得历史性成绩，感谢感恩一路有你。

我在为黔东南父老乡亲庆贺之际，心中也感慨万千。算算日子，在黔东南刚好挂职一千零一天。这一千零一天里，有汗水，有辛酸，有成长，可以说，每一天都有故事。再“复盘”这趟挂职之旅，颇有感悟和收获。

扶贫大致可分为 1.0、2.0、3.0 三个阶段。在 1.0 阶段，主要靠“授人以鱼”，就是直接给钱给物造硬件，这种方式最简单，效果也最明显，但难以持久、不可持续；在 2.0 阶段，开始“授人以渔”，即教会贫困户各种生活工作技能，让他们学会谋生之道；在 3.0 阶段，则是“共建渔场”，就是全面构建扶贫生态，把扶贫的外来力量转化为当地发展的内生动力，让更多人主动自觉参与其中，这一阶段最理想但也最艰难，需要大量时间与空间，更需要改变人的思想与观念。

从个人挂职经历来看，杭黔对口帮扶，1.0、2.0、3.0 是并驾齐驱的。但一开始我们就有意识、有倾向性选择最难的“共建渔场”：从倾力推动电商扶贫、产业扶贫到后来的“扶贫先扶智”、开展组团式教育帮扶，无一不是遵循这个逻辑。因为我们希望，即使最后扶贫干部都离开了，留下的这套市场化价值观、现代化先进经验仍能继续引导当地经济社会发展，这才是根本之道。

来过便不曾离开，爱上就难以忘怀。能为中国共产党带领中国人民创造这场史无前例的脱贫攻坚伟大奇迹尽自己的绵薄之力，我感到很荣幸。

（采访整理：姚潮龙　卫志武；采访时间：2022 年 1 月 3 日）

真心交流交往交融，争做民族团结的先锋

肖国耀

2016年12月至2020年1月，我参加了浙江省第九批援疆工作。在新疆阿克苏地区，我担任浙江省援疆指挥部办公室副主任、阿克苏地区中级人民法院党组成员、副院长（分管民商事、行政审判工作），在法院援疆工作开创了“阿克苏法律大讲堂”等智力援建新模式，亲自主持办理了新疆首例百亿破产重整案，规范了全地区法院民商事、破产、行政审判工作，分管的部门3年内获得国家级荣誉5个。在民族团结方面，全身心融入民族群众中，积极为民族群众解决实际问题，受到了当地群众的欢迎和赞扬，被录入了阿克苏地区党员先锋榜，被国务院授予“全国民族团结进步模范个人”称号。这些成绩的取得，绝不是我一个人的功劳，而是党中央英明决策的结果，是强大的浙江大后方大力支持的结果，也是在边疆奋斗的援友们帮助和支持的结果。我只是浙江20年来3000多名援疆干部的一员，他们和我一样取得了骄人的成绩，为祖国边疆的繁荣稳定作出了积极的贡献。

一

要做好民族团结工作，首先要融入民族群众中，与民族群众真心交朋友，相互学习，为他们真正解决实际问题。进疆后，我分别与拜城县老虎台乡托普鲁克村、阿克苏市依干其乡尤喀克巴里当村、地区中级人民法院干警4户少数民族结为亲戚。3年来，我坚持在节假日期间，与民族群众同吃、同住、同学习、同劳动，广泛开展民族团结一家亲活动。

为了交流方便，我还积极学习维吾尔族语言和当地少数民族舞蹈，并多次参加与民族群众的联谊活动，例如参加了 2019 年度“浙阿同心”联欢会演出等，与民族群众结下诚挚的亲情和友情。同时，我兼任新疆大学科技学院阿克苏校区法制副校长，多次进学校讲授法律，关心关爱少数民族学生的成长，引导少数民族学生遵守法律，纠正坏习惯，消除宗教极端主义影响。在阿克苏地区中级人民法院工作中，我积极主持参加各民族干部的民族团结一家亲活动，关心关爱少数民族干警的工作生活，带头深入民族干部家庭中参加联谊活动，打破少数民族案件和汉族案件分别由单纯的民族干部和汉族干部审理的习惯，让民汉干警充分融合，切实提高民族干部的国家通用语言文字应用能力和审判水平，融洽了民汉干警的关系。记得在 2018 年国庆期间，我带领阿克苏地区中级人民法院 20 多位干警到阿克苏地区拜城县老虎台乡托普鲁克村。该村位于天山脚下，离阿克苏市有 240 多公里，是一个贫困偏远的小山村，村里有维吾尔族、柯尔克孜族、哈萨克族，汉族仅有 1 户。在驻村的 10 多天里，我组织村里百姓学习汉语和法律，开展多项庆祝国庆的活动。由于我们多年的坚持，阿克苏地区中级人民法院被新疆维吾尔自治区评为“民族团结一家亲”先进集体，老虎台乡也成为了民族团结一家亲的典范。

二

阿克苏地区作为连片的贫困地区，是国家脱贫攻坚的重点地区。积极帮助民族地区解决实际困难，也是我们的责任和义务，更是促进民族团结的重要工作。作为援疆干部，我深感责任重大，想方设法找准发力点，帮助他们脱贫致富。

2017 年我在走访中得知，拜城县老虎台乡托普鲁克村柯尔克孜族一名学生因摔伤导致身体 30 多处骨折，打了 17 处钢钉，由于家里贫困，无法继续治疗。小姑娘家并不是我结对帮扶对象。但当我看到瘦弱到只有 60 斤的她时，立即作出了帮扶决定。我打电话给援疆医生，了解治疗费用。他们说只要 2 万余元即可，我本想由自己全额支付，后来想想在帮扶她的同时也是民族团结的一次契机，不如发动浙江省高院集体捐助更有意义，可以让少数民族感受到国家和集体的关爱和温暖。因此，当天我就发动浙江省高级人民法院干警捐款，不到2小时就捐赠2万余元。大家的民族团结情着实让我感动。我又积极联系援疆医生为小姑娘做手术。经过努力，小姑娘彻底摆脱病魔，也让其家庭彻底摆脱贫困，从此她就亲切叫我“法官爸爸”。新疆法律网《团结情》等媒体对此进行了专题报道。

我在走访中发现阿克苏地区中级人民法院结对的两个村小学学生衣服破旧，参差不齐，就积极联系后方为349名学生捐赠价值20万余元的校服1047套、电脑10台，少数民族群众反响强烈。我们法院援疆的其他团队成员深受感动，也分别发动后方资源积极为群众办实事。由于我们积极的帮扶，提高了少数民族群众的“五个认同”。每次我们后方单位领导去新疆看望我，我都会带他们去老虎台乡，我们后方的领导和同事们都会找一个贫困户结对，并积极捐赠，也非常令我感动。2020年1月我结束援疆工作回到浙江，仍然非常想念远方的民族群众，作为支部书记，我倡议每个党员都和阿克苏地区拜城县老虎台乡的民族小学生结对帮扶，得到了大家的认可，2年来我们向结对小学捐献了书籍1000余册，书包、文具、衣服等价值5万余元。当地村委分别写了感谢信，大家也感到非常开心和荣耀，切实提高了促进民族团结的责任感和荣誉感。

三

积极参与脱贫攻坚是我们每个援疆干部的职责。省援疆指挥部高度重视，发动援疆干部积极投入脱贫攻坚工作，制定了“助力脱贫攻坚211行动计划”，即向柯坪、乌什2个国家级贫困县倾斜，发动浙江省强镇、强村、强企、商会、社团等与受援地100个贫困村精准结对帮扶，多渠道助推1万人就业增收。行动计划的扎实推进，为阿克苏地区打赢脱贫攻坚战做出了积极的贡献。针对阿克苏中级人民法院结对贫困村基础设施差、底子薄等具体情况，积极争取20万元资金为对口帮扶的拜城县老虎台乡托普鲁克村完善基础设施，积极联系温州市援疆指挥部，启动援疆资金发展养鸽子、土豆生产基地，推进产业脱贫。

在下乡和驻村过程中，我发现老虎台乡处于天山脚下的民族群众，常年喝的都是天山融雪后流到河里的水。天山夏天雨水多，融雪快，拦河坝经常被冲垮，导致水质非常差。冬天又非常寒冷，没有融雪，导致河流干涸，老百姓只能将雪装在桶里融化后使用。由于水质差，民族群众疾病高发。我发现这一问题后，积极联系协调浙江省援疆指挥部和温州市援疆指挥部，争取资金 1300 余万元，在天山脚下打井取水，后在地下 147 米深处成功打到水，彻底解决了老虎台乡 1.8 万余名群众的用水问题。为了感谢浙江的积极援建，该井被命名为“温州井”。

四

作为浙江法院援疆干部，利用专业知识为当地经济服务，营造更好的营商环境，创造更多就业机会，是助力民族团结的最好方式。当地由于受到人才和经济发展水平的限制，审判管理和审判业务水平与浙江相比差距较大。我针对实际，对民事审判 52 项制度进行修订，切实提高管理审判业务的能力。浙江法院共有 10 名干警参加第九批援疆工作，形成了法院援疆的“小组团”。我作为领队，积极发挥领头雁作用，带领大家利用“小组团”撬动后方的“大资源”。

加大帮扶力度，助推智慧法院建设。浙江省三级法院按照党中央和浙江省委、省政府的要求，不断加大对口支援新疆的物资装备和资金支援力度。3 年来，共向阿克苏地区两级法院积极争取浙江援疆资金 1581 万元，建设项目 10 个，建成科技法庭 19 个，一体化智能送达系统 1 个，移动微法庭 1 个，图书馆 2 个，购买价值 80 余万元的办公设备，有力助推阿克苏地区两级法院物资装备和智慧法院建设进程。如温州市援疆指挥部投入 200 万元用于拜城法院审判庭信息化建设，采用目前国内最先进的庭审设备和应用系统软件，解决了录像画面不清楚、声音嘈杂、庭审现场资料归档不达标等问题，提升了庭审和办案效率，走在新疆维吾尔自治区法院系统信息化工作的前列。

强化“造血”功能，培养“带不走”的人才队伍。为切实提高阿克苏地区两级法院的法官队伍素质和法院管理水平，浙江法院援疆干部采取“请进来”和“走出去”相结合的模式，组织浙江法院领导考察团38个234人（其中高级法院院领导2人，中级人民法院党组书记、院长8人，基层法院党组书记、院长59人）分赴阿克苏地区考察和传授法院管理经验，组织阿克苏地区两级法院考察团15个124人赴浙江考察学习。开辟了“阿克苏法律大讲堂”，邀请浙江省法院的全国及全省审判专家33人到阿克苏两级法院作业务讲座，培训法院干警3090人次。组织5批15人到浙江省三级法院挂职培训学习，组织13批146人到国家法官学院浙江分院和大学法学院学习培训，湖州市中级人民法院发起成立浙江首个援疆干部传帮带工作室“沙舟工作室”，设立周一业务夜学讲堂，引进“导师制”，全方位多角度开展传帮带工作，开展各类活动60余次。大力培养本地法院干部，切实提高两级法院的“造血”功能。

不当客人当主人，主持审判促稳定。2018年7月13日，阿克苏地区中级人民法院受理“金晖兆丰能源有限公司及其四家关联子公司实质合并破产重整案”，该案涉及债权人450家，涉及债权117亿元，这是新疆维吾尔自治区法院受理的首例百亿破产案，当地法院没有破产审判经验。因为该案涉及到当地经济发展和就业，也涉及稳定和民族团结问题，自治区和阿克苏地委非常重视。我勇挑重担，亲自主持审理，积极与后方联系，精心制定审理计划，仅一年时间就创新以“债转股”的方式成功审结本案。该案的成功审结，创造了3个第一：即100亿以上破产案件审理期限最短、首例民营企业债转股案、新疆首例百亿破产重整案。该案的审结盘活了地区的经济资源，给拜城县直接带来稳定的少数民族群众就业1.5万人以上，每年可增加数亿元的税收。同时以此为契机，建立了破产审判团队，健全了破产审判工作机制，营造了良好的营商环境。拜城县后续几个数亿元的破产案件也参照本案进行审理。拜城县委、阿克苏地区和自治区均给予高度评价，人民网等媒体进行了专题报道。

经过规范化管理，阿克苏地区两级法院的民商事审判质效得到大力提升，连续3年列新疆维吾尔自治区法院系统第一名。我分管的民一庭2017年度被评为“全国法院先进集体”，民一庭一名法官的庭审被评为“全国百强庭审”，民二庭2018年度被评为“全国涉军审判先进集体”，行政庭2019年度被评为“全国法院司法救助先进集体”、行政庭长被评为“全国司法救助先进个人”。

三年援疆路，一生新疆情。对新疆的情愫、对少数民族的情愫，我将扎根内心，永远延续。

（采访整理：姜卫东　杨沫江；采访时间：2021年9月9日）

情系苗疆热土，秉承信念前行

汪四花

2016年9月初，我受浙江大学医学院第二附属医院委派，带着既期待又有些紧张的复杂心情，由杭州到贵州省台江县，担任台江县人民医院院长。

被称为“天下苗族第一县”的台江县位于贵州省东南部、黔东南苗族侗族自治州中部，全县有17万人口，属于国家级贫困县。在去那里之前，不要说台江，连贵州省我都没有去过。

台江县人民医院是全县唯一一所“二甲”综合性医院和爱婴医院。由于管理、设备和技术相对落后，医院多年来医疗服务和硬件建设都比较薄弱，医院发展举步维艰。2016年4月23日，应中组部帮扶台江工作组和台江县委、县政府的邀请，浙大二院与贵州省黔东南州台江县人民医院缔结对口帮扶关系。5月，“浙江大学医学院附属第二医院台江分院”在台江正式揭牌，台江县人民医院有了新身份。

我到台江之前，听同事们介绍说台江医疗情况非常落后，自己有了一定的心理准备，但是到了之后才发现困难程度远远超出我的想象，这里的技术、人才、基础设施，尤其是思想理念与原单位有很大差别，一时心里压力很大，不知道自己能不能改善这里的医疗环境。但是，当看到台江百姓大病小病都要跑到黔东南州州府凯里去，一趟来回花销很大，我受到深深触动。作为一名医务工作者，我有责任帮助当地解决老百姓看病难、看病远问题，所以我还是决定留下来。

一、没有调研就没有发言权

既然来了，就要干一番实事！我心里默默为自己鼓劲。刚到台江时，我对这里几乎不了解。为了尽快进入状态，改变台江县人民医院面貌，我首先开展调研。那段时间，调研成了除吃饭、睡觉以外的全部生活。我总结成“望闻切听”四种方法。望，就是看，我把医院的各个角落全部仔细地查看了一遍。只要是有门的地方，我全部打开查看。那时候，医院里很多房间被医院职工当成自家的储藏室，家中放不下的东西就放在医院里。为此，我专门在医院院长办公会上把这一问题摆出来，经过讨论，决定限期让大家自行搬走。在看的过程中，我发现医院存放着大量的废弃医疗设备。这些设备都是一些东部发达地区、慈善机构捐赠过来的。我们将这些设备进行归整，能够使用的就进行利用。闻，就是去感受老百姓看病难的问题。我从与老百姓看病最直接的挂号收费窗口去了解，有些员工早上来上班，换好工作服后第一件事是去街上买早餐，回来后边吃饭边挂号，还要呵斥病人，这种情况当时很多。听，就是去倾听员工的声音。我主动“潜伏”在医院员工的微信群里。在微信群里，大家聊得最多的不是做好工作、提升业务能力之类的话题，而是诸如今天晚上在哪里喝酒、明天去哪里钓鱼之类的话题。切，就是根据我看到的、听到、感受到的情况，去跟医生、护理人员、后勤人员、行政人员及院领导等各个层面员工进行交流沟通。比如关于帮扶工作，我就问他们需要帮扶什么、想要达到怎样的效果等等。从与医院职工的交流中，我受到了很多启发。

通过调研，我发现三个方面的问题。一是医务人员专业技术亟待提高。当时医院共有 360 名职工，其中有 80 名医生，这里面有一半是没有行医执照的，导致医院只能诊疗一些常见病，比如内科只能看感冒、发烧等，外科只能做一些诸如阑尾炎等小手术。医院门诊量一天只有 200 人左右，住院病人也只有几十名。二是医院职工工作纪律涣散、精神面貌不振。医生如果有住院病人需要查房，他们就会来看一下，如果没有病人，他们就直接下班了，缺少上下班工作纪律。三是医院入不敷出，发不出工资。我刚到的时候，医院处于亏损状态。还有，医院的医疗设备非常落后。整个医院最贵重的设备就是一台已经使用 10 多年的 6 排 CT。当时浙二医院使用的已经是 64 排、128 排的 CT 了。CT 的心脏——球管当时也已经换了 5 个。别的科室，如眼科门诊设备只有一个视力表，五官科门诊只有一个灯。

在调研的基础上，我开始对医院的发展进行规划。因为当时我们的帮扶目标是 5 年以后台江医院要成为贵州省内具有一定影响力的县级综合医院。要达到这一目标，我们就需要第一年有起色，第二年有一定的成效，第三年有明显的成效，第四年有一定的辐射能力，第五年才能全面实现。

二、制定和改进规章制度

目标任务经过院长办公会通过后，就开始全面落实。我决定“第一把火”先从制度烧起，因为没有制度来约束规范大家的行为，做任何事情都是空的。通过与班子成员、各科室负责人交心谈话，并借鉴浙大二院的经验，我和我的团队制定和改进了诸如劳动纪律制度、奖惩制度等 300 多项规章制度和工作流程，推行“整理、整顿、清扫、清洁、素养、安全”为内容的“6S”管理活动，提倡“患者和服务对象至上”的服务理念。我经常讲：只要是患者反映服务态度不好的，影响和妨碍医院工作的事和人，都要一查到底，给患者和大家一个交代。这些得罪人的事我来负责。对推进制度与流程的落地，我们采用“四部曲”，分为培训—考核—稽查落实—改进四步，其结果与年度目标责任挂钩，将“6S”管理新理念和国际先进管理理念融入到台江医院的运营中。

制度刚开始执行的时候，经常会发生一些触碰红线的情况。放射科有一名职工，按照规定，值班期间应该住在值班室。有一名职工违反规定擅自回家，病人对其进行投诉。医院就按照制度扣了他一个月的工资。下个月，他因为喝酒导致上班迟到，医院又扣了他一个月的工资。不到半年时间，制度执行的效果就充分展现出来，台江医院的院区标识清楚了、库房整洁了、道路平整了、车辆停放有序了、院区环境干净了，医院整体形象得到了显著提升。医院职工对我的满意率超过95%。

三、加大人才培养力度

人才是医院发展的核心力量。关于人才匮乏的问题，我主要采取两种方式来解决。一是争取台江县委、县政府支持，给我们招聘名额。当时台江医院已经10年没有招人了，人才断档很严重，处于青黄不接的状态。同时我们还争取到由医院自主招聘的权力。经过几年运作，台江医院陆续有了来自贵州医科大学、遵义医学院的本科生，提升了医生员工的整体素质。二是重视培训。我们坚持“送出去、请进来”。5年来，浙大二院先后接收台江医院近百名中层干部、业务骨干进修学习。2016年4月至2020年11月，浙大二院为台江医院举办学术讲座和学习班等746余次，开展临床查房、手术、疑难病例、会诊、义诊等12746次，手把手带动台江医院医务人员提升专业素养。

在这里，我还要讲一下浙江大学、浙大二院为台江医院的发展做出的贡献。作为我的“娘家”，它们对于我们的工作进行了大力支持。五年来，浙江大学、浙大二院共投入资金2600万元，为台江医院购买胃肠镜，创建消化内镜中心；购买1.5T磁共振，创建核磁共振室；购买数字减影血管造影设备（DSA），创建心血管介入中心（2018年5月1日，DSA正式启动运行。这是黔东南地区县级医院最先进的心血管介入中心，达到国际先进水平）；同时，创建泌尿外科、中医康复科，实现妇科、产科分科；还搭建了黔东南州第一个远程会诊中心、急诊重症监护室（EICU）远程平台、数字病理远程共享平台。许多以前诊断不了的疾病现在在台江医院都能够确诊。患者不再为做一个检查而转上级医院，大大节约了患者的时间成本和经济成本。

浙大二院还相继派出44批次70名涵盖管理、泌外、内镜、麻醉等近20个学科的专家来到台江医院帮扶，平均每月都有8到12名专家驻台江医院，这些医疗专家均为博士。一个县级医院，每月同时有这么多博士在临床一线坐诊，这在黔东南州是前所未有的。

如何充分发挥专家们的帮扶效果，为当地打造一支“带不走”的医疗队，是我经常思考的一个问题。经过调研实践，我和团队探索出了“五结合”的模式，即“组团式”与多学科相结合、长期帮扶（6个月至1年）与短期帮扶（1周至1月）相结合、业务指导与行政管理相结合、导师制带教与双向考核相结合、专家派驻与发展需求相结合。探索“七个组合拳”的人才培训模式，即帮扶专家传帮带移植造血细胞，远程平台学习活跃造血细胞，创建“急救小组”繁殖造血细胞，急救演练强化造血细胞，培养自主学习能力活化造血细胞，选派进修学习激活造血细胞，举办学习培训营养造血细胞等。“急救小组”和“急救演练”模式已在黔东南州推行。这有力促进了帮扶从“输血”向“造血”的转化，为台江县留下了一支“带不走”的医护团队。5年来，台江医院共有急救患者120人，其中成功抢救89人，抢救成功率为74%。台江医院已经开展新项目新技术103项，其中本地医生独立胜任的有81项。

四、文化是医院长远发展的支撑

除了用制度来约束大家，我们还用一些文化举措来关爱大家。我在推进医院文化建设和优化服务方面做了一些探索和创新，例如专门组建了医院文化办，落实员工服务礼仪培养教育，进一步规范医务人员服务行为，强化微笑和主动服务意识；利用休闲长廊开设“领导关怀和帮扶成果展”，在花园周边设置帮扶专家园地；倡议确定医院“院徽”，明确医院服务宗旨、核心价值观、发展愿景。同时为患者推出许多人性化服务的新举措。例如，聘请苗族导医，一方面为听不懂普通话和客家话的苗族同胞就医问诊提供沟通上的便利，另一方面指引、搀扶、协助老年或者行动不便的患者就医；为了让苗族患者听懂医生的指令更好地配合检查，在CT操作提示中导入苗语，提升患者就医体验；完善路标、指引牌、温暖提示等标识，提升医院服务。我心里不仅装着患者，还挂念着全院干部职工。2017 年 5 月医院实现转亏为盈后，我首先解决了他们的养老保险问题，临聘人员也没有了后顾之忧，大家吃了一颗“定心丸”。同时普遍提升职工待遇，全院凝聚力得到强化，精气神焕然一新。

五、最深的牵挂，最大的担当

我常讲一句话：驻点台江，帮扶黔东南，辐射贵州省。在台江医院工作期间，我坚持每个周末带领帮扶专家团走村串寨进行义诊帮扶，同时宣传党的政策、普及健康知识。几年下来，已经把台江县所有的村寨都走了一遍，并且走遍黔东南州以及贵州省的许多地区。

我第一次义诊是在 2016 年 10 月，当时有两个目的。首先是想了解老百姓的健康状况，其次是了解一下当地的风土民情。在义诊中，由于我们都听不懂苗语，只能一家一家敲门，然后通过肢体语言进行交流并根据症状给他们一些膏药、止痛药、眼药水之类的常见药品。通过这次义诊，我们发现，当地百姓生活比较贫穷，由于年轻人基本都外出打工了，村里基本上都是老人和小孩，90% 以上或多或少有些疾患，当地老人基本上都驼着背、蜷缩着腿，健康状况比较差。这更加坚定了我们下乡义诊的决心。

在下乡义诊中发生了许多感人的事情，在这里我举一例。有一次我们到一个偏远的村庄去义诊，发现人群中有一对母女，正用期待的眼神看着我们，就问有什么事情需要帮助的。母亲就讲，这个孩子一个人不能走路，经常跌倒，去过一些医院看过，都说这种病治不好。听完后，我就让她们去台江医院做了检查，发现是颅内脑细胞的问题。为此，我们与浙大二院进行了远程会诊。经过一段时间的治疗，孩子走路明显好转，摔跤次数明显减少。由于长期患病，孩子智力发育不完全。我们用手指比划成几个基本数字让她认，她也回答不上来。经过不懈治疗，孩子的智力也慢慢得到好转。后来有一次我们到她们隔壁村进行义诊，小女孩看到我们来了，就急忙回家把她母亲带来。母亲跟我们讲，现在孩子好起来了，她说知道你们来了，然后把我从家里拉过来看你们，表示谢意。当我们义诊时，母女俩就在一边默默地看着。等义诊结束，小女孩急忙过来拉着我们的手，一定要让我们去她家看看，这让我们很受感动。下乡义诊过程中，这种事情还有许多许多。

六、蜕变

在中组部驻台江扶贫工作组、浙江大学、浙大二院的全力支持下，台江医院发生了天翻地覆的变化，医院学科发展、技术力量和就医环境实现跨越式发展，完成由县医院向区域性医院的蜕变。按照“制定质量管理架构、落实目标管理、持续质量改进”等方法，台江医院不断提升医疗质量，医疗纠纷和投诉大幅度减少，医院综合服务能力也得到显著提升。帮扶后和帮扶前相比，门诊人次、住院人次、手术台次分别增长322%、65%、273%，外地来院门诊、住院人次分别增长660%、444%，转诊率下降至5%。一支业务上有希望的医护队伍迅速成长，当地百姓得到实实在在的医疗服务，切实解决了台江老百姓看病难、看病远的问题。

台江医院的发展也得到了党中央的高度认可。2017年4月2日，时任中组部部长的赵乐际同志来台江医院调研，对帮扶工作所取得的成绩给予高度肯定，最为重要的是，经过5年的努力，台江医院已经发展成为一所当地老百姓认可的、老百姓喜欢选择的一家县级医院，也是黔东南具有一定影响力的示范性县级医院。2019年10月28日晚，浙大二院与台江医院对口帮扶的项目登上了中央电视台新闻联播，成为全国医疗扶贫典范。

蜕变后的台江医院，荣获国家卫生健康委对口帮扶工作专项督导检查全国第一、“对口支援双方医院为整体全国第一”等佳绩。“台江现象”成为浙江大学、浙江省乃至东西部扶贫协作和中国精准扶贫成果对外展示的一扇重要窗口。

七、体会与感悟

现在，我们已经取得了脱贫攻坚战的伟大胜利。回望5年的经历，我有三点体会：首先，脱贫攻坚战是中国共产党领导的中华民族发展史上的伟大壮举。这一历史性成就只能是在中国共产党的领导下才能取得，同时也是以人民为中心发展理念的具体体现，是我们国家社会主义制度优越性的具体体现。其次，脱贫攻坚事关老百姓的福祉。通过每一名党员干部的具体工作，让老百姓感受到了党中央的温暖，感受到了党对他们的关怀和关爱。党在老百姓心中的地位得到了很大提升。最后，对我个人来说，在这场伟大的事业中，自己经历了许多酸甜苦辣，更为重要的是，5年的扶贫历程使自身得到了很好的磨练。这5年时间，也是我人生当中最出彩、最值得回味的时间段。从这个角度来讲，我既是脱贫攻坚的亲历者、见证者，又是受益者。在今后工作中，我将以台江帮扶经验为积淀，继续在统筹衔接乡村振兴的接力赛中，护佑人民健康，这将是藏在我心中沉甸甸的责任。

（采访整理：姜卫东　陈之卉　杨沫江；采访时间：2021年10月22日）

贡献脱贫攻坚的浙江民航力量

刘启宏

浙江长龙航空有限公司是浙江唯一本土总部型、客货运综合公共运输航空公司。公司于2011年4月注册，2013年12月拓展客运业务，在不到7年时间里实现了跨越式发展，2020年7月公司机队规模超50架，迈入中型航空公司行列，现有机队规模61架，员工近6000人，创造了民航业的“长龙奇迹”，成为浙江省发展态势好、带动能力强的民航领域龙头企业。作为公司的创始人和董事长，我带领企业全面落实党中央、国务院和浙江省、杭州市关于脱贫攻坚工作的重要指示精神，将省市扶贫攻坚使命镌刻进公司战略、发展基因中，切实履行企业社会责任，为“精准扶贫”谱写民航业浙商新曲。

一、发挥民航特色，用空中金桥促进人流、物流和贸易快速发展

要致富，先修路，要快富，修大路。多年的交通运输从业经验，让我深刻理解交通对地区经济社会发展的重要意义。作为浙江一家民营本土航空公司，浙江长龙航空公司始终不忘“发展为了人民”初心，在自身取得快速发展的同时，主动扛起社会责任，通过开辟多条扶贫航线，为贫困地区精准扶贫作出了积极贡献。

近年来，我结合浙江省、杭州市的对口支援，多次前往对口帮扶地区实地考察，深刻理解交通不便给被帮扶地区带来的产业拓展障碍、项目资金障碍、经验交流障碍。为此，长龙航空决定结合航空快速、高效

的优势和特点，主动开通多年来没有航空公司愿意执飞的航线，架起一座座空中桥梁。在浙江省、杭州市各级政府特别是杭州市对口帮扶工作领导小组的指导下，长龙航空重点布局大西部，2019 年设立西北、西南分公司，以西安、成都为中心，统筹西部工作，与公司杭州总部、广州的中南分公司有效联动，实质性推动东西部政经、文化交流。从 2014 年 2 月长龙航空开通了首条老少边穷航线——杭州至洛阳航线开始，先后开通杭州主基地、深圳、广州、成都、西安等发达城市至阿克苏、凯里、恩施、兴义、延吉、延安、遵义等老少边穷地区对口帮扶、支援与合作航线共 230 多条，累计承运旅客超 1800 万人次、货邮 8.9 万吨，实现了浙江省和杭州市对口支援地区航线的全覆盖。每次首航，当地机场都会有许多老百姓前来围观。每当长龙航空的飞机飞过，他们的脸上就洋溢出能够走出大山的喜悦。这时候，我就很知足，我做了一件很有意义的事情。民航对地方经济的带动是明显的，民航支出 1 块钱，对其他经济的带动比例是 1 ：8。

由于上述这些区域的城市人口流动与商务交流处于“低频”状态，所以通向这些城市的航班上座率不高。这就意味着每年需要投入大量的资金用于培育市场。长龙航空多年来在上述扶贫航线上累计投入数十亿元，累计亏损近 3 亿元，对扶贫事业投入可谓“不计成本”。例如杭州至凯里独飞航线。凯里黄平机场位于中国贵州省黔东南苗族侗族自治州。长龙航空开通的“杭州—凯里—成都”航线，成为了这个机场的“独飞侠”。这趟唯一的航班，服务着黔东南州 350 多万居民和这里的旅游业，为黔东南州脱贫攻坚做出了重要贡献。到目前为止，这条航线是长龙航空亏损最严重的航线。但是我从来没有想过“及时止损”，因为如果长龙航空停飞了，这个机场就没有航班了，不仅机场工作会陷入停顿，当地商贸也会受到影响。机场是一个地区基本的公共交通服务设施，如果停止运行，将对当地经济社会发展产生很大影响。所以我们一直在坚持。长龙航空也成为了萧山机场独飞航线、新开航点最多的航空公司。目前，大部分的航线运营都处于亏损状态，但长龙航空仍然坚持飞下去，只要有益于贫困地区脱贫攻坚工作，长龙航空就尽其所能全力去做，坚决扛起民营航企的社会责任和担当。

新冠疫情最为严重的时候，长龙航空克服各种困难，确保恩施、凯里、阿克苏等独飞帮扶航线不断航、不停航。随着疫情防控进入常态化，如何在防控疫情的同时助推复工复产成为各领域面临的“大考”。长龙航空作为对口帮扶的践行者，为了以最快速度助力复工复产，开通特殊包机。2020 年 2 月 16 日，长龙航空执行的四川广元—浙江嘉善务工人员包机，首开国内复工包机先河。2 月 20 日 11 时许，杭州市多名干部、企业家、教师、医生又借着长龙航空的空中航线奔赴黔东南州。同一天下午，贵州 120 余名返工人员搭乘同一趟包机返回杭州，作为全国首个保障对口支援帮扶工作队包机航班，带去扶贫力量，带回脱贫希望。

二、创新航空帮扶新模式，为脱贫插上“金翅膀”

长龙航空以旅游业为载体，推动并助力对口帮扶行动，深耕“航空 + 旅游”的实践，使绿水青山里盛产的优质农副产品快速飞向东部地区的千家万户，纷至沓来的航空旅客为帮扶地区带来更多的旅游收入，快速促进帮扶地区与发达地区的人流、物流和贸易往来。

湖北省恩施土家族苗族自治州是杭州市结对帮扶地区。长龙航空的“航空 + 旅游”模式中，杭州—恩施航线的开通具有代表性。杭州与恩施同属北纬 30 度，境内旅游资源都十分丰富。恩施州现有 2 个 AAAAA、18 个 AAAA 旅游景点集群，但是由于过去两地间不通航班，只能“养在深闺人未识”。2016 年 10 月 31 日，杭州至恩施航线开通半年后，长龙航空打造“杭情施意、恩施等你”主题航班，让旅客全程享受恩施空中画廊之旅。浙江省总工会及时调整政策，将恩施列为杭州市职工疗休养目的地，截止到 2020 年 8 月底共有 4 万人次杭州企业职工赴恩施疗养，145 万杭州旅客赴恩施旅游。杭州—恩施航线现在每天一班，恩施州正在打造生态文化旅游为首的 4 大千亿产业，有 40 万恩施贫困人员在家门口吃上了旅游饭，一方绿水青山转化成了金山银山，探索出旅游牵手扶贫的新路子。可以说，航空为旅游插上了“金翅膀”，旅游为扶贫找到了“金钥匙”。

援疆是国家战略，企业责无旁贷。2018 年 12 月 19 日开通的杭州经停郑州至阿克苏航线，为杭州和阿克苏架起了空中“金丝带”。这条航线的开通，首先是降低了浙江与阿克苏之间的人员往来和货运的成本，浙江援疆的人员、物资通过这条航线源源不断输送到阿克苏，对浙江援疆工作的顺利进行发挥了重要作用。同时，长龙航空对援疆干部的服务非常热心、细致，比如一般航空公司行李托运最重 20 公斤，长龙航空特别放宽到 40 公斤，而且航班正常率最高，细节之处体现长龙航空对边疆的暖暖爱意。航线被广大援疆干部亲切地称赞为“服务产业援疆的经贸航线、服务智力援疆的暖心航线、服务交往交流交融的民族团结航线”。其次，广大浙江旅客通过这条航线得以更加方便、快捷、舒适地前往美丽的新疆旅游。2018 年有 186.98 万人次从浙江到新疆，其中很大比例是坐飞机进疆的，对拉动贫困地区第三产业发展做出了积极贡献。第三，在产业扶贫方面，2018 年阿克苏有 16.74 万吨农产品销往浙江，销售额达 22.86 亿元，浙江 10 个城市开设了 100 家阿克苏农产品专卖店。特别是一些高档农产品就是通过民航航班来保障运输的，“早晨在田头，晚上在餐桌”，“疆品东送”“浙产西进”双向通道网络体系基本建立，这其中长龙航空开辟的阿克苏扶贫航线发挥了独特作用。

三、扶贫不忘扶本，以教育改变帮扶地区下一代的人生未来

我一直将教育视为脱贫之本。在我的倡议下，长龙航空于 2018 年向浙江省爱心事业基金会捐赠资金，用于资助四川省阿坝羌族藏族自治区阿坝县甲尔多乡孜朗小学；2020 年 7 月，长龙航空百余名党员管理干部结对资助贵州省黔东南州从江县、榕江县百名家境贫困且品学兼优的学生（每个县各 50 名学生，金额 1500 元 / 年，直至其大学毕业），同时，我还承诺长龙航空对结对资助的毕业生根据本人意愿优先录用。8 月，为做好杭州市帮扶四川省凉山州喜德县 18 个挂牌督战村工作，公司再次组

织18位党员管理干部结对资助喜德县18名贫困学生。

2020年，全国所有国家级贫困县已经全部脱贫摘帽，国家脱贫攻坚战取得重大胜利，这其中也包含着所有长龙人付出的多年心力。长龙航空先后被授予“杭州市对口支援扶贫协作示范企业”“黔东南州东西部扶贫协作示范企业”“恩施州东西部扶贫协作示范单位”等荣誉称号。2020年10月23日，在浙江省助力决战决胜脱贫攻坚推进会暨东西部扶贫协作奖表彰大会上，我被授予“浙江省东西部扶贫协作突出贡献奖”，2021年2月，我被党中央、国务院授予“全国脱贫攻坚先进个人”荣誉称号。

随着新一轮东西部协作的启动，2021年6月，杭州市党政代表团在四川省甘孜州考察，两地签订了文化旅游、医疗卫生两个东西部协作框架协议。其中文化旅游协议提及，将“助力开辟杭州直飞甘孜州三大机场（康定、稻城亚丁、格萨尔）航线，拓展包机和落地自驾业务”，这一重任落在长龙航空身上。同月，浙江四川深化东西部协作和交流合作项目签约仪式在成都举行。浙江长龙航空有限公司和四川机场集团有限公司签约合作，计划开通杭州—康定—稻城直飞航班，以及杭蓉快线、宁波—西昌—成都、温州—南充等点对点航线，实现浙川对口地区机场航线全覆盖。

“路漫漫其修远兮，吾将上下而求索”，脱贫摘帽不是终点，而是新奋斗的起点。我将始终坚持不忘初心、牢记使命，继续带领长龙航空巩固来之不易的脱贫成果，发挥民航对地区经济发展的综合带动效应，在国家乡村振兴伟业中，谱写更加绚烂的篇章！

（采访整理：姜卫东　杨沫江；采访时间：2021年11月16日）

身处西子湖，情系白水城

谢建华

一、新一轮援疆：我是“阿克苏人”

从 1997 年起，杭州开始承担援疆工作，当时主要是对口支援和田地区，形式也主要以干部援疆为主。2010 年 3 月，全国对口支援新疆工作会议召开，部署新一轮为期 10 年的对口援疆工作，会上根据新疆的特点，提出了全方位援疆的要求，强调既要干部援疆，又要资金援疆，还要人才、科技、产业等各种方式、途径援疆。浙江省委按照中央部署，确定杭州对口支援地区由和田地区转变为阿克苏地区。杭州市委据此开始选拔干部组建援疆指挥部，并把我派到阿克苏担任杭州援疆指挥长（后来兼任浙江省援疆副指挥长）。2010 年 6 月，我带领 10 多名同志第一时间赶到阿克苏，这比上级部署的时间提前了半年左右。

新疆路途非常遥远，当时我们知道新疆地域辽阔、非常美丽，但是对于南疆的阿克苏地区了解比较少。新一轮援疆开始后，我们开始关注阿克苏，通过网络了解到阿克苏是一个“塞外江南”，尽管是在南疆，但是它靠近整个塔克拉玛干沙漠的最北边，在天山的脚下，有大量的水，是一个绿洲。到了阿克苏以后，我有三个感受：一是阿克苏地区的条件非常艰苦，虽然水资源是非常丰富的，但是当地群众的生产生活条件仍然十分艰苦；二是阿克苏地区的发展基础特别好，它在地理上处于南疆甚至是整个新疆的中心；三是阿克苏的干部群众干事创业的热情非常高。

同时，根据中央要求，这一轮援疆是以目标为导向的，目标非常明确，就是要进行全方位援疆，快速实现新疆跨越式发展。因此，这一轮援疆力度非常大，不仅对干部要求高，对资金要求也很高。比如说 2010 年，杭州要按照 2009 年一般预算收入的千分之五安排援疆资金，这是个非常明确的刚性目标，然后每年按照百分之八进行提升。这些资金怎么使用，中央也有明确规定，主要是用于民生、教育等方面，实实在在地改变各族群众生活、改变城乡样貌、改变公共服务水平，帮助他们把基层组织建设好。所以，我们和当地干部在项目选择时也是不断地互相沟通、互相协调，最后才确定下来的。

就干部援疆来说，我认为干部的交流非常重要，特别是人才的双向交流、学习，我们不仅派大量干部到阿克苏去学习、锻炼，开展援疆工作，我们也要更多接收新疆当地的干部到杭州培训，到内地学习，这样才能够实现优势互补。我认为新疆干部执行力特别强、素质非常高、精神状态也非常好，只是受经济、交通和信息不便制约比较突出。只要通过杭州提供的一些平台，就可以帮助他们培养发展经济的市场意识。例如数字经济这一块，我们就建有专门平台，每年派一批新疆干部到杭师大培训，时间半年；还派当地医生到杭州各个医院定期培训。通过这些载体、平台，每年有新疆的干部、老师和医生几百人来杭州交流学习。作为一个常态性的援疆项目，杭州派往阿克苏的援疆时间是三年，阿克苏来杭州交流学习的时间通常是一年半。

我们援疆干部不仅仅援疆，还提供许多培训服务。有很多老师在新疆提供短期或长期的培训服务，形式多样。第七批援疆人员中就有多名医生、老师等专业技术人员留在当地工作。他们为了新疆的发展，放弃了江南山水，后面几批援疆人员也有留下来的。留下来的都变成新疆人，把户口及所有的关系都转过去了。

2010 年 6 月，杭州对口支援阿克苏市指挥部在新疆维吾尔自治区阿克苏市正式挂牌成立，这标志着杭州市对口支援阿克苏市工作正式启动。杭州援疆指挥部建立后，根据中央要求，我们选择杭州大道、老年福利院、双语幼儿园等 9 大项目作为首批援助项目。这 9 大项目围绕民生保障、城乡面貌以及当地公共服务水平的提升，包括科技、产业的发展等，既符合中央的要求，也符合阿克苏市当地人民的真实需求。

二、标本兼治："不能让农民住进别墅吃红薯"

阿克苏地处南疆，光照充足，水源相对丰富，物产资源也比较丰富。我们常讲一个黑一个白：黑的是石油资源，白的是棉花。阿克苏是产棉区，占新疆棉花产量的 20%，新疆 1/3 的长绒棉产在阿克苏。瓜果资源也丰富，阿克苏的苹果就很好，因为它光照、土壤特别好，所以非常适合红枣、香梨、核桃和苹果等作物生长。由于当地缺少农业方面的相关技术，我们就选派浙江省农科院、杭州市农科院的一些农业专家前往新疆提供技术指导。阿克苏当地有塔里木大学，它的农业学科也非常强。通过杭州、浙江的赴疆专家与当地专家、农民的真诚合作，给当地农业发展提供了许多帮助，引进比较成熟的农业滴灌技术，既节水，又培育出优质的农产品。

此外，我们还为阿克苏农业发展提供了资金支持。发展农业要进行土壤改良，但往往缺少资金支持。援疆指挥部在调研中发现这一情况后，就在援疆资金中专门安排一笔资金用于支持农业发展。

阿克苏的苹果在全国各地很受欢迎。在去阿克苏工作以前，我对此并不了解。到了阿克苏吃了第一个苹果后，感觉这是我吃过最好吃的苹果，所以我就对阿克苏苹果进行研究。为什么口感这么好？我也向当地的农业专家以及果农进行学习。阿克苏苹果有三个特征：一是"阴阳脸"，因为日照时间长，它有一面是红的，有一面是青的；二是不规则，如果一个苹果很圆，一般不会是阿克苏的；三是苹果的"肚脐眼"里有泥，如果"肚脐眼"里面很干净，就不太可能是阿克苏的。正常情况下，我们就可以从这三个特点区分是不是阿克苏苹果。如果将苹果切开，阿克苏苹果的特征就更明显了，因为里面有冰糖心，这个冰糖心是如何形成的？主要是温差大。因为阿克苏的土壤好、日照时间长，苹果糖分就非常多，昼夜温差超过 15 度以上，糖分就会集聚到某一个部位形成结晶，这就是冰糖心。

阿克苏苹果品质非常好，但也存在两方面的问题：一是受当地发展制约，市场不大；二是交通太不方便，运出去困难。阿克苏到杭州4000多公里，如果用空运，成本很高，用火车运时间又太久，阿克苏苹果储存时间不能太长，常温下很容易坏掉。所以发展阿克苏苹果产业，关键是要解决运输与储存的难题。为此，我们加大援助阿克苏市的道路交通建设，将阿克苏城市通往南疆的必经之路作为援疆的第一个项目。它原来只是一段土路，我们将其打通，使阿克苏市和周边城市尽快在交通上接轨。当地老百姓呼声非常高，并建议当地党委、政府将这条路改称杭州大道，彰显杭州和阿克苏之间的友谊。

在修这条路的时候，当地有施工力量，但和杭州比还有差距，如果施工队伍从杭州派过去在时间上又来不及。为此，这条路的设计工作委托给杭州设计院，施工通过公开招投标，选择当地有实力的、有品牌的施工队伍来进行。整个施工管理过程中，杭州市专门派了三名专家到现场帮助、指导，确保这条道路不仅要建成，还不能出现工程质量问题。

阿克苏苹果都是农民自己种的，在销售上存在很大的不确定性。为此，援疆指挥部多次召开农产品产销会，杭州也组织专业公司去收购，甚至提前预定果园收成，帮助农户打通销售渠道，这样老百姓就很放心。因为瓜果价格每年都有波动，有我们帮他推介，老百姓相当于多了一根保险绳，生产销售就有了保障。除苹果外还有香梨、西瓜、哈密瓜、甜瓜也都是非常好的，但西瓜和甜瓜运输更难，将来我们还有许多工作要做。

在工业经济方面，浙江大企业、民营企业过去投资，不仅促进当地发展，也改变了当地的就业结构。毕竟以前就业岗位少，产业援疆以后，更多的是帮当地解决就业问题。我们还利用阿克苏丰富的自然资源，如光照充足、风力强劲等，帮助他们办起了太阳能、风能发电。

2011年12月，杭州联合银行阿克苏分行在阿克苏市开业，开启了金融援疆的新模式。为什么会出现这种模式呢？我们援疆以后，大量民营经济在阿克苏快速成长，原有的传统银行不能满足他们的融资需要。金融要创新，首先是金融机构要创新，但是当地的金融机构创新比较难，再加上杭州联合银行资金非常多，还有村镇银行牌照，所以我们想让杭州联合银行到阿克苏开设分支机构，支持阿克苏民营经济发展，弥补民营经济融资缺口，这也是优势互补。当地一些银行对民营经济没有信心、不够了解，不敢帮助他们融资，审批也比较复杂。杭州的银行有融资经验、手续更灵活，更了解我们民营经济发展情况，所以到当地开设分支机构，对当地民营经济的发展可谓如虎添翼。这种新的金融援疆就是双赢、多赢的。因为金融援疆中央没有要求，这也可以说是杭州的创新。

2012 年 3 月 31 日，浙江援助阿克苏的 66 个项目集中开工，突出安居富民、定居兴牧、双语教育、健康普惠、增收就业、关爱温暖等“七大民生工程”。建安居工程时，我说了一句话：“不能让农民住进别墅吃红薯。”这句话是什么意思呢？就是说我们帮着他们把房子建好了，但更要帮助他们致富，更多的是要推动当地产业发展。如果把房子盖好了，最后老百姓生活还是没有富起来，这是不行的。

房子建好了，老百姓是愿意住进来的。安居工程的房子大概 70 到 80 平方米，我们算了一下，老百姓拿到房子最多只用交 5 万块钱。援疆资金和中央资金加起来帮农民出 1.5 万元，稍微有点积蓄农民自己可以再出 1.5 万元，还有 2 万元没有着落。我们就通过当地的信用社，采取 5 年、10 年免息贷款的方式，让农民借钱盖房，按年还款。就这样，当地困难群众危旧房改善完毕，形成安居工程 1.0 版本。什么是 2.0 版？就是要通过发展产业振兴乡村，帮助农民致富。帮助农民致富最好的途径是发展农业，把优质农产品销售出去，一方面是因为本地市场很小，另一方面是可以促进就业。如果贫困家庭里有一个人就业，就能够脱贫。

阿克苏市是阿克苏地区首府所在地，集中了较多的教育、医疗资源，但农村地区的资源还很薄弱。从阿克苏市到远一点的乡镇，开车要一两个小时。农村老百姓就医非常不便，小病尽可能在村里治，大病不出镇，重病到市里看。因此乡镇卫生院建设非常关键。不像杭州的乡镇卫生院，提供的是基础服务，不需要对大病进行治疗。杭州交通便捷，老百姓大病可以很快赶到杭州市区大医院医治。阿克苏就不行，地广人稀，几个小时的车程会延误病情。所以，提升乡镇卫生院医疗水平就成了援助阿克苏卫生事业发展的重要着力点。我们加大对 9 个乡镇卫生院的投入建设力度，在 3 年时间里全方位提升医疗质量，让当地的老百姓真正实现小病不出村、大病不出镇。

这 10 年，中央新一轮援疆、全方位援疆，可以说使阿克苏发生了翻天覆地的变化，城乡面貌得到了根本改变、民生得到了根本保障、公共服务水平得到了根本提升。我们通过教育培训，建立阿克苏高级中学，在建校过程中，提前半年把所有老师派到杭州师范大学培训，然后杭师大专门派一名副校长，杭州高级中学也派一名副校长，加上其他五名老师组团援疆，全面提高当地的师资力量。当时，我们有一个目标，就是要将学校打造成阿克苏市第一，3 年达到阿克苏地区第一，5 年达到南疆第一，10 年要进全疆前三。

援疆是有时限的，要有“带不走”的援疆队伍，就要进行智力援疆，提高受援地区的软实力。人才的培养比资金援疆更重要，“续血”是暂时的，造血才是永久的。因此，除了干部援疆、项目援疆以外，更多的是要智力援疆、人才援疆，通过几年的努力，使新疆完全能够靠自身的实力和东部一样加快发展。

3 年援疆过程中，当地干部的敬业精神，特别是在艰苦环境下的奉献精神使我们犹记在心。在基层工作非常艰苦，每天都住在乡镇，几乎没有周末，有时甚至住在老百姓家里。我们也入乡随俗，到了新疆也没有周末，除了睡觉就是工作。为什么我们这么敬业？就是一种为杭州人民争光、为新疆人民办事的使命感，特别是面对当地干部的激励、群众的期盼，这种使命感就更强烈。

同时，新疆群众特别是少数民族群众对我们的感恩之心、对共产党感激之情也非常强烈。他们感谢习近平总书记、感谢党中央、感谢杭州人民，觉得党的政策好。新疆的干部、群众也非常支持我们的工作，在整个援疆过程中，没把我们当成外人，完全和自己人一模一样。

（采访整理：王鹏　钱方雅；采访时间：2021 年 8 月 21 日）

在黔东南大地上书写无悔人生

沈翔

一、千里赴贵州，结缘黔东南

杭州市帮扶贵州黔东南苗族侗族自治州的工作是从 2013 年开始的。2018 年 4 月，党中央提出污染防治、脱贫攻坚和防范风险三大攻坚战。根据党中央深化东西部扶贫协作要求，杭州积极落实脱贫攻坚三年行动计划。东西部扶贫协作体制跟援藏援疆工作有所不同，是以工作队而不是指挥部的形式，既有州级层面的，也有县级层面的。当时一同前往黔东南州的还有 34 位来自市直、区县（市）两级的干部，分别派到黔东南州所属 16 个市、县。我是 2018 年 4 月 12 日接到杭州市委通知的。4 月 18 日，我到达黔东南州，并正式扛起了领队的责任。

出发之前，我从网上查阅了一些资料，了解到黔东南州地处贵州东南部，东邻湖南、南靠广西，也对其经济社会发展和贫困状况有了个大致印象。但当我利用个把月时间把黔东南州 16 个县市跑了一遍，特别是到了一些贫困村寨、乡镇后，才真正认识到，黔东南州贫困程度远超出我的想象。黔东南州所辖各县的县城跟乡镇、乡镇跟村之间的差距是比较大的，县城基本上跟东部地区的县城差不多，但是农村特别是少数民族村寨，他们的生产条件和生活状态方面有明显不同。再加上，黔东南州是一个少数民族集聚区，全州 480 万人中有 130 万人在外务工，留下的 300 多万人绝大部分是老年人和儿童。尽管通过前几年的努力，一部分人已经脱贫，但还有 50 多万的贫困人口、15 个贫困县、1853 个贫困村，其中国家级贫困县四个、深度贫困村 1038 个。

经过仔细调研，我们发现黔东南州的后发优势也是比较明显的。

第一，自然生态环境比较好，不仅山清水秀、空气优良，还有丰富的森林资源和林下资源，森林覆盖率高达60%，气候较为宜人。由于地处内陆，没有台风等自然灾害，人均耕地跟杭州西部也差不多，因此对农业的生产和发展是非常有利的。

第二，交通设施建设比较完善，县县通高速，区位优势突出。近年来，贵州的交通建设得到了迅猛发展，在2018年就实现了县县通高速。那时候浙江省还没有做到县县通高速。所以说贵州的交通先行给脱贫攻坚打下了很好的基础。

第三，民族团结民风淳朴，旅游资源丰富。黔东南州是全国少数民族传统村落最多的地区，当地少数民族风情浓郁自然与人文资源的融合，有力地推动了黔东南州的全域旅游发展，民族旅游优势比较明显。

它的短板也不容忽视。黔东南州的产业基础是比较薄弱的：农业大多数仍然是以自给自足为主的小农经济；加工制造业门类比较少，地方矿产资源也不多，缺少大型工矿企业。还有人才方面的短板，人口流出量比较大，像小孩子高考以后基本就留在外地了，很少有人回乡，创业也基本在外面，真正返乡创业的很少。

基于黔东南州的实际情况，我们当时提出了“黔东南所需，杭州所能”的口号，用“四两拨千斤”的方式助力打赢脱贫攻坚战。

二、以身作则，沉下身子干实事

在黔东南州工作的3年中，我印象比较深的就是如何解决黔东南州众多贫困人口的脱贫问题。要解决脱贫问题，就要帮助他们激发内生动力，增强自我造血功能，通过自身努力实现富裕。为此，我们主要从产业链的角度去帮扶，在农业结构调整、林下经济发展、园区合作共建等方面提供项目，并给予他们资金、技术和市场的支持。我们始终坚持教方法，让他们通过跟我们一起学、一起做，在打造产业链的过程中强化自己的造血功能。在这一过程中，他们也学会了如何生产、销售，也在不断地接受市场经济的熏陶，适应外部市场的冲击。通过这种产业扶贫的方式，黔东南州脱贫效果非常好，防止返贫的成效也更加明显。

在农业脱贫这方面，我们主要是抓“两头”，在“农”和“林”上做文章。首先是抓农业产业结构的调整。黔东南州尽管平地不多，但坡地—坝子田是比较多的，像榕江县有一万亩成片的坝子。当地农业主要靠人种天养，种的作物也只是一季水稻或者玉米，经济作物种的不多。调整农业产业结构，就是要根据市场需求来种植，特别是种那些适合于在东部地区销售的作物。在农业产业结构调整之后，黔东南州的吊瓜、食用菌、蚕桑等特色产品销量很高。另外，我们还抓好林下经济的发展。黔东南州有丰富的森林资源，在不破坏森林资源的情况下，我们做大林下文章，比如发展林下养蜂、林下养菌、林下养鸡等，让黔东南州有东西卖，有适销对路的优质农产品。

其次是培育电商。我们利用杭州电商资源丰富这一优势，按照国家商务部电商示范县的标准，在黔东南州 16 个县市建立了一些电商平台，开展农村电商培训和农业致富带头人培训，完善电商服务中心建设，从人才和服务体系出发培育电商产业发展。这样，杭州“电商之都”的优势就慢慢地在黔东南州发挥出来，使原来的“山货”变成了“商品”，通过线上或者线下方式销售出去，帮助贫困人口增收致富。

看似一个简单的电商平台，实际上要做好“两头”，前一头是生产端，组织化程度提高才能降低成本，生产标准化才能为市场所接受。后一头是销售端，不仅要使优质农产品、特色农产品实现就近销售，还要考虑如何销到像杭州这样的东部城市。我们积极做好宣传推广，举办“优品云行”黔东南消费扶贫周活动，在拼多多上线黔东南消费扶贫馆，举办了黔东南林下鸡、生态鸭进杭州专场等宣传推介活动。据统计，通过聚焦“品牌、市场、电商”，打通线上线下渠道，我们帮扶黔东南州累计销售农特产品 20.26 亿元。

另一方面，杭州对口帮扶黔东南州脱贫攻坚工作中还有一项重要任务是产业合作，实际上就是引进东部企业到对口帮扶地区投资兴业，发展当地的经济，实现互惠共赢。我们仔细分析黔东南州和东部地区的比较优势后，做了几件事情。首先引导黔东南州当地政府出台针对浙商杭商有关投资兴业的专门政策，鼓励杭州企业、浙江企业到黔东南投资，给予它们政策上的支持和办事上的方便。其次通过“走出去，引进来”的方式开展招商引资活动，比如“全国百名浙商走进黔东南”就是一个“引进来”的活动。“走出去”的也很多，黔东南州在杭州设立了办事处，专门对接杭州的一些企业。3 年来，我们总共引进社会投资大概是 120 多亿，涵盖一二三产业。

浙商进入黔东南州经商办企业，一方面增加了市场主体，培育了市场，提升了产业规模，起到了产业引领作用，同时也为当地提供了大量的就业岗位，很多人不用外出打工，就近就可以就业了；另一方面通过上缴税款直接支持当地的脱贫攻坚。所以，招商引资实际上是全方位、多层次地助力脱贫攻坚战。

我们从推动黔东南州经济社会长远发展出发，探索实施组团式帮扶、“五位一体”就业体系、银龄计划、名誉村长等创新举措。特别是在开展教育和医疗卫生组团式帮扶方面，我们做的最早，并且在贵州省全面推广。组团式帮扶的起源在台江县，典型案例是台江民族中学和台江县人民医院。所谓组团式帮扶就是通过充分授权、植入先进理念、引进全套机制等方式，集中力量从人才、技术、管理、硬件等方面全方位帮助一个学校和一个医院，由我们的帮扶干部、老师、医生全面接管运营。比如台江民族中学，它的招生、教学、课程、学校、学科的管理全是按照东部地区学校的管理模式输入的。台江县人民医院的组团式帮扶也是一样，先是建立五个基本的科室，再培养医护人才，强化学科建设。组团式帮扶取得的成效是非常显著的。当时我们先从台江开始探索，之后再覆盖到全州，总共有 24 所学校和 19 家医院采用组团式帮扶模式，对当地教育卫生医疗等社会事业的迅速提升起到很大作用。

所谓“五位一体”就业体系，就是建立引进浙籍企业招工、帮扶项目带动就业、建设扶贫车间工厂、用国企帮扶资金开发公益性岗位、创业工坊鼓励创业等五个就业途径，吸纳 3.63 万名贫困人口实现就近就业。比如，引进吊瓜—板蓝根套种项目，雇用劳动力帮忙种吊瓜、养护吊瓜、收吊瓜、加工吊瓜。引进杭州华铁到三穗县开设工厂，解决了三四百人的就业问题。黔东南州有30万贫困人口是易地安置的，为了在安置地实现就近就业，我们提供资金、设备，支持外来创业者开设一些劳动密集型、加工型的扶贫车间。此外，我们还针对没有劳动技能的人员开发了公益性岗位，利用捐赠资金，按照每个村的保洁、护林需要进行分配。还鼓励黔东南州在外创业人员，让他们回乡创业。黔东南州有一些特色工艺品，比如苗绣、银饰，非常好，当地也有熟练制作技艺的人，将她们集中起来，进行组织化打造，实现就近就业。比如，台江县的“妈妈制造”，就是一个东部给订单、当地组织化生产解决就近就业的典型例子。

黔东南州原先没有产业基础，无法提供工作岗位，当地人只好外出就业。现在通过产业帮扶创造了很多工作岗位，却又出现有岗位招不到人的现象。比如，有一个车间准备招1000个人，但就是招不满，这一方面是因为当地劳动力存量比较少，另一方面是缺少符合现代产业生产要求的就业人员。我们认为，这不是简单的劳动力数量供求问题，事关劳动力能力提升，这就对职业教育提出了更高的要求。后来的教育组团式帮扶拓展到了职业教育，通过加强职业教育，使劳动力达到现代化产业的用工要求。从这个角度看，这些措施都是相辅相成、循序渐进的。

银龄计划就是让退休专家与优秀团队相结合，通过充分授权、植入先进理念、引进全套机制等方式打造台江职校、榕江四中、凯里中医院等重点组团式帮扶示范点。三年内累计派遣了1444名干部、教师、医生等专业技术人员到黔东南州进行对口帮扶支援，在我印象里最高峰时有526人。杭州承担的扶贫协作和对口支援任务普遍较重，能够选派到欠发达地区进行帮扶的在职人员比较紧缺，服务周期往往也不能过长。为解决这个矛盾，我们将目标瞄准杭州市教育、医疗卫生领域的退休专家。引进退休专家，一方面可以充分发挥退休专家业务精湛、经验丰富、渴望发挥余热的长处，另一方面也解决了对口帮扶人力资源紧缺的短处。我觉得这也是共赢的。后来分两批引进了一些教师到黔东南州所属县当校长，聘请了一些医生当院长，直到现在还有几个退休专家仍在黔东南州工作。实践证明，银龄计划使许多中学和医院发生了翻天覆地的变化。还有一些企业家担任名誉村长，这些企业家与贫困村形成了结对关系，主动发挥优势，为村级发展出谋划策、贡献力量。

对口帮扶过程实际上就是围绕着产业、就业和社会事业展开的，通过“三业联动”助推黔东南州脱贫攻坚，我们称之为“三业联动”精准扶贫模式。新华社内参上也专门刊登了这个模式。

一是构筑“三业融合”生态，实现赋权扩能。突出产业—就业—事业的“三业融合”，以此打造共赢协作生态，实现精准赋能。脱贫的标准是“两不愁、三保障”。“两不愁”是不愁吃、不愁穿，“三保障”是教育、医疗、住房有保障。我们就是围绕这个标准把帮扶重点都嵌进去了。通过招商引资发展产业、扩大就业，促使当地群众收入增长，在产业发展和就业稳定的保障下，当地群众能够做到不愁吃、不愁穿，同时在组团式帮扶下最终达成“三保障”。“三业联动”模式之所以成功的关键，在于打造良好的共赢协作生态。帮扶主体和受助对象在资金、产业、就业、人才、技术等方面实现了相互合作，是各自禀赋和优势资源结合下的共同发展。

二是激活“内生动力”潜能，实现持续发展。坚持“帮扶带动”和“主体主动”两者并重，不断激发当地主体的机遇意识、主动意识，努力为当地培育一支“带不走”的扶贫干部和专技人才队伍。黔东南州老百姓在参与脱贫攻坚的过程中，通过自己的劳动达到脱贫致富，信心增强了，内生动力也被激发出来了，经济社会就可以驶入可持续发展轨道。

三是发挥“优势互补”效应，实现合作共赢。如何推进发达地区经济优势、市场优势、政府治理优势与贫困地区资源优势、生态优势、后发优势充分对接，发挥合作共赢效应，是打赢脱贫攻坚战要回答的更深层的问题。“三业联动”是合作共赢的，它并不是杭州单方面帮扶黔东南州，实际上黔东南州在发展过程中也为杭州做出了重大贡献。特别是在2020年疫情严重的情况下，黔东南州为复工复产提供了大量的劳动力，杭州市全国首列复工专列就是从黔东南州开出来的。我们在做好疫情防控的同时，尽可能地让扶贫车间尽早复工，到2020年4月左右，黔东南州的扶贫车间、项目的复工复产达到了 90% 以上。

在研究制定扶贫协作三年行动计划时，我提出了“三结合三转变”工作思路。“三结合”指将黔东南州所需跟杭州所能相结合、精准扶贫跟示范带动相结合、产业帮扶和智力帮扶相结合。“三转变”指单向帮扶向双向合作转变，“输血”式向“造血”式转变，政府帮扶向社会多元帮扶转变。

三、感悟千里黔行，推动帮扶共进

2020 年底，黔东南州 15 个贫困县全部摘帽，1853 个贫困村全部出列，建档立卡贫困人口全部达到脱贫标准，区域性整体贫困问题得到有效解决。黔东南州脱贫之所以能取得如此可喜的成绩，最根本的原因在于党中央的好政策。为了打赢脱贫攻坚战，党中央在资金、人才、资源、力量等方面给予了大力支持。当然，这也离不开中国的制度优势，黔东南州除了杭州的对口帮扶外，还有 20 多个中央部委办局的对口帮扶，这种集中力量办大事的背后是中国特色社会主义制度的优势，如果没有这种制度上的优势，是不可能做到全面脱贫的。

黔东南州能够脱贫，还有一个原因就是紧紧依靠干部群众的力量。黔东南州的脱贫是干部群众干出来的，是跟时间赛跑跑出来的。2021 年 2 月 25 日，习近平总书记在全国脱贫攻坚总结表彰大会上指出，今天，我们隆重召开大会，庄严宣告我国脱贫攻坚战取得了全面胜利，现行标准下 9899 万农村贫困人口全部脱贫。[①] 我当时在现场，感触是非常深的。因为在黔东南州委、州政府门口有一块牌子，从我们去的那一天开始倒计时，我们离开的时候是 2020 年 12 月 31 日，那个牌子上显示是零。它每天时时刻刻告诉我们，还有多少时间打赢这个仗。我觉得这是东部干部和西部干部共同努力、实干苦干出来的成绩。打赢脱贫攻坚战归根结底靠政策、制度和人三个因素，我觉得真的不容易。

---

① 《人民日报》2021 年 2 月 26 日。

脱贫之后，如何巩固脱贫攻坚成果是很重要的问题。第一，产业的发展不能放松，它是巩固脱贫攻坚的地基，有产业才能扩大就业、增加收入，才能提高老百姓的生活水平。第二，要有教育为本的理念，让更多的贫困人口受到优质的教育，培养他们积极的就业观念。第三，要关注特殊人群，像孤寡老人、残疾人、贫困学生这些特殊群体很可能因为生病、灾难或者家庭方面的问题返贫，要建立返贫的预警机制。第四，持续扩大交流合作，推行联产业增后劲、联人才增内力、联企业促增收、联农户解困难等模式，进一步创新协作机制，发挥东西部各自资源优势，推进全要素、宽领域、深层次的交流合作。

（采访整理：陈鸿超　李永刚　吴梦颖；采访时间：2021 年 8 月 8 日）

心中有信仰，脚下有力量

王世美

一、筑梦：栉风沐雨、砥砺前行

党中央非常重视西藏经济社会发展和群众生活，先后召开过 7 次西藏工作座谈会。在 1994 年 7 月召开的第三次西藏工作座谈会上，党中央提出“分片负责、对口支援、定期轮换”的援藏工作方针和“长期支援、自行轮换”的干部援助方式，决定全国对口支援西藏。1995 年浙江开始对口帮扶那曲地区。杭州市委、市政府积极贯彻党中央和浙江省委部署，26 年来共选派 9 批 46 名优秀干部、人才赴那曲县开展对口帮扶工作。两地密切往来、高频互动、通力协作，按照既定目标任务，展开脱贫攻坚、经济、产业、社会、人文、生态环保、医疗卫生、基础教育等领域全方位、深层次、多领域的合作。特别是着眼“色尼（那曲）所需”、发挥“杭州所能”，投入援藏资金近 7 亿元，实施援藏项目 160 余项，让昔日欠发达的那曲县（色尼区），在 2019 年提前实现脱贫摘帽。通过三年的援藏工作，我认为与其说援藏是援助别人，不如说是援助自己。那曲的发展需要杭州的技术、人才、资金和理念，杭州的发展也需要那曲的资源、市场，需要“老西藏精神”，需要卫国戍边的家国情怀和格局。

2016 年 7 月至 2019 年 6 月，我受组织委派到西藏那曲市色尼区教体局任党委副书记、副局长。在赴那曲之前，我对那边的具体情况不太了解，只听说西藏生活条件异常艰苦，那曲更是号称“生命禁区”。接受援藏任务后，我开始做一些准备工作。一是物质上的准备，准备一些药品和保暖衣物，一个大行李箱里面几乎一半装的都是抗高原反应的药品。二是精神上的准备，反复提醒自己一定要坚持下去，只有坚持才能逐步适应，只有坚持才能有所作为。三是工作上的准备，与江干区教育局领导作了沟通，希望教育局给予指导和支持，特别是在帮扶资金和项目安排上能够优先考虑那曲。

到了色尼（那曲）之后，我真正理解了“那曲是眼睛的天堂，身体的炼狱”这句话的含义。那曲平均海拔4500米以上，在一望无际的羌塘大草原上，与成群的牦牛结伴，倾听悦耳的牧歌，伸手似乎就能摘取成片的白云，视线所及皆是美景。但低压、缺氧、高辐射等自然条件，每天都让人感到呼吸急促、步履蹒跚、头痛欲裂、反应迟钝，每晚都难以入睡。

通过调研，我发现那曲的学校或者教育模式和杭州差距很大。一是教育资源匮乏，缺水、缺电、缺设备；二是教育内生动力不足，教师没有体验先进教育场景的渠道，缺乏教学方面的竞争压力；三是教育理念陈旧，很多学校教学研究意识不强，管理缺章法，办学缺规划。同时，我发现那曲的脱贫攻坚任务异常严峻：身处牧区深处的群众大都没有经济来源，生活贫困（无集中供暖、无干净饮用水、无新鲜水果蔬菜），居住场所简陋；没有公共交通设施，出行极不方便；不会说普通话，与外界交流不畅；医疗保障水平低，患病者多。了解这些情况后，一种使命感和责任感油然而生，我暗下决心，一定要竭尽所能帮助当地发展教育，切断贫困代际传递。

我的使命感的产生，还来源于另外两方面。一是百姓的信任、孩子的渴望和老师们的需求。我们刚到那曲，便受到热烈欢迎，当地干部群众都希望我们能给他们带来些改变；下乡调研时，家长们很友好，很善良，虽然语言不通，但他们往往都会用最高的礼节来接待我们；孩子们渴望在学校读书，渴望能坐上汽车，渴望有玩具，渴望有机会到山外去看看；老师们希望有专业的指导，有好的教学设备，能提高教学质量。二是认识到西藏位置的极端重要性。第一，西藏边境线长达4000多公里，海拔在7000米以上山峰60多座，是中国与邻国之间的天然屏障，也是战略上的缓冲地带；第二，西藏是国家生态安全屏障，生物具有多样性，镁、磷、锂等矿产资源丰富；第三，西藏还是世界第三极，素有“亚洲水塔”之称；第四，习近平总书记提出：治国必治边，治边先稳藏。

为了提高那曲县（色尼区）教师的执教能力，我提出要“让每一位教师都得到培训”，即让所有一线教师和管理干部都有机会得到一次或多次专业培训，并先后牵头组织了10批那曲教育工作者到杭州、广州、拉萨培训学习。这些培训，都是利用教师们的假期时间开展的。除了“带出去”，还“请进来”。我们先后组织12批次30多位杭州的骨干教师、校长到那曲办班授课，成立名师工作室等，指导那曲教师开展教学。这些培训方式或课程设置，每次都按照藏族教师的特点量身定制，并且给每位参训教师设置跟岗方案。

培训效果主要体现在3个方面：一是学校教育理念有了根本性的转变，教育行政干部和校（园）长的管理理念有了明显变化。这些变化主要体现在当地的教育规划、布局和校（园）长论坛中。二是教师的教学能力有了很大提升。很多教师参加市级业务比赛屡屡获奖。三是教育质量得到明显提高。2018年9月，那曲色尼区通过了全国义务教育发展基本均衡县验收，仅比杭州这样的发达城市晚4年。藏族同胞的孩子也跟杭州的孩子一样，享有公平而有质量的教育。四是学校规范化建设成为全市样板。那曲县（色尼区）多所学校、幼儿园成为全市样板校，那曲县杭嘉中学还得到西藏、浙江两地领导的充分肯定。

我们去之前，那曲县（色尼区）只有一所中学，教育资源稀缺，为此我们以杭州援藏工作组和嘉兴援藏工作组为主，通过浙江省有关方面援助那曲县（色尼区）建设了那曲县二中，即杭嘉中学，这是浙江省“十三五”期间最大的单体援藏项目。学校总占地面积118亩，规划总建筑面积为45983.4平方米。学校设计规模为2250人，45个教学班。2017年秋季学期在校学生659人，全部为藏族学生，共15个教学班。这个项目第一期投入9000万元，其中援藏投入8000万元。项目从2016年9月开始动工，2017年9月投入使用，总共工期近200天（冰冻期每年有5个月）。我是这所学校的名誉校长，参与了整个工程的建设和学校开班办学的管理，包括教师招聘、培训。这个学校的投用，解决了当地孩子初中入学难和上好学问题，成为藏北的一所示范初中。杭嘉中学首届毕业生有 1/3 达到西藏重点高中录取分数线，是那曲县教育系统历史上的最好成绩。

在党的特殊关爱下，西藏教育的条件越来越好，走到那曲各个乡镇，看到最美丽的建筑肯定是学校。在杭州各级党委政府、爱心企业、学校、各界人士的热心支持下，特别是在原下城区党委政府、原江干区教育局和 100 多所学校（幼儿园）的爱心帮扶下，杭州援藏工作组募集到计划外物资和资金共计价值 2000 多万元，极大改善了当地的教育条件。比如，老师们能用上现代教育设备、可以随时获得杭州导师的指导；学生在多媒体教室里能看到山外的世界，能喝上干净的水，能在温暖的教室和寝室里学习、生活，课余时间能到宽敞的图书室阅读有趣的课外书；乡镇幼儿园的小朋友们也可以玩上有趣的玩具；800 多位一线教师有机会走出大山到拉萨、到杭州接受培训；当地所有的学校与杭州的学校都建立了多对一或一对一的帮扶关系。

那曲地处高原亚寒带半湿润季风气候区，缺水是普遍现象。当地学校用水异常紧张，学校教师每天课后的一项工作就是到校外较远的地方取水，为孩子提供生活用水。看着师生们只能喝着浑浊的水或无水可用，我萌发了让每一位师生都喝上干净水的想法。于是利用每年休假回杭州的机会，我和同事们跑机关、跑企业、跑学校进行募捐。我们还制作了“为那曲学校捐口井”的小视频，在朋友圈中进行广泛动员，得到杭州多家企业和众多家长的支持，逐个为长期缺水学校永久解决用水问题。

为了解决那曲孩子们缺书籍问题，我们实施“让每一所学校都有图书室”计划。一方面，牧区没有电视、不通网络，孩子们的父辈文化水平大多数在小学程度或文盲。孩子们除了从老师、教材上得到一些知识外，很少有其它途径可以获取知识。另一方面，孩子们有大量课外时间，但都处于无所事事状态，白白浪费实在可惜。有些学校虽然也有一些存书，但孩子们不喜欢看，也看不懂，大多是之前内地捐赠的纯文字图书。所以，我就想通过图文并茂的经典书籍阅读，让藏区的孩子增知增智，了解中国的优秀传统文化，喜欢上阅读，开阔视野。这些图书的获得，则是杭州和嘉兴援藏工作组一起努力的结果。我们通过媒体和个人的宣传，号召内地爱心企业、学校、家长和学生捐赠图书。最终，我们发出的倡议得到了社会各界的支持，图书从浙江、上海等地源源不断地寄到或专程送到了那曲。

2018 年 6 月，杭嘉中学“互联网 +”空中课堂成功试运行，这是那曲第一次通过空中课堂学习到杭州教育名家先进的教育理念和做法。空中课堂有很大的优势，但在那曲具体推广过程中遇到的困难很多：一是电的问题，缺电或电压不稳；二是网络的问题，网络不通或不畅；三是设备问题，适用高原环境的设备不多；四是技术问题，老师们使用不熟练。这些问题后来我都通过资金投入、培训和与当地电力、电信部门通力合作等方式一一解决了。

习近平总书记曾指出，改变藏区面貌，根本要靠教育。① 我深刻领会总书记的指示，根据那曲当地急需和杭州所能，提出了智力援藏“三扶”思路：扶志学生、扶智教师和扶制学校。这个思路是怎么来的呢？进藏的第一个月，我深入各个乡镇学校调研，实地了解需求，在杭州援藏工作组和江干区教育局的指导下确定了援助方案。这个方案主要基于三方面实际情况：一是受限于自然环境，牧区孩子胆小拘谨，不善言辞，学习目的性不明，普通话普及率低；二是课堂教学低效，课后投入时间多，无科研意识，教育质量不高；三是学校没有规章制度，或有制度没法执行，没有发展规划意识，管理随意等。为此，我提出扶志学生，让孩子有志向有信心；扶智教师，让他们教学有法得法；扶制学校，让学校管理有规范，办学有规划。

二、感想与总结

我在援藏工作中，遇到的最困难的事和处理最成功的事，都来自教师培训。“让每一位教师都得到培训”的困难源于两方面：一是管理者的

---

① 《习近平关于社会主义社会建设论述摘编》，中央文献出版社 2017 年版，第 53 页。

管理理念，当地干部认为培训浪费时间，收效不大。二是教师的教学理念，教师们认为把课本的内容教完就行，靠经验即可。

我主要从5个方面来解决问题。一是做通当地教育行政领导的思想工作赢得支持。除了通过个人日常耐心沟通交流和援藏领导帮助提醒外，还组织小规模培训，让他们切身感受到实实在在的益处；二是组织外出参观学习，进行场景教学，让藏区教师感受两地教育差距所带来的压力和危机；三是组织思想大讨论，通过思辨，引发深层次思考；四是及时跟进培训，解决了思想认识问题后，组织培训就顺畅了，通过“派出去”“请进来”和“空中送教”等多形式组织培训。五是搭建展示平台，让参与者有培训成长的获得感。

对口帮扶西藏那曲，既是党中央、浙江省委交给杭州的政治任务，也是两地互学互鉴、携手共进的重要平台和难得机遇，杭州对那曲脱贫攻坚经验至少有两点可以学习。一是精准的措施。习近平总书记曾指出，扶贫开发贵在精准、重在精准。① 比如，那曲识别贫困对象的精准，采用“五看法”：一看房、二看粮、三看劳动力强不强、四看有没有车、五看有没有读书郎，以此来确定建档立卡贫困人口。又如，扶贫措施的精准：扶“志气”、扶“政策”、扶“资金”、扶“基础”、扶“产业”、扶“智力”。二是民心的争取。以党建引领来凝聚共识，采用牧民能听懂、能接收到的方式方法宣传党的政策，引导牧民向党感恩，让藏族同胞、让受助对象深切感受到党的关怀。

在新形势下，对口援藏工作面临的挑战依然很多，第一个挑战是援藏干部人才如何适应西藏自然环境。从海拔19米的杭州到海拔4500米的那曲，要想短时间内适应并正常投入工作，难度非常大。这是挑战人类的生理极限，会严重影响干部人才能力的发挥。第二个挑战是如何巩固脱贫成果。由于环境恶劣等问题，那曲百姓极易因灾因病而返贫，新时期援藏要发挥科技力量从根本上改善民生。第三个挑战是对口支援的双方如何尽快融合。支、受援双方干部人才都需要相互了解相互支持相

① 《中共中央国务院关于打赢脱贫攻坚战的决定》，人民出版社2015年版，第11页。

互配合，这个过程需要较长时间的交流和磨合。第四个挑战是援助的好项目如何延续。每批的援藏干部想法不一，关注的侧重点不同，导致部分援藏项目浅尝辄止，难以延续并深化。第五个挑战是如何形成共建共享机制。新时期援藏要加强那曲生态建设，促进雪域高原生态资源转化，放大生态效应，让杭州乃至全国人民共享。

3年援藏工作，既有“苦”，也有“甜”。概括来说，让我觉得付出是值得的，让我觉得“甜”的事情主要有四方面：一是自己的党性和灵魂在那里得到了升华。我常跟朋友说：我们的苦才苦3年，但是在藏干部他们苦的是一辈子。很多我们内地过去的干部，不仅奉献了自己的青春，还奉献了他们的子孙，出现了藏二代、藏三代。和他们在一起，可以时刻感受到坚守的力量，感受到家国情怀和“老西藏精神”。这些精神，时刻激励着我更加坚定地发挥自己的主观能动性，为当地的教育、当地的百姓多做一点事情。二是援助出成果有成就感。在自己和当地干部群众的共同奋斗之下，我们做出了一些成绩，比如促进了教育质量的提升，改善了教育环境，让贫困学生得到长期资助，学校走向规范化办学，那曲的教育得到广泛关注和支持等。《西藏日报》《浙江日报》、新华社、中央电视台等媒体都曾报道过教育援藏成效，这些都让我产生一种成就感，消解了恶劣环境带来的不良感受。三是促进了杭州和那曲两地的交流交往与民族的团结进步。3年里，杭州至少有上百所学校、数万名学生或家长参与了援藏（捐书、捐衣、捐钱、手牵手等帮扶活动），这些爱心活动我都及时通过自创的“云上那曲”微信公众号、举行现场发放仪式、邀请当地媒体参与宣传等形式，让那曲百姓切实感受到来自杭州的关爱。此外，我还积极动员、组织两地学校师生互派学习，拓宽了那曲师生的视野，为贫困地区带来了丰富而优质的教育资源。四是援藏工作的成果得到了当地百姓的认可。在那曲工作期间，我被那曲市、县评为优秀党员、优秀援藏干部、优秀教育援藏干部等。

3年中，让我感动的事情几乎每天都在发生，但是我印象最深的是2019年6月25日。那天，我们结束3年的援藏任务要离开那曲。得知我们要离开，城区几所学校的孩子在早上7点多钟就来送别。由于时差关系，那曲的 7 点相当于杭州的 5 点。所以当时天都还没亮，城区 100 多位学生代表和 30 多位教育局机关同事就围拢在我住的援藏公寓门口，要给我献哈达，这是藏族同胞表达最诚挚感情的方式。当时我流泪了，在恶劣的环境下工作 3 年我没流过一滴泪，没想到在即将离开时我与那曲的孩子相拥而泣。在我们离开那曲到拉萨的路上，要经过 3 个乡镇。我们经过第一个乡镇时，数百家长和孩子手捧洁白的哈达，列队在国道线两边给我们送行。感动之余，我们马上意识到存在潜在危险，因为人群聚集在国道线边容易产生严重交通安全事故，立刻劝阻后面两个乡镇的欢送活动。这件事情让我们感受到藏族同胞是很淳朴的，也是很懂得感恩的。

（采访整理：李永刚　陈鸿超　吴颖；采访时间：2021 年 8 月 6 日）

一针一方显仁心

史莹莺

一、杏林春风抚西域

1998年6月，我从浙江中医学院（今浙江中医药大学）学针灸推拿专业毕业后，到杭州市下城区中西医结合医院针灸科工作。2015年，我从下城区中西医结合医院调入杭州市中医院。2016年下半年，组织上开始层层选拔合适的医生参加医疗援疆工作，我很幸运被选上了。

杭州援疆人员分成两部分，一部分是援疆干部，一部分是援疆人才。援疆人才包括教师和医疗人员。浙江从2010年开始援助阿克苏地区，杭州对口援助阿克苏市。我是杭州市第九批援疆人员，这一批共有两期，第一期是2017年2月入疆，第二期是2018年8月入疆，我属于第二期。

入疆前，我对阿克苏市和南疆地区的基本情况作了一些了解，毕竟那里的气候、环境和人文与江浙地区差别比较大，如果长期在那边工作，我担心自己不能很好适应。不过我前几年去新疆旅游过，对新疆的印象特别好，那里的老百姓特别热情好客。而且我觉得我们国家的治理能力和基础设施建设日新月异，再加上早几批的援疆干部、援疆人才甚至是更早的前辈为我们打下了很好的工作基础，只要个人心理上做好准备，其他外在困难都是能够克服的。同时，我也向前几批参加过援疆工作的领导、同事了解一些当地医院的情况，援疆的主要工作内容，下乡巡诊的任务，还有如何更好与当地医院里的领导同事相处等。通过这么多年的援疆，我们医院的部分领导、同事对援疆工作非常了解，也掌握很多援疆经验，比如工作上听从指挥部和援派医院的安排，日常生活就当作入军营，要遵循严格的考勤和休假制度等。杭州市中医院和杭州市卫健委也给我们很大支持，在走之前，杭州市中医院院领导就对我们说，你们到那边边看边做，有什么要求随时可以提出来，这边随时提供支持。

在第九批援疆人员中，有 11 位来自卫生系统，第一期包括 1 位援疆干部和 5 位医生，第二期也有 5 位医生。刚到阿克苏时，援疆指挥部对我们要求很严格，比如说，外出一定要请假，回来以后一定要销假，每天晚上 10 点钟要排队按指纹打卡。如果我们晚上要外出会诊，指挥部会派车接送，特别重视我们的安全。

二、大医无疆解民忧

阿克苏市人民医院新院区是 2017 年建成的，是浙江工业大学专门设计的，很漂亮，硬件也比较完善，基本的医疗设施都有，包括 CT 室、B 超室和磁共振这类高端一点的医疗设备，手术室也都配备完善。这些硬件大多数是援疆干部牵头在援疆项目中引资建设的。总体上来说，大多数的医疗设备比我预想的要好。就医护人员来说，年纪轻的医生比较多，并且主要是当地自己培养的，少数民族医生大概占一半。我去的时候，阿克苏市人民医院各个科室基本齐全，人虽然不多，但麻雀虽小，五脏俱全，该有的科室和医生基本上都有。留住人才比较困难，虽然医院领导和援疆指挥部做了很多工作，但还是不容易留住，医院整体技术提升难度有点大。

阿克苏当地常见病与东南沿海地区没有太大的差别，不过在工作中我们也发现了不少值得关注的地方。首先是当地风湿免疫疾病尤其是类风湿疾病高发。虽然当地气候干燥，但由于生活习惯不佳、生活条件相对落后、文化程度相对较低，服药依从性差，许多群众患有类风湿疾病。类风湿病用药起效慢、毒副作用大，并且药品价格高，所以发病后容易致残致畸，给家庭和社会带来很大负担。此外，因为他们吃牛羊肉比较多，蔬菜吃得少，甜瓜果吃得多，导致糖尿病、心血管病比较高发，胃肠病的患者也挺多。阿克苏的水质特别硬，肾结石的人也特别多。这些疾病都和当地自然环境因素相关。针对这些疾病，援疆指挥部专门组织了心血管、消化科、泌尿外科的专家给他们做手术治疗。

其次是当地老百姓尤其是少数民族同胞生病后危急值特别高，一生病就是重病大病。比如我们中医科，就经常遇到风湿免疫疾病和糖尿病等这类危急值特别高的疾病。不像杭州这边的群众有点小毛病就马上去医院，阿克苏群众上医院就是有很严重的病。这个可能和他们文化程度落后、生活条件困苦有关，也与当地的医保政策有关。阿克苏市门诊费用报销是有限的，一年大概只有几百块钱，报销额度用完后看病就要自费，没钱看他们就不看了；不过住院费用的报销比例相对来说比较高，所以他们宁可挨到生重大疾病来住院而不愿生病之初上医院看门诊。我记得刚到阿克苏市人民医院的时候，病房是住满的，门诊却门可罗雀，没多少患者。

进驻医院后，指挥部没有马上安排我们工作，而是让我们先适应一段时间，然后按照医疗援疆工作任务，建设好 3 个工作室，分别是杭阿远程工作室（远程医疗）、援疆工作室（援疆医生开会、办公）、中医工作室（援疆医生门诊工作室）。2018 年下半年，我除了指导中医科，就是建 3 个工作室，从选址、设计到基本装修，我全程参与，最终于年底建成。2019 年初，援疆指挥部按医院发展情况和需要，重新确定医疗援疆工作任务，即做好“一特色、两远程、三中心”。“一特色”就是对接“张玉柱全国名老中医药传承工作室阿克苏工作站”在阿克苏落地；“两远程”就是做好医疗远程教育、远程会诊；“三中心”是建立阿克苏市人民医院康复中心、市疾控中心和红桥社区卫生服务中心。

富阳张氏骨科在全国很有名气，援疆指挥部想把富阳中医骨伤医院作为杭州援疆的特色项目，引进到阿克苏，采取“一院包一科”的模式，帮助阿克苏市人民医院创建中医骨伤科。

2017 年 11 月，张玉柱全国名老中医药传承工作室阿克苏工作站正式揭牌成立。此后，富阳中医骨伤医院每季度都会派 1 位科室负责人（副主任医师以上）到阿克苏帮扶 1 个月。这不是远程指导，人要到阿克苏去，吃住基本上就在医院里。每天不仅有门诊，还要查房和手术，对当地医生手把手进行技术指导等。同时，从阿克苏市人民医院挑选业务骨干送到富阳骨伤医院去培训学习，甚至护士长也到富阳培训过。除了技术支援，富阳中医骨伤医院还免费提供了价值300万元的药品器械。

张氏骨科这块牌子在阿克苏扎根以后，成效特别好，最明显的表现就是门诊人数上升了。以前阿克苏市人民医院主要接诊少数民族同胞，后来汉族老百姓欣赏我们的骨科治疗水平，也来就诊。门诊人气慢慢旺起来，缓解了住院部的压力。骨科门诊每天基本要接待二三十个人，这在人口不多的阿克苏市也相当可观了。

张氏骨科治疗四肢骨折采用的是保守疗法，它不需要开刀，先用特殊的手法进行复位，复位成功后用杉树皮夹板把骨折部位固定住，有时还敷上黄金如意散或黑膏药，包扎好并且叮嘱过注意事项，患者就可以回家了，以后复诊几次，确认对位线良好，骨折处很快就长好了。没引进张氏骨科前，阿克苏老百姓如果骨折或者有骨科方面的问题，大多会采用动手术的方法。动手术费用比较高，对老百姓来说是很大的经济负担。如果用中医正骨疗法，费用大概是1000多元。这不仅减轻了患者的痛苦，还大大节约了宝贵的医疗资源，更重要的是降低了医疗费用。

我主要负责张氏骨科工作站杭州专家的接待工作，保障专家在阿克苏人民医院的日常工作能够顺利开展。杭州派来的专家很尽心尽责，当地医生也很好学，两方比较合拍，工作开展起来也很愉快。

2019年初，指挥部让我着手开展杭州市第一人民医院和杭州市中医院与阿克苏市人民医院远程会诊和远程医疗教学工作。杭州市在数字化管理与互联网建设上全国领先，完全可以在远程医疗和远程会诊上发挥自身的优势与特色。虽然杭州与阿克苏相隔万里，但是借助互联网，同样可以实现专家患者“面对面”。2019年3月，阿克苏市人民医院远程会诊中心开始运行。当时医院每周开展两次远程会诊，前一周确定好需要参加会诊的患者，把病历等资料先传到杭州市一医院。会诊时医生在前面，患者在后面，双方直接交流，我还记得2019年4月的一次远程会诊。当时我连线杭州市一医院的章晓芳主治医师，为当地一位70多岁的维吾尔族大爷进行风湿免疫疾病会诊。经过视频沟通观察、看片诊疗，章医生提供了治疗方案。

中心投入使用后，不仅可以开展多学科会诊、疑难病例讨论，还可以根据当地需求邀请杭州知名专家进行远程授课。我们积极联络后方医院，向他们介绍阿克苏当地的情况和需求，西医授课由杭州市一医院安排，杭州市中医院安排中医专家讲课，保证每个月各有一堂西医课和一堂中医课。西医主要进行如心血管内科、泌尿外科、风湿病、免疫病等专题远程授课，中医主要安排铺灸治疗风湿痹症、热敏灸、小儿推拿、针刀等一些实用课程，只要他们有需求，我们就安排相应课程。

不仅如此，我们还通过其他途径提升阿克苏医生的医疗技术水平。当时浙江近千人在援疆，其中有很多医疗专家，包括浙江大学医学院附属第一医院，浙江大学医学院附属第二医院、浙江大学医学院附属邵逸夫医院等浙大医学院附属医院的专家，还有浙江省人民医院和省立同德医院等省级单位的专家。我经常把他们邀请到阿克苏市人民医院来讲课。另外，我们还千方百计抓住医院领导来阿克苏考察、慰问的机会，请求医院领导带专家过来办学习班，每一个过来的专家不仅要来讲课，还要到医院查病房、做手术。除了“请进来”，我们还有“送出去”。每年指挥部都组织阿克苏医院的骨干到杭州各个医院进修，时间为 2—6 个月，吃、住都是免费的。

南疆地区是小儿脑瘫、心脑血管意外的高发区。阿克苏地区部分群众在怀孕前没有做好个人检查，怀孕过程中也没有做好产检，导致先天残疾或者生下来就生病的孩子占比较高。当地医院领导想建一个康复中心，主要是为脑瘫儿童服务。援疆指挥部觉得这个想法挺好，决定索性多投入一些，建一个较完备和较高质量的康复中心，其中包括骨科康复等。

这个康复中心在建设过程中，也遇到了一些困难，比如规划问题，还有资金配备与使用问题等。2019 年初，当地医院领导把建康复中心的任务交给我。我心里有点没底：康复中心怎么建，最后能建成什么样，要买多少设备器械，配备多少人员？这些问题我心里都不清楚。我调研了很多医院的康复科，其中有我自己所在的杭州市中医院针灸康复科，还看了同德医院、邵逸夫医院和省人民医院等的康复科，但看完后心里还是没有底。因为这些医院实力雄厚，无论是医生、设备，还是患者的情况都与阿克苏明显不同，难以参照。另外，就浙江省来说，采购医疗设备和器械是有政府配套资金支持的，同样的经费，在浙江可以买很多很好的东西，在新疆就只能买到浙江一半左右的器械。当时康复中心建设一共投入援疆资金 500 万元，我们用其中 100 万元买了一个蔡司 S88 神经手术显微镜供脑外科使用，剩下的钱用于采购康复科的其他设备，包括比较先进的经颅磁刺激仪、上下肢智能反馈训练机器人、儿童感统训练等。经过这一番配置，我觉得康复中心的硬件条件已经相当不错，可以说达到了南疆一流水平，剩下的就是人员配备的问题。医院领导班子经过几次讨论，给康复中心安排了 2 位副主任医师、1 位主治医师、3 位住院医师、7 位治疗师、4 位康复护士。经过紧张筹备，2019 年 7 月，阿克苏市人民医院康复中心正式揭牌，经过这几年的努力和建设，现在康复中心运行情况还是不错的，在当地也算小有名气。

三、回春妙手施仁术

除了完成援疆指挥部交代的任务外，我们在阿克苏市人民医院还有很多常规工作，比如日常门诊、临床带教等。医院安排我带三个徒弟，基本上每周定期带着他们去查房，平时有问题他们也会来找我。这三个徒弟，一个是科主任，一个是主治医生，还有一个是没有取得执业医师资格的学生。由于三个人的业务水平不一样，我不可能三个一起教，也不可能教一模一样的内容，所以这对我也有一定的挑战。对于科主任，我主要是提供一些科室管理方面的内容，并建议她选择风湿免疫作为中医科的学科发展方向；对于主治医生，我主要关注他的学术能力，尽量在学术方面给他提供一些指导和建议；对于还没有取得执业医师资格的学生，我主要教一些诊疗技术，并督促他加强理论学习。另外，对于中医科的其他医生，我也针对他们各自的特点实施因材施教。

我们开展这么多课程培训与指导，就是为了更好地培养本土的技术人才，为当地留下一支“带不走”的人才队伍。经过一段时间的学习，中医科的医生在汇报病史、体格检查、鉴别诊断、诊疗计划等方面思路更加清晰，诊疗能力大幅度提升，对自身的医疗能力也更加自信。

关于日常门诊工作，我做的不多，这是我觉得比较遗憾的地方。泌尿外科和消化内科的援疆医生，因为每天要在胃肠镜室或者手术室，所以经常接触很多患者。我接触的患者不多，因为其他方面的事情实在是太多了。但我会保证查房，至少一周查房 2 到 3 次。

阿克苏基层尤其是农村地区缺医少药现象比较严重，再加上地广人稀，只有人口较多的地方才会有一个卫生院，偏远一点的地方看病就比较困难。除了做好医院内工作，我还要经常下乡巡回义诊、送医送药。杭州市援疆指挥部和阿克苏市政府也很支持这样做，指挥部每年都安排一定的援疆资金用于送医送药下乡。

我们援疆范围主要在阿克苏地区，所以巡诊义诊主要集中在阿克苏市下面的各个乡镇、农村以及它们的医共体（阿克苏市人民医院下面有六个医共体）。义诊内容主要是到乡镇医共体去查房，给当地群众送医送药，为他们做一些基本体检等。阿克苏市面积很大，每次出去义诊车程要一到两个小时。指挥部对我们的安全要求比较高，出去的话一定要整车人去，到点了必须所有人一个不落地回来，不能在外面闲逛。每次到乡下去巡诊义诊，老百姓都特别热情，很欢迎我们。下乡时，我们都要带很多药品免费发放。当地老百姓平时配药不仅要花钱，还得进城。遇到援疆干部和医生下乡义诊，给他们免费送药，还可以和专家面对面交流看病，都非常高兴。看到老百姓期盼的目光和灿烂的笑容，我们是真真切切感受到所有的付出是值得的。

除了培训带教、医院管理、日常门诊和下乡义诊等工作外，我在阿克苏期间也在不断探索中医的新业务新技术，比如主导引进中医新技术脐针疗法在阿克苏地区广泛应用。脐针疗法是齐永先生历经 10 余年发明的在脐部针刺治疗疾病的方法，疗法简单效果出色，在内地很多医院已经广泛运用。到了阿克苏后，我想推广这项技术。有一次我正带着几个学生学习，碰巧治疗室有一位维吾尔族患者膝关节疼痛剧烈，平躺的时候膝关节屈曲，不能平放下来，稍稍一碰就喊痛。经过观察、询问病史，我就在患者脐部扎了三枚一寸针，患者有针感后，继续运用针刺手法，同时鼓励他慢慢活动膝关节。针刺之后，患者的膝关节活动幅度越来越大，速度越来越快。一分钟后，我让他停止膝关节活动，把膝关节放平。解除了病痛的患者很开心，几个学生看到这个疗法效果这么神奇，也都非常感兴趣。

（采访整理：潘立川　郑重　李莹婧；采访时间：2021 年 8 月 12 日）

扶贫路上守初心，万里征程履使命

周君

一、对接源头

从 2008 年开始，杭州联华华商集团就一直在陆续地做农超对接工作和农业产地帮扶工作。2018 年，我接手集团生鲜经营业务，经常和团队一起去源头基地，察看供应链的每个环节。因为我自己是农村出身，对农民和农村有着天然的亲近感。在很多产地，我看到农民劳作很辛苦，但是农产品售卖价格却不高，就想通过努力绕开中间环节，更直接地对接贫困帮扶地区。

通过直接对接，我更多地看到了源头端的一些真实情况。比如，农产品都是非标品，有很多不可控因素，比如水、土壤、运输、天气等。同时很多产区特别是贫困地区的产品虽然很好，但由于各种原因，并没有让消费者真正体验到。比如，新疆的尼雅黑鸡，品种上乘，口感绝佳，但没有打开市场；西藏的那曲牦牛肉，口味也很好；云南的土特产品，由于交通基础设施比较落后，产品运不出来。我们有消费渠道和网络平台，作为国企，我们更有责任去帮扶他们，把他们的产品运过来提供给消费者。

近些年，我跟随浙江省、杭州市的领导跑了新疆、西藏、宁夏、贵州、湖北、云南等地，进行了很多对接以及后续的帮扶推进工作。在帮扶当地农民销售农产品时，我们不仅要关注产品质量，还要关注成本问题。在贵州省黔东南苗族侗族自治州，由于人工成本、物流成本等因素，以及在产品标准化和规模方面存在的问题，当地的农副产品缺乏竞争优势。我们就按照线上发货的方式或根据联华华商商场的一些要求，指导他们做一些改变和调整，帮助他们形成市场化的标准和规格。像番茄，进入商场后，工作人员会按照一定的标准将番茄的蒂剪掉或剪平，如果番茄蒂稍微长一点，就可能刺到旁边的番茄，导致番茄品相不好看，造成不必要的损耗。但是，一些农民对此缺乏足够重视，所以我们要跟他们讲原由，引导他们在类似的小细节上做一些调整。

联华华商在整个过程当中，主要是在源头端教他们如何改良产品。第一，我们会告诉他们，什么东西适合整个大市场，也就是消费者的需求点。第二，我们会告诉他们，如何去定标准，如何按照市场的规则去理顺产品。第三，我们会改变他们的一些观念，通过一些经验的交流和分享，让大家改变自己固有的一些经营意识、产品意识和种植意识。有时候他们只停留在自己的经验里，或者眼光局限于当地的消费市场，没有感觉到改变的紧迫性。只有展示给他们看了，他们才会明白这个改变就是需要的。如当地的腐乳特别好，但没有厂标，那怎么卖呢？我们就教他们，要按照产品标准去完善。我觉得，作为企业，我们在这些方面提供给帮扶产区的帮助，可能更有价值和意义。

我认为在引导帮扶产区建立产品标准上，思想意识最重要。在走访一些帮扶地区的时候，会邀请他们来我们这边参观，或者向他们分享一些我们这边好产品的标准。当他们意识到差距的时候，就可以努力做得更好。像黔东南州，最开始的时候，那里的农作物品相非常不好，但现在连包菜都包得非常标准，如果不标产地，真看不出来这些产品是从黔东南州运过来的。可以说，这几年，大家对产品标准的意识在慢慢地增强。

不仅仅是黔东南地区，2018 年、2019 年，我先后到过新疆阿克苏、西藏那曲、陕西延安、湖北恩施等地，行程 12.8 万余公里，脚步遍及 13 个省、市、自治区 32 个县市的田间地头。每次到产区，我比较喜欢跟政府团队帮扶干部交流，先借助他们的渠道掌握前期的调研情况，而后再点对点地安排考察。所以无论黔东南也好，湖北恩施也好，我们都把当地的特色产品品牌化，提炼出其中特别有价值的东西。比如恩施土豆，这个产品很好，但是很多人不知道它好在哪里、为什么好，所以就需要有人把这些特点提炼出来。作为一家企业，一个团队，我们不走出去，又如何知道产品的价值点呢？在这些方面，我们一定要有过硬的专业知识。

前期进入产地时，我们得到了驻点帮扶地区帮扶干部的大力协助。他们知道什么地方有困难，什么产品有优势，什么企业可能需要怎样的帮助。在我们去之前，他们都事先做一些对接和摸底，再帮我们牵线搭桥，这样当地老百姓就会比较信任我们。只有建立信任，大家才会来跟我们进行交流。在与当地老百姓沟通过程中，也会出现沟通不畅的情况。我们除了持续沟通外，还请一些比较好的农业专家，或者是当地比较好的合作伙伴去跟他们沟通。同时，浙江企业家去那边投资和生产，以企业的力量引导和帮助他们。在不断的磨合过程中，每个环节逐步打通就形成了一条完整的产业链。

二、构建销售渠道

为了更好地推动帮扶地区农副产品的销售，联华华商集团在政府的指导帮助下，设立了专项脱贫帮扶方案“31590”项目。“31590”项目是指设立 3 家消费扶贫馆、15 个消费扶贫专柜、90 家扶贫商品有售门店，对来自全国各地的扶贫产品进行集中展销推广，并冠以统一的消费扶贫标识。“31590”项目在浙江全省范围内形成一个大销售平台，通过不同类型的门店，设立不同的主题消费馆和展示售卖区，以 3 家核心馆、15 家主力店和 90 家分销门店的模式，把产品按照不同的类型去销售。这样的话，能够使不同的产品在不同的城市、不同的链路中流通，让消费者都能购买到帮扶产品。我们现在逐步在推广的是产品的统一标识，就是消费帮扶的标识，原来都是手工贴的，但现在考虑把标识做在包装上，形成标准化。要让消费者看到这个标识的时候，就知道这个产品是消费帮扶的，是农业助力的。脱贫攻坚战取得胜利之后，我们还想把乡村振兴的工作再进行深挖和升级，以后，还会为“31590”项目积极构建更好的思路和举措。

除了“31590”项目外，我们还建立了“十城百店项目推广”平台。“十城百店”主要是跟杭州市援疆指挥部对接的。杭州主要是对口支援新疆阿克苏市。在“十城百店”项目当中，我们把阿克苏的红枣、红桃、苹果、香梨等产品在“十城百店”里做了推广和展示。虽然很多人都知道阿克苏的苹果、红枣等，但却不一定能够买到正宗的。2021 年，我们在“十城百店”当中增加新疆的馕饼系列，还把馕饼加工成易包装的成品，采用真空包装，包含多种口味，像玫瑰馕饼、核桃馕饼、辣馕饼等等。接下来，我们还会将产品线从原来的初级农产品向加工农产品升级。这样附加值会提高，还会给物流配送和储藏保质带来便利。

为了让更多的消费者购买优质农产品，我们还推动“线上线下同步售”。我自己也好，公司班子领导也好，都做过主播，在屏幕前推广扶贫地区农产品。做直播是因为我们服务的消费群发生了结构性的变化，很多年轻人已经从原来的线上购物逐步向在电商直播间下单购物转移，我们企业也要有利用新媒体去做一些推广与传播的责任和担当。在这个过程当中，我们能让产品更直接、更生动地传播给消费者。对我们而言，我们传播的是帮扶产品，这更有意义和价值。

三、扶贫路上的感悟

2021 年 2 月，我获得“全国脱贫攻坚先进个人”荣誉称号。在人民大会堂现场，我有幸聆听了习近平总书记的报告，他的声音铿锵有力、热情饱满，整个精气神给我们与会人员带来前所未有的令人鼓舞的正能量。我瞬间觉得我的一切付出都是值得的。看到帮扶地区脱贫致富的时候，我们就会觉得任何苦都不算什么。

在帮扶脱贫工作中，我觉得最困难的是不被理解。从经济效益来说，脱贫工作并不是一件能够马上得到效益或产能的事，投入很多的精力却不一定能够马上得到效果。但我们是国企，必须承担更多的责任和担当。

脱贫攻坚不是终点，而是乡村振兴、共同富裕的起点。杭州联华华商要当之无愧地往这个方向去努力，坚持平稳推进前期一些可延续发展的工作，要把脱贫的成果不断地进行巩固，不断地进行完善，不断地根据市场变化去推进。我内心希望大家都能够一棒接着一棒干，一轮接着一轮更好地去完善，如果每个环节大家都给力了，都使劲了，我相信国家会越来越富强，人民生活也一定会越来越美好。

（采访整理：陈鸿超　李永刚　卢铭约；采访时间：2021 年 8 月 8 日）

愿做白山黑水间脱贫的引路人

曹敏杰

一

我是2018年4月受组织选派，到吉林省延边朝鲜族自治州汪清县，正式开始为期3年的扶贫生涯的。我原来担任北仑区文化广电新闻出版局（体育局）局长、党委书记，由于长期在北仑区和宁波开发区工作，有多个岗位的工作履历。当时，全国脱贫攻坚进入三年攻坚期，东西部扶贫协作的任务很繁重。组织上让我挂职担任汪清县委常委、副县长，后又兼任宁波市东西部扶贫协作延边州工作队副领队、临时党支部委员。到汪清后，我的主要工作是协助分管宁波和延边东西部扶贫协作和对口合作工作。

“为宁波代言”，是宁波市委主要领导给我们的任务，也是我“出征”汪清时立过的誓言。视延边州为家乡，把贫困户当亲人，若汪清3年内不能脱贫，不够退出国家级贫困县的标准，绝不“收兵回营”！这是我们汪清工作组的目标，也是给我自己、给所有工作队员下的任务。

在去汪清前，我对这个地方确实不了解。明确挂职后，虽然在启程前匆忙做了一些功课。但到汪清后，经过一段时间的实地调研才发现，这里的贫穷程度和城乡差别状况远超出我的想象。

汪清纬度高，气候干燥。夏天天亮得特别早，早上3点半天就亮了。这是我的第一个印象，以至于我以为早上睡过了头。冬天，下午3点半天就黑了。冬天也来得特别早，一年中有半年是冬季，作为南方人也觉得特别冷，零下30多度的时候身体真受不了，膝关节也偶尔会“罢工”。干燥的空气也让我喘不过气来。延边人一般不喝热水，大冬天也喝冷水。这些让我的确难以适应。为了摸清汪清的实情，3 年里，我跑遍了汪清县的角角落落。

汪清县处于吉林省延边朝鲜族自治州北部，与图门、珲春两县相邻。与朝鲜相距 18 千米，离俄罗斯 40 千米。这里森林覆盖率达 90% 左右，林业资源丰富，畜牧养殖业和林下种植业资源发达。2016 年国家实行天然林保护工程，很多涉林产业就无法持续了。县域面积 9016 平方千米，接近整个宁波市面积，辖 8 镇 1 乡 3 个街道办事处、200 个行政村，总人口 23.11 万，其中农业人口 9.8 万，人均耕地 3.36 亩，是多民族聚居的老少边穷县份。1993 年，汪清县被列为国家贫困县，2003 年被确定为国家发展改革委定点帮扶县，2011 年又被列为新一轮国家扶贫开发工作重点县。到 2018 年，汪清县的发展虽然取得了巨大成绩，但与其他地区相比仍有较大差距。主要原因是汪清处于自然条件恶劣的偏远山区，交通非常不便，基础设施较为落后，而且劳动生产力水平受文化和技术制约普遍不高。同时汪清县缺乏产业支撑，缺乏强有力的市场主体的带动，贫困户增收致富存在较大困难。

二

既然是扶贫攻坚，那么，对于汪清的扶贫，就必须蹚出一条符合当地实际、可持续发展的精准扶贫之路。

扶贫，首先是产业先行。没有产业，就无法斩断贫穷的根。

如何帮助汪清这块“黑土地”尽快脱贫，经过大量的实地调研，我们决定把“黑”字这篇文章做大做强做深。

我先讲一个故事吧。

大约是 2020 年 6 月底的一天，我接到汪清县鸡冠乡主要负责人电话，邀我参加首届鸡冠乡木耳节。从他充满激情的言语中，听出他对这几年全乡发展黑木耳产业成效的自信，以及对开锣办节的喜悦。

讲起与鸡冠乡的木耳缘，还要从中央明确宁波结对帮扶延边的 2017

年讲起。汪清县是我国十大木耳主产县之一，素有“木耳之乡”美誉。2017 年宁波援建延边的两个产业项目都落在了汪清县，而且都是黑木耳菌包厂项目，其中一个就在鸡冠乡的鸡冠村。这个项目拉开了宁波推动延边产业发展的序幕。

2018 年 4 月，我作为宁波帮扶干部来到汪清经常下乡镇村屯调研，确立了持续帮扶汪清发展黑木耳扶贫产业的基本思路，鸡冠乡是我们明确重点发展的乡镇之一。鸡冠乡的黑木耳产业虽有较好的群众基础，但由于缺乏现代化的生产设备和管理模式，仍处于低、散、乱的局面。做菌包有个环节叫“蒸锅灭菌”，需要高温。为实现高温灭菌，村民除了烧煤，还烧废旧轮胎、橡胶。一到冬天，100 多个菌锅开动，家家户户冒黑烟，很少见到蓝天白云。小作坊生产效率也低，十几个人一天最多做 3000 袋，一年产值在 30 万至 40 万元之间。为此，我们一趟趟走访经营户，一遍遍推演成本与产出，鼓励大家应用新的菌包技术，实施车间化生产改造。在我们的推动下，“菌包厂提质扩建 + 定植车间”项目建设和管理模式逐渐被鸡冠乡百姓接受认可，并在全县推广。可以说，自北仑帮扶汪清以来，鸡冠乡是我们帮扶时间最早、参与项目程度最深的乡镇。此后北仑还在鸡冠乡用援建资金实施了大北村菌包厂改造及定植车间项目，成为汪清县第一个定植车间。

几年下来，北仑在鸡冠乡共投入 2660 多万元援建资金，实施六个黑木耳产业项目，逐步形成日产 17 万袋、年产 2550 万袋菌包生产能力，建成三个标准化的定植车间，全乡基本形成从菌种研发、菌包生产及定植、木耳种植农场到木耳分拣包装的全产业链条，全乡黑木耳产业本固基强。如果按每袋菌包产出干木耳 1.2 两计，年产 2550 万袋菌包能产出优质干木耳 1530 吨，产值至少在 9000 万元以上；按每个菌包纯利 1 元计算，可以增加收入 2500 万元以上，有效带动当地贫困户脱贫致富。这次鸡冠乡首届木耳节的举办，充分体现了鸡冠乡发展木耳产业的底气和信心。

汪清县每一个乡镇都和北仑区的一个街道结对，鸡冠乡结对的是郭巨街道。两地结对后，鸡冠与郭巨沟通频繁，交往密切，围绕产业发展、品牌建设、环境提升、美丽乡村建设等经常进行交流。在资金上，郭巨街道从2018年到2020年，无偿帮扶鸡冠乡75万元，用于鸡冠乡美丽乡村建设，发展“四小庭院经济”。还使用帮扶资金购置垃圾清运“小绿车”，推动贫困户参与环境卫生整治。新华社以《“小绿车”带来脱贫思维大转变》为题登载，其经验做法在全县各乡镇推广。

这几年宁波的帮扶，改变的不仅仅是鸡冠乡的面貌，更可喜的是激发了鸡冠人发展产业的新思路，鸡冠人再一次走在了产业发展的前沿。2020年7月4日，鸡冠乡首届木耳节开幕。开幕式上，举行了黑木耳采摘比赛；对鸡冠乡产业致富带头人、党员创业带头人、党员创业致富带头人等10名黑木耳种植大户进行了表彰；好记酱油酿造股份有限公司和鸡冠乡政府签署扶贫助农合作框架协议；和润村镇银行与鸡冠乡政府签署合作协议；“阿里巴巴扶贫助农，第一书记代言直播”，汪清县74位重点贫困村第一书记现场网络直播带货，成为共同分享技术成果、展示产品优势，搭建起技术交流、信息共享、产销对接、经贸合作的重要平台，从而正式打响了鸡冠乡木耳品牌。显然，鸡冠人不仅仅想通过“面朝土地背朝天”的勤劳肯干来脱贫，更想依靠“一根网线通全球”的电商销售来致富。

鸡冠乡发展黑木耳生产只是我们帮扶汪清大力发展“黑”产业的一个缩影。从2018年以来，我们一直以黑木耳产业为切入点，努力打造延边州特色支柱产业和带动汪清长远发展的富民产业。3年来，北仑累计对汪清县实施黑木耳产业援建项目28个，投入各类资金2.13亿元，推动建设菌包厂、定植车间、培养室、立体大棚、标准化栽培示范基地、标准化产业园示范基地等一系列设施项目，为脱贫摘帽提供强劲动力。2020年汪清全县黑木耳栽培量达6.5亿袋，产量3.5万吨，销售收入34亿元，黑木耳种植户达到1.38万人，3万余人从事木耳采摘等相关产业，黑木耳生产规模、产品质量和产量进一步提升。我们还加大对重点乡镇帮扶力度，编制天桥岭黑木耳特色小镇规划和鸡冠乡产业发展空间规划，天桥岭镇成功入选国家级农业产业示范乡镇、吉林省特色示范小镇。帮扶汪清黑木耳产业的做法与成效，列入国务院扶贫办“携手奔小康”行动典型案例，得到了时任吉林省委书记巴音朝鲁的批示肯定。国务院扶贫办公众号点赞东西部扶贫协作宁波帮扶汪清，中央电视台攻坚之星栏目第 35 期以《东西部扶贫协作“小木耳”助增收》为题作了专题报道。在我即将离开汪清的时候，一位县领导对我们 3 年黑木耳产业帮扶有一个客观的评价。他说：这几年，如果没有宁波和北仑对我们黑木耳产业持续的帮扶，汪清县木耳大县可能名不副实了。宁波和北仑给我们黑木耳扶贫产业发展成功助了一臂之力，而且这一臂是我们产业转型升级过程中重要的一臂，也是我们靠自身力量和其他渠道无法取得的。

我们帮扶汪清发展产业的第二个措施就是在“黄”字上做文章。

汪清县耕地少，山地多，上山放牛曾是许多农户的收入方式。2016 年，随着东北虎豹国家公园试点启动，汪清县 70.6% 的县域面积被划入东北虎豹国家公园，全县开始对东北虎豹野生种群及自然生态系统实行最严格的保护，禁止上山放牧。为了缓解产业萎缩、养殖户收入减少的情况，我们积极协助汪清县委、县政府利用扶贫政策，引进大型企业，把牛“请”进了现代化养殖基地。在汪清县汪清镇柳树河村，我们援建了总占地 156 万平方米的现代化牛棚——吉天然肉牛养殖扶贫基地。该项目总投资 6.4 亿元，其中宁波援建资金 5000 万元，2020 年“五一”节前已正式建成投入养殖。这一项目是亚洲现在最大的单体黄牛养殖基地，日常存栏肉牛为 1.6 万头左右，年出栏 3.11 万头，产值 7.1 亿元，有效破解了国家天然林保护工程和国家虎豹公园战略下的“禁牧”难题，同步谋划推进了肉牛屠宰、饲料加工、豆粕利用等关联项目，实现了肉牛产业链条式可持续发展。从 2019 年起，该企业每年按照政府实际投资金额 6% 上缴扶贫收益，让全县一万多户建档立卡贫困户受益。

我们帮扶汪清发展产业的第三个措施就是援建产业园区，孵化、壮大更多的当地企业。

建设产业园区属于典型的“北仑经验”。北仑建区 30 多年来，以园区经济为特色的发展思路值得借鉴。汪清县农特产品和中医药资源非常丰富，但区位优势不突出，物流运输不发达，而且受每年有半年时间霜冻期的影响，外来投资者购买土地投资建厂，投资周期长、见效慢。本地具有成长性的中小企业也面临二次投资的资本压力，技术、人才和产品流失严重。鉴于此，设立孵化园并完善相应配套政策，将有效弥补汪清工业经济发展的短板，成为汪清企业创新发展的重要平台。2020 年 11 月 19 日，总投资 2.36 亿元，其中北仑出资 1 亿元的宁波北仑·吉林汪清健康科技孵化园开园。从平台公司设立到一期园区开园，历时仅 1 年时间，其中工程施工仅用了 6 个多月时间，创造了汪清速度，是吉浙两省、延甬两地对口帮扶协作第一个建成并投入使用的工业产业园区。北仑汪清合作科创园在北仑挂牌运作，汪清企业浙江牙妹科技有限公司正式入驻，两地产业合作在探索中不断深化。我们以援建产业园区为抓手，采取细化节点、倒排工期、抢抓时间、挂图作战、实地督查等形式，及时协调解决项目推进中的各类问题，克服东北地区霜冻期长的不利因素，确保建设项目按计划竣工投入使用。

在产业发展过程中，我始终确保东西部援助资金用到实处。3 年多时间里，我共经手了 44 个项目，占全州援建项目的 1/4，涉及宁波援建资金超两亿元，我不敢有任何懈怠，确保项目资金用在“刀刃”上。为此，我们在吉林省率先出台《汪清县产业扶贫项目收益资金分配使用管理办法》《关于进一步提升东西部扶贫协作产业项目绩效落实项目带贫机制促进建档立卡贫困户减贫脱贫的指导意见》，对东西部扶贫协作援建产业项目收益金的分配使用进行了管理和规范，精准设定收益收取标准，精准设定收益分配方向，精准设置资金监管程序，有效杜绝产业收益金分配“撒胡椒面”“大水漫灌”现象的发生，通过出台减贫脱贫政策、设立就业专岗、引导建立就业扶贫车间等途径，帮助贫困户实现就近就地就业，使每年上缴的 1000 多万元产业收益金扶贫更加精准长效。在我看来，在前期把关时项目必须要具备建设的必要性、可行性和紧迫性 3 道关，只有满足这 3 条，这个项目才能被提上议事日程。当时，新建的项目比较多，这就需要看紧“钱袋子”。我始终认为，产业项目投资，每年要有稳定的收益资金用于分配，贫困户才能最终受益，因此需要选择有较好经营效益、能持续运营的项目。2019 年，在一次论证某个产业项目时，我经过现场调研、数据核查、市场排摸，发现这个项目虽然在当地具有一定的发展基础，但产品在市面上同质化严重，市场竞争力不强，且企业缺乏长远规划，因此考虑再三，还是在编制当年建设计划时否决了这个项目。扶贫工作必须务实，脱贫过程必须扎实，扶真贫、真扶贫，脱贫结果必须真实，让脱贫成效真正获得群众认可、经得起实践和历史检验，决不搞花拳绣腿，决不能摆花架子。3 年多来，否决项目和建设项目基本各占一半。但是，该花的钱，一定要花。这几年，我们输往汪清的帮扶资金，八成以上用于黑木耳、黄牛等产业项目。这种“造血式”帮扶的效果不在一时，而在长远。

在帮扶汪清发展过程中，我觉得除了产业扶贫外，最为关键的就是要精准扶贫。

3 年来，我们工作组着眼群众切身利益，从劳动就业、消费扶农、社会帮扶三方面着手，注意统筹好民生事项，使群众在共建共享中增加获得感。

一是推进劳务协作。3 年来，我们组织开展多种形式的就业技能培训，累计培训 23 个班次，培训建档立卡贫困户 1278 人。2019 年 6 月 17 日，北仑出台了《深化北仑与延边汪清图们产业合作、劳务协作和订单式消费扶贫工作实施办法》，鼓励区内用人单位积极设置“就业扶贫爱心岗位”，吸纳对口扶贫地区建档立卡贫困劳动力来北仑就业。围绕对口扶贫工作计划，我们积极与汪清县有关部门建立常态化联系互访机制，依托“三服务”活动积极发动有社会责任感的企业，针对对口地建档立卡人员挖掘、开发一批“就业扶贫爱心岗位”，吸纳对口地建档立卡贫困劳动力来甬就业。从 2019 年起，通过“春风行动”暨北仑汪清图们劳务协作互联专场招聘会、“青年北仑立业之城”春季大型招聘会东西部扶贫专场等平台，持续岗位信息推送。3 年来，共挖掘 20 多家北仑知名企业提供爱心就业岗位，累计开办贫困劳动力专场招聘会 10 次，提供就业岗位 1870 余个，保障用工单位和贫困劳动力实现有效对接。支持鼓励有条件的六个援建产业项目设立就业扶贫车间，吸纳就业 241 人，其中建档立卡贫困户 56 人；通过设立公益岗位，帮助 2028 名贫困户上岗就业。

二是消费扶贫精准扶农。我们通过多渠道促进“北粮南运”“农特出山”，把农特产品转化为群众收入。先后在《人民政协报》《光明日报》《经济日报》和中央电视台等媒体进行宣传报道，并纳入浙江省精准扶贫公益活动“886 助跑行动”，扩大汪清地域产品知名度影响力。从传统批发商代销向网上销售、直播带货转型，认定扶贫产品 172 款，扶持 17 家企业进入延边州扶贫产品及供应商目录，引导采购、销售贫困户特色农产品，带动贫困户 3088 人。我还参与了甬派优选“云”带货大型公益直播 · 延边专场活动为汪清产品代言，邀请阿里巴巴特派员搭建网上平台，帮助汪清县第一书记协会网上推销产品。

三是持续发力社会帮扶。3 年来，我主动谋划，积极宣传，调动各方面积极性，构建了从政府到社会、从企业到民间的多层次、立体化结对帮扶网络，社会帮扶氛围日益浓厚，捐赠资金物资逐年翻番攀高。深入推进乡镇、学校、医院结对帮扶，企业、村、社会组织与贫困村结对帮扶，实现乡镇、深度贫困村结对帮扶全覆盖。路灯、洒水车、垃圾车、垃圾桶、浴室、健身广场、门球场、农贸市场、蜜蜂养殖、药材种植、“四小”庭院经济等贴近民生的设施设备和项目遍布全县乡镇村屯。社会捐赠国企先行，浙江交通系统企业捐资 400 万元助力修建的汪清县红色旅游公路“浙江路”揭牌通车。民营企业奉献爱心，浙江逸盛石化有限公司捐赠 1000 万元建设农特产品冷藏库正式投产，这也是宁波市与延边州两地社会帮扶的“最大手笔”。据不完全统计，3 年来，我们共协调累计募集社会帮扶资金物资 3996 万元，包括医疗设备、录播教室、急救设施及群众急需的民生物资。

这儿，我要重点讲一下北仑区“红领之家”社会服务中心帮扶的故事。

2019 年初，汪清县有关媒体报道，偏远的罗子沟镇有 5.3% 学生因经济困难面临失学，6.8% 的农户还在贫困线上挣扎。于是，我们和北仑区“红领之家”社会服务中心做了深入调研，发现经济困难只是表象，实际是一些农户缺乏战胜困难的信心与能力。2 月，“红领之家”启动了“红星乡邻”新时代走关东扶贫扶志志愿服务项目。这一项目的主要内容是：首先，让宁波这边有孩子的家庭与当地年龄相仿的 44 名优秀贫困学生结对。结对后，宁波家庭提供每年1000元左右的学杂费支持，同时，还结对了当地的教育志愿者，目的是帮助当地学生开拓思路，树立信心；其次，在教育扶贫的基础上，启动“红色种子”培育项目，即对那些有劳动能力、且有强烈脱贫愿望，只是缺少资金和技术支持的贫困户，给予资金和技术帮助。最后，启动“红色组织”孵化项目，把有志向、有能力的志愿者聚集在一起，引导对方自己成立志愿组织。到2019年底，已孵化了四家社会组织，为当地留下“带不走”的队伍。“红星乡邻”服务项目的真正目的，就是既要让当地群众的口袋富起来，又要让他们的脑袋也“富”起来。

从“红星乡邻”项目中，我们也深受启发：扶贫先要扶智。贫困地区要发展，最终还得靠自己。为此，我们工作组针对当地教育和医疗领域人才长期不足带来的发展困扰，优先推进扶智工作。

汪清只有20余万人，人口比较稀少，不过“看病难”却是大问题，“小病忍一忍、大病去延吉”成了常态。究其原因，还是医疗资金短缺，医疗设备缺乏，不少设备老化严重。为此，2019年，我利用返乡探亲机会，与北仑区慈善总会一起联系了位于北仑区的梅山保税港区康达集团。说明来意后，企业负责人面露难色，当时该企业投产不久，市场正在开拓，企业经营压力较大。我始终牢记“汪清所需，北仑所能”的扶贫信念，一次次登门拜访，一次次电话联系，向企业陈述汪清医疗现状、北仑帮扶故事。我的诚意打动了康达集团领导，同意将价值500多万元的医疗设备支持汪清，大大改善了当地医疗条件。这些设备，在这次新冠疫情防控中发挥了重要作用，提高了诊断的精准性，减轻了医务人员的工作压力。我们还协调北仑、汪清两地卫健系统建立对口帮扶关系，在设备、资金、人才和管理等方面统筹兼顾、齐头并进。根据学科建设需要，宁波先后选派59名专家开展援医帮扶，帮助开展新项目新技术，取得了显微镜下精索静脉曲张高位结扎术等74例汪清县医疗领域的首例技术项目，填补诸多技术领域的空白，帮扶当地年轻医生快速成长。我们还协调实施延边州全州首个医疗帮扶“通畅行动”，携手接上贫困人群免费就医“最后一纳米”，帮助93名贫困户实现零费用就医，减免就医费用9万余元。该做法与成效入选2020年国务院扶贫办全国携手奔小康典型案例。在延边晨报和吉林汪清新闻在线开设“宁波医生聊健康”专栏，刊出医疗保健科普文章25篇，并结集成册分发到基层，为当地群众防病治病留下宝贵财富。我们还协调挂牌运行泌尿外科中心和消化内镜中心，推进两地搭建远程会诊系统，送医下乡义诊25次，服务群众1880余人次，让当地老百姓“零距离”享受优质医疗健康服务。据汪清县卫生健康局测算，自开展医疗帮扶以来，汪清县住院转院率下降10%；按每位住院患者医疗支出1万元计算，每年增加县域医疗收入1400万元。

3年来，经过我手的项目和资金数字很多，好多我已经记不清具体的数据了。但我始终不能忘记那一笔12.85万元的设备采购款。那是2018年，我到复兴镇中心小学进行调研，小学的情景让我辗转失眠。学校地处偏远，老师不愿来，来了也留不住，已经很多年没有开设美术课、音乐课了。再穷不能穷教育，再苦不能苦孩子。老师请不来，那就远程学，可设备的钱从哪来？经过努力，我硬是“挤”了一笔钱。这笔钱来自北仑区春晓商会的企业捐款，少则1000元，多则2万元，共计12.85万元。于是，汪清县有了第一个录播教室。看到孩子们画出一幅幅画，听到久违的音乐声，我由衷感到自豪。随后，经过大家的共同努力，又累计捐助录播教室项目四个，通过远程视频系统实现优势教育资源城乡即时共享，带动并实现全县乡村学校录播教室全覆盖。通过调研，我发现在许多农村在汪清县的广大乡村，不少父母亲都是出去打工，只有孩子跟着爷爷奶奶留守，孩子成长期的困惑、烦恼无法倾诉和解决。如何解决这一问题呢？我还是得求助“大后方”。我特意请来了宁波旅游职业学校的心理课施海静老师，为老师和学生开展了别开生面、形式多样的公开课和讲座。后来，我又看到幼儿园孩子没有新颖的玩具，就又联系了北仑大港工业城的怡人玩具有限公司，价值68万元的木质智能玩具，让山里的孩子第一次接触到了国际品牌玩具，这也是2018年延边州第一批东西部扶贫协作社会捐赠物资。此外，我还先后协调选派26名优秀教师在汪清支教，涵盖学前、小学、初中、高中、职高等各个阶段，根据当地情况积极开展学科服务。协调组织名师团公开课 16 次、培训 1695 余人次，助推汪清教学水平稳步提升。两地结对学校互访互学，取长补短，特别是两地职业高中持续深化合作，共有 43 名建档立卡贫困家庭学生赴北仑职高和宁波职校免费就读，接受优质职业教育。3 年来，共协调精准选派 115 名人才帮扶支援，组织支教、支医团队开展培训讲座 64 场次，受训人员 4583 人次，助力汪清教育、医疗水平不断提升。

在大家的共同努力下，2020 年 4 月 11 日，汪清县正式退出国家级贫困县序列。我觉得我们的工作是非常有意义的，我们扶贫工作组没有给家乡人民丢脸。6 月 15 日，“北仑路”在汪清落成，这是宁波与延边开展东西部扶贫协作以来，第一条以区县命名的道路。这是汪清人民对东西部帮扶工作的肯定。11 月，由北仑、汪清志愿者共同创作的《同心同行》应运而生。这首歌曲讲述了汪清、北仑两地干部群众在扶贫路上同心同行，结下的深情厚谊。“握一把泥土你扎下根，托一肩重任我挑起担，远隔万重山，千里扶贫行，一条支援路，牵动两地心……”每一句歌词，就是一个个扶贫身影；每一个音符，就是一声声真情表白。这首歌一经推出，就引爆了“朋友圈”，迅速引发了两地干部群众和帮扶干部人才的共鸣。这首歌，是献给东西部扶贫协作的一份赞礼！

虽然我已经结束挂职返回宁波并走上新的工作岗位，但 3 年的经历却是我人生的宝贵财富。宁波的下一个帮扶目标是四川大凉山，相信我们的继任者会以更大的决心、更扎实的作为和更大的业绩，继续做好东西部扶贫协作工作，在续写社会主义共同富裕这篇大文章上作出应有贡献。

（采访整理：张水利；采访时间：2021 年 7 月 24 日）

愿以钉钉子精神做好扶贫工作

陈顶峰

我于1969年出生在宁波市象山县，现任象山县农业农村局副局长、县扶贫办主任，1991年8月参加工作，到今年已经从事农业农村工作31年，其中有16年从事脱贫攻坚工作。长期以来，我主要分管两块工作：一是领导推动象山县低收入农户实现全面小康；二是按照中央要求，负责结对吉林省延边自治州龙井市和敦化市的脱贫攻坚工作。这两项工作，都取得了不错的成效。当然，这些成绩的取得，绝不是我一个人的功劳，而是奋战在扶贫一线同志们共同努力的结果。我只是在宁波市委、市政府和象山县委、县政府的领导下，做了些力所能及的沟通协调工作。

一

象山位于宁波市南段，三面环海，地貌以丘陵为主，平原主要分布在沿海地区。象山是个比较典型的农业县，长期以来，这里的农民靠山吃山，靠海吃海。农业以粮食、蔬菜、水果、茶叶、禽蛋、竹笋、海水养殖为主导产业，以杨梅、柑橘、出口蔬菜、大黄鱼、梭子蟹、紫菜、南美白对虾为特色产品。农民相对而言整体比较富裕。但是，由于特殊的自然环境和种种复杂的社会原因，直到进入21世纪，还有一些欠发达地区和不少贫困家庭。我清楚地记得，2000年左右，全县还约有111个经济薄弱村、近千户贫困家庭。这些经济薄弱村，呈点状分布，主要是在一些荒岛野岭、交通条件非常不方便的村庄。而贫困家庭，则有很多种原因，如失去孩子的失独老人、失去双亲或单亲的孩子、家中有病重的人等。

在掌握村情、民情的基础上，我负责牵头撰写并由县委、县政府出台了《象山县村级集体经济发展实施意见》《促进低收入农户高水平全面小康的实施意见》等17个政策意见，形成了象山全方位、多角度的扶贫顶层设计。同时，我还努力推动这些政策意见真正落地。例如改善象山欠发达地区基础设施建设，从2012年到2020年的8年间，我们统筹安排了2.5亿元资金，实施101个欠发达村的村庄整治提升工程，23个村直接迈入全面小康示范村行列，7个村获得了省市级荣誉；建成资源型机耕路、村内道路400公里，惠及221个行政村；实施山区海岛移民工程，先后帮助777户2778人偏远山区海岛困难群众下山离岛等。

象山县脱贫攻坚工作紧跟全省，一直走在全国前列，贫困标准已经大大高于全国标准。我一直认为，象山脱贫攻坚工作更多的是要针对低收入农户，帮助他们增收致富。在脱贫攻坚实践中，我们立足象山实际进行精准扶贫，全力打通脱贫攻坚的“最后一公里”。为此，我带领县农业农村局对年家庭人均收入9000元以下农户开展拉网式大摸排，建立起以经济来源、劳动能力、就业意愿等为重要依据的低收入农户信息库，为他们量身定制相应岗位，帮助增收致富。对于有一定劳动能力的农户，鼓励企业、农业规模经营主体设置扶贫就业岗位，吸纳低收入农户就业，帮助有就业能力的低收入农户通过就业实现增收，同时大力开发村级公益岗位，实现在家门口就业；对于有自我经营能力的农户，依托特色产业和资源优势，鼓励引导低收入农户自主创业，通过发展白鹅养殖、精品柑橘种植、蔬菜种植、浅海滩涂养殖业等特色种养业，或开设家庭农场、农家乐、来料加工点、特色小吃店等经营类产业，实现增收致富。

脱贫攻坚工作同样也需要创新。在长期的工作实践中，我和同事们积极创新扶贫模式，大力推广“产业 + 扶贫”“管理 + 扶贫”“教育 + 扶贫”“健康 + 扶贫”等扶贫新路子。产业扶贫方面，我们按照中央和省市精准脱贫的决策部署，瞄准象山白鹅的资源优势，积极探索产业化扶贫新模式和利益联结新机制。到2020年底，我们在象山已建成24个种鹅产业扶贫基地，带动43户低收入农户增收。管理扶贫方面，我们创新推进建成低收入农户管理救助网络平台，协调组织对7704户低收入农户开展住房安全排查，积极推动农村饮水达标提标，使农村自来水普及率、省定标准达标率、管护机制维护率均达到100%。教育扶贫方面，在宁波市率先建立教育扶贫的“五统一”（即统一对象、统一标准、统一办理、统一流程、统一发放）工作机制。健康扶贫方面，我们推动开展医疗扶贫工程，实现低收入农户家庭医生签约服务覆盖率100%，农村大病医疗保险补助覆盖率100%。从2020年8月15日起，为11206个低收入农户开展商业性医疗综合保险。积极牵头推行“一户一策一干部”工作，实现低收入农户结对全覆盖。五年来全县低收入农户户均收入增幅在12%以上，达到9000元以上。我们积极实施贫困家庭“微心愿工程”，截至2020年底，建成来料加工厂（点）15个，开发公益岗位742个，来料加工年人均增收1.2万元，技能培训促就业年人均增收1.7万元，涌现了爱心改造家、白鹅扶贫团队等九个帮扶品牌和团队。金融扶贫方面，我们通过对产业带动、就业带动、创业带动的经营主体和村集体进行贷款贴息等方式，带动低收入农户增收致富，联合金融机构累计发放扶贫小额贷款74笔、3065万元，带动328户低收入农户户均增收5000元以上。

二

象山的对口帮扶大约是从1996年开始的，结对帮扶贵州省黔东南州黄平县；2013年，调整为帮扶黔西南州义龙新区；2016年10月，党中央、国务院确定宁波市对口扶贫协作吉林省延边朝鲜族自治州，拉开了象山县对口协作延边州龙井市的序幕；2018年，调整结对关系，象山县对口帮扶协作延边州龙井市和敦化市。下面，我主要谈谈近几年我参与的东西部扶贫协作情况。

延边州龙井市和敦化市，距离宁波2500多公里，交通不便。2016年左右，龙井市总人口17.6万人，下辖7个乡镇65个行政村，于2002年被确定为国家扶贫开发重点县。2017年4月23日，我清楚地记得，这是我第一次到延边州龙井市。那里老百姓艰苦的生活条件、落后的农村面貌给我留下了深刻印象。我不禁自问：在这样的条件下，老百姓怎么才能发家致富呢?

要致富，还得靠产业。这是我多年扶贫得出的经验。

抱着这个“信条”，我开始展开全面调研。延边州龙井市是少数民族聚居区，这里产业基础薄弱，人口流失和老龄化问题比较严重。但是，这里土地资源十分丰富。一个三四口人的家庭普遍都有 100 多亩山林、土地，这在浙江是不可想象的。一天，我突发奇想，能否在这里推广养殖象山白鹅呢？象山是浙东白鹅的主产区之一。这种白鹅被列入国家畜禽遗传资源保护名录，获地理标志产品保护。这些年，尤其是近几年，白鹅产业得到蓬勃发展，已经在广东、海南等 10 余省份建立了外延基地，产品销往全国各地，并已走出国门。当时，象山县内白鹅存栏超百万羽，年总产值近五亿元，众多家庭因此走上致富路。象山当地一些因病、因残致贫的低收入人员也开办了一批白鹅养殖场，走上了致富的道路。我就想，既然象山缺乏劳动能力的人都可以养白鹅，为什么这里就不可以呢？说干就干，在相关部门的大力支持下，我组织精干力量，开始在东北试养象山白鹅。

我们首先和龙井市扶贫办等部门合作，采用“公司 + 农户”协作养殖模式，总投资 700 万元，由宁波方提供帮扶资金 300 万元，计划养殖鹅苗两万羽，鹅苗全部由象山县提供。

万事开头难。由于当地老百姓对养殖白鹅不了解，存在一种抵触心理，很多工作开展起来比较困难。我们就挨家挨户拜访，费尽千方百计，终于让龙井市老头沟镇养殖大户尹国梁动了心。经过两次到象山县实地考察，他决定接手养殖。2018 年，象山文杰大白鹅有限公司负责人陈文杰与尹国梁联手，成立了延边鹅如君禽业有限公司。公司表示，试养成功后，将拿出部分鹅苗交予贫困户养殖，长成后公司回购并销往宁波等地；公司每年还将拿出 5% 至 7% 的收益金，分红给当地参与养殖的贫困户。

经过一周的适应期，2018 年 8 月 20 日上午，500 羽象山白鹅鹅苗正式在龙井市老头沟镇铜佛村“安营扎寨”。这是第一批试养的大白鹅

（后来，又送了第二批500羽鹅苗）。与这些鹅苗同步抵达龙井的还有象山的相关养殖专家和技术人员。这些鹅苗，都是精挑细选的种鹅，承载着大家的希望。之所以要选择在那个时间送去鹅苗，主要原因是种鹅六个月后开始产蛋，而龙井的夏天比象山凉爽，东北第三季度的温度和湿度非常适宜鹅的生长和产蛋。

为确保鹅苗在当地试养成功，我们定期派驻专业技术人员对养殖公司进行技术培训。就在送鹅苗的1周前，象山县畜牧兽医站站长、“鹅专家”、第六届全国道德模范陈淑芳抵达老头沟镇，向当地养殖户传授养殖技术，发现并解决了“室内甲醛释放、生长环境、温度调控和小鹅圈养密度”等问题。接着，龙井市扶贫办协助养殖大户新建了鹅舍、生活活动场所和围墙，并购置1套污水处理设备和养殖设备等。11月底，新的鹅棚搭建完成，两批大白鹅搬入“新家”。这两批大白鹅在老头沟镇生长良好。后来，养殖户们在技术人员的协助下，又挑选出优质种鹅进行大量繁殖。该项目投入运营，直接带动了402户、711名贫困群众增收。

在象山，由于夏季天气炎热，每年的6至8月份白鹅种鹅进入休蛋期，而此时延边的温度、湿度刚好适宜白鹅生长和产蛋，加上相对低廉的玉米等饲料价格，在龙井开展象山大白鹅种鹅“反季节”繁殖可以说是因地制宜、双赢互补。气候适合、饲料充足、技术支持、销售无忧……当地很多农户开始接受并直接受惠于这个重在“造血”的扶贫项目，他们纷纷搭建暖棚或普通大棚，打算扩大养殖规模。如老头沟镇贫困户徐梦喜2019年认领了50羽苗鹅，养大后由企业回购，一笔就赚了1500元，2020年他又拿到了1200元的分红；铜佛村王友2019年试养了500羽象山白鹅，赚了1.39万元，2020年他的养殖规模已扩大到4000羽……在当地养殖户眼中，象山白鹅就像是会走动的“金疙瘩”。

从2018年开始，为推动象山白鹅这一东西部扶贫产业合作项目，象山县对口帮扶办协调有关部门和人员，组成10人小组顶层设计白鹅扶贫蓝图。同时，组织专家组，往返两地百余次，千里奔波，全程技术跟踪，为象山白鹅扎根延边保驾护航。养殖白鹅包括建场投资、种鹅引进、饲料购买、种鹅养殖、疫病防控、种蛋孵化、苗鹅销售等诸多环节，可谓环环相扣。我们利用产业、技术、市场、资金等资源，为困难养殖户破解难题，打通养殖各环节，实现“关节联动”；为残障病困养殖户提供建场、引种、投产、销售一体化服务，为资金困难养殖户提供低息贷款服务，为新养殖户提供饲料选购及孵化技术支持服务，为成熟养殖户提供市场销售服务等。2019 年象山白鹅养殖项目被正式列入龙井市东西部扶贫协作援建项目。

经过大家的共同努力，截至 2020 年底，我们在龙井市老头沟镇，建成投产 16 栋鹅舍、存栏 3 万羽成鹅、年产 60 万羽鹅苗的白鹅养殖基地，成功打造“基地 + 合作社 + 农户 + 联盟 + 保险”五位一体的白鹅产业链扶贫新模式。这一项目每年可上缴效益金 60 万元，惠及老头沟镇全镇建档立卡贫困户 1700 多人。作为饲料供应商的合作社年营收增加 700 多万元，分红可带动全镇 1000 多人实现增收。该经验做法得到多方肯定，登上中央电视台“新闻直播间”等众多栏目，并被国家扶贫办评为经典扶贫案例。象山大白鹅在龙井市显出示范效应后，敦化市也跃跃欲试。很快，象山大白鹅以及浙江湖羊也陆续在敦化试养成功。

认真总结象山白鹅项目在东北的成功，我觉得主要是以下几点：

首先是坚持统筹谋划，全面夯实扶贫“支点”。一是成立扶贫联盟。象山依托陈淑芳劳模团队工作室，吸收律师团队、民盟团队、农信联社团队、社会志愿者团队等多个公益团队，以及象山白鹅孵化场、养鹅大户等有效资源，成立白鹅产业扶贫联盟，带动农户通过发展白鹅产业脱贫致富。建立“全面排摸 + 专题研讨 + 私人订制”帮扶机制，精准确定扶贫对象、制定脱贫计划、明确责任分工、落实帮扶举措，稳妥高效推进白鹅产业扶贫。二是落实扶贫资金。深入挖掘低收入农户资金补助政策，整合相关行业部门资金，设置白鹅产业扶贫专项资金，用于帮助低收入养殖户建设养殖基地、改善基础设施、购买苗禽、饲料等生产资料。协调农信联社等金融机构为扶贫基地、支持企业提供贷款贴息等优惠，为低收入养殖户提供投入资金，保障白鹅生产顺利运行。截至 2020 年，为对口帮扶地区龙井市落实白鹅扶贫专项资金 1310 万元。

其次是创新发展模式，稳定架起扶贫“杠杆”。一是实施保护托管。为有效解决低收入农户养鹅资金不足难题，指导低收入农户与文杰大白鹅、清波鹅业等龙头企业合作，建立“公司+基地+农户”利益联结发展模式，由帮扶企业出资建设扶贫基地，为农户提供种鹅和饲料，实行全程技术指导，统一进行种蛋孵化和苗鹅销售，再从盈利中扣除建设资金及服务费，直至基地实现“造血”功能。二是提供全链支持。全面建立起包括种鹅引进、疫病防治、种蛋孵化、苗鹅销售等整个生产链条服务保障，并开展针对性帮扶，确保全链条帮扶畅通。象山文杰大白鹅养殖有限公司与龙井市和谐生态农业专业合作社组建成立延边鹅如君禽业有限公司，吸引当地低收入农户加入饲养队伍。象山文杰大白鹅养殖有限公司全程提供购、养、销一体的保障服务，种蛋统一孵化、苗鹅统一销售，农户养殖不用担心销路，全力带动当地农户通过养殖白鹅脱贫增收。

最后是强化服务保障，持续供给扶贫“动力”。一是注重风险管控。探索引入金融管理模式，有效控制养殖风险，让各方吃下“定心丸”。设立白鹅产业扶贫风险基金，市场行情好时每年提取一部分收益存入风险基金，由帮扶企业统一管理，行情较差时，从风险基金中支取用于补助。创新推出商业性鹅价格指数保险，将帮扶企业苗鹅销售、成鹅回收因价格波动引起的市场风险纳入农险保障范畴，有效抵御市场风险，保护企业投资积极性，保障贫困群众收入稳定。二是开展技术指导。深入开展“三联三送三落实”活动，定期组织技术人员赴扶贫基地开展疫病防控、诊断治疗等服务指导，帮助解决养殖过程中遇到的技术难题。落实联络员开展“一对一”跟踪服务指导，确保各项扶贫措施精准落地。

其实，象山白鹅现在已经以象山为核心，以全国为版图，正不断北上、南下、西进，在曲项高歌中让低收入农户走入了小康。

说完了象山白鹅，我再谈谈象山“红美人”。

人们常说：“橘生淮南则为橘，生于淮北则为枳。”但我们这些扶贫人偏不信这个“邪”。有了象山白鹅这个成熟的案例，我们决定在延边州试种象山“红美人”优质柑橘。

象山自古产橘，宋朝便以金橘入贡，是象山一大特产，也是象山的县果。“红美人”是象山历经 18 年坚持不懈精心选育与技术改进而孕育出的精品杂柑。“红美人”品质品相堪称完美，在高糖度的同时具有 16°—18° 的黄金酸甜比，柔嫩多汁，入口即化，拥有绝佳的口感和浓郁的风味，是迄今全国口感最好的柑橘品种。“红美人”自推出以来，获得了市场的高度认可，并带来丰厚的种植效益。2017 年，象山县“红美人”平均售价达 60 元 / 公斤，最高价格卖到 123 元 / 公斤（2017 年上海万果风云会拍卖价格），橘农亩均收入达到 5 万—10 万元，最高达到 20 万元 / 亩，比种植普通柑橘翻了 10 倍以上。

象山“红美人”是宁波试验移种延边州的第一个农产品，开启了宁波农产品种植产业对口帮扶延边州的序幕。2018 年 4 月，象山县农林局与敦化市扶贫办签订了柑橘种植产业帮扶项目协议，并将价值 60 万元的 720 株“红美人”优质柑橘苗木，赠予敦化市江南镇、大桥乡等地的 3 家蔬菜水果专业合作社，进行栽种试验。4 月底，宁波帮扶工作队抵达敦化市后，立即组织农技人员对果农进行网上和现场指导。挂职农技人员还与种植户建立了“一对一”指导关系。在大家的努力和呵护下，“红美人”终于开花结果。2019 年秋季，试种的“红美人”成熟，销售收入是蔬菜水果专业合作社原来种菜收入的好几倍。

“红美人”成树在龙井市也栽种成功。2018 年 12 月，首批 37 棵象山“红美人”橘树运抵龙井。这次运去的都是六七年以上的成树，主干粗壮，枝叶繁茂。由于龙井与宁波的气温温差较大，所以这批树木直接被移种进了龙井市琵岩山风景区现代农业示范园暖棚栽种。为了让“红美人”不受严寒伤害，在运输过程中采取了保暖措施。第二批“红美人”是在 2019 年开春陆续运去的。为种植这些“红美人”建有五座大棚，项目总投资 500 万元，全部为宁波和象山帮扶资金。最终，象山“红美人”成树在龙井安“新家”并成功开花结果。

“红美人”在东北的栽种成功，不仅可以带动当地一些老百姓脱贫，而且填补了延边州高产能、高品质经济水果作物的空白。此外，通过我们的资金、技术与人才支援，“甬甜 5 号”甜瓜、“泗洲头马铃薯”等物种，也已在延边州生根发芽、开花结果，且收到了良好的经济效益。这些都为改善当地农牧产品种植养殖结构，提高亩产效益，助力农业产业转型发展做出了较大贡献。

除了“移植”产业，我觉得延边州要发展得更好，还要做大做强当地的优势产业。

敦化煎饼是延边州的特色农产品。敦化全市有300多家煎饼生产商，但多数以个体经营为主，总体规模偏小，也缺乏品牌形象塑造。2018年4月，象山县驻延边帮扶工作队第一次派挂职干部进驻敦化市。经过多方勘查和多次论证，在协调多方的基础上，决定投入500万元援建资金，用于长有煎饼厂房扩建项目。从4月份项目勘查到8月份项目建成，创造了项目援建的“宁波速度”。新落成的长有煎饼厂房既有参观通道，还有煎饼展示厅、体验厅，集“产业融合、扶贫开发、地域文化”于一体，不仅帮助企业扩大生产规模、树立品牌意识，还将工厂打造成工业旅游示范点，让游客能参观、能体验、能购买。还开发了融入宁波象山农产品元素的海苔煎饼，深受宁波、延边两地人民的喜爱，成为东西部协作的结晶。2018年“双十一”期间，中央电视台《第一时间》栏目在长有煎饼厂的生产车间面向全国进行现场专访。目前，长有煎饼已是吉林省名牌、敦化市非物质文化遗产，成为东西部扶贫协作的新典范。在宁波飞往北京和延边的国航、东航航班上，长有煎饼已作为航空餐食“飞上天”。通过我们的参与设计、推广营销，精致小巧的包装彻底改变了煎饼原先的形态，让它从餐桌主食变成了休闲零食，让敦化煎饼走进更多人的视野，敲开了发展休闲食品产业的大门。长有煎饼扩建项目建成后，我们的帮扶干部还帮助他们将敦化小煎饼打入浙江大市场。目前，敦化煎饼已和上海金贞熙、杭州百草味等国内知名电商合作，打造出“小万”庄煎饼品牌。2019年，象山县又投入100万元援建了高酵素煎饼厂，2020年投入500万元援助小万庄煎饼厂扩建，通过产业扶贫，打造几家上千万产值的敦化煎饼龙头企业，助力当地煎饼产业做大做强。

我们还聚焦市场开拓，助力好货卖出延边。敦化市位于北纬43°、长白山腹地，是黄金粮食生产带。但受制于经济结构、市场营销、品牌塑造等问题，好产品走不出东北、卖不上价格。帮扶工作队敦化市工作组进驻以来，聚焦援建项目产品的市场开拓。位于延边州境内的长白山是中国的药材宝库，自古以来，当地出产的人参、党参、灵芝、云芝、鹿茸、松茸等都是名贵的中药材。敦化是中国三大医药城之一，以吉林敖东为龙头的中医药产业是敦化的支柱产业。2018 年以来，我们帮助当地扶贫办，实施长白山药材进宁波计划，积极推进“北药南用”，致力于减少中间环节，直接将当地老百姓种植的地道药材销入宁波等南方市场。2018 年 6 月，象山县投入 300 万元援助资金，援建吉林敖东世航药业中药材种植基地，通过农户种植、合作社经营、公司回收销售的模式，当年就帮助约 90 户贫困户脱贫增收。同时，在我们的推动下，吉林敖东世航药业与宁波市象山县中医院、余姚市中医院、慈溪市中医院等 5 家中医院达成药材购销合作协议，2019 年销售额突破 100 万元。随着援建项目效益的扩大，目前，敦化老百姓种植的中药材也从灵芝扩大到了人参、党参、五味子等，初步形成了一条中药材种植的产业链。为当地的贫困户脱贫增收做出了贡献。

如何确保聚焦精准扶贫，助力百姓脱贫致富，是我们在扶贫实践中重点思考的又一个问题。延边州贫困人口“老弱病残”占比高，有劳动能力者仅占贫困人口的 6%。根据这一特点，我们和延边州龙井、敦化有关部门通力合作，创新了带动脱贫的模式。一是创新立体化就业模式。千里搭桥，用心“请人来”。2018 年，我们对象山县内企业开展用工调查，按照企业文化好、生活保障好、工资待遇好的标准，精心筛选了 100 多家企业的近 1000 条招聘信息，供龙井、敦化贫困劳动力“点餐式”选岗位、定意向。针对延边州农村劳动力文化程度普遍较低的情况，我们主动与就业局沟通对接，在当地建立劳务联络站，搭建好劳务合作平台，全力为务工人员提供优质服务和帮助。如何让务工人员安心工作、稳定就业？我们按照“零成本”就业、“零缝隙”关爱、“零起点”育人的“三零”劳务协作制度，对到象山务工人员从岗位精选、生活关怀、创业扶助等三方面提供精准服务。“零成本”主要是免住宿费、就餐费和社保个人部分，减轻他们的生活负担；“零缝隙”关爱主要是创新建立定人定员联系帮扶制度，全方位跟踪服务好每一位务工人员。县人力社保局建立微信群，提供 24 小时在线咨询服务。各用人企业积极开发“就业帮扶爱心岗位”，并实行传帮带。“零起点”育人主要为每名务工人员落实一位生产和生活“老师”，一对一帮助解决工作生活上的困难，组织召开由企业东北籍高管、职工参加的老乡欢迎会等。2018 年，象山县帮助 26 名延边州务工人员实现在象山就业。2019 年春节后，有 17 名人员返象到岗，实现节后返岗率 85% 以上。正是有赖于宜居宜业的就业生活环境，不少当地的非建档立卡务工人员开始自发到象山就业。由此，我们实现了象山对口协作就业扶贫从对建档立卡人员“主动引”到非建档立卡人员“自发来”的新突破。至今，象山累计接收延边州务工人员近百人次，正努力打造延边州务工人员的“第二故乡”。二是建立带贫机制。2018 年以来，我们尝试将宁波市财政援助资金以及贫困户的土地、牲畜等生产资料转化为股本、股权或股金，成立龙井、敦化扶贫项目农业专业合作联社，并入股到当地具有一定实力、规模和带贫能力的企业，建立“贫困户＋合作社＋龙头企业”的带贫机制，通过“贫困户入股＋保底收益＋按股分红”的方式，让贫困群众分享更多的产业发展红利。目前，长有煎饼厂、高酵素煎饼厂两个扶贫工厂已帮助约 550 名建档立卡贫困人口人均增收 1200 元，累计发放扶贫收益金 66 万元。三是提高自主脱贫能力。在劳动密集型企业和贫困人口相对集聚的地区，我们与龙井、敦化两地的就业服务部门共建脱贫技能培训车间，通过培训及就业奖补等举措，鼓励贫困人口通过劳动技能提升，提高自主脱贫能力。2019 年以来，长有煎饼厂举办多期贫困人口煎饼摊制培训班，并与敦化市就业服务局达成合作协议，长期为有就业意愿的贫困人口进行免费培训，帮助他们提高就业技能，实现自主脱贫。

东西部扶贫协作的未来是乡村振兴。我对此也有所思考。从 2018 年始，在扶贫协作实践中，我就一直尝试提前谋划乡村振兴帮扶试点，进一步发挥象山县乡村基层组织治理、美丽乡村建设经验，推进两市美丽乡村样板打造。如 2018 年，我们帮助龙井市明东村成功打造婚丧礼俗、土地整理样板。2020 年，推动龙井市明东村民宿项目，引入社会投资

5000 万元，计划打造最具延边州特色、体验品质最优的精品民宿部落，不仅能够实现游、吃、住一体化，还能够进一步丰富延边乡村休闲旅游度假产品，带动当地农土特产品销售、文创产品开发、民族文化资源挖掘，可促进周边 700 多贫困户增收致富。

东西部扶贫协作以来，我们立足延边州龙井、敦化资源优势，不断优化结对关系，开展全方位、多层次帮扶协作，取得了实质性进展。2019 年，龙井市成功退出全国贫困县序列。2021 年 2 月 25 日，我参加了全国脱贫攻坚总结表彰大会，并荣获“全国脱贫攻坚先进个人”称号。这份荣耀，不仅仅是我的，更是党中央对象山全体“扶贫人”的充分肯定。下一步，我将继续以钉钉子精神巩固和拓展脱贫成果，在精准扶贫和产业扶贫方面，充分发挥专业优势，让更多的百姓过上好日子，为乡村振兴做出更大的贡献！

（采访整理：张水利　杨艳　代莉；采访时间：2021 年 7 月 9 日）

共创“一座城”，共赢脱贫路

袁永君

一

我清晰地记得，2021年2月8日，位于贵州省黔西南州安龙县的慈溪·安龙万洋众创城中的贵州福联包装科技有限公司，和往常一样大门敞开，里面人声鼎沸，工人们在流水线上忙碌而有序作业，一个个印有企业商标的纸箱整齐堆放着，准备通过物流运出安龙，销往全国各地。看着热火朝天的生产车间，我特别高兴，两年多的心血没有白费——作为宁波市对口黔西南州东西部扶贫协作首个合作共建产业园项目，我全程参与建设的众创城在贵州安龙的土地上书写着“造血式”扶贫的崭新路子。

说起两年来慈溪·安龙万洋众创城的建设过程，我感触很多。那是2018年初，在宁波、慈溪两级市政府的引荐下，万洋集团积极响应国家精准扶贫行动号召，主动将战略眼光转向黔西南州安龙县，参与到东西部协作产业扶贫的光荣使命中。

对我来说，这是一项伟大而又艰巨的使命，但是能够参与其中，也是一件很光荣的事情。从一开始，我想的就不是“应不应该做”的问题，而是要“怎么做以及怎样做好”的问题。我暗下决心，一定要找到一个有效方法，走出一条合作共赢的产业扶贫路径。按照我一向的习惯，决定先从调研开始，因为没有调查就没有发言权。

我首先从了解安龙县基本情况入手。安龙县所在的黔西南州一直是宁波对口帮扶地区。安龙县，也就是我们所知道的成语“夜郎自大”中的“夜郎”，位于贵州、广西两省区交界处，面积大概2200多平方千米，下辖15个镇、近200个村，人口不到50万，是布依族、苗族、土家族、侗族、彝族等多民族地区，少数民族人口占安龙县总人口的近一半。具体经济状况方面，我发现安龙县工商业经济都相对落后，缺少龙头大型企业，抗风险能力比较差。就拿2018年来说，安龙县规模以上工业企业只有43家，全县完成工业增加值30.23亿元。由此，我得出判断：如何高标准谋划一个产业园，引入规模以上的中大型工业企业，吸纳就业、增加利税是助力安龙脱贫的“金钥匙”。而这正是万洋集团的优势所在。

随着思考的进一步深入，我对未来的扶贫蓝图愈来愈清晰，慈溪·安龙万洋众创城渐渐在我脑海里有了雏形。我希望在我的手里，能够建成建好首个宁波对口帮扶黔西南州的共建产业园。为了实现这个目标，我一心扑在园区建设和招商工作上。我和我的团队无数次往返甬黔两地，层层把关，仔细筛选，尽我所能推进攻坚协调项目。在大家的共同努力下，成效很快显现出来。

2019年4月，我们的项目完成投资协议签订；5月，经过两地三方政府的共同努力，以及我和我的团队骨干历经一年多时间的精心筹备，慈溪·安龙万洋众创城终于拉开了宏大的建设帷幕；6月，园区产业招商全面启动。

2020年初，新冠疫情汹涌来袭，全国各行各业均经受了严峻考验。我焦虑万分，一再告诉自己：“绝对不能自乱阵脚，在确保疫情安全可控的前提下，必须尽快组织员工复工复产追赶工期。”我每天通过电话，联动慈溪市政府、安龙县政府和万洋集团各方资源，科学统筹，加派人手、夜以继日地推进项目建设。最终，在政府引导、国企支持、民间主导的多元化投融资模式下，一个集智造电子商务、仓储物流、生产生活配套、金融服务和智慧园区管理为一体的制造业高质量承接平台蔚然成型。

园区的招商引资也是重要而紧迫的任务。我带领团队认真分析安龙县产业环境后明确了招商思路，即充分挖掘两地产业合作的契合点，结合贵州省、安龙县产业规划方向与慈溪市产业结构调整的实际需要，实现优势互补，在承接省外企业产业转移的同时，吸引省内上下游配套企业入驻，努力把“输血”变成“造血”，让园区和当地经济获得更多的发展空间。根据这一思路，我主动跑出去接洽企业、区域推介；对两地财政税务、用能用电相关政策进行了解；同相关政府部门、企业进行联系。半年时间里，我自己亲自上阵召开招商接洽会 10 余场次，接待宁波、安徽、江苏等地企业家考察团 200 余批次。

引进企业不是目的，留住企业并协助企业发展才是长久之策。我经常思考：我能为落户企业进一步做些什么，又怎么去做呢？我深深感到肩负的责任，应该想企业之所想，急企业之所急，签约、落户企业最关心的还是快速落地问题。为此，我及时与两地政府进行有效沟通协商，尽己所能地当好落户企业与两地政府沟通的桥梁。在我的努力下，安龙县、慈溪市两地政府专门为签约、落户企业开辟绿色通道，为入驻园区的产业协作项目提供便利，实行一对一、点对点的上门服务，及时解决企业遇到的困难和问题，确保企业快速落地。同时，众创城也在土地使用、税收规费、产业基金、注册手续、水电资源使用、厂房购置补贴等六个方面给出优惠政策，如实行“三免两减半”的税收优惠政策，甚至不超过 0.32 元 / 度的低价电费，提供项目审批全程代办服务，对每家入园企业给予每平方米 300 —600 元、最高 7000 平方米的厂房购置补贴等，让企业感受到我们的诚意。同时，为方便企业，园区全面推广“金融 + 科技 + 政府 + 园区 + 监管”五位一体的金融服务模式，丰富便民服务的员工食堂、超市、药店诊所、餐饮小吃等生活配套产业也陆续完善。

“磨杵成针，天道酬勤。”2020 年 9 月 22 日，随着佰莱克斯凉拖、金莱服饰、丹峰家具等第一批 14 家优质企业相继开工投产，标志着安龙万洋众创城一期正式开园。从开工到开园仅仅用时 500 天，比原计划整整提前了两个多月，跑出了跨省域合作、同体量产业园区项目建成投产的“万洋速度”。

作为宁波市对口帮扶黔西南州的首个产业园援建项目，慈溪 · 安龙万洋众创城是以“产业集聚、产城融合、资源共享、产融互动”的万洋模式构建诸多业态为一体的制造业集聚平台。总规划用地 1000 亩，规划总建筑面积约 100 万平方米，其中，一期项目总用地 360 亩，投资约 10 亿元，集制造研发、电子商务、仓储物流、技能培训、金融服务于一体。项目建设采取慈溪、安龙、万洋集团三方专班推进，同时，全力为企业提供全方位服务保障。我所规划的蓝图完成了重要的一笔，我小小的“雄心壮志”迈出了坚实而重要的一步。

开园之后，我又开始考虑运营的问题。能够实现预期的目标吗？关键是能够让安龙的乡亲们在家门口实现致富吗？我深知，安龙万洋众创城凝聚着各方心血，让乡亲们脱贫是大家共同的目标，而增加就业是其中最有效最直接的方式。为了扎实做好这项工作，我一方面充分发挥众创城的平台孵化作用，促进园区入驻企业与安龙当地企业的交流合作，努力使东部先进的经营理念和技术在当地催生转化；另一方面，在慈溪、安龙两地政府部门和万洋集团的支持下，加强用工企业对接，对内尽快完善生活配套和智慧园区建设，开展就业政策宣讲和技能培训，对外积极收集用工信息，配合政府打通劳动力供需渠道，让当地贫困群众不仅能“好就业”，还能“就好业”。平均 1 个月三四千的收入让许多当地群众欣喜不已。同时，我们利用帮扶资金在众创城园区内购置厂房及附属设施进行租赁，所产生的利润联结给当地五个深度贫困村为主的贫困户发展生产，带动数千贫困人口脱贫致富。

在产业扶贫项目运营过程中，有个故事让我印象特别深刻。开园后，我从慈溪招商引进了佰莱克斯，该公司在园区投资 4500 万元建设凉拖鞋生产基地，投产后每天可生产拖鞋三万至五万双，年产值可达 1.2 亿元左右。一位刚入职不久的当地员工兴奋地告诉我：“现在 1 个月做下来，不仅可以领到 4000 多元的工资，而且离家很近，务工、生活都很方便，还能照顾到家里的老人孩子。”我顿时感悟：一个就业岗位的背后，关联着一个个家境贫寒的家庭。从“输血”到“造血”，新时代的扶贫工作，不再是简单的送钱送物，而是围绕资金、产业、人才、劳务、协作等综合要素，进行全方位的帮扶与合作。像万洋集团这样的民营企业，在全国拥有 80 余个众创城项目，就是助推脱贫攻坚的重要力量，完全可以作为绝佳载体，帮助老乡们更快地实现精准脱贫。

目前，已有超 400 多名安龙当地贫困群众，在“家门口”实现了就业增收梦。展望未来，众创城将形成千帆竞发的良性发展局面。我想这或许是我们能给安龙百姓的最好礼物。

二

助力乡村振兴，万洋集团也一直在路上。近几年来，万洋集团和地方政府合作，通过扶持薄弱村抱团投资、增加就业岗位等方式，强化村级集体和贫困家庭“造血”功能，助力建立乡村发展长效机制，推动乡村发展和脱贫致富。

2017 年和 2018 年，万洋集团分别温州市泰顺县、平阳县的 69 个薄弱村建立帮扶关系，创新村级经济发展方式，设立集体产业发展企业（有限合伙），进行产业投资。泰顺集体经济薄弱村帮扶项目参加联合投资的有 20 个村，每年都可从万洋的投资产业中获得不少于 5 万元的经营性收入。平阳集体经济薄弱村帮扶项目助力 49 个村发展集体经济，万洋集团前 2 年每年出资 290 万元，从第 3 年开始每年出资 270 万元。

同时，我们还在衢州市常山县开发运营万洋众创城项目，这是慈溪与常山的山海协作项目，也是由万洋集团按照“产业集聚、产城融合、资源共享、产融互动”模式运营的制造业集聚平台。项目用地约 930 亩，建设规模约 130 万平方米，建成后预计能为当地引进企业约 300 家，提供上万个就业岗位。

2021 年 2 月 25 日，我有幸参加了全国脱贫攻坚总结表彰大会。宁波有 7 人获得“全国脱贫攻坚先进个人”荣誉称号，两个集体获得“全国脱贫攻坚先进集体”荣誉称号，我是宁波唯一获得表彰的企业家。但我非常清楚，这个荣誉是属于万洋集团的，是党中央对万洋集团致力于脱贫攻坚、致力于东西部协作发展的充分肯定。今后，我将在组织的带领下，承担更多社会责任，在精准扶贫和产业扶贫方面，充分发挥专业优势，动员更多力量参与其中，尽己所能为脱贫攻坚后续巩固提升及乡村振兴贡献一份力量。

（采访整理：张水利　杨艳；采访时间：2021 年 7 月 6 日）

当好“三农”干部，讲好“三农”新故事

杨靠山

一、军旅炼意志，“三农”续华章

2009年，我从海军某部转业，进入温州市农业局工作。从此开始从事“三农”工作。在农业局，我分管过政策改革、扶贫、农产品质量安全监管、人事和机关党委等方面工作，与同志们一起走前列、争一流，当好“三农”干部，讲好“三农”新故事。

全面打赢脱贫攻坚战是党中央向全国人民作出的郑重承诺。2015年以来，我们深入学习贯彻习近平总书记关于扶贫工作重要论述和“五级书记抓扶贫”的部署，围绕“两不愁三保障”和农村饮用水安全目标，坚守高水平全面小康“一个都不少、一个都不掉队”的底线，全面实施低收入农户高水平全面小康计划，高质量打赢了脱贫攻坚战。全面实施“基本医疗保险、大病保险、医疗救助”等三重保障，率全省之先实施低收入农户医疗补充政策性保险，家庭签约医生覆盖率超过80%，全面夯实了防止因病返贫的工作基础，提高了“两不愁三保障”水平。低收入农户年人均可支配收入从2018年的9668元增加到2020年的12713元，年均增长率达到14.7%，超过同期农村居民人均可支配收入年均增幅5.9个百分点。

在打赢脱贫攻坚战中，我全身心投入。严格落实温州市创新的“两不愁三保障”党政一把手背书制度和消除农村家庭年人均收入8000元以下现象领导小组组长背书制度，及时上报脱贫攻坚进展情况，供市委、市政府领导决策参考；坚持深入一线，自觉主动带领专项督查组赴泰顺

等地督查“五排查五清零”行动，协调民政、住建、医保、残联等单位分管领导落实“五排查五清零”月督查、月通报制度；自觉践行宗旨意识，以落实“市领导＋部门＋企业挂钩”帮扶机制为契机，联动相关部门完成水、电、路等基础设施提标改造三年计划，促进了农村义务教育、医疗健康、文化等社会事业加快发展，基本公共服务水平不断得到提高。在任市农业农村局机关党委书记期间，我创新工作思维，以“党支部＋低收入农户”模式，组织局机关党委下属十几个党支部结对集体经济薄弱村和低收入农户帮扶活动，要求做到结对村底子“清”、指导帮扶措施“实”、帮扶对象家庭情况“清”、致贫原因“清”、就业技能“清”、帮扶需求“清”，确保结对帮扶活动取得实效。

二、一心为农践初心，乡村振兴担使命

温州地处亚热带季风气候区，温度适中，四季分明，资源禀赋优越，是江南“鱼米之乡”，已形成以粮食、蔬菜、瓜果为主的平原特色产业带，以水产养殖为主的浅海（渔业）特色产业带，以特色基地开发为主的山区特色产业带，以设施农业、花卉苗木为主的城郊特色产业带，以及各类农林渔休闲观光特色产业带五大特色产业带，涉及粮食、畜牧、蔬菜、水果、茶叶、食用菌、中药材、笋竹、水产品、花卉苗木10大农业主导产业。“中国杨梅之乡”“中国瓯柑之乡”“中国紫菜之乡”等21张“国字号”特产之乡“金名片”先后落户温州。但同时，也是农业农村低收入农户集聚的地方。至2020年底，温州全市有低收入农户86431户、144303人，户数和人数分别占浙江省的17.4%和18.2%，占比全省最高。其中，永嘉、文成、平阳、泰顺、苍南等山区5县低收入农户数和人数又分别占全市70%、69.2%。这些低收入农户主要从事传统农业生产。为解决低收入农户种养殖面积小、农产品少、销售难等问题，各地创新推出“互联网＋农产品‘出村进城’”工程、订单帮扶、“合作社＋种（养）殖户”等生产销售方式。比如依托“瓯越鲜风”农产品区域公用品牌和“瓯越鲜风”标准化基地建设，积极培育一批具有山区特

色的优质特色农产品和“伴手礼”，打响了永嘉楠溪嘉品、平阳“五个鲜”、文成原农、泰顺“山友”、苍南“苍农一品”品牌影响力，农产品的优质溢价效益明显。

另一个重要措施是美丽乡村建设。自温州市委、市政府专题部署美丽田园创建工作以来，全市上下很快就将思想和行动统一到市委、市政府的决策部署上来，各地各部门都把美丽田园创建作为一项重要工作来抓。在美丽田园整治期间，市四套班子不断强化领导督导美丽田园创建，14 支“两千”“两万”指导服务组坚持“一周一督导”，形成督导美丽田园创建的高压态势。各县（市、区）党委政府主要领导也都亲自挂帅抓美丽田园创建。我作为第五服务队队长，带领全队人员指导龙港市围绕“六无六有”“十个一律”整治要求，组织开展美丽田园创建，创新长效管理机制。龙港市在全面完成整治任务的基础上，启动“田园管家”模式试点，以村社名义挂牌成立“刘店社区田园管家公司”，实行统一农业技术指导、分片种植规划、作物收成最低价保障及田园日常管护等社会化服务，建立“田长 + 巡查员 + 田园管家”的美丽田园长效管理机制，田园环境得到了很大的改善提升，彻底改变了过去田间地头脏、乱、差的现象，生产主体也养成了维护田园清洁的良好习惯。

说起田园风光，就必须提到温州的后花园泰顺。2003 年，时任浙江省委书记习近平在泰顺视察下山搬迁工程时，作出“下得来、稳得住、富得起”[①] 的重要指示。19 年来，泰顺县累计搬迁农户 33473 户、100006 人，让超过全县总人口 1/4 的群众实现安居梦。“人口集聚与农民增收致富”改革列入农业农村部全国唯一试点，司前畲族镇获评全国脱贫攻坚先进集体。

为打赢脱贫攻坚战，泰顺有针对性地开展“一户一策一干部”帮扶机制，这种机制增强了低收入农户帮扶工作的及时性和有效性。目前，这种机制已在省、市推广。同时，我们结合数字化系统迭代升级契机，健全低收入农户精准识别、返贫实时预警机制，构建防止返贫动态监测

---

① 《浙江日报》2024 年 2 月 2 日。

机制，压实托底保障政策，确保人人有帮扶、户户有增收。

在推进区域协调发展上，泰顺县通过建强平台、环境保障、政策优惠等举措，吸引优秀人才“回流”“兴业”，形成了“内外泰顺互动发展”的良好态势。

三、立足特色发展，建立长效机制

温州不仅是中国民营经济的高地，也是重要的革命老区。温州全市共有 8 个革命老区，分别是瓯海区、乐清市、瑞安市、文成县、泰顺县、平阳县、永嘉县、苍南县。2017 年，温州市率全省之先开展财政扶贫资金“折股量化”扶贫试点，创新性地把项目资金注入到村集体、折股量化到户、集中入股到企业，以项目盈利分红持续促进低收入农户增收致富、壮大村集体经济实力，推动形成“村集体 + 农户 + 企业”的紧密型利益联结模式和精准稳定持续的财政支农资金折股量化扶贫的长效机制。

一是创新机制、多方联动，破解扶贫资金“投放难”。过去扶贫项目分散、扶贫资金使用范围不明确，导致扶贫资金存在“撒胡椒面”现象，资金难分配且拨付率低。现在财政支农资金量化为低收入农户资产股权，通过政府与市场的合理分工和职能互补，实现精准扶贫。

二是转变理念、注重实效，破解扶贫资金“收益难”。传统的扶贫资金投入方式，注重“输血”，不注重“造血”，主要用于贫困地区基础设施建设，或者直接补助给扶贫对象，存在“大水漫灌”现象，资金使用效益不高。而折股量化项目所得收益按照 3 ∶ 7 的比例分别量化给村集体和低收入农户，实现财政资金“精准滴灌”，确保村集体经济和低收入农户双增收。2017 年、2018 年、2019 年，全市投入折股量化财政资金分别为 0.26 亿元、1.56 亿元、2.82 亿元，大量沉淀的扶贫结余资金、财政存量资金被盘活，带动各地试点的积极性越来越高，撬动社会资本投入呈几何式增长，项目规模和成效也越来越明显。

三是靶向监督、动态调整，破解扶贫资金“监管难”。传统的扶贫资金分配受扶贫对象限制，项目“多、小、散”，资金监管难度大，且基层扶贫力量普遍严重不足，扶贫对象多，难以监管到位。现在，我们通过引入全员监督铸牢了扶贫资金“安全坝”，通过实施动态监管，实现低收入农户“增收入”和扶贫项目“稳增长”。比如，平阳麻步镇生猪养殖折股量化项目，总投入1亿元（省、市、乡、村入股资金2700万元），保底收益7%，猪肉价格在8元/斤—15元/斤之间的，增加浮动收益1%；在15元/斤以上的，增加浮动收益3%。对部分抗风险能力较弱或经营行为受市场影响波动较大的产业，如农业种养殖产业，建立项目收入评估风险防控机制，以两年或三年为一个调整周期，设置收益红线预警，当企业经营不善、预期收益难以保障时，由村集体与企业协商启动退出机制，回收投入的资产，确保扶贫资金安全。

温州在脱贫攻坚中坚持扶志与扶智并行，实施“两进两回”行动，畅通资本、人才、科技下乡渠道，盘活农村闲置农房，实现低收入农户有薪金、有租金、有股金收入。“两进两回”是指科技进乡村、资金进乡村，青年回农村、乡贤回农村，这是破解乡村要素制约、加速资源要素流向农村、推动农业农村高质量发展的重要途径。“两进两回”旨在推动技、资金、人才等资源要素流向农村，从而“激发乡村发展活力，推进乡村全面振兴”。

多年来，全市上下按照“下山居住、上山致富、人才回归、产业兴旺”工作路径，坚持“政府引导、农民自愿，整体规划、分步实施，灵活安置、确保稳定”的基本原则，坚持扶贫易地搬迁与新型城镇化、美丽乡村建设相结合，发挥文泰抗震安居、安居圆梦、生态保护、水源地保护、地质灾害点搬迁、农村危旧房改造等政策叠加作用，采取集中安置、分散安置、货币安置等方式，有计划、有步骤地推进高山远山、库区海岛和地质灾害隐患点群众易地搬迁，取得了明显成效。尤其是近年来，温州年均易地搬迁近2万人、累计搬迁31.9万人。截至目前，全市累计易地搬迁农户32.5万人，列全省首位。其中，泰顺县创新实施生态大搬迁工程，累计搬迁超10万人。

与此同时，各地在扶贫开发中，因地制宜，创新推出产业补助等政策。比如，泰顺县在实施低收入农户增收“十百千”计划和农民增收致富“百千万”工程中，出台系列产业发展扶持政策，每年统筹安排 5000 万元以上专项资金扶持茶叶、猕猴桃等特色产业发展，落实 1500 万元以奖代补资金用于低收入农户自主发展高山蔬菜、中药材等产业，成功打造“泰顺山友”等一批农产品区域公共品牌，“三杯香”品牌价值达 14.68 亿元。永嘉县在保持现有政策的同时，突出低收入农户“安居圆梦”、种养水稻扶持等政策，累计为 359 户符合条件的低收入无房户、危房户发放租房补贴总计 90 余万元。

实际上，温州区域城乡发展不平衡的问题比较突出，既有乐清、瑞安这样的千亿级经济强市，也有文成、泰顺等 5 个加快发展县，特别是温州中西部山区的发展条件相对较差，是低收入农户相对集中、脱贫攻坚任务较重的区域。针对这个问题，2018 年 2 月 7 日，温州市委、市政府正式吹响西部生态休闲产业带建设的“集结号”，明确提出“环境美、产业优、交通畅、百姓富”的发展目标，将之作为实现“两山”转换、推进乡村振兴、带动低收入农户增收的主平台、主抓手。该产业带包括文成、泰顺两县全域，鹿城、瓯海、瑞安、平阳、苍南西部山区以及乐清、永嘉北部山区，覆盖 9 个县（市、区）的 81 个乡镇。3 年来，西部生态休闲产业带谋划落地的项目涉及低收入农户增收的项目有 190 个，带动低收入群体就业 12.5 万人次，引导社会资本下乡 249 亿元，有效带动休闲农业、乡村旅游、健康养生等乡村新业态发展，提高了农民群众的安全感、获得感和幸福感。

温州西部农村居民与全市农村居民人均可支配收入的差距呈现缩小态势。2019 年西部农村居民人均可支配收入达 26133 元，同全市农村居民人均可支配收入平均值的比值为 0.86 ：1，高于 2017 年的 0.83 ：1，“十三五”期间，西部农村居民人均可支配收入年均增速 12.0%，超过全市农村居民人均可支配收入增幅近 2.4 个百分点。

在这条产业带上，涌现了许多“两山”转化典型。如乐清大荆镇下山头村，地处乐清市北部山区，村域面积 2.1 平方千米，全村 627 户、2056 人。2013 年以前，下山头村还是个产业空白村。当年 12 月，该村成立村股份经济合作社，再入股组建浙江聚优品生物科技股份有限公司，规模发展铁皮石斛产业。经过近7年的不懈努力，下山头村以石斛产业为特色，打造了占地2000亩，涵盖“铁定溜溜”乐园、石斛文创园、农耕乐园等田园综合体，以“三金”（土地租金、就业薪金、入股股金）带动村民共同致富。下山头村“村企共建、能人带动”入选浙江乡村振兴十大模式。并在全省推广。该村还先后获中国美丽休闲乡村、国家森林乡村、省美丽乡村特色精品村、省森林人家、省善治示范村、省农村引领型社区等荣誉。

四、牢记殷殷嘱托，弘扬扶贫精神

脱贫攻坚是一项系统工程，也是一场攻坚战。要确保脱贫攻坚任务如期全面完成，必须深入调研，摸清底数；集中兵力，聚力攻坚。在市委、市政府的坚强领导下，依托各县（市、区）党委政府，我们联动各职能部门，高质量打赢了脱贫攻坚战。其中，我认为处理最成功的一件事是深入开展“五排查五清零”行动。2020年4月，市县乡村四级党员干部地毯式排查对象7.13万户、14.93万人，走访困难群众37.41万人次。至12月底，146户低收入农户人均收入低于8000元以下现象完成化解，5191户农村低收入无房、危房户圆了住房安居梦，低收入农户最低生活保障、基本医疗保障、义务教育、饮用水安全问题得到全面解决。因病致贫困难群众、可享受而未享受社会救助政策群众以及零就业家庭的社会保障做到应保尽保、应助尽助，兜住了基本生活底线。另外，全市还完成扶贫易地搬迁5886人。这些为高水平实现“两不愁三保障”目标提供了坚实保证。

习近平总书记指出，脱贫攻坚伟大斗争，锻造形成了“上下同心、尽锐出战、精准务实、开拓创新、攻坚克难、不负人民”的脱贫攻坚精神。[①]脱贫攻坚精神，是中国共产党性质宗旨、中国人民意志品质、中华民族精神的生动写照，是爱国主义、集体主义、社会主义思想的集中体

① 习近平:《在全国脱贫攻坚总结表彰大会上的讲话》，人民出版社2021年版，第19页。

现，是中国精神、中国价值、中国力量的充分彰显。具体来说，一是压实五级书记抓巩固拓展脱贫攻坚成果和乡村振兴有效衔接主体责任，坚持政府主导，广泛动员和组织全社会力量参与的工作格局；二是落实精准帮扶方略，巩固拓展脱贫攻坚成果挑战不小，全面推进乡村振兴的深度、广度、难度不亚于脱贫攻坚，必须继续坚持精准的科学方法、务实的工作作风，持续改革创新。三是继续发挥整体智治监管作用，织密织牢防贫网，守住不发生规模性返贫的底线。四是坚持“输血式”和“造血式”帮扶并重，突出产业发展，用发展的办法消除贫困、创造幸福生活。

（采访整理：陈鸿超　李永刚；采访日期：2021 年 12 月 4 日）

脱贫攻坚战全面胜利的“温州答卷”

汪浩

一、多岗锻炼，服从安排

我自 1994 年 8 月参加工作后，先后在温州市农科所、市农经委、市发改委等单位工作。通过这些工作扩大了视野、提升了能力。作为脱贫攻坚战的亲历者，我的教育经历和工作经历确实起到了很大的影响和帮助。一是自己本身就是从农村上来的，通过考大学进入浙江农业大学学习，对“三农”工作和脱贫工作充满热情，始终认为脱贫工作是一项功在当代、利在千秋的大事，自己有幸参与，感到莫大光荣。二是多种岗位的锻炼，为对口帮扶工作打下了良好的工作基础。对口帮扶和脱贫攻坚是系统性工作，需要统筹考虑、综合施策，特别是作为专职副主任，需要系统性谋划战略、针对性提出措施、战术性推进工作、统筹性形成合力。

我从 2018 年 7 月开始从事对口帮扶工作，当时东西部扶贫协作工作职能刚刚转到发改部门，党委要我承担起这项任务艰巨而政治责任强的工作，我二话不说就接受了。

让我感受最深的是第一次到对口地区调研。一是感受到了生命的可贵。当我乘飞机到达四川红原后，一下飞机就有了高原反应，感到呼吸不畅，头部胀痛，而且晚上睡不好。我觉得当地百姓生活不易，发达地区对口帮扶贫困地区、实现共同富裕责无旁贷。二是感受到当地干部的伟大。“缺氧不缺信念、缺氧不缺激情、缺氧不缺精神”，当地干部群众这种坚守就是一种高尚的品质。三是感受到对口地区的地广人稀。红原县是国家级深度贫困县，位于青藏高原东部边缘，是阿坝州海拔最高、气候最恶劣、条件最艰苦的高寒纯牧业藏区县。全县幅员面积 8400 平方千米，4.9 万人，藏族占 87%，有贫困村 13 个，建档立卡人口 1354 户、5157 人。在这里开展脱贫攻坚，是很难的一件事情。

二、对口帮扶，倾力倾情

温州市目前结对 6 省 9 个地区，分别是对口帮扶的四川阿坝州阿坝县、红原县、壤塘县，南充市南部县（新增阿坝马尔康、理县，南充仪陇县），对口支援的新疆拜城县、西藏嘉黎县、青海格尔木市、重庆涪陵区，对口合作的吉林省吉林市。对口帮扶、对口支援和对口合作这 3 个层面所涉及的区域各自都有自身的特点。东西部扶贫协作是作为先富带后富的一项全国性任务，是经济发达地区帮助相对经济较弱的地区，由国家乡村振兴局牵头，相比较而言更侧重于产业经济发展、促进贫困劳动力就业脱贫，有明确的指标任务。对口支援工作主要是对自治区（州），以维护国家统一、民族团结为主要任务，由国家发展改革委牵头，更侧重于民族交流、交往、交融，旨在提升偏远少数民族地区的基础设施、生活保障、提高当地百姓幸福度。对口合作是为了振兴东北老工业基地，东北有很好的工业基础，对口合作就是为了结对双方能相互借鉴，取长补短，互帮互助，以合作的姿态，共同促进两地经济和社会治理体系的发展。

为做好对口工作，温州市研究出台一系列制度，全面落实好助力对口地区脱贫攻坚的具体任务和推进措施。贯彻坚持精准扶贫、精准脱贫基本方略，进一步强化责任落实、优化结对关系、深化结对帮扶、聚焦脱贫攻坚，开创新局面、再上新台阶，切实帮助对口地区实现脱贫目标。特别是高原藏区县，通俗讲就是“钱难进、人难出”。“钱难进”指的是项目建设条件较差。几个高原县一年中有很长一段时间处于封山期，每年只有半年多的施工期，交通也不便利。加之大部分地区为生态脆弱的高原草地，都属于保护区，工业类项目很难落地。“人难出”指的是当地人口少，而且几乎没有外出务工的习惯。我们制定的就是鼓励项目、资金、技术、人才往结对县走，同时也用优惠的劳务政策吸引结对县的劳动力到东部来开拓视野，把东部的先进理念和技术带回去。

温州是民营经济的发祥地。在温州的对口工作中，民营企业在资金物资捐助、产业帮扶、劳务帮扶中起了非常重要作用。在资金物资捐助上，温州先后有284家企业参与到“万企帮万村”，有的在当地设立爱心岗位帮助残疾人，有的给劳动力做技能培训，有的给贫困户捐冬衣、冬鞋等。在产业帮扶上，民营企业为南部县的东西部协作产业园、红原县的永红小镇、阿坝县的汽车产业园、壤塘县的“西牛东送”等项目建设都作出了巨大贡献。比如永嘉县的君兰集团与红原县当地的村签订协议，租赁村土地，投资2000万建设高端酒店，帮助当地培训劳动力。这样不但村集体有租金收入，还能解决劳动力就业，而且租赁期满后所有的建筑和固定资产都归村集体所有。这些都是“温善工程”的缩影，也体现了温州商人的社会担当。

扶贫先扶“志”与“智”，与对口地区开展干部人才双向交流是对口帮扶的一项重要举措。一方面，我们派出大量的领导干部、专业技术人员，包括医生、教师及其他相关技术人才，帮助对口地区开展脱贫攻坚、招商引资、观念交流、培训扶持、教育扶贫、医疗扶贫等相关工作。近三年来，温州与对口地区全方位开展干部人才交流，共派出了党政干部28名，卫生、教育、农业等专业技术人才631名。另一方面，对口地区的领导干部和专业技术人员到温州市挂职交流、教育培训，部分党政干部在温州市或相关县（市、区）政府部门挂职，每年不定期举行各类培训班。通过干部人才交流，对对口地区来说，一是转变思想观念，学习沿海发达地区先进的思想作风、市场经济理念、工作方法；二是提升专业技能，通过大量的专业技术培训，极大提高相关领域的技术水平。对口地区的一些医院，设备非常先进，但由于缺乏技术人员操作，导致设备资源浪费，起不到作用。温州的医生过去之后，通过传帮带，教会当地的医务人员熟练操作，留下一支“带不走”的专业人才队伍。

对口工作开展以来，温州涌现出一大批有责任感、有爱心、讲奉献、有作为的帮扶工作者，既包括在前方的援派人员、后方的工作人员，也包括各类社会组织、爱心人士等。他们为全国的脱贫攻坚战伟大胜利、为贫困人口脱贫奔小康做出了自己的努力和贡献。援派干部人才既要克服高原海拔、沙漠风沙的气候影响，又要克服远离家乡的思念之苦，还要把扶贫攻坚的工作干好，这种舍小家、为扶贫事业奋斗的脱贫攻坚精神值得敬仰。与温州结对的西藏嘉黎县、青海格尔木市、四川阿坝州几个高原县，海拔都在 2800—3000 米以上，嘉黎县达到 4600 米以上，挂职干部回来后身体都不同程度出现问题。所以，在藏区援派干部中流传着“援藏干部人才缺氧不缺精神、艰苦不怕吃苦、海拔高境界更高”的援藏精神和口号，激励着援派干部不畏艰难、勇于奉献。

除了把人才送出去，我们也致力于把对口地区劳动力引进来。我们给到温州的务工人员提供了优惠就业政策：一是享受 2000 元 / 年的交通补贴；二是脱贫人员额外有每月 700 元的爱心岗位就业补贴；三是脱贫人员在温州参加职业技能培训的，按规定给予职业技能培训和鉴定补贴；在实习期间的学生或在温州参加职业技能培训的脱贫人员，在实习和培训期间按当地同期最低生活保障标准再给予生活费补贴。另外，对于吸纳务工人员的企业，每年还给予 2000 元的带动就业补贴。设立“职工之家”，有的企业还安排了专门的就业指导员，帮助他们更好地融入企业。通过温州提供的优惠招工政策和受援县的积极发动，壤塘县实现建县 60 年来第一批大规模外出务工潮，阿坝县也实现了有史以来最大规模的劳务输出，在温就业的务工人员人均月增收 4000 多元。许多务工人员脱贫后不忘家乡的朋友，如康奈集团的德西甲，通过自己努力从车间工人成为招聘主管，发动 20 多名青年走出了大山。

同时，山海合作扶贫也是齐头并进，比如洞头区抓住东部产业转型升级和南部县园区建设的契机，找准东西两地优势互补点，联合多方力量招商引资，巧妙创新帮扶方法，最终成功帮助南部县实现工业兴县、产业脱贫，主要有 3 个方面：

一是利用“亲情牌”做好招商引资。虽然洞头辖区内企业并不多，但是他们利用与玉环地缘相连、人缘相亲、经济相似的优势，组织挂职干部发挥熟悉民营企业的优势，开展全链招商，帮助玉环企业算好投资南部县的搬迁风险账、投资成本账、发展空间账，让企业放心安心落户南部县东西部扶贫产业园。2018 年 8 月洞头挂职干部带队到玉环县招商时，第一次就签约了 10 家企业。截至目前，洞头协助南部成功签约转移东部汽车汽配生产企业 117 家，其中 64 家已经落地投产，实际投资额达 4.7 亿元。

二是引进“改革经”做好企业培育。充分运用浙江省“最多跑一次”改革经验，引导产业园为企业提供“最多跑一次”优质服务。从谈判到签约再到入驻投产，短则只用 1 个月，长则不超过 3 个月，极大压缩企业开办时间。四川世纪春金属制造有限公司，2019 年 2 月签约，3 月就投产，做到了签约、落地、投产一步到位。

三是创新“就业法”做好产业脱贫。洞头区利用 200 万元帮扶资金在产业园设立扶贫车间，对优先聘用贫困人员的企业给予 2 万—5 万元的资金补助。目前南部县已经有 47 家园区企业被认定为扶贫车间（基地），还有 20 个企业提出申报，共吸纳就业人员 500 多人，其中贫困劳动力 264 人。此外，两地协商后，将产业园区税收的地方留存部分按比例切块（约 10%），注入南部县东西部扶贫收益资金池，以公益岗位的方式统筹用于 198 个贫困村的建档立卡贫困户。预计五年后，每年切块资金将达到 1500 万元，惠及数万贫困对象，有效巩固脱贫成果。

除传统帮扶之外，我们还注重打造“互联网＋”的新模式。与传统的线下帮扶模式相比，“互联网 + 教育”“互联网 + 医疗”等线上帮扶模式具备独特的优势，能打破时间、空间、路途限制，建立更为高效的双向交流机制，扩大优质教育资源和医疗资源的辐射范围，为西部山区群众提供更加优质的教育服务和医疗服务，也可以帮助当地培养更多优秀医教人才，推动东西部城乡资源均衡化。

近年来，温州借助信息化手段不断探索“互联网 +”帮扶新模式，累计引导 154 个学校、86 个医院与受援地结对，不遗余力地把温州优秀人才资源分享给受援地，有力推动当地教育医疗水平提升。在教育方面，鹿城区率全国之先，组织马鞍池小学、广场路小学、百里路小学与壤塘县寄宿制小学开展“5G+4K”远程同步课堂，有效推动两地教学共研、资源共享。在医疗方面，陆续引导温州医科大学及附属眼视光医院、温州中西医结合医院、温州中心医院等大型综合医院，与新疆阿克苏地区、青海格尔木市、西藏嘉黎县结对共建，打造远程诊疗、远程教学平台，建设跨区域医联体，全面提升受援地医院综合实力。

创造“1+X”柔性帮扶模式，通过医院结对共建、长期人才驻派、短期柔性人才援助等方式，打造成一个医疗联盟，辐射当地 N 所医院。比如，温州市人民医院、瑞安市人民医院与拜城县人民医院签订了合作协议。合作期间，以温州市人民医院为主，其他医院为辅，对拜城县人民医院的综合管理、重点学科建设、医疗质量提升等领域进行精准帮扶，并引进柔性人才帮助拜城县人民医院推进“6S”精细化管理、改造信息化系统、打造“一键式床旁结账系统”，使医院管理模式、工作环境和病人体验有了质的飞跃，促成温州市优质医疗资源向新疆辐射流动，惠及拜城全县 20 多万各族群众。

三、山海相望，情义相连

温州的脱贫工作既有对内，也有对外。对内是打造“山海协作”工程。“山海协作”工程是习近平同志在浙江工作时亲自部署、亲自推动的重大工程，是全面振兴山区经济，推动山海协调发展，实现共同富裕目标的重要举措之一。2003 年以来，温州历届市委、市政府严格按照“八八战略”的要求，深入实施“山海协作”工程，秉持“优势互补、互利共赢、共谋发展”的理念，携手 5 对结对县（市、区）全方位编织“山海协作”帮扶网，高起点打造绿色产业发展平台，深层次统筹基本公共服务，全面提升人民群众幸福感，在基础设施、平台建设、产业发展、社会民生等方面取得了诸多新成就。尤其是近 3 年，我们打造了“山海协作”工程升级版，让五个山区县的农村居民年人均可支配收入达到 2.5 万元以上，低收入农户人均可支配收入达到 1.8 万元以上，进一步提高了基本公共服务均等化水平，实现了优质教育、医疗资源共享共通，缩小市内区域差距。

对外就是前面所讲到的，对口帮扶和支援四川、新疆、西藏、青海、吉林等地，缩小东西部差距。近3年来，我们累计向对口帮扶地区投入财政资金4.99亿元，筹集社会帮扶资金1.61亿元，帮助阿坝、壤塘、红原、南部等地近14万名贫困户实现脱贫。

2020年疫情防控期间，温州全市防疫压力很大，防疫物资和生活用品很紧张。当时全国各地防疫物资都不宽裕，对口地区尽己所能的“反向支援”，于温州而言就是“雪中送炭”。据不完全统计，2020年2月至3月，温州共接收到来自对口地区的捐款306.83万元，捐物折价189.64万元，其中包括大量医用口罩、消毒原液等急需的重要防疫物资。在接收物资时，我们内心充满了感动，也感受到了对口地区的深深情谊。其中，让我们感触最深的是青海省格尔木市的捐赠车队。因为疫情不能下高速，为了赶时间，车队在服务区休息，啃着方便面、迎着风霜雪，日夜兼程3600公里，跨越大半个中国，花费6天5夜成功将18车防疫物资和农副产品运抵温州，不仅为温州提供抗击新冠疫情的“弹药”，也温暖了所有温州人民的心。当时不少温州百姓打算自发到物资接收点慰问车队的成员，但因为防疫原因，最终选了几位代表，带着鸡蛋面、红糖、鸭舌和其他本地特产，以及各种日用品送给车队，令人印象深刻。

在3月初全国疫情基本得到控制后，温州市从复工复产入手，迅速恢复对口帮扶工作。首先，我们针对对口地区开展了“百城联动促发展”的跨省劳务对接行动，建立专班打通返工关卡，协调打通健康互认、交通运输、员工组织等堵点。其次，市对口办汇编并印发了《关于应对新冠疫情支持结对帮扶地区建档立卡人员来温就业的若干措施》，确保贵州、武汉、四川等结对省份的贫困劳动人口能在第一时间及时复工就业。再者，我们还引导企业通过线上招聘、错峰招聘、广播招聘等形式，开展疫情防控期间的预招工，向劳务合作地区发布6199家企业提供20万个岗位信息，安排专车、专列、专机迎接。其间，累计发专车3029辆、专列12辆，包机8架，接回员工7.78万人。同时还在结对地区推行复工奖励机制，鼓励老员工介绍新人“入行”。在南部县广泛动员浙籍企业，尤其是入驻东西部扶贫工业园的企业复产招工，5 天时间招工 2000 余人。

消费扶贫作为“发展生产，脱贫一批”政策的有效延伸，是扶贫的创新理念，其本质在于动员社会力量广泛参与扶贫，助力贫困群体增收脱贫。同时，消费扶贫也是帮助对口地区实现精准脱贫、优化产业布局，推动区域协同发展、最终实现共同富裕的重要手段。2020 年 11 月 13日，瓯海区第一家消费扶贫馆正式开馆。消费扶贫馆通过政府牵线、企业运营、市场运作的方式，让温州和受援地通过商品形成有效的联接，不仅畅通了东西部物品产销渠道，还能帮助对口地区建立特色产业品牌，延伸产业链，建立更加稳定的利益联结机制，确保群众持续稳定增收，巩固脱贫成效防止返贫。

“十三五”期间，温州抓住东部省份产业转型升级的机遇，引导企业在对口地区落地累计 162 家，打造“合作社 + 基地 + 产业扶贫车间 + 贫困户”的扶贫新模式。它的核心是瞄准农村优势产业，发展壮大集体经济，带动农户牧民脱贫致富。红原县的更攀农牧民专业合作社联合社就是其中一个成功范例。长期以来，温州和红原两地围绕牦牛全产业链开发，投入援建资金 3445 万元支持更攀合作社建设，开发特色产业扶贫车间，让牦牛的肉可食、乳可饮、毛皮可用，连粪便都能生火取暖。更攀合作社配置的生产车间包括常温奶、酸奶、冰激凌、化妆品等诸多品类，并配套有电商园、冷链物流中心、检验检测中心等设施。目前，更攀合作社已经整合了红原县 41 个村集体经济、34 个合作社，将 1354 户、5157 多名贫困人口纳入扶持范围，共享浙川东西部扶贫协作成果。

四、深刻感悟，初心如磐

党的十八大以来，党中央旗帜鲜明提出要抓好脱贫攻坚工作，承诺“决不能落下一个贫困地区、一个贫困群众”。为此，党员干部、民主党派、民营企业、社会团体、爱心人士等群体都参与到这项伟大事业当中。他们用青春汗水、时间精力、聪明才智、甚至是生命，让贫困地区经济社会发展大踏步赶上来，令贫困群众精神面貌焕然一新，巩固了党在农村的执政基础，为全球减贫事业做出了重大贡献。这是人类减贫史上前所未有的伟大实践，充分显示了中国特色社会主义制度的优越性。

我在这些年脱贫攻坚工作中，最满意的就是把126名贫困学生带出大山、带到温州，让他们看看外面的世界。正所谓：“扶贫必扶智，治贫先治愚。”让对口地区的孩子们接受良好的教育是对口帮扶的重要任务，也是阻断贫困代际传播的重要途径。从2018年开始，我们就按照省里下发的《关于做好扶贫协作地区建档立卡贫困家庭学生来浙就读就业工作的通知》文件精神，在全市挑选6所中职院校、近30个学科专业，供对口地区贫困生选择，鼓励他们到温州就读职业高中；制定了每年每人不少于18000元的补助计划，用于学生的交通、生活、书本等方面的支出，并在他们完成学业后帮助其解决就业。无论这些学生将来是留在东南沿海，还是返回家乡，他们的眼界已经打开了，见识已经增长了，会把心中的“火种”传递给自己的亲朋好友、子女后代，贫穷将从这里切断，改变也将从这里开始。我希望今后能帮助更多对口地区的学生获取知识，完成学业，改变命运。

2021年2月25日，全国脱贫攻坚总结表彰大会举行。当习近平总书记向全世界庄严宣告脱贫攻坚战取得全面胜利时，我相信所有中国人的内心都是无比自豪的。我作为这场战役的见证者和参与者，更是感慨良多。四川省委、省政府还专门给我发了一个荣誉证书：“感谢您积极参加浙川东西部扶贫协作和对口支援工作，为四川如期完成脱贫目标任务做出了特殊贡献。”

（采访整理：陈鸿超；采访时间：2021年10月18日）

盛开的桃花源

朱齐鹤

一、始于乡村

我于1982年出生在温州市永嘉县楠溪江边上的小乡村。因为从小在乡村长大，我对乡村生活体验特别深厚。大学毕业时，我面临选择：就业、考公务员、去西部、考研。团中央恰好有个西部计划，号召去西部，我便激情澎湃地去了，幸运地被选拔去了四川省阿坝州。

在阿坝工作期间，我一开始生活不习惯，吃不了辣，后来学着吃辣。本来我要在那里待一年，结果待了七八个月，身体吃不消就回来了。回过头看，当年那段经历对我的人生来说很重要。至于为什么会在同个地方做项目，首先是因为四川和浙江东西部扶贫协作，这是大前提。脱贫攻坚的对口协作是一个大的政策范围。其次是温州恰好援建阿坝，我正好也触及这个领域。我曾经为了自己的梦想，用自己的青春为祖国的建设去了阿坝。现在我有能力，就继续做下去了。

我从阿坝州回到永嘉乡村后，没有找工作，直接在老家做农产、茶产，做了一年多。我很喜欢农村的生活方式。那段时间，我什么事都干，是种田、干活的一把好手。为此，《温州都市报》曾报道过一篇文章《不当白领当农民》。2008年，我到林业系统上班，后来又去了旅游部门。2014年9月，我被人才引进到文成的旅游集团——文成旅投做总经理。在文成旅投，我做了大量工作，包括创AAAAA级景区等。2015年底，我又作为人才被引进到雁荡山旅游集团当副总经理。2017年，我被调到浙江省旅游集团做运营总监。2018年8月，我选择下海。

在体制内，我是比较顺的。下海后，我还是有落差的。但是回过头来看，这段经历对我影响很大，管理过那么多企业，为我后来的创业提供了宝贵经验。我之前管理的都是国有企业或地方国有企业，实际上跟我现在的企业性质，包括资源、战略的把控、评估，以及方向性的选择都是一样的。正是这段经历，我对政策更敏感，会将政府工作报告、人大或政协的工作报告作为风向标。

对于我的选择，我的家人都没有反对。我也清楚自己为什么选择这个行业。一是国家要实施乡村振兴战略。二是在城市里，各类行业都细化了，重新进入一个领域创业很难。但是就乡村旅游和乡村度假来说，我的竞争对手就两类人——一类是当地老百姓，另一类是文艺青年，对于他们来说，一切都是刚刚起步。三是因为我的经历跟专业度比较符合。我本身是做旅游的，对中国的旅游市场比较了解。实际上，乡村度假和乡村振兴，旅游的开发，我是一通百通，专业度较高。四是我前期已经有了一定基础，包括资本的积累、项目的选择和经验等。

一开始，我没有想过乡村振兴或者脱贫攻坚，只想开好一家店、开好一家民宿或者说是一家客栈。中央提出乡村振兴后，地方政府对此非常重视。我也开始思考：未来乡村的路到底在哪里？该怎么走？在中国，乡村占总面积的85%，乡村人口基数也非常大。但近年来，我们每天都要面临一个个村庄的消失。我认为有人生活的村庄才叫村庄。村与村之间、人与人之间有联系，有乡情绑着大家，这个村庄才有温度；如果没有温度，人不断集聚到城镇里面去，村庄将会消逝，几代人的记忆就断根了。

那么，为什么这么多人离开村庄？我认为，首先是乡村没有生活的路子，因为传统农业在逐渐消失。传统农业利润太低，付出成本太高，最后变成了没有希望的产业，慢慢被替代。其次靠自身资源没有办法走第二条路或第三条路的选择。所以想要在乡村创造变革很难。人一旦经历过繁华，习惯了城市的生活状态之后，就很难再回归宁静。当然，对很多城里人来说，乡村生活是一种向往，这种向往是即时、短时的。他们在乡村只是一种享受或者说静下来的体验，而不是沉浸在里面生活，要让他们在乡村待一两年也是很难的。

于是我们开始转型，从原来单一做乡村民宿、乡村酒店逐渐转型去做脱贫攻坚、做乡村产业振兴。现在，我们 80% 的项目都是围绕乡村度假目的地和乡村整村开发来进行的。我们未来的发展方向是做沉浸式目的地。我们的民宿、酒店、乡村度假酒店都是一个载体，是推动流量进入村庄、让人留下来的一个载体。游客在这里待 24 小时，就可以享受很多服务。我当时为什么选择西部乡村？一路走来我触动很深，特别是在西部援建过程中，我看到了西部大开发后村庄的改变以及村庄人文的变化，它需要很多人去关注。比如在藏区，我们现在在勘定一个农村的项目，流转了当地所有房子，总共七八十间。这些房子大多是村民的，一部分是国有的。我们让老百姓一起参与，自己投资几千万元，老百姓每户出十万元，都是股东，每年给他们稳定的回报率，保证 12% 的分红。

二、乡村度假

我创业的第一步是做客房，为什么要做这个呢？因为客房导流进来的流量能够进行二次消费，这才是我们的主体。比如游客进来要骑马，马队是由当地老百姓组成的；游客进来要吃饭，藏餐是当地老百姓做的，我们也参与一部分；游客来后晚上要跳锅庄（藏区的舞蹈叫锅庄），包括游客离开要带些土特产，如菇类、菌类等，都是当地可以提供的。为什么要从住宿的角度去考虑问题呢？第一，通过打造乡村度假，能够把档次拉高。因为度假酒店档次都是比较高的，房间价格 1000 元至 2000 元，村庄的品味就不一样了。第二,一旦客人能住得下来，待够 24 个小时，整个延伸产业就诞生了。第三，提升游客的体验感。体验感是个综合概念，游客吃也吃了，住也住了，喝也喝了，玩也玩了，体验感就会比较好。如果是半日游，体验感就不深刻。

在西部边区做扶贫乡村酒店，其实也会担心酒店客源问题。所以在项目选择上，首先肯定要选择目的地。我们选择在九寨沟、宏源、汶川、澧县，包括松花湖做度假区。因为只有项目能够持续生存下去，才能有利益。如果生存不了，何谈扶贫工作？浙江的乡村度假是走在全国前列的，而很多西部地区乡村度假还没发展起来，所以我们把项目带进来、把模式带进来。倒不是说我给当地增加多少固定资产，或者说我给当地带来多少营收、税收、收益、就业，更多是带去思维的模式和产品。

我们酒店的服务员全都是当地的。现在员工接近300多人，有8个民族。模式是这样的。首先，总部过去带“一条线”，比如营销、人事、采购、设计，甚至工程都是由总部来完成的，门店只负责接待工作。其次，由我们管理，权责比较分明，员工的工作就是最基本的一线工作，不需要很多技能。再次，推行标准化，按照员工手册完成对一线员工培训流程。在藏区，员工普通话不一定讲得标准，但是他们在携程网上的评价很高，都能达到4.8、4.9分。最后，我们有培训馆，也建立了管家学院。温州市瓯海区对此很重视，为我们提供了一栋大楼做管家学院，能让我们培养更多乡村振兴能手，每年能培养200名管家，这样就能持续发展。我们的模式是可行、可复制的。就是说，这家店开起来，如果别人也想做，我们就教他怎么做，目的是在当地带动更多产业，形成文旅大气候，甚至可以让他们在管家学院培训。

通过搭建平台，给东西部架了一座桥。平台实行会员制。实际上，我们自己的企业、餐厅很多，西部的产品自己能够消化。但我们的平台现在发展到50万、60万的会员、几千家的渠道商，已经形成了一个良好的生态圈。这样做，有三点好处。第一，在扶贫项目实现落地和增加老百姓收入的情况下，我们参与进去，让老百姓获取更多利益。政府对口资金投一部分，我们也投一部分，一起做当地市场。第二，政府原有的钱投进去是没办法保证收益的，我们加入后，可以保证6.7%的年化收益率。第三，促进当地就业和当地农特产品的销售。

我们现在刚刚开始做农产品销售，比如在东北卖蜂蜜、木耳，在西北卖藏香猪、卖核桃，都是全国最好的。刚开始，我们只卖自己的延伸产品，比如君兰的沐浴露、洗发水、床上用品等，酒店里用的东西都可以买，都可以带走。但后来发现辐射面太窄了，干脆弄大一点。我们思考如何去卖当地卖不动的农产品。我们不一定要通过这个赚钱，但这样做，一是能增加客户体验感，二是希望通过这种方式带来更多关注。对企业来说，不是赚钱的问题，更多的是考虑能给当地带来什么。

还有一点很重要。无论哪种模式，打造乡村产业必须要解决一个核心问题，那就是利益机制问题。在整个乡村发展过程中，有四方利益要考虑，一是能不能给当地老百姓增加收入？二是能不能给村集体增加收入？三是企业能不能营利？四是项目在当地能不能有复制性或者说可操作性，能不能给地方政府做示范效应、带来社会效应？老百姓有收入，村集体有增收，政府有示范效应，我们有收益，只有这样的项目才具有持久性、延续性。如果企业不赚钱，项目持久不了；没有市场运作，单一靠政府打造，也是持久不了的；如果没有示范效应，也带动不了当地共同发展。在做项目之前，我们都会先问自己这 4 个问题。在项目选择上面我们也做了很多工作。首先，项目评估时，第一个考虑的就是能不能给村集体带来收入，村集体收益和项目收益是最主要的，政府和老百姓是顺带收益。不一定每个项目赚很多钱，但是每个项目都要活着。很多人不理解这个行业，觉得太辛苦、太累了，但我们必须要尽到责任，到每一个地方都要做好利益机制的分配。其次，利益分配机制做好之后，如何可复制、可模仿？让当地人跟着我做，我是有信心的。一是我们项目的运转是盈利的，每个项目都赚钱；二是我们跟政府合作，这样容易成事；三是我们不断进行风投，通过卖掉一些股份，提高整个净利润；四是我们的模式逐渐从原来的投资方向转换为管理方向，资金压力没那么大了。

2020 年新冠疫情暴发，对旅游业造成巨大冲击，对君兰影响也是蛮大的。但是，2020 年的收益仍比 2019 年有增长，增长速度还很快。所以，疫情对我们来说是危机也是机会。很多企业在疫情中停滞不前，而我们在大步扩张，其中一个重要原因是我们和政府合作，趁势而为。但是，有一些近郊地区防控比较严，导致流量跟不上，一定程度上对我们还是造成了影响。

三、乡村振兴

2020 年，君兰文旅旗下九寨沟县的上司寨扶贫项目、羊足山村扶贫项目、理塘扶贫项目、康定色龙村扶贫项目，以及马尔康扶贫项目都相继开始建设。

举个例子，羊足山村扶贫项目是一个整村开发的项目。这个村子叫羊足山，为什么叫羊足山呢？因为只有羊才能爬得上去。村子外面那条公路不是水泥路，路很窄，没有护栏。我有点恐高，上去的时候很紧张。我去过两次，第一次去的时候就是爬着上爬着下，2015 年后多了一条泥泞、狭窄的公路，开车上去也很怕，有个 1000 多米高、直挺挺 90 度的悬崖。因为村庄位置比较偏，交通不发达，特产卖不出去，也没有其他收入。这样的村庄，我平均一个月要去一两个。我们不断地去看这样的村庄，看到他们这么贫穷，就想做项目帮助他们。在这个过程中，我感觉自己的力量很微薄，因为资金、实力有限，也只能选择一两个点。

但毫无疑问，我们改变了他们的生活。比如阿坝村一共 200 户人家，其中有 69 户是贫困户，我们现在一年给他们增加 50 多万的收入。解决就业问题的十五六个老百姓都是贫困户。我们在阿坝整个地区签了 15 个这样的项目，能完成 300 —400 人的就业。签合同的员工就有 400 多人，通过相关产业实现就业的人就更多，意义非同一般。我们现在还跟九寨沟合作，帮他们卖藏香猪，一个项目卖 3000 头藏香猪。猪苗由我提供，请村民代养，每户人家养 8 头到 10 头猪，养大之后包销售给我们。通过这样不同的方式整个乡村振兴事业才能做起来。

我们有很多品牌。为什么名字叫君兰？因为君子之交淡如水、心如兰，取这个名字就是向往美好。人与人之间交往是很简单的。我们一直在做人的生意，在交流和服务的过程做生意。对待员工也一样，你必须要看到人的优点——“兰”的一面。在整村开发中，各种各样的关系需要去协调、维护，是比较复杂的。在这个过程中，我们遇到的困难比较多。主要困难是老百姓的契约精神不强。比如说今天和你签了合同，明天又告诉你不租了；或者我们改造好了，他说不租了，合同好像就不起作用。遇到这种情况，一般是政府参与解决比较多，有时候也解决不了，这也和地方参与度有关。很多时候都要政府参与各个环节，我们做乙方，政府做甲方；或者说国有企业做甲方，不跟老百姓接触。我们确实给当地老百姓带来很多实惠，但很多不被理解，得去慢慢说服他们。

作为全国脱贫攻坚的先进集体，我们深感任重而道远。我为我的祖国深感自豪，我为我不能为祖国做更多事情感到愧疚。君兰文旅的根在乡村，总想为乡村振兴再多做一些事情。我希望有一天中国的乡村会成为目的地，能够实现共同富裕；我希望有一天君兰能带动成百上千村庄增收，数百万村民致富；我更希望有更多的企业能关注乡村，共同致力乡村振兴与发展。

（采访整理：王鹏　朱红　钱方雅；采访时间：2021 年 12 月 1 日）

忘不了这段干事创业的激情岁月

金世来

一、水口村

2015年初，作为温州市派第九批农村工作指导员，我到平阳县山门镇水口村开展工作。我先从调研、走访开始，逐步了解水口村的整体情况。水口村周边旅游资源丰富，包括明王峰景区（满田森林公园）、东西洞景区、碧海天城景区以及顺溪古建筑群等，已经形成旅游发展集聚区。而且，水口村群山环抱、气候润泽，有山高、水清、林密、屋美的特点。同时修建于元明时期的穹岭古道起点也位于水口村，具有悠久的历史文化。我认为水口村发展乡村休闲养生、度假旅游的思路，完全符合当地的实际情况。水口村发展也有困难。一是水口村处于平阳县西部，交通条件不够便利，道路设施不佳，拓宽空间有限。二是村内整体布局不整洁，新老建筑风格差异大，各种线路布局杂乱，影响乡村整体美观。三是老建筑（石屋、木屋）保护滞后，一些石屋被粉刷翻新失去了原有的古朴，一些木屋年久失修濒临倒塌。看到这些问题，我知道将有很多事情等着自己去做。

一是帮助争取穹岭仙谷农业休闲旅游项目政策、资金支持。平阳县委提出深入实施“工业强县”“服务业兴县”战略，水口村要借好这个“东风”，努力发展乡村休闲旅游。穹岭仙谷农业休闲旅游项目一期推进过程中，在政策处理、资金紧缺方面遇到诸多问题。作为农村工作指导员，要积极帮助、指导村“两委”向上争取政策倾斜和资金扶持，加快项目建设。

二是帮助做好穹岭古道修缮工作。穹岭古道具有一定的历史、文化和旅游价值，但由于年久失修，许多路段塌陷严重，一些路段外侧断涧深切，尚无栏杆保护。随着登山者及游人的增多，存在较大的安全隐患。发展休闲旅游，就要加快穹岭古道保护和修缮。

三是帮助做好村文化礼堂建设。开展文化礼堂建设，有利于提升农村文化品位，丰富和充实农民群众的精神世界，同时，也可以发掘、提升、保护和盘活历史文化资源，彰显浓厚的文化底蕴，辅助美丽乡村建设。

四是帮助做好农村互助养老院筹建工作。水口村年轻人大多外出经商务工，村里“空巢老人”现象严重，加上特困残疾、农村低保、长期疾病、重点优抚等对象较多，村“两委”希望在发展建设的同时，解决农村老人、特殊人群养老问题，实现“抱团养老、就地享福”。做好农村集中养老，花钱少、受益广、影响好，一定程度上能改善和提升地方党委和政府的形象，有利于促进农村社会的安定和谐。

五是帮助做好“平安村居”建设。随着休闲旅游的发展，外来人员及游客增多，矛盾纠纷和社会治安等案（事）件也会随之增加，“平安村居”建设（社会综合治理工作）的压力逐渐加大。要跟进落实相关治安管控防范措施，及时建立治安岗亭，组建治安联防队，开展治安巡逻。同时，要做好村规民约等制度建设，加强村民普法宣传，提高村民法治意识；做好矛盾纠纷调处，做到“矛盾不出村”。

六是帮助加强党组织建设。认真落实市委“红色细胞工程”建设各项任务，加强党组织建设，强化基层党支部战斗堡垒作用。重点是要发挥好党员志愿者服务日的引领作用，组建党员志愿者服务队；不定期组织党员集中学习党和国家有关政策、法律法规，以及相关重要精神；积极探索长期在外的党员如何参加组织生活、理论学习的新方式，确保在外党员不失管；健全党支部各项工作制度。

七是切实做好群众工作。要带着感情去联系群众，深入田间地头，进到农户家里，与他们聊聊天、拉拉家常，了解掌握群众的真正需求和实际困难，真正使自己在下派农村期间能为村民群众做些实事、好事。

2015年5月，水口村召开村庄总体规划编制会审会议。我比较认同设计单位提出“把农村建设得更像农村”、“让人们忆得起乡愁”的理念，特别是对于像水口村这样的村庄，更要做好保护文章。应该说，编制实施村庄规划有着现实意义，它是促进集约发展、节约土地资源、规范农村用地管理的有效手段，是引导农民有序建房，推动村级基础设施建设和村庄整治的重要措施。

2015年，我们推进省级美丽宜居示范村建设。一是推进基础设施建设，重点推进“穹岭仙谷”旅游项目涉及的停车场、游客接待中心、游步道和悬空栈道，村口景观亮化、绿化工程，多处水利设施防洪堤、堰水坝工程建设，以及道路加宽，排污工程，弱电通信地埋管道等设施建设。二是推进“赤膊房”整治，完成房屋外立面统一改造，做好乱搭建拆除、乱堆物处理、屋前屋后整理等基础性工程，严格落实传统老屋保护修缮工作，大力开展村庄绿化美化，改变脏、乱、差的现象。三是积极开展文化礼堂建设，完成乡村记忆馆、文化长廊、百姓舞台、孝三讲堂等项目建设，充分挖掘“金、红、绿”三字主题特色文化。省级美丽宜居示范村在2015年12月底通过了省专家组验收，排名平阳县第一，温州市第二。

农村这个大舞台，只要愿意干就有许多机会让我们施展才华、大显身手，这是一个锻炼成长的大炼炉。1年来，我和基层干部、农民群众长期生产、生活在一起，在与群众面对面的交流中学会了做群众工作的方法，在了解村情民意中加深了与群众的感情，这种共同努力、共同克服困难建立起来的感情确实十分真挚。

二、金山村

在担任农村工作指导员的同时，我还担任金山村党支部第一书记。有人说农村工作指导员是行政职务，第一书记是党内职务，如果派驻在同一个村，那自然没有问题。可我担任农村工作指导员是在水口村，担任第一书记是在金山村，两个身份分属于两个村级组织。

2014年，金山村因村集体经济薄弱，基层党建活动开展困难，被确定为“软弱涣散村级组织”。市县镇各级党委领导高度重视金山村党建工作，温州市委政法委领导曾带队到金山村开展联村蹲点活动。平阳县委领导也多次到金山村指导党建工作。

我到金山村担任党支部第一书记后，第一件事情就是抓党建，加强村民中心和党组织阵地（如村级活动场所、党建活动室、党务公开栏等）建设，完善各项工作制度。根据计划安排，我们购买和订阅党员教育设备与书刊，开展党员学习教育，组建“红色基金”，建立党内关爱帮扶机制，确保金山村党建工作能打一个“翻身仗”，尽快摘掉“软弱涣散村级组织”的帽子。

2015年下半年，我们通过制度上墙，使党组织和村委会工作程序清晰明了，进一步规范党员干部行为，明确工作职责，使每个党员做到“党旗高高举，誓词常对照，目标常检查，政绩常鞭策，制度严约束”，时刻提醒广大党员干部牢记为民办事的责任心。

金山村集体入股水电站是我派驻期间一件比较重要的事。针对村集体入股水电站事宜，自2015年开始与水电站建设方沟通协调，进展顺利。2016年4月12日，村民代表会议研究讨论村集体（村经济合作社）入股平阳县东岙水电站建设、自来水管道维护维修及村民危房拆建审批等有关事宜。与会代表意见统一、明确，根据表决结果形成会议决议。根据协议村集体以资金入股分红模式参与，占有平阳县东岙水电站5%的股份。同意集资3万元对自来水水管进行重新铺设，公司每年出资5000元给金山村作为管理费用。这标志着金山村集体入股水电站开发建设事宜真正落地，发展壮大村集体经济工作正式启程。

（采访整理：郑重　孙烨；采访时间：2021年10月31日）

医者仁心雪域情

彭来恩

一、初上雪域，一颗红心显担当

1998 年，我从浙江中医学院毕业，被分配到老家苍南工作。经过几个月的轮转后，我到了针灸推拿科，一干就是 20 年。

对口支援和东西部协作是国家战略和政治任务，是促进西部地区高质量发展和实现共同富裕的重要举措。根据党中央、国务院和省委、省政府统一部署，温州市承担了对阿坝州红原县、阿坝县、壤塘县的东西部扶贫协作和对口支援任务。

2018 年 9 月，温州市组织医生到四川省阿坝州支援当地医院建设。听到这个消息后，我就有点心动，平时总说无私奉献、为人民服务，为健康中国贡献力量，既然身为老党员，还是要勇于担当，现在有机会能去条件艰苦的地方为当地老百姓提供医疗服务，是很有意义的。因此我主动向组织报名，并得到组织批准。我的任务是去红原县当地医院做临床带教工作，把中医针灸技术传授给当地医生，让他们尽可能学会。虽然要求不高，但我想，既然到了红原县，那么就尽量多做一点。

红原县地处四川省西北部、青藏高原东部边缘，平均海拔 3600 米，是阿坝州海拔最高、气候最恶劣、条件最艰苦的高寒牧区县，春秋短促，长冬无夏，年平均气温 1.1 摄氏度，极端低温零下 36 摄氏度，空气稀薄，极度干燥。长征时，红军在红原爬雪山、过草地、越沼泽。红原县的亚克夏山海拔 4800 米，高耸云天，山势陡峭，沟壑纵横，终年积雪，气候多变。这是中国工农红军于长征途中连续翻越的第三座大雪山，也是中国工农红军往返翻越次数最多的一座大雪山。1960 年，周恩来总理亲自为红原县命名，意为红军长征走过的大草原。

在此次入川之前，我没有去过高海拔地区，只是通过互联网了解到当地的情况。对于具体的工作环境，全是凭空想象，虽然想到会比较艰苦，结果和实际情况还是有很大不同。在我想象中，在当地工作生活主要是高寒和高海拔，根本想不到在高原环境下呼吸会那么困难，高原反应会让人那么难受。

我所在的苍南县中医院在此次东西部扶贫协作医疗援建工作中提供了许多帮助，医院领导对支援工作支持力度很大。由于红原县海拔高，容易导致高血压，如患感冒还容易导致肺水肿、脑水肿等，所以临行前医院给我准备了很多基本的医疗器械和常见病药品，比如降压药、预防和治疗感冒的药物等。此外，还提供了一批针灸器械，方便我在当地进行带教活动。在后期，医院对支援行动的力度继续加强，还无偿寄送 2000 个小儿生长贴给红原县城关小学。

2018 年 10 月 31 日，我乘飞机抵达成都，11 月 1 日乘坐汽车到达阿坝。成都到红原县的路程大概是 700 多公里，途中要翻过海拔 4000 多米的长江黄河分水岭——查真梁子山。刚到红原县，进入我眼帘的第一个场景就是漫天飞雪，我的第一感受是高原缺氧导致的头痛和气短。此外，当地群众的饮食口味偏辣。我不能吃辣，但是也没办法，只好硬着头皮吃。由于海拔高饭煮不熟，很多时候我们也只能吃一些夹生饭。虽然气候、饮食等条件有诸多不适的地方，但我们团队几个成员都努力克服，咬牙坚持。经过一段时间，自己也慢慢适应了。

在阿坝州支援工作期间，我们的生活条件在红原县当地已经属于中等偏上了。当地政府和医院做了很多工作，安排得非常妥当。当地有关部门为了照顾我们的生活起居，方便上下班，把我们安排在医院附近的一家宾馆居住。离医院也有三四站公交车路程。我们一般都是走路上班。路面经常结冰，容易摔倒，只能慢慢走，走快了供氧量也跟不上。我的上班距离还算近，也要花半个小时，有的同志上班地点远，要走一个小时。

二、妙手仁心，银针串接汉藏情

红原县域面积非常大，大约是苍南县的8倍，但地广人稀，人口只有4万多。因为总人口很少，所以病人也寥寥无几，医院也不是很忙碌。截至2017年，红原县有卫生机构57个，卫生机构床位231个，技术人员235人，其中医生103人。红原县大型的医院仅3个，即红原县人民医院、红原县藏医院和妇幼保健院。2017年4月，红原县人民医院整体搬迁到新院区，各方面硬件条件都不错。我所在的红原县藏医院条件相对差一些，医生水平和能力相对弱一些，有个别医生甚至连基本的无菌概念都没有。藏区医生的培养模式和我们是同样的。医学生经过医学院的教育，参加执业医师考试，获取医师资格。我们的任务就是要提高当地医护人员的水平和理念，促进医疗卫生水平的提高。

红原县的常见病与当地的自然环境和生活条件有很大关系，比如说寒冷，就必然产生骨关节病，膝盖肿大，腿不能伸直。还有当地百姓长期使用高热量高糖的食物，容易引发糖尿病和高血压。

红原县藏医院的硬件设施主要来自国家统筹安排和东南沿海地区的支援，院内科室设置比较简单，只有内科、外治科，没有手术室。医院平时接诊人数不多，平均一天只有二三个病人。这主要是因为，一是红原县人口总数少，所以病人数量少；二是很多病人住得离县城较远，来一趟医院不容易，有点小毛病一般都不愿意来医院，能拖则拖；三是当地治疗理念不先进、医生水平不高；四是红原县佛教氛围浓厚，生病不去医院去寺庙的现象还在一定程度上存在。所以想要提高当地的医疗水平和改善就医环境，困难不少。

组织上安排我担任红原县藏医院康复科副主任。我的日常工作就是参与科室管理，承担康复科的诊疗和教学工作，同时建立科室的查房制度，并规范运行。在教学方面，一开始每天要通过各种方式引起当地医生对中医针灸的兴趣，慢慢地展示中医针灸的效果，让他们自发地认同中医，激发他们对中医的学习热情。同时我还会开展一些专题讲座，讲授中医的基础知识和基本技能，传播中医的文化理念。

除了在医院内的日常门诊工作，只要有时间，我们会抓住一切机会去开展义诊。红原县基本上没有开展中医诊疗活动，老百姓对中医不是很了解。有一次红原开两会，参会领导和代表很多，等会议结束时，我们就在广场开展诊疗活动。因为天气寒冷，不适合开展现场治疗，只能提供简单的中医咨询，给大家宣讲一些中医的调理知识。有时候天气暖一点，我们就会做一些针灸治疗。除此之外，我们有时会联合县人民医院到县城街道里开展义诊，有时藏医院单独进行，选一个学校、社区，拉一个横幅、摆几张桌子在那里看病，类似的活动也搞了很多次。我们较少去农村，因为农村都是茫茫的草原牧场，几乎没有人烟。藏医院的同事有时会开车带我到下面的农村去看看，开了大半个小时只看到有两三间房子，里面没有人，牧民都出去放牧了，然后又开了七八十公里，才出现两三间房子。只有到节日，他们才会集中在一起，其他时间基本上都零零散散地在牧场放牧。

骨关节病、腰腿痛、盆腔炎、水肿等疾病在红原地区较为多发，当地原先以擦涂藏药、敷疗、放血、金针等为主的传统疗法成效并不是很好。在使用针灸治疗以后，效果明显，很受当地老百姓欢迎。比如说，按照中医的病症论治，如果是膝关节炎、肾阳虚、水肿，我们就给他做艾灸。有的当地妇女患了妇科病，针灸做一次两次马上效果出来了。所以当地老百姓非常喜欢中医，不少医生也非常喜欢用针灸。

在对当地医生的培养上，我下了一番功夫。当地医生中医基础薄弱，我边教边让他们参与治疗。他们对中医很感兴趣，也很好学上进，经常跑来咨询有关中医方面的问题。我教他们树立基本的中医理念，掌握基本的中医技能。有时候遇到一时难以掌握的知识，我就手把手从最基础的理论与操作讲起。他们在使用中医诊疗的过程中做出效果了，就有更大的兴趣和热情。现在他们都可以独立进行中医治疗了。我离开红原县之后，上级领导又要求其他援助地区派相应的中医针灸医师，把藏医院康复科培养起来。所以，现在的藏医院康复科在政府支持下，换了大楼，有非常高级的病房，医生也能够做针灸、艾灸、正骨等诊疗。

中医疗法在红原县的推广对促进当地医疗卫生事业发展和保障人民群众的身体健康很有意义，尤其是在费用、疗效方面。首先，中医疗法能有效消除病人解除病痛。其次，中医疗法便宜、省钱。最后，中医疗法周期短，节省时间。推广中医疗法，也有利于推动脱贫事业发展。有些人在当地看不好病，只能到成都、都江堰等地大医院去治疗。路途遥远，去一次还不一定有效果，费时费力费钱，为此，因病致贫的情况为数不少。所以，我们能为当地群众的身体健康做一点努力，也是助力脱贫攻坚事业。此外，利用中医疗法保障当地群众的身体健康，也有利于民族团结。当地藏民同胞一方面感受到党中央和东部沿海地区人民对他们的关怀，另一方面因为我们治好了他们的疾病，他们也自然会有认同感和感激之心。

在日常的科室管理中，我也把苍南的一些先进做法、制度和经验带到当地，主要是在科室完善上下班工作制度、每周新病人查房制度、疑难病例讨论制度、及时会诊制度和病人分组负责制度等。我要求新病人一过来就得查房；没有新病人，每周一三五查房，下午进行病例分析。只要没有病人，我就组织科室同事开展病例分析和讨论。后来，我带头讲了一节课，几位来支援的医生都讲了课，当地医生也慢慢参与进来。就这样，大家积极备课、讲课，潜移默化地把同事们的工作积极性带动起来。

除了医疗人员培训外，温州和阿坝州的医院还开展了合作项目。温州主要是以人力支援为主，当地也派医生到温州学习。在我去红原工作后，红原藏医院派了医生达基到苍南县中医院交流学习。

2019 年春节回温休整期间，我到苍南县中医院对接小儿生长贴项目。小儿生长贴疗法，就是在穴位上贴敷助生长贴膏，通过特选药材，刺激穴位，起到增强经络和全身气血的运行，促进新陈代谢，有利于骨骼生长，促进智力发育，达到健康生长发育的目的，而且对小儿皮肤不刺激，无过敏，疗效显著，操作方便。此疗法在浙江多家医院应用多年，获得一致认可。红原县看病就医的人群，也呈现年龄分布两头大的特点，一老一少病人多。老人一下子很难集中，而小孩子都在学校，好集中好处理。所以我就找到苍南县中医院领导，寻求他们支持。他们非常重视，无偿提供一批价值数万元的小儿生长贴。2019 年 4 月 1 日，我们在红原县城关小学，对 100 多名小学生进行小儿生长贴公益项目扶助。

在红原县工作期间，我偶尔也会碰到语言不通或者文化习俗差异的问题。在语言方面，我们主要是用普通话进行交流，在医院接待患者基本没有问题，遇到个别上了年纪的患者，有一些沟通不清楚的地方，就请当地医生帮我翻译。我们尊重他们的信仰，尊重当地的文化习俗，文化习俗的差异没有给治疗门诊带来很大困难。

回顾短短半年来的援川行医经历，印象深刻的人和事有很多。比如当地一位老奶奶患有骨关节病、膝关节炎、颈椎病、肩周炎和腰椎病，各类常见的骨关节疾病都有，血压也有点高。因为关节炎，她的腿伸不直，一抬手肩膀就痛，关节肿胀很大。我每天帮她治疗，后来她的膝盖慢慢伸直了，肿胀慢慢变小了，肩膀也好抬了。

几年来，红原县医疗卫生事业发展取得长足进步。医疗条件逐步改善、医护人员素质持续提高以及民众健康意识不断增强，各项健康事业取得了进步。比如我所在的红原县藏医院的科室划分也更加细致，康复科有了独立的门诊，康复、理疗、外治、针灸等独立设置，外治科有了独立病房。医院开办了藏药厂，医生的职称也有提升。此外，医院的门诊人数在过去几年里大大增加，在我支援那半年里，每月诊疗量激增至近 600 人次。这也说明了患者对我们工作的认可。

三、不辱使命，忘我工作斗病魔

在红原的日常工作安排和作息与在苍南时差不多，1 个星期上班 5 天。虽然医院规定是上午 9 点钟上班，但我 8 点钟左右就走到医院了。以前病人都十点多才到医院看病，看到医生来得早，慢慢地也早点来看病。下班后，我晚上会看看书。虽然每天上班下班时间很固定，但我的生物钟不稳定，甚至有点紊乱，早上很早醒来，晚上因为难受，憋气睡不着，经常失眠。在室内地暖太热了，空气又非常干燥，这让我很不适应，出现了很多身体反应。最难受的是晚上睡觉，睡着时鼻腔出血，鼻子堵气导致呼吸不通畅，半夜就醒过来了。还有牙龈全部溃疡化脓，本来吃不惯当地的辣，现在吃饭就更加煎熬。觉没睡好，饭没吃好，血压也就高起来了。

按照原定计划，我于2021年4月30日结束支援工作，5月1日返回温州。回来之前，我连续工作了5天5夜。因为支援工作快结束了，我要做好工作记录和总结，还要为后来的同志做好交接。那几天，我的身体已经出现不舒服的情况，头更加晕、闷、痛、胀了。我打电话给我的学生，让他送我到医院做检查。通过脑部CT扫描显示，我头部出现脑溢血症状。藏医院院长仲勒当机立断，调动救护车把我紧急送往四川省人民医院抢救。后来听仲勒院长说，救护车途经海拔4300多米的查真梁子时，我的血压最高升到了上压218、下压182。在成都治疗了一段时间，我于5月10日被转院到温州医科大学附属第一医院治疗。待到情况有所好转后，我回到苍南县中医院继续康复治疗。

在被送往医院抢救中，四川省和阿坝州有关部门提供了许多便利和帮助。当时四川省领导得知此事后，马上指示走绿色通道进行抢救。我在四川省人民医院治疗期间，浙江省领导专程到医院看望我。温州市专门安排温州市中心医院的医生到成都参与抢救治疗。回到温州康复过程中，浙江省和温州市的领导及有关部门也非常关心，给我安排了最好的医生和最好的病房。

经过大半年的治疗和康复，我又回到工作岗位。目前，我还经常和红原县藏医院有不少后续合作和联系。我们之间主要通过电话和微信视频联系，我也常常在视频上解答他们在门诊过程中遇到的问题。

回首支援红原县的经历，作为脱贫攻坚战线上的一员，我能够以专业医疗技术为脱贫攻坚的伟大事业贡献绵薄之力，深感荣幸。我现在也会经常想起在红原县、在藏医院的工作时光，想起患者病痛减轻后的笑容以及给予我们热情帮助的当地干部、同事和群众。如果有机会的话，我还要去红原。

现在我国东西部地区之间的发展还处于不平衡的阶段，其中一个方面就体现在医疗资源的不平衡。医疗援助和健康扶贫对西部欠发达地区稳定发展、长治久安有重大意义。推进健康扶贫的关键是要解决“看得了病”“看得起病”的问题。医疗援助能改善欠发达地区的医疗卫生条件，为当地群众提供良好的就医环境，能在一定程度上解决因病致贫、因病返贫的问题。

（采访整理：潘立川；采访时间：2021 年 10 月 23 日）

真心实意、真抓实干，助力脱贫攻坚

徐育雄

2012 年 11 月 8 日，也就是党的十八大召开的那一天，我到湖州市发展改革委担任经济合作办副主任、对口办副主任。从那时算起，到现在差不多 10 年时间。对口办的全称是湖州市对口工作领导小组办公室，这个机构成立时间较早，最初是放在发展改革委的。2018 年底机构改革，相关职能从发展改革委划出，成立湖州市区域合作交流办公室，2019 年 1 月正式挂牌，是政府组成部门。我从 2012 年分管这项工作以来，始终认为对口支援工作很有意义。特别是党的十八大以来，习近平总书记提出精准扶贫、精准脱贫，各级党委、政府对这项工作越来越重视，我更加感觉到这项工作的重要意义。回顾将近 10 年的扶贫工作经历，我感觉时间过得特别快，也感到很有收获。

一

从总体上看，根据党中央、国务院和浙江省委、省政府的决策部署，我们的对口工作始于 20 世纪 90 年代初，分四种类型。第一种是对口支援，最早从 1992 年派干部到西藏日喀则开始，1993 年结对三峡库区的重庆涪陵区，1995 年结对那曲地区，1997 年对口支援新疆和田地区，2010 年结对新疆的阿克苏地区和新疆生产建设兵团阿拉尔市一师三团、青海海西州的乌兰县。第二种是东西部扶贫协作，1996 年结对四川省南充市仪陇县，2008 年帮助四川青川县灾后重建，2013 年至 2014 年结对四川甘孜州的得荣、乡城、稻城 3 个县，2015 年结对凉山州的木里县，2018 年结对广安市的广安区和广元市的青川县；2021 年 5 月，实施新一轮的东西部协作，除继续结对广安区外，还结对四川阿坝州的汶川、小金和金川。第三种类型是“山海协作”，2002 年起结对省内丽水市的缙云县和庆元县。第四种类型是对口合作，2017 年起结对吉林省白山市及所属 6 个区县。

这些年去过许多结对帮扶地区，它们的发展和东部发达地区相比，存在较大的差距，甚至可以说不在一个发展阶段上。面对如此大的差距，能够实现这样的扶贫奇迹，只有在中国共产党领导下才有可能，只有中国特色社会主义制度才有可能，特别是结对帮扶的几个国家级贫困县。比如，我们 2010 年结对的新疆柯坪县，5 万人口，1 年财政收入只有几千万元，相当于湖州一个乡镇的财政收入，还有青海乌兰县也是差不多的情况。这些地区的贫困都存在一些客观因素，比如自然条件先天不足，地广人稀，交通不便，基础设施薄弱，等等。

对于我个人来讲，无论是从岗位责任还是内心感情，都是想多为贫困地区做一些工作，这既是出于责任感和使命感，也是我自身的一种共鸣共情。我认为贫困地区有先天不足，但是反过来看也是有明显优势的，比如生态环境较好，无论新疆、西藏还是青海，这些地区的生态污染本来就少，再加上这几年国家加大环境治理投入，生态的优势越来越明显，而且人口密度低、发展空间大。比如柯坪县，区域面积 8900 多平方千米，是湖州的 1.5 倍，而人口只有 5 万多，土地资源十分丰富。大片的戈壁滩，可以发展光伏太阳能、畜牧业等产业。再比如四川阿坝州的小金县、金川县、汶川县，虽然空间小，但是自然资源丰富，小金县有四姑娘山，汶川县有大熊猫养殖基地。如何把这些资源转换为自身发展的优势，还是有很多工作可以做的。

从湖州市来说，市县各级领导非常清楚，扶贫是国家重大战略，是一项政治任务。事实上，扶贫工作是从新中国成立后第一代领导集体就一直在想的事情，从毛泽东、邓小平……到现在习近平总书记，一直都在考虑这个问题。尤其是党的十八大以后，扶贫工作力度特别大，各级党委、政府更加高度重视对口扶贫工作，湖州的对口工作领导小组也升格，由书记、市长担任组长。

在具体工作上，我们坚持“对方所需，湖州所能”。首先，必须完成上级部署的任务；其次，必须考虑湖州的实际能力。从经济总量看，湖州在浙江省内排到第八位，与杭州、宁波等城市相比存在较大的差距，所以只能尽己所能去开展工作。“对方所需，湖州所能”八个字也是我们扶贫工作的基本出发点。另一方面，湖州市委、市政府也非常明确，我们的扶贫工作要尽可能地做出湖州特色、湖州亮点，规定动作要不折不扣地完成，自选动作要出亮点。

这么多年来，大家印象比较深刻的是安吉的“白叶 1 号”扶贫。安吉黄杜村捐赠的 1500 万株白茶苗，价值 300 多万元，这在全国大大小小的扶贫项目中，算是体量很小的。但为什么能够得到总书记的批示肯定，根本在于它是先富带后富的典型，还在于黄杜村村民以基层党员的身份提出“为党分忧”，为全国扶贫事业出一份力。

安吉白茶是有原产地地理标志保护的产品，我们现在认定的安吉白茶只能产自安吉，但是全国各地的白茶有 300 多万亩。当时全国扶贫办组织茶叶和土壤专家专门调研过，受捐地的气候和土壤必须符合白茶的生长条件。3 年时间，安吉县累计向湖南古丈、四川青川和贵州普安、沿河、雷山等 3 省 5 县捐赠“白叶 1 号”茶苗 2210 万株，种植面积 6217 亩，带动 6661 名贫困人口增收脱贫；成立“一片叶子”技术指导志愿服务队，累计派出技术人员 62 批 415 人次，对茶苗选育、移栽、养护和茶叶采摘、加工、销售等环节进行全流程全方位服务指导。2020 年 3 月部分受捐地“白叶 1 号”陆续开采，诞生了中国首个扶贫茶叶品牌“携茶”。

3 年脱贫攻坚中，我们推动的东西部协作产业园也是一个很好的案例。党中央提出三年脱贫攻坚任务，湖州新增加了四川的广安和青川，我们的干部是 2018 年 4 月底过去的。当时广安提出产业发展的问题，我们就考虑建设产业园。广安区是主城区，但规模以上工业企业只有 11 家。结对的是南浔区，有 900 多家规模以上企业，差距非常大。经过双方共同努力，产业园从开工到建成差不多 1 年多时间，企业也陆续落户。这项工作得到各方面充分肯定，国家发展改革委把它作为中西部承接东部地区产业转移的示范园区。

产业园建设之所以能取得很好的效果，跟我们的工作比较实是有关系的。首先是对为什么要建这个问题，我们有着比较深入的理解。结对地区的群众要致富，我们尝试通过对口招工等方式，取得了一定的效果，但是当地群众更希望在本地就业；同时结对地区要发展产业，希望我们这里的企业能够过去投资。经过双方努力，湖州也有一些企业前往结对地区设厂办企业，但在落地的过程会遇到各种各样的具体问题，导致企业积极性不高。正是基于这些具体问题，我们提出了共建产业园的想法，尽可能减少企业落地投产的各种阻力，从而实现发展当地产业、增加当地就业的目标。

其次是如何建的问题。当时考虑只能由国有企业来承担产业园的建设任务，这是政治任务，国企有责任承担起来。另外，浙江省发展和改革委员会与国开行四川省分行有一个框架协议，建设产业园的资金可以争取到长期低息贷款。而且广安属于丘陵地带，地质条件比较好，建设成本比湖州要低很多。

再次就是企业入驻问题。为了减少民营企业前期投入压力和落户投产阻力，产业园减免了入驻企业前 3 年的厂房租金，提供“拎包入住”式服务。此外，湖州的各级党委、政府还做了很多动员工作。南浔的企业去广安投资，既是感恩改革开放，也是莫大的政治荣誉。同时湖州的一些传统制造业也面临着产能转移的问题。就以南浔区的传统制造业为例，南浔的电梯和木业等制造业在当地已经饱和，客观上需要产业转移或升级，而西部有市场、有劳动力，所以落户到产业园，从当前和长远看都是一个很好的选择。现在南浔区的世友地板、沃克斯电梯等，都已经入驻生产了。

除了广安产业园，吴兴区还结对青川县建设了一个特色产业园。我们的主要考虑是，把产业引过去，才能在当地生根发芽、枝繁叶茂。企业到陌生的环境去单打独斗很困难，这种产业园的模式大大减少了这些困难，让企业放心投资生产。而且，通过国企经营和专项贷款支持，对于湖州而言，财政负担也不是很重，也是能够持续的。

再就是“湖羊入川”项目，也是我们做得比较好且很有湖州特色的扶贫工作。在广安决定建设产业园的同时，我们看到当地的植被很好，空间也大，就考虑是否可以将湖羊引过去。广安当地有零星养殖山羊的，但没有规模化。抱着试试看的心态，2018 年底，我们从湖州运去 100 多头羊。试验证明，当地的气候、植被都非常有利于湖羊的生长，湖羊就在当地迅速推广。目前广安已经养殖了近 3 万头湖羊，建成 1 个万头湖羊养殖基地和 70 多个湖羊养殖“幸福农场”，在此基础上，我们建设了广安“巴上草原”项目，这是全国唯一一个以湖羊文化为主题的农旅融合项目。

在对口地区引入湖羊，最早是在新疆柯坪做的。但是后来由于各种原因没有大规模开展。从 2020 年开始，我们又加大力度，动员美欣达集团建设南疆最大的湖羊养殖基地，预期能达到几十万头的养殖规模。新疆当地的羊肉消耗量是很大的，但是当地山羊体型小、产肉率不高、繁育率低，而湖羊则是 2 年 3 胎、每胎 2 到 3 只。从目前来看，湖羊这个特色品牌在四川和新疆不断做大，前景很光明，尤其是对当地老百姓增收效应非常好。比如，广安的老百姓对于湖羊养殖十分积极，有大基地养殖、小基地养殖和农户养殖不方模式，可以说已经成气候了。尤其是广安背靠重庆消费市场，只要能生产，销售是不成问题的。

在产业扶贫的同时，我们还投入了大量的人力、财力推动结对地区的基础设施建设。围绕“两不愁三保障”目标，立足教育、医疗、住房和饮水等重点领域，通过实施项目援建、选派专技人才、强化智力支持等软硬件帮扶双管齐下，着力帮助对口地区解决群众出行难、上学难、看病难、饮水难等长期没有解决的老大难问题。2015 年以来，累计落实财政帮扶资金 11 亿元，实施援建（帮扶）项目 386 个，援派挂职干部人才 450 名。

从 2018 年到 2020 年这 3 年脱贫攻坚中，湖州市以及各县（区）领导都高度重视，各项具体工作都非常支持，尤其是结合湖州的实际和对口地区的具体情况，做成了一些实实在在的事情，取得了明显成效。现在回想这 3 年的工作，任何事“纸上谈兵”都很容易，真正落实到位还是有一定难度的。没有各级领导的大力支持，很多工作是做不下去的。

在这个过程中，我感受最明显的是结对广安区的工作成效突出，双方的各级领导都高度重视、密切配合，所以在2021年2月25日全国脱贫攻坚总结表彰大会上，南浔区和广安区获得“全国脱贫攻坚先进集体”荣誉称号，这在全国也是很少的。

二

脱贫攻坚任务完成以后，我们的工作重心从扶贫转向东西部协作，工作思路和内容必然有所调整，但是对于产业转移和发展的重视始终是不变的。比如新结对的地区过来考察我们的乡村振兴工作，我就反复跟他们讲：乡村振兴，一在于人，二在于产业。村里光把环境弄好，但没有人和产业是行不通的，一个好的领导班子很重要，还要有相应的产业发展带动。比如安吉鲁家村的发展，就是有个好班子，选对了方向，短短几年就形成了可以持续发展的文旅产业。接下来的结对工作，我们还是考虑以产业发展为切口，比如阿坝州3个县是严格的生态保护区，可以发展一些简单加工业和乡村旅游、养殖业。

总之，全国脱贫攻坚的任务是完成了，但对口支援、东西部协作、对口合作还有很长的路要走。从区域协调发展来讲，彻底解决发展不充分不平衡的问题，可能是个非常长的过程。这其中，不仅有发展水平、生活水平达到东部地区水平的问题，还有观念意识和工作作风上的接近与同步。从东部地区来说，从我个人的责任感、使命感来说，对口协作工作还是长期去做，只有持续做下去才有成效。

（采访整理：龚荣庭　王润生；采访时间：2021年11月17日）

携手打造浙川东西部扶贫协作示范样板

杨卫东

共同富裕是社会主义的本质要求。2003 年湖州市南浔区建区以来，区委、区政府一心一意谋发展，在推动辖区内的高质量发展和共同富裕的同时，还按照中央和省市委部署要求，高质量开展山海结对、东西部结对等工作，落实先富帮后富、逐步实现共同富裕的总要求。2020 年，南浔区地区生产总值 467.83 亿元，是建区时的 5.6 倍；实现财政总收入 67.21 亿元，是建区时的 9.5 倍，经济蛋糕不断做大。与此同时，我们与青海、西藏、新疆、重庆、四川等中西部地区以及省内缙云、松阳保持了紧密的结对联系，助力对口地区加快发展。

总之，经过改革开放 40 多年，尤其是建区 10 多年来的接续奋斗，南浔区既积累了实现快速发展和高质量发展的物质基础，也在推动共同富裕、尤其是先富帮后富等工作上积累了丰富的工作经验。正是在这一背景下，我们按照中央和省市委的部署，圆满打赢了结对帮扶四川广安的脱贫攻坚战。

一

东西部扶贫协作是党和国家为了消灭贫困、实现共同富裕所作出的一项战略举措。2018 年，南浔区与邓小平同志故里四川省广安市广安区建立了携手奔小康东西部扶贫协作关系。南浔区深入贯彻落实习近平总书记系列重要指示精神，以真刀真枪的举措、真金白银的政策、真心实意的帮扶，取得了扶贫协作累累硕果。2021 年 2 月份，在全国脱贫攻坚总结表彰大会上，习近平总书记庄严宣告，我国脱贫攻坚战取得了全面胜利。南浔区委以及我们结队的四川广安区委和前方挂职干部张开荣在全国脱贫攻坚表彰大会受到党中央、国务院隆重表彰，我们结队的两个区委同时受到党中央、国务院的表彰在全国是绝无仅有的。这说明南浔区在贯彻落实党中央决策部署过程中是扎实有力的。也正是基于双方良好的合作基础，2021 年 5 月 7 日，浙江省对口办明确湖州市南浔区继续与四川省广安区结对。两地继续保持结对关系，既是一种特别的缘分，更是一份沉甸甸的责任。

二

与四川省广安市广安区建立对口协作关系以来，南浔区发挥自身的独特优势，创新扶贫协作模式，突出三次产业联动，聚焦聚力精准扶贫，全力育产业、带就业、促扶贫，形成了以“国企引领、三产联动”的产业扶贫模式。3 年来，累计立项帮扶项目 35 个，投入资金近 10 亿元，解决贫困人口就业岗位 1853 个，带动 2.1 万余名贫困人口增收。“国企引领、三产联动”产业合作扶贫模式连续两年入选国务院扶贫办东西部扶贫协作典型案例。主要做法有以下 3 个方面：

一是创新协作模式，联动发展特色产业。以“国企带民企”共建工业园区。由南浔区国有企业出资购买土地，采取民企定制、平台建厂、先租后买的模式，建设占地 630 亩的“南浔 · 广安东西部扶贫协作产业园”，目前已经引进南浔区重点企业如沃克斯电梯、世友木业等全国行业龙头企业四家，吸纳 1000 余名贫困群众就业。以“国企带国企”布局特色农业。两地国企联合组建农牧企业，新建了龙安柚等产业基地两万亩，建成首个万头湖羊种羊基地。75 个幸福农场，目前存栏湖羊 2.5 万头，联结带动 92 个村、1.5 万余名群众增收。以“国企带村集体”发展乡村旅游。南浔区国企投资 2.1 亿元建设了“浔栖江南”“巴上草原”等农旅融合扶贫项目，吸引重庆等周边游客 20 万余人次，引领广安区乡村旅游迈入发展快车道。

二是强化政策支持，长效合作互促共赢。出台支持政策。广安区、南浔区分别出台15条和10条投资优惠政策，对投资入园的企业，可享受单个项目最高500万元的建设、设备、物流等综合补助。对到南浔区就业的广安区贫困劳动力一次性给予生活、租房、交通等补贴，最高可达2.5万元。强化金融保障。3年累计投入帮扶资金8.9亿元，财政帮扶资金1.05亿元，南浔城投等国有企业向国开行、农发行融资4.56亿元，带动社会投资3.29亿元，有效保障“湖羊致富”等38个帮扶项目顺利推进。优化营商环境。引入浙江省“最多跑一次”和数字化改革成功经验，助力推进“放管服”改革，项目从立项到审计结算的审批时间较以往缩短50个工作日以上，广安产业园从签约到开工建设仅用时100天。

三是聚焦借智借力，无缝衔接人才资源。我们帮助广安区培训干部人才2600人次，双向交流干部人才215人。建立“南浔·广安劳务协作工作站”，广安区1326名贫困人口到浙江就业。同时，南浔区87家企事业单位与广安区161个单位、村集体结成帮扶对子，引导社会各界捐款捐物2300余万元。

三

在诸多工作中，我认为“湖羊入川”是个很典型的做法。湖羊是南浔的特色农产品，“湖羊入川”在广安达到了非常好的增收致富效果。

结对之初，经过前方工作组的走访调研发现，广安区工业基础薄弱，但是农业资源颇具优势，有丰富的农作物秸秆、糠麸等优质饲料资源，能为湖羊提供充足的饲料。湖羊是南浔区带动乡村振兴群众致富的特色优势产业，繁殖率高，1只羊两年平均能产7只幼崽，而且湖羊具有耐粗饲、适宜性强、疾病少等优点。所以我们初步认为，在广安推广湖羊养殖带动贫困户增收是可行的。为此，2018年我们建成了“湖羊入川”试验基地，2019年首批110头湖羊到广安区大安镇先行先试，仅半年时间就成功繁殖100余头。试点养殖取得成功后，我们进一步扩大了养殖规模，大力实施“湖羊致富”工程，建成湖羊基地4个。

在“湖羊入川”过程中，南浔区全力支持养殖技术扶持，先后组织了10余位农技专家驻扎在广安区，对当地养殖场选址及建设、种羊的配种、防病防疫、产品销售等进行“一条龙”指导，并为当地培养了技术好、经验足的新时代“羊倌”。在两地农技人员密切配合下，实现了从首批湖羊死亡率5%到现在存活率100%的转变。

为发挥湖羊产业在解决全面脱贫后群众持续增收问题的主力军作用，经过南浔区委常委会集体研究，南浔区再专项捐赠2000万元，大力实施“湖羊万户奔小康工程”，计划用3年时间，发展湖羊养殖户10000户，打造标准化湖羊养殖场56个，着力建设乡村振兴示范样板，将广安湖羊产业建设成领先全省、辐射西南的特色产业，进一步带动广安区群众共同致富。

与此同时，我们还注重农旅融合，南浔区交投集团与广安区共同投资打造了全国唯一一个以湖羊文化为主题的农旅结合项目，即广安区“巴上草原”项目。园区占地210亩，其中82亩核心区域为万头湖羊养殖场，128亩用于建设湖羊交易集散地、科普展览馆以及“羊”文化系列游乐项目，构建了集养殖、生态、休闲、科普、娱乐、美食于一体的具有西部风情的产业综合体。“巴上草原”已于2021年9月23日正式开园，开园当天吸引了大量来自重庆等周边的游客，社会反响相当不错。

四

除了“国企引领、三产联动”产业合作扶贫模式以及“湖羊入川”以外，我们还有很多好的做法，也达到了非常好的效果。一是劳务帮扶协作。在劳务帮扶方面，我们的成效也比较明显。劳务协作是东西部扶贫协作的重要内容之一，通过解决就业，使对口地区贫困群众增收致富。南浔区与广安区结对以来，努力探索劳务协作新路子，通过建好“网络阵地、合作基地、产业飞地”，及时破解疫情防控期间两地用工就业难题，有效加强劳务资源挖掘培养力度，持续带动贫困人员就地就近就业，打造高效稳定、可活血造血、持续共赢的劳务协作长效机制。2018年结对至今，累计组织了143家企业赴广安开展劳务招聘会16场，提供就业岗位5201个，吸收广安区就业1622人，在南浔的广安人员平均年收入达到了5.1万元，较以前提升3倍左右；同时南浔区兑现就业政策资金472.45万元，举办就业技能培训班88期，培训广安人员2687人次。二是人才对口帮扶。我们在人才对口帮扶上精准发力，深入实施“四个百人”干部人才交流计划，有效构筑起东西部扶贫协作人才交流机制。截至目前，广安区已有36名年轻干部到南浔交流锻炼，安排在乡镇和区级部门重要岗位，有465名党政领导干部参加专业对口培训，接收62名农村种植业、养殖业带头人到南浔学习培训。同时，南浔区共选派四名党政干部长期驻广安，累计有75名教育、卫生、农业、国有企业等专技人才援派至广安进行专项帮扶、产业帮扶和智力帮扶。

3年多的结对帮扶工作，两地共同进步、共同发展，无论挂职干部，还是派驻的教师、医生、专技人员都尽职尽责，都带着使命感和荣誉感去做工作，每个人都让我感动。有几位国有企业的员工，挂职期满后多次申请继续留在广安。还有很多到南浔务工的广安群众，他们把南浔当成另外一个家，比如南浔区善琏镇的丽童家具公司去年一次性招进40多名广安务工群众。据我了解，其中有些人已经在职务上有了提拔，不仅生活上得到了改善，事业上也取得成就，这是我们非常乐意看到的。

五

3年的结对帮扶，让我有很多感悟。一是提高政治站位、敢于担当尽责是关键。只有结对双方坚定扛起扶贫协作政治责任，坚持定期开展互访对接，共同商定协作事宜，协调解决重大问题，才能保证重点工作明确、号令步调统一，确保工作有力有序。正是因为站位高、敢担当，才会有足够的工作投入、足够的资金投入和足够的感情投入。二是因地制宜、科学规划是前提。在协作工作中，只有坚持因地制宜、优势互补，科学规划实施协作项目，才能发挥东西部扶贫协作最大作用，实现结对双方互促共进、协同发展。不管是“湖羊入川”还是产业合作，我们都在项目实施前做了大量的调查工作，在项目推进和运营中又进行了调整，从而保证实际效果最大化。三是凝心聚力、务实奋战是保证。我们在前方的挂职干部坚定责任使命，视帮扶对口地区发展为己任，全身心投入扶贫协作工作，后方的全区各个部门通力配合，才能凝聚起最强大的工作合力，推动工作任务落地落实。

（采访整理：栾世颖　周建军　许军；采访时间：2021 年 10 月 19 日）

从完成任务到选择留下

张开荣

一

2018年底，我在湖州市南浔区善琏镇工作。南浔区委组织部突然要我去四川帮扶挂职，我的想法很简单：一是时间短，挂职时间只有3个月；二是硬需求，当时急需一名专业技术人才去解决一些技术问题，我是学畜牧专业的，对基层工作也比较熟悉。想到这些，我马上就服从组织安排。翌年2月刚过完春节，我就随湖州市南浔区一批由医生、老师和机关干部组成的工作组前往四川广安。

南浔与广安开展结对帮扶，主要是将南浔成功的做法引入广安，尤其是引入特色产业，如“红美人”柑橘、“跑道鱼”、湖羊等。其中，湖羊是南浔非常有特色和优势的产业，产业链比较齐全、市场比较成熟。我到广安时，当地“红美人”柑橘已种植起来，“跑道鱼”养殖基地正在建设之中，第一个湖羊养殖基地也建起来了。我是畜牧专业出身，所以在广安的工作任务很明确，主要是负责解决技术问题、提供技术帮助。我暗下决心：一定要展示出浙江党员干部干事创业的精神，一定要给当地的老百姓留下一些东西。抱着这样的思想，我开始逐步熟悉当地情况并开展工作。

二

广安的第一个湖羊养殖基地虽然已经建立起来，但是养殖规模比较小，只有110只湖羊。这主要是因为对广安来讲，湖羊是一个新鲜事物，当地百姓对于湖羊的品种质量、养殖技术等方面都存在一定的疑虑。因此在实际工作中会碰到了很多问题与困难。

首先我们面临的是当地百姓对外来品种存在的质疑。广安当地有自己养殖的山羊品种，但是山羊需要放养，没办法进行大规模养殖，对当地经济带动作用不明显。在这种情况下，我们将湖羊引过去，当地老百姓包括一些养殖人员都会对新品种到底能不能适应本地养殖产生疑虑。他们说，如果湖羊能够适应当地的环境，那么为什么之前没有人将其引进?

其次是旧经验与新品种产生矛盾。当时负责广安第一个湖羊基地管理的饲养员给我的印象很深。之前他养过本地的山羊，有一定的养殖经验与技术。在他看来，凭借自己已有的经验技术饲养湖羊应该不成问题，但事实上在养殖的过程中出现了许多情况。同时当地老百姓对我们的养殖技术也存在不信任。

在这种情况下，我们一方面自己给自己打气，认为脱贫攻坚是党中央交办的光荣任务，一定要将这项工作做好做实；另一方面，每天固定时间到养殖基地去，脚踏实地地做好本职工作。就这样，大概一两个月后，情况发生了改变。一是时间长了，大家经常见面，彼此逐渐熟悉起来；二是在实际养殖过程中碰到问题时，当地饲养员的老办法、老经验不能发挥作用，我们就手把手教他们解决问题。比如在投喂上，我们发现饲养员投喂方式不对，告诉他们投喂方式不对可能对湖羊成长造成什么影响。一开始饲养员并不理会，依旧按照自己的方式投喂。湖羊性格比较温婉，即使出了问题但表现不太明显。直到一两天后症状暴发出来，他们才相信我们的话，觉得真的是因为技术跟不上导致没有及时发现问题。出现症状，该怎么治？当地饲养员慌了，因为他们不懂怎么治疗，我们就去帮他们解决。到 2019 年 6 月 28 号入川后第一只“羊二代”出生，我们才真正被当地老百姓以及湖羊基地里的饲养员接纳、认可。他们对湖羊养殖也增强了信心。

三

2019 年初到广安后，从原计划挂职 3 个月，到最后实际挂职将近 2

年，现在回忆起来，感觉时间过得非常快。这期间做了很多工作，也取得了很多成效。

首先，实践证明“湖羊入川”是可行的。刚到广安时，“湖羊入川”项目只有一个基地，更多带有试验与论证的性质。虽说前期做了大量的专家论证，也与当地的技术人员进行了实地对接，但在实际养殖过程中到底可不可行？有没有问题？有哪些问题？还有待进一步确认。而通过第一个基地的建设，可以为接下来大规模开展“湖羊入川”提供实际生产的参考或标准。第一批湖羊是 2019 年 1 月到广安的，到 2019 年 6 月第一只“羊二代”出生，证明湖羊是可以在四川落地的。

其次，全面开展“湖羊入川”。事实证明湖羊可以在广安养殖之后，我们就开始大规模推进“湖羊入川”，养殖基地从 1 个逐步增加到 5 个。我在提供养殖技术的同时，开始全程参与到湖羊基地的建设中。当地传统养殖与湖羊的集约化养殖有一定区别，包括羊舍怎么造，基地选址怎么选，风口应该朝哪一边等问题，都需要我们前期参与进去。

按照原来的工作计划，我在 2019 年 5 月底要结束挂职返回湖州，但这时候当地湖羊养殖还不够成熟，同时我实地看到当地很多贫困百姓，他们的生活跟东部地区存在较大差距，心里确实不好受，于是我果断选择留了下来。到 2019 年 11 月，湖羊养殖基地已经发展到 5 个，养殖规模发展到 1210 只，我的新一轮挂职又要结束了，但我还是选择留下来，继续去推进这项工作，直到 2020 年 9 月底，我才正式结束挂职工作回到湖州。

回顾这两年的工作经历，感觉自己还是实实在在地做了很多事情，比如“巴上草原”项目，包括万头湖羊繁育基地，这是全国第一个农旅融合基地，一个完全以羊为主题的乐园。在这个基地开始建设的同时，我们在南浔区委、区政府支持下又谋划了“湖羊致富”工程，就是将湖羊扎根四川，利用湖羊产业带领当地的贫困户、老百姓脱贫致富。2020 年初由于新冠疫情影响，整个项目建设、工作推进受到很大影响。3 月 14 日项目才正式开工，到 6 月 8 日万头种羊基地就建设好了。3 个月不到时间完成 82.7 亩养殖基地的建设，其中包括 50 栋总面积数万平方米的羊舍。整个工程在这么短的时间内能完成，应该说我自己也没想到。

建设好万头种羊基地，包括基地完工、湖羊入舍，对我的触动是比较大的。建设过程中也遇到很多问题，尤其是早期的征地拆迁工作，当地老百姓很难接受，所以征地工作与房子拆迁困难重重。再到后来进行施工时，已经是 5 月份，需要加快工程进度。因为之前就测算过，6 月份基地建好，把湖羊养起来，通过 1 个月的适应调整，到年底可以生出来第一批小羊。因此，5 月份就是攻坚时刻，也是最紧张的时刻。

为了加快推进项目，我们倒排工期。为了把工作做好，我直接住在工地上。项目工地没有建设管理用房，我就让施工单位拖了个集装箱过来住进去，在里面住了大半个月。为加快进度，我们实行两班倒，24 小时施工。另外，为了方便项目推进，我白天上工地和看养殖基地，晚上还自学工程知识。通过一段时间的自学，我对工程建设多少懂了点，虽然不精深，但至少面上的工作可以去指挥推进。在实际施工中，我们每天做工作调度分配，就是根据前一天整理好的表格，确定今天要完成多少工程量。如果哪天工作没有完成，我们会和项目部、施工单位的负责人一起讨论没有完成目标任务的原因，具体是哪个环节出现了问题。我们还召开班组会议，确定明天的目标是什么、需要完成的任务是哪些，就这样一步步去推，确保在重要时间节点完工。最开始我们跟施工方签了一年建成的协议，实际上只用了将近三个月时间。

现在回忆起那时的情景，感觉是真的苦，因为 24 小时施工，而每次协调会都是晚上 12 点左右开，两三点了，一天也就休息三四个小时。即使休息的时候，车辆一直在外面作业，所以整个人是绷着的，人虽然躺在床上，但外面的事情其实也都是知道的。这样过了大半个月，终于在 6 月份完成整个工程。

四

通过一年的扶贫工作，我对脱贫攻坚的感受慢慢发生了一些变化，可以说，扶贫脱贫成为我全力去完成的一个目标、一个使命。2020 年初，中央明确要求在当年全面完成脱贫攻坚任务，要打赢脱贫攻坚战。也正是从这时候开始，我对脱贫攻坚工作的认识更加深刻了，从最早的技术指导到后来拎着图纸学习去推进项目建设，再到后来觉得这不仅仅是一项任务，更是一个重大使命。因为在全面建成小康的大背景下，我们每一个人都不能置身事外，要打破小我，融入党和国家的事业。所以我越来越清晰地认识到，自己所做的事情，既是推动南浔帮扶广安的一部分，也是全国打赢脱贫攻坚战的一部分。正因为如此，不管工地建设多苦多累，我还是选择去做，并且坚持去做好，这也是我思想变化的体现。

在完成种羊基地建设之后，我们仍然持续推进“湖羊致富”工程。从 2020 年 6 月开始，我们计划建设 75 个“幸福农场”，这些幸福农场的首批湖羊，也是在南浔及湖州地区购买然后运过去的。这批羊的养殖周期大概 6 个月，但等这批肉羊出栏之后，就意味着又需要从湖州购买。万头种羊基地建成后，就可以提供小羊给这些幸福农场，同时，我们还建了一个湖羊屠宰深加工基地，从而形成了一个从种羊的繁育、肉羊的养殖、屠宰到深加工的湖羊产业链。

“湖羊入川”的确富了当地百姓。比如基地建成之后，需要饲养员、技术员，就在当地吸纳了几个贫困户。其中有一位妇女，她家的条件原来比较好，但她老公在外面务工受伤，无法再干重活或出去务工，日常还需要一直吃药。家里还有两个小孩在读书，因此家庭负担很重，既要照顾孩子与病人，还要维持各种开支。所以她很高兴在基地里上班，离家近，而且工资收入也比较好。我算过，如果把湖羊养好，她 1 年大概能拿 5 万多块钱，这个收入在当地还是不错的。

基地创造的就业机会，再加上 92 个村、75 个“幸福农场”以及农旅融合项目创造的机会，合计大概提供了 100 多个工作岗位。这 100 多个工作岗位中，也有我的一份努力，有我的一份付出，有我的一份辛苦。这 100 多个岗位，可以让很多家庭改变自己的生活，而我又参与其中，所以就觉得非常有意义。我想，也正是有了千千万万的党员干部一起行动，一起努力，创造了无数工作岗位，就像一条条小河汇聚成江海，才会有脱贫攻坚的全面胜利。

五

结束援川工作后，我也经常回顾那两年的经历，得到更多的是心灵上的撞击、思想上的锤炼以及工作能力上的锻炼，具体主要是以下两个方面。

一是持续学习。在援川之前，我并没有负责过涉及面这么大的工作，因此这是工作能力上的一个锻炼，让自己懂得很多，学到很多。去之前，一直觉得自己做得比较优秀，但是到了广安，接受了新的任务、新的工作以后，才发现自己有点坐井观天了，感受到本领恐慌。所以说，任何时候都不应该自满，任何时候都要保持谦逊的态度，不断地学习一些新的知识，哪怕有些知识现在没有用，但只有把本领学好，你才可能去为地方的发展、为地方的建设、为地方老百姓的生活改变，做出自己的贡献。

二是不忘初心、牢记使命。刚去援川时，我最初的想法是不能给浙江干部丢脸，但后来慢慢觉得脱贫攻坚是一项落在每个人身上的使命，需要每个人全力以赴地战斗。为了完成使命，为了全国的脱贫胜利，中间吃了很多苦。但现在想起来，我觉得都是值得的。像我自己就是慢慢转变了想法，主动扛起脱贫攻坚的使命，推动湖羊产业建设，为广安创造了很多就业岗位，让当地的贫困户和老百姓在家门口就有工作有收入。

2021 年 2 月，我在北京人民大会堂参加全国脱贫攻坚表彰大会，现场聆听习近平总书记的讲话，使我深受震撼。只有在中国共产党的领导下才能完成脱贫攻坚战的伟大胜利！完成挂职工作以后，我回到南浔区继续工作，我将继续紧跟党走，认真把各项工作落到实处，围绕群众需求，践行党员干部的使命与初心 。

（采访整理：栾世颖　周建军　许军；采访时间：2021 年 10 月 22 日）

精准“双扶”，助力低收入农户脱贫增收

吴秋景

我于2001年参加工作，在乡村基层就做扶贫相关工作，前后与两户结对对象进行“一对一”帮扶。在结对帮扶过程中，我除了每年从自己的工资中拿出一部分资金用于帮助结对对象外，坚持每月走访，与结对对象保持沟通联系，积极为他们争取政策扶持，及时解决生产生活中的困难。2018年，作为长兴县低收入农户高水平全面小康工作领导小组办公室主任，我开始统筹全县脱贫攻坚工作，以“双扶”为重点（即帮扶低收入农户和村级集体经济发展后进村），统筹推进“五大帮扶”行动（即产业增收帮扶、就业创业帮扶、生活设施帮扶、社会救助帮扶、对外结对帮扶），高质量完成脱贫攻坚任务，也形成了精准扶贫“长兴模式”。2021年2月，长兴县低收入农户高水平全面小康工作领导小组办公室荣获“全国脱贫攻坚先进集体”称号。

一

一直以来，省委、省政府高度重视扶贫工作。2008年，随着全省层面实现贫困县、贫困乡镇全部摘帽，农村绝对贫困人口生存问题基本解决，农村贫困类型也发生明显变化，一些劳动技能较低、能力较弱、积累较少的低收入农户，就成为社会中增收难度最大的群体。他们与其他阶层的收入差距不断扩大，发展贫困、能力贫困问题日益凸显出来，成为全面建设惠及全省人民的小康社会的重中之重和难中之难。缩小低收入农户与其他阶层的收入差距，帮扶低收入农户致富奔小康成为这一时期的主要任务。在这个背景下，省委、省政府对标全面小康，把扶贫重

点下沉到“户”，实施“低收入农户奔小康工程”。

长兴县委、县政府高度重视农村低收入群体脱贫致富工作，按照省委、省政府的有关部署和要求，结合长兴实际，并通过深入的调查研究，在取得第一手资料的基础上，先后出台了《关于实施低收入农户奔小康工程的意见》《关于扶持低收入农户发展现代农业，开展“助残扶贫奔小康行动计划”实施办法（试行）》《关于深化完善党群创业互助会服务，帮扶低收入群众创业增收的实施意见》等一系列惠农惠民政策，特别是在财政投入、帮扶重点等方面作了明确规定。我们借助“低收入农户奔小康工程”这个载体，扎扎实实推进产业扶贫、完善农村社会保障、教育培训扶贫、信贷扶贫、就业援助、结对帮扶，更好地去服务低收入农户就业创业增收。

在产业扶贫上，我们加大了扶持力度，通过“两个依托”（依托基地和依托大户），大力扶持低收入农户发展现代农业。对发展以长兴县七大特色产业和本乡镇特色农产品，且设施农业规模在 3 至 5 亩，其他种养殖业规模在 5 至 10 亩的低收入农户给予重点扶持。

在社会保障扶贫上，我们全面落实农村最低生活保障政策，实施低收入农户老年生活补助制度，做好五保对象和重度残疾人的供养、托管工作，实现“应保尽保”目标，并建立增长机制，不断提高低收入农户医疗保障水平，并对低收入农户参与农村合作医疗实施减免政策。据统计，2012 年，全县农村低保户春节慰问补助经费发放达 130 多万元，农村困难群众基本生活价格补贴发放金额达 129 万元，农村重度残疾人发放金额达 136 多万元，对全县 8560 户低收入农户给予农村合作医疗减免。

贫困家庭致贫的一个重要原因就是缺少应有的教育，从而导致自身的就业创业能力欠缺。因此，开展教育培训扶贫非常有必要，这一方面提升了部分困难家庭的脱贫能力，也很大程度开拓了贫困人口子女的发展成长空间。因此，我们组织牵头在各乡镇（街道、园区）建立多个免费培训基地，加强对低收入农户的职业技能培训。对低收入农户子女初中、高中毕业后不再升学的组织免费的职业技能培训。自实施以来，全县初中、高中毕业后不再升学的低收入农户子女参加免费职业技能培训的共计 543 人。对低保家庭、残疾人家庭子女，考取中专、大专、本科及以上的每人每学期给予学费补助，全县普通高中有 238 人享受了免学费，免费金额达 86 万元左右，其中低保家庭的 229 人、残疾学生 8 人、福利机构的 1 人；职业高中有 347 人享受免学费，免费金额达 125 万元左右，其中低保家庭的 320 人、残疾学生 24 人、福利机构的 2 人、五保户供养的 1 人。

低收入农户产业发展同样需要在信贷方面给予支持。通过协调沟通，在全县层面全面推行小额信贷制度，实施低收入农户产业发展贷款贴息扶持。金融机构加大信贷支持力度，按照低收入农户产业发展所需资金的 30%，由乡镇（街道）统一推荐，农村合作银行或村镇银行给予免担保、免利息担保信贷，切实解决低收入农户在发展中遇到的困难。

我们还不断完善就业援助体系。通过实施岗位援助、就业指导援助和技能培训援助等措施，真正使就业援助工作落到了实处。同时着眼长效发展，我们加强平台建设，构建和健全基层就业信息网络，畅通就业信息渠道，逐步建立了农村低保家庭劳动力就业援助的长效机制。

我们还着力完善结对帮扶机制。比如，开展“一户一策一干部”帮扶工作，每一位县级机关部门在职在编工作人员结对 1 名困难群众，每个机关支部结对 1 名困难党员，每年七一、春节开展两次送温暖活动。机关部门中参与结对帮扶单位的比例达 100%。

同时，通过调研与反馈，我们也不断创新帮扶机制。从 2009 年成立“党群创业互助会”开始，长兴县逐步实现了困难帮扶创业化、民意收集常态化、感情连接谋利化、服务工作机制化，全县农村共组建党群创业互助会 168 个，吸收会员 7448 人，带动 29252 家农户共同创业，建立“造血式”帮扶低收入会员创业增收孵化基地 42 个，累计帮扶 500 余户低收入会员走上创业增收之路。此外，长兴县还组织行业协会、专业合作社、种养大户与低收入农户结对帮扶，解决技术、市场等问题。

我们通过帮扶行动，帮助低收入农户摆脱“增收无门、致富无路、创业无资”的困境，全县低收入农户奔小康工作也取得了明显的成效。2008 年，长兴县纳入低收入农户奔小康工程的低收入农户共 9487 户、

20865人，其中低保户3805户，到2012年，全县低收入农户（低保户除外）已有4935户家庭人均收入达到4000元以上，比例达到87%，全县低收入农户中家庭年人均收入超过2500元的达到100%。全县农民年人均纯收入17462元，同比增长11.6%。

二

党的十八大以来，以习近平同志为核心的党中央高度重视、强力推进脱贫攻坚工作，长兴县委、县政府审时度势，结合实际先后集资实施了两轮攻坚，分别是“低收入农户收入倍增计划”“低收入农户高水平全面小康计划”，第一个阶段是全面解决绝对贫困，第二个是探索解决相对贫困。

第一阶段是从2013年开始到2017年。实际上，长兴县到2015年底，就已经全面摆脱了绝对贫困的现象。

2013年，我们按照省委、省政府关于开展“低收入农户收入倍增计划”有关部署和关于不把绝对贫困现象带入“十三五”的要求，核准对象，精准施策，做好“4600元以下贫困人口”消除贫困工作，建立主要领导亲自抓，分管领导具体抓，业务科室抓落实的工作机制。特别是在前一轮调查认定的基础上，结合长兴县低收入农户发展现状，围绕家庭人均纯收入、身份信息、低保、五保等相关要素科学指导调查采集，完善国家扶贫信息网信息采集更新工作以及浙江省扶贫信息管理信息采集工作。通过采集，长兴县国家扶贫标准低收入农户共计2421户、4046人，省级扶贫标准低收入农户共计22371户、44213人，4600元以下的低收入农户共有80户、171人。我们还根据致贫的原因，分类制定精准的帮扶举措，主要有保障帮扶、结对帮扶、就业帮扶等方面。

精准帮扶，保障要先行。我们对因病、因残等无劳动能力致贫的4600元以下低收入农户，符合或基本符合低保条件的对象申请低保，全部纳入农村低保体系，实现应保尽保，并完善动态管理机制。将符合低保条件的贫困残疾人全部纳入低保；二级以上低保和低保边缘残疾人及低保的三四级智力、精神残疾人纳入基本生活保障范围，单独施保，全额发放低保金。对一定程度丧失劳动能力且没有固定收入，依靠父母或亲属供养及其他不稳定救助途径维持其基本生活的残疾人，列入无固定收入残疾人生活补贴，每月补贴 100 元。

精准帮扶，结对是良策。我们对有一定劳动能力，不符合低保条件的低收入农户结合党群创业互助会等平台，进一步完善落实党员、干部、爱心人士结对帮扶机制，开展“一户一策一干部”帮扶工作。在充分发挥政府主导作用的同时，广泛发动社会力量积极参与。比如，进一步深化村企结对活动，加大企业与村（尤其是扶贫重点村）结对力度，引导和鼓励工商业主、私营企业家与低收入农户结对帮扶，优先吸纳低收入农户劳动力就业，资助低收入农户子女学习。同时，积极组织行业协会、专业合作社、种养大户与低收入农户结对帮扶，解决技术、市场等问题。至 2015 年 10 月，长兴县已建立 200 多个党群创业互助会，吸收会员近 8000 人，帮扶 800 多户困难党员群众脱贫致富，累计带动 3 万多户农户实现增收。

精准帮扶，扶持就业创业是方向。我们引导和鼓励工商企业、农、农民专业合作社等吸纳更多的低收入农户，大力开发来料加工、农家乐休闲旅游业、社区服务业等农民就地就近就业岗位。同时，结合长兴县“四边三化”“把锦绣写在长兴大地上”等重大中心工作，加大公益性岗位的开发力度，深入开展公益性岗位进村活动，行政村公益性岗位优先安排给本村的低收入农户。结合低收入农户实际情况，扶持有增收意愿和能力的低收入农户发展特色农业，在项目安排、资金落实、技术辅导以及现代农业扶持政策方面给予倾斜等，重点帮助低收入农户解决在发展特色农业中的设施投入、种子种苗等方面困难，切实提高农民农业经营性收入；鼓励农民积极参与和经营休闲观光农庄、乡村旅游景点和农家乐三位一体的乡村旅游业，有效增加农民现代服务业经营性收入。

通过共同努力，2015 年，全县农户年收入均超过 4600 元，绝对贫困得到全面解决。2016 年，长兴县低收入农户人均可支配收入 11592 元，突破万元大关，同比增幅 16.6%。

第二阶段是从2018年至2022年，是探索解决相对贫困的阶段。

在解决相对贫困新阶段，长兴县按照“小康路上一个不少”的目标要求，扎实推进低收入农户高水平全面小康工作，统筹实施“五大帮扶”（产业增收、就业创业、社会救助、生活设施和对外结对）行动，建立了多渠道、多层次、全方位的帮扶工作机制，走出了一条低收入农户精准脱贫之路。

高站位，强统筹，扶贫攻坚才能有聚合力。长兴县扶贫工作坚持分层落实，强化责任，形成以县委书记负总责、分管领导具体抓、其他领导分头抓的工作机制，并且由县委书记主持定期召开全县乡镇（街道、园区）党（工）委书记交流座谈会，各乡镇（街道、园区）党（工）委书记在交流会上每次必须汇报交流扶贫工作情况。同时，成立长兴县高水平全面小康领导小组、社户对接助农增收“十百千万”帮扶行动领导小组，统筹推动各项扶贫工作落到实处，促精准扶贫工作常态化、制度化。我们相继出台《长兴县低收入农户高水平全面小康实施意见（2018—2022年）》《长兴县结对“双扶”专项行动实施方案》《长兴县低收入农户和城镇社会救助对象健康补充保险工作实施方案》等一系列政策文件和实施方案，进一步优化发展环境，强化政策支持，确保中央、省委有关扶贫精神在长兴落地生根，开花结果。同时，我们也加大资金保障，建立多元化投入机制。比如，从2018年起三年内，县财政每年安排2000万元专项资金用于村级集体经济发展壮大，每年安排1000万元专项资金用于“十百千万”帮扶工程，确保资金惠及村户；三年内县农商银行为发展村集体经济提供贷款10亿元；针对低收入农户出台“兴扶贷”贷款产品，总体授信一亿元的额度，为帮扶农户解决贷款难问题。

多举措，重落实，脱贫增收方能显实效。第一，我们创新实施了“十百千万”工程。就是建设具有“造血式”功能的现代农业产业帮扶基地，为有劳动能力、有发展意愿的低收入农户提供创业之路，打造集中帮扶模式。全县共兴建产业帮扶基地65个，累计帮扶2198户，1224户已基本具备“造血”能力。其中，2020年帮扶低收入农户1638户、3831人，全年实现助农增收4934万元，户均增收3.01万元，人均增收 1.288 万元。同时安排 1000 万元财政资金，对自主发展的农户和帮扶主体实施补助。第二，我们积极开展生活设施帮扶。充分了解低收入农户发展实际和生活需求，组织实施长兴县低收入农户生活设施帮扶行动，对符合条件的农村低保户、分散供养特困人员、困难残疾人、低保边缘户等四类农村困难家庭，组织开展以改造卫生间、改造厨房间和改善房屋环境为主要内容的生活设施精准帮扶，增强他们的工作生活信心。2020 年，投入资金 811.04 万元完成农村困难家庭危房治理 202 户、投入资金 297.2 万元完成低收入农户生活设施帮扶 300 户。第三，我们全力完善社会救助帮扶。探索开展低收入农户健康补充保险工作，由政府出资 169.19 万元为全县 12085 名低收入农户和城镇社会救助对象购买扶贫健康保险，强化低收入农户健康保障，减轻其医疗费用负担，有效缓解因疾病而产生的经济压力。第四，我们稳步推进就业创业帮扶。按照“稳定存量，扩大增量”的思路，将低收入农户纳入就业困难人员认定范围，帮助低收入农户广辟就业门路。通过建立村级就业联络员制度、定期入户走访制度、托底安置制度等多种促进就业的长效帮扶机制，帮助援助对象实现稳定就业。2020 年，长兴县已成功帮扶 1057 名低收入农户家庭劳动力实现就业，其中 465 名帮扶对象实现在企业就业、592 名帮扶对象实现灵活就业。第五，我们积极开展对外结对帮扶。在做好县内扶贫的同时，积极开展对外扶贫帮扶。如引导企业赴对口地区投资四家，完成投资额 3.45 亿元，如天能集团在贵州台江县建设循环经济产业园一期项目正式投产，解决当地就近就业 900 余人，其中贫困人口 114 人。

2020 年，长兴县低收入农户人均可支配收入为 16461 元，增幅达 13.01%，在全省率先实现“三个清零”（年家庭人均收入 10000 元以下现象清零、“两不愁三保障”突出问题清零、村级集体经济薄弱村清零），先后获得“浙江省扶贫开发工作成绩突出集体”“全国脱贫攻坚先进集体”。

（采访整理：戴国华　陈镇；采访时间：2021 年 10 月 30 日）

“白茶扶贫”是实实在在干出来的

盛阿伟

一、黄杜村是因为“白茶”才富的

浙江省安吉县黄杜村，区域面积 11.5 平方千米，改革开放初期是一个人均耕地不足 0.7 亩的贫困村，粮食产量低，农民收入少，当时村里想了许多办法脱贫，但是都没有取得很大成效。直到种植白茶，黄杜村才一举脱贫致富，成为富裕村。目前黄杜村共有 420 户、1536 人，党员 57 名，全村种植经营茶叶面积近 5 万亩，2020 年茶产值达 4.5 亿元，人均纯收入超过 5.64 万元，应该说是茶产业把黄杜村带向一个富裕的村庄。

黄杜村的发展，我认为是多方面结合的结果。第一，是靠着大自然的禀赋。我们这里长有“白茶王”这样一棵野生的白茶树，如果没有这颗白茶树，没有通过科技将其转化为生产力的话，我们就没有这么好的幸福生活。第二，老百姓比较勤劳，浙江人最大的优点就是勤劳。第三个最重要、最关键的就是我们党的富民政策。

当时推广种植白茶的时候，难度相当大。第一个是没有资金，当时种一亩地的“白叶 1 号”，成本近 3000 块钱，而黄杜村的人均收入不足 1000 元。第二个是技术问题，老百姓都没有种过白茶，对种植技术不了解。第三个是市场效益。过去本地的茶叶价格比较低，与种粮食的收益差不多，所以老百姓认为种植白茶不能成为一个富民产业。在这种情况下，如何能够让老百姓种植，给老百姓吃下一颗定心丸呢？

关于资金问题，溪龙乡党委、政府决定提供给种植户每亩 300 元的补助。关于种植技术问题，我们请专家给大家上课，同时为了调动大家的学习积极性，乡政府还补助每人 20 元误工补贴。销售市场是最大的问题。自 2001 年开始，我们每 2 年举办 1 届安吉白茶开采节，把全国最大茶叶经销商请来宣传安吉白茶的特性、品质，以及与其他茶叶的不同之处，比如氨基酸、茶氨酸含量高，茶多酚含量低，香味浓郁等。同时村“两委”还要求干部带头种植白茶，党员带头示范，为群众带个头。村里也将村集体经济唯一收入来源的几百亩茶园全部改种白茶。这些举措给老百姓吃下了一颗定心丸，就这样，多措并举地将安吉白茶的种植推广开来。我们也积极与农商银行对接，为种植白茶资金不足的百姓提供支持，将需要贷款的农户的名单排出来，每户根据具体情况给予不同的借款额度。比如，一户人家经济条件好一点，而且人比较勤劳的可以贷款 3 万元；一些家里劳动力差一点的或者可能发展慢一点的，贷款额就少一点，这样解决了启动资金的问题。安吉县的各个部门也都为黄杜村的白茶种植提供了大量的支持，炒茶需要用电，供电部门积极予以支持，为黄杜村投入了更多的电力设施。为解决采茶工的住宿问题和白茶加工问题，我们向国土部门争取土地建房，国土部门也积极予以配合。正是因为党委政府、各级部门以及很多技术人员的同力配合，全力支持帮助黄杜村，黄杜村的白茶种植才能发展成为一个真正的富民产业。

这些年来，黄杜村的富裕不仅体现在种茶方面，在其他方面也取得了很大的成绩。我们认为，美丽乡村建设和产业要有一个深度的融合，想要产业好，村庄必须要环境好，同时要把茶产业和旅游产业结合起来。不仅仅要做一产，还要做三产。2008 年安吉县委、县政府提出美丽乡村建设，2009 年我们就积极行动起来，从道路建设、村庄环境、庭院建设、污水处理等方面进行全面提升，把黄杜村创建成美丽乡村精品示范村。2013 年，黄杜村美丽乡村建设在原有基础上又进行提升。黄杜村茶叶打出市场后，全国各地客户到黄杜村来收购茶叶，来的人多了，汽车也就相应多起来，那么就需要完善基础设施建设。近几年来，我们围绕村强民富、景美人和开展工作，打造“新黄杜”。

第二个就是茶旅结合。2013 年黄杜村成功引进帐篷客度假酒店项目，实现了从卖茶叶，到卖风景、卖文化的产业升级。从原来没有民宿，没有农家乐，到现在我们什么都有，都是通过旅游项目来推动和带动的，这样我们不仅仅做好了一产，同时也做好了三产，把茶叶产业做了延伸。2019年村集体收入达到291万元。白茶种植最大的特点是1年只有1个月比较忙，其他时间都是做基本的养护管护工作，工作虽然也很多，但不是特别忙。那么如何延长我们的产业链，给老百姓增收，我觉得旅游产业是今后的一篇大文章。这几年到黄杜村的旅游人数也在不断攀升，为此我们提出了茶叶“不仅要论斤卖，要论杯卖”的口号。“论杯卖”就是要把旅游客人留下来，真正品尝“白叶1号”白茶种植发源地的茶叶品质，同时也让大家更了解安吉白茶在推动村庄建设这一富裕道路上发挥的作用，以及“白茶扶贫”对全国各地所做出的一些贡献。黄杜村近10多年来，始终围绕党建引领、产业兴村，努力实现共同富裕。现在安吉县委提出了乡村振兴、共同富裕，我们要把白茶产业优势转化成经济优势、文化优势和旅游优势，继续提升致富带头人的地位，继续打造黄杜村的知名度。

二、“白茶扶贫”是这样提出的

2018年，安吉县开展了“坚定两山路，奋进新时代”主题教育活动。全县上下围绕活动主题，竞相开展讨论。当年又恰逢习近平总书记到黄杜村调研15周年，溪龙乡党委就在黄杜村召开了“千人千群大会”，围绕“我们有今天，靠谁？我们富裕了，应该做什么？”主题开展大讨论。我当时就想，习近平总书记在党的十九大报告中指出2020年全国实现脱贫，但是当时全国还有832个县3000多万人尚未脱贫，只有这些地区和百姓脱贫后，整个脱贫攻坚战才能取得最终的胜利。黄杜村是靠着各级党委、政府扶持，靠着老百姓的努力，靠着自然的禀赋富起来的，全国还有3000多万兄弟姐妹也向往着脱贫以后能和我们一样过上美好的生活。我觉得有责任有义务去帮助他们，当时就向村领导班子提出了一个想法，是否能做一些有意义的事情，比如向贫困地区捐赠一些茶苗？当时想，如果是捐钱，可能也能捐出来几十万甚至上百万，这些钱可以在贫困地区援建一条路或者做其他事情，能取得一定的成效，但不能解决长期问题。要想脱贫致富，还是要解决根本问题，也就是农民必须要有自己的产业，适合自己发展的产业。我们捐一点茶苗，去帮助他们、指导他们种植，三五年之后肯定能脱贫增收。2018 年时，全国安吉白茶的种植面积已达 300 万亩，全国已经有几十个村乃至上百个村通过种植富起来了。

班子其他成员都认为我的想法好。大家一致认为，吃水不忘挖井人，致富不忘党的恩，我们应该尽微薄之力去帮助需要帮助的人。不过仅靠班子的力量还是不够的，还要依靠党组织的力量。于是我们召集老中青三个不同年龄段的 20 名党员代表开会，听听他们对捐苗扶贫的意见。听完我的想法，大家踊跃发言，纷纷表示支持我们的工作。其中有两位大学生党员提的意见，对我启发很大。其中一位说，把茶苗捐给贫困地区，如果没有技术跟进，当地人没有种过“白叶 1 号”，种下去很可能会死掉，捐苗就没了意义，所以必须把技术也捐过去，如果需要的话，黄杜村的人都可以过去轮流指导。还有一位大学生讲，即使把苗捐过去，技术也有了，但是还有一个市场的问题。比如捐到 1000 公里以外的云、贵、川等省份，当地没有白茶的市场。不像我们安吉白茶，采下来以后拿到市场上很好卖，甚至有人还会直接到家里买茶叶。而那些地方没有品牌，没有市场，采下来以后很可能卖不掉，或是卖的价格和其他绿茶差不多，不但没有效益反而还会增加当地农民的负担。所以捐苗不仅要提供技术，还要提供销路。

会开完后，我们打算给上级写信汇报这项工作，考虑到浙江大部分地方都已脱贫，就打算给党中央写信，又想到总书记在浙江工作期间曾到过黄杜村考察，肯定对安吉白茶有印象，于是我鼓起勇气决定直接给总书记写信。信中表达了两层含义。一是向总书记汇报黄杜村的发展。15 年里，我们通过白茶种植富裕起来，2018 年人均收入已超过 5 万元，老百姓不仅仅在农村有了自己的洋房别墅，在安吉县城也都购置了房子，条件好的村民甚至在海南岛都有过冬房了。我们没有辜负总书记的殷殷嘱托。二是黄杜村富裕起来后要报党的恩情，向总书记提出想要通过向贫困地区捐赠茶苗的方式推动贫困地区脱贫致富。信写好后，于 4 月 9 日寄出。

5 月 18 日，习近平总书记作了重要批示：“‘吃水不忘挖井人，致富不忘党的恩’，这句话讲得很好。增强饮水思源、不忘党恩的意识，弘扬为党分忧、先富帮后富的精神，对于打赢脱贫攻坚战很有意义。”[①] 同时也要求我们把这件事情做实做好做出成效。总书记还委托中办向乡亲们问好。湖州市领导到黄杜村宣读了总书记的重要批示。我当时特别感动，黄杜村的党员，整个村的老百姓全都热血沸腾。在激动和高兴之余，一方面，我们马上安排扦插扶贫用的 1500 万株茶苗。另一方面，国务院扶贫办指导司两位领导，分别和我们的两个小组在贵阳和成都对接，对广西、贵州、云南、四川进行了第一次实地考察，后来又考察了湖南和重庆，连续 3 次在西南地区考察了 6 个省市，最终确定了 3 省 4 县（后扩展为 3 省 5 县，即四川省青川县、湖南省古丈县、贵州省沿河县、普安县以及雷山县），帮助 34 个村 1862 户 5839 名建档立卡贫困户种植黄杜村的“白叶 1 号”。

三、艰苦奉献落实“白茶扶贫”

从 2018 年 5 月底到 2021 年 10 月，黄杜村共派出 70 多批次近 500 人次前往帮扶地区指导白茶种植。我自己也先后去了帮扶地区 33 次，行程超过 15 万公里。在帮扶过程中，发生了许多感人的故事，在这里，我选取钟玉英的事迹讲一讲。

钟玉英是黄杜村原村主任，2018 年获得全国脱贫攻坚奉献奖。白茶扶贫的工作难度可以分为两个层面。一是需要我们前往受捐地区指导种植。比如 2021 年 10 月我们就有一些干部和技术人员去了两个受捐地，查看白茶的长势以及解决种植上存在的问题，基本上三省五县走上一圈

① 《习近平对浙江安吉黄杜村农民党员向贫困地区捐赠白茶苗作出重要指示强调　增强饮水思源不忘党恩意识　弘扬为党分忧先富帮后富意识》，《人民日报》，2018 年 7 月 7 日。

就要一个季度，也就是说一个受捐点一年基本上去三四次。这种指导相对容易。指导人员可以有大量时间回到黄杜村，工作、生活两不误。另外一种是蹲点指导，像钟玉英的丈夫杨学其在四川省青川县的扶贫就属于这一种。青川的土质不好，种植安吉白茶有很大难度，在种植前需要进行土壤改良，这就需要我们派人长期蹲点指导，杨学其就是负责在青川蹲点指导的。蹲点指导需要在外边停留很长时间，家里根本照顾不到。杨学其在青川工作时，他的儿子开三轮车到自家茶山上施肥，因刹车突然失灵，人翻滚到山沟里，造成重伤。就是这样大的事，钟玉英都没有告诉杨学其，怕影响他在青川指导工作。像她这样的人，一心为扶贫事业，我们真的很感动。

像钟玉英这样在扶贫路上做出贡献的人，3 年来黄杜村涌现出许多许多，他们舍小家顾大家，克服恐高、晕车、不适应高温天气等各种困难，为了脱贫攻坚的伟大事业在默默付出。但与我国扶贫路上牺牲的 1000 多名优秀的中华儿女相比，我觉得黄杜村做得还远远不够。在今后的乡村振兴、共同富裕的道路上，一是要继续深化种茶采茶的指导。像 2021 年 5 月 18 日，我们开展 4 省 6 县“白叶 1 号”党建联盟，继续党建结对，发挥支部和党员的战斗堡垒和旗帜作用，尤其是这些被帮扶地区，一定要把当地支部的战斗堡垒作用发挥出来，将党员的旗帜作用发挥出来。二是要干部互派，只要被帮扶地区需要到安吉挂职，学习安吉的产业发展的、党建的、乡村治理的、美丽乡村建设的体制机制，我们都全力配合。三是几个受捐地的美丽乡村建设刚刚开始，安吉县有成套的考核指标，有专业的讲师讲解，有村干部、实干家去帮他们。只要他们需要，我们都可以派过去。四是在农副产品销售方面，我们不仅仅帮助他们销售茶叶，也可以协助他们营销其他特色农副产品。比如 2021 年，安吉县总工会大力协助青川县销售的农副产品，销售额达 200 万元。今后我们会继续扩大合作窗口，尽量帮助他们多销农副产品。我们想通过上述几方面的工作继续深化东西部的协作，实现共同富裕。

（采访整理：胡江伟　吕琳榄；采访时间：2021 年 10 月 27 日）

若尔盖援建记

王全华

一、出发

2018年4月8日，作为嘉兴市南湖区援建干部，我和省内的其他援建同志一起从杭州萧山机场出发，前往援建工作地四川省。到达成都后，我们参加了第一个援建干部会议。会议上宣布了每个人的工作地点和岗位职务。我要去的若尔盖县隶属于阿坝藏族羌族自治州，位于四川省西北部，平均海拔3450米，有着广袤的大草原和成群的牛羊。去之前，我的脑海中常浮现“风吹草低见牛羊”的壮美画面。从这次会议上得知，若尔盖气候条件极差，在此次援建地中仅次于红原县；我们的工作模式与其他援建指挥部不同，不是集中办公和居住，而是每个人分散在各自工作地方。去若尔盖的浙江干部只有我一个，我能不能适应当地的工作和生活呢？伴随着一丝担心和即将首次踏上高原的激动，那一晚我辗转难眠。次日，我参加了挂职干部与援建单位分组见面会，会后乘车前往援建地若尔盖。

经过8个小时车程，我到达了若尔盖。县城面积不大，有着较浓郁的藏族建筑特点，石砌的碉房端庄稳固，红白黄黑相间的外墙鲜艳夺目，天是没有一点杂色的蓝。随后，我住进了位于县城中心的单位宿舍。当晚若尔盖下了一场大雪，气温降至零下十几度。头依然昏沉沉的，我独自一人坐在客厅沙发上，看着窗外的皑皑白雪，那一刻体会到了孤身在外的人对家的思念。

二、融入

第二天早晨，我便来到若尔盖县政府向分管及主要领导报到。办公室的同志对我都非常热情。这里就是我的第二故乡，这里的每一个人将是与我共度 3 年时光的同事，我倍感珍惜。领导让我休整几天，适应当地气候环境再考虑工作上的事，而我想要抓紧时间融入这个大家庭，就以一个人“单身汉”没事干为由要求直接上岗。我首先从了解当地的基本情况入手。在当地的新华书店，我购买了一些当地州、县的地图和《阿坝藏羌文化大观园》。毕竟到这里之前，我对这里的认识太少了，需要好好补补课。《阿坝藏羌文化大观园》是一部介绍当地文化的文史类书籍，它让我第一次较为全面地了解了当地的自然历史、风土人情和宗教文化。若尔盖县位于青藏高原东部，面积 10600 平方千米，有 18 个乡镇和 1 个牧场，有天然草场 1212 万亩，占县域面积的 76.1%。这里属高原寒温带湿润季风气候，常年无夏，年平均气温不到 2 摄氏度。全县人口近 8 万，绝大多数是藏族。纯天然的畜牧养殖是当地的主要收入来源。

当时组织上还没明确对口支援工作的具体细化要求，在了解了这些面上的基本情况后，我考虑最多的是如何去找寻合适的工作定位和切入点。我想，只有经过调查研究，才能有的放矢，有所作为。在县领导的大力支持下，我开始到各乡、各村调研，开展下乡走访。用 1 个月左右时间，我经常到县级部门、乡镇走动，认识和熟悉了很多藏族基层干部。他们对我这个“外省人”非常客气，又十分坦诚，让我了解到许多基层情况，初到时的孤独感渐渐消失了。4 月底，四川省为了进一步强化对口支援和东西部扶贫协作工作，明确各县安排 2 名援建干部在县委、县政府和两办任职，一名为副县长，一名为两办副主任，我被任命为若尔盖县政府办公室副主任兼达扎寺镇第一书记。6 月，一批来自嘉兴市的老师、医生抵达若尔盖，援建队伍越来越庞大了。

三、献策

不久嘉兴援建办正式成立，对口支援工作从组织领导、部门协调、专职力量各个方面都得到了加强。5 月，浙江省工作组召开了第一次全体挂职干部业务培训班，明确挂职干部的主业是助力脱贫攻坚，分管工作是对口支援和东西部扶贫协作，目标任务是在全国脱贫攻坚中展现浙江力量。

为了摸清若尔盖县贫困人群的底数，半年左右的时间，我跑遍了若尔盖县 18 个乡镇和 1 个牧场，掌握了贫困户家庭状况、农牧产业生产经营状况等第一手资料，以及基层对脱贫攻坚的所需所盼等信息。在与嘉兴援建领导反复商量讨论后，结合对口支援工作的目标任务，我们援建办制定了嘉兴助力若尔盖扶贫攻坚方案。

若尔盖县是国家扶贫开发重点县和四川省 45 个深度贫困县之一。2014 年，精准识别贫困村 41 个，建档立卡贫困户 1738 户、8198 人。长期以来，一直存在经济实力不够强，传统农牧产业占比大，以生态文化旅游为主导的第三产业支撑、带动作用有限，龙头企业辐射引领较弱，一二三产业融合发展不深；发展质量效益不够好，生态环境脆弱，生态优势转化为经济优势的路径窄、思路少，支撑全县发展的大项目、好项目不多，大企业、好技术、好产品缺乏，科技创新驱动、自我“造血”能力较弱，转型升级发展困难；贫困人口多、贫困程度深，集体经济发展不足，公共服务体系保障水平不够高，脱贫致富后劲不够足，返贫机率较大等突出问题，这些都是制约若尔盖脱贫致富的“拦路虎”。

我们清醒地意识到，这些问题有其自然环境等因素的影响，也是长期积累的结果，不可能一蹴而就解决。党中央实施东西部扶贫协作、脱贫攻坚战略，就是希望通过援建干部找到问题的突破口，解决重点、难点、堵点问题，撬动一点带动全局。我们认为，扶贫协作的重点在于产业，产业帮扶的关键在于精准。若尔盖幅员辽阔，农牧产品、中药材资源丰富且质量上乘，这是若尔盖的天然优势，但是从若尔盖直接运输原材料出售成本高、附加值低，通过精细加工制成商品进行销售，本地企业又缺乏相应的能力和渠道，而这正好可以成为我们解决问题的突破点。因此，我们确定把可持续发展的精准产业帮扶作为扶贫的主攻方向。

随着援建工作的逐步展开，我又在思考一个问题，扶贫攻坚、脱贫致富是一项长期艰巨的任务，怎么才能做到不因人而兴、因人而废，实现可持续扶贫，让当地百姓受益。我在听取若尔盖当地干部和浙江援建干部的意见后，制定了东西部协作工作制度和“智力援建”工作计划，从制度上推动和健全工作长效机制落实落地，做到了任务有分工，责任有落实，实施有步骤。这样，即使我们这批援建干部走了，接班的同志只要坚持按照制度和计划执行，援建工作就会有保障。

四、搭台

若尔盖底子薄，需要“输血”式援建，但授人以鱼不如授人以渔，帮助他们主动“造血”更为重要。我们实施了“1+2”战略，其中的“1”就是倾力建设一个高品质融合产业园区，这是我们为若尔盖焕发经济活力搭建的一个重要平台。

若尔盖产业园落户在达扎寺镇红光村，占地660亩，是用嘉兴市提供的7500万元援助资金建立的。2019年3月20日，产业园打下第一根桩，到2020年9月初步建成交付使用。园区包括管理用房、厂房、生产加工车间、冷链物流仓储基地、消防通道、给水排污等主配套设施，集生产加工、物流仓储、科研办公于一体。如今，已有6家企业（其中四家本土企业）成功入驻产业园，涵盖活畜屠宰精加工、中药材加工等产业。依靠得天独厚的牦牛、农产品资源，可以解决每年7万吨优质特色农牧产品的生产、加工、仓储需求。我们希望通过这个平台，加快农业生产、农产品加工与销售、餐饮、休闲融合，全面提振县域二、三产业发展，并在产业发展、脱贫增收和特色机制上取得显著成效。

园区把挖掘释放扶贫优势要素与扶贫政策以及省内外市场需求有机

结合起来，直接吸纳贫困户就业 18 人，带动贫困户增收 92 人。园区建成后，计划引入 20 家企业，总共可以吸纳 120 个贫困人员就业。园区项目的产权归若尔盖县政府所有，与贫困户实行利益联结机制，租金收益的 25% 和税收留存部分将分配给若尔盖县贫困建档立卡人员，惠及贫困人口 818 人，人均每月可增收超过 1000 元，通过利益联结长效驱动，精准帮扶贫困户脱贫。

高原的客观因素是横亘在扶贫路上的阻碍，若尔盖的冬天尤为漫长，年平均气温 1.1 摄氏度，年绝对最低气温为 −33.7 摄氏度，每年只有 4 月到 10 月天气较好的情况下才能施工。为了让产业“造血”能够打破时空制约，我们与嘉兴市南湖、秀洲两区有关部门联系，推动南湖、秀洲 2 个“飞地”园区建设。

不同于传统“飞地”园区，嘉兴—若尔盖充分利用东西部扶贫协作和对口支援平台，采用逆向“飞地”扶贫模式，即在经济相对发达的嘉兴，由两地合作共建南湖—若尔盖东西部扶贫协作“飞地”工业园区、秀洲—若尔盖东西部扶贫协作“飞地”工业园区。在长三角高质量一体化发展的背景下，通过政府引导、企业引领、群众参与的模式，打破行政区划分割，探索建立跨区域发展合作机制和利益共享机制，以山区转型发展的外部支持模式来实现环境保护和经济社会发展的双赢。

南湖、秀洲两个“飞地”园区实行收益兜底保障。前五年采用固定回报形式，园区每年给予若尔盖县实际投资总额的 10% 作为投资固定收益，并将园区内企业所缴税收地方留成部分除去招商优惠政策后的 80% 归若尔盖县所有；后五年采用租金收益加税收分成的方法，园区企业税收地方所得部分除去招商优惠政策后的 80% 奖补给若尔盖县，确保若尔盖每年增收 2000 万元以上，相当于“再建一个花湖景区”（四川若尔盖和甘肃郎木寺之间的热尔大坝草原上的一个天然湖旅游景区）。

2020 年上半年，南湖区政府已经向若尔盖县兑现“飞地”园区首期固定收益回报 1000 万元，其中 750 万元用于若尔盖扶贫产业基地（若尔盖生态产业园）扩大投资，进一步提升园区配套设施建设，推进园区招商引资软硬件环境；100 万元用于若尔盖县教育扶贫基金，针对建档立卡贫困户家庭按照不同教育阶段给予 500–700 元 / 户现金救助，已有 1700 余户家庭从中受益；100 万元用于若尔盖县卫生扶贫救助基金，针对本县建档立卡贫困人员，在若尔盖县出台的“一免三提高”的基础上，按照个人支付金额分档予以 20%–50% 救助，目前已救助 764 人；50 万元用于建档立卡贫困人员产业发展的小额信贷贴息和春季雨露计划，现已补助 406 户贫困家庭。秀洲“飞地”园区正在建设中，预计全面达产后将实现年产值 5 亿元以上、税收 1500 万元以上，为若尔盖带来每年 500 万元以上的收益。

五、扶产

产业帮扶不仅仅是建设产业园，精准扶贫，还要因地制宜，创建自己的优势产业。引进外地产业容易水土不服，我们就想办法帮助村民将当地特色资源转化成财富。3 年来，我们扶持了很多扶贫车间，帮助当地百姓创业、兴业。

在下乡调研的时候，我发现若尔盖县阿西茸乡的夺巴村盛产高原菜籽油，比嘉兴新塍镇的菜籽油更香，我就想当地为什么没有大面积种植油菜发家致富呢？后来了解到，主要原因是由于路途原因，菜籽没有人收购。同时由于缺乏技术，村里有一套价值 200 万元的榨油设备一直闲置着。我联系了多个沿海地区的商家，邀请他们到若尔盖投资做菜籽油，但他们都因为路途遥远和前景未知不愿意来。最后，我找到了嘉兴的牛丫头食品有限公司，通过以租赁厂房和设备轻投资方式说服他们到若尔盖建设扶贫车间，指导村民学习先进榨油技术，并以高于市场价“订单式”收购所有油菜籽，然后售卖到嘉兴等地。经过技术改进，菜籽油品相和出油率都得到了很大提升，原本 100 元每桶的菜籽油现在可以卖到 130 元。村民都说：“现在销售不愁了，我们可以放手去种了。”万亩油菜基地建起来了。如今，夺巴村 160 余户村民都实现增收，原来的贫困户也实现了脱贫。这样的扶贫车间，全县有 31 个，涵盖了当地农牧产品各个行业。

在广袤的若尔盖草原，到处可见牦牛的身影。牦牛，藏语称“诺尔”，意为宝贝、财富。2016年，32岁的索郎当周回到家乡若尔盖，联合其他两位同乡青年创立了诺尔央文化传播有限公司，还建立了合作社，想通过整合资源、精深加工牦牛绒产品，提升牦牛绒的附加值，带领老乡脱贫增收，但苦于渠道有限，销售情况并不理想。2019年春天，索郎当周找到我，希望能够得到帮助。诺尔央公司有员工20余名，其中包括建档立卡贫困户11名，可直接带动家庭成员脱贫人数57名。我做了三件事：一是第一时间向分管县长报告，将诺尔央纳入第一批扶贫车间予以扶持；二是帮助索郎当周对生产车间改造提升，实现场地硬化；三是将产品图片发往嘉兴，寻找有意合作的公司收购牦牛绒，最终促成与雅莹集团的合作。2020年，雅莹集团向诺尔央公司采购了10吨牦牛绒，2021年又续签了80吨牦牛绒订单。索郎当周说：“我们收购牦牛绒时，贫困户的牦牛绒每斤收购价30元，比一般人家要贵5元。贫困户每年会因为牦牛绒增收数千元，最多的可以增收1万多元。”

3年来，我们一共开展六期致富带头人培训，有48名致富带头人创业成功，这些致富带头人又带动了更多贫困人口脱贫就业，社会帮扶效果明显。

六、促销

消费扶贫是帮助当地企业增产和群众增收的另一条有效途径，也是我们扶贫干部的关注点。若尔盖牛羊纯天然的饲养方式不缺销路，但同样的产品，如何通过宣传促销提升知名度、提升利润空间、提高附加值，却要动一番脑筋。

2018年，在嘉兴—若尔盖两地政府重视关心下，我们协调推广了“互联网＋实体店”营销模式，在嘉兴月河景区月河商业街黄金位置开设了若尔盖农特产品体验馆，一些超市、商场设立了若尔盖农特产品专柜，让更多人了解若尔盖农特产品。为提升农牧产品美誉度，扩大销售渠道，南湖区举办“若尔盖羊肉节”，签订千万元采购合同，秀洲区开展“千头牛千头羊爱心认购”行动，嘉兴市本级四大医院依托“政采云”扶贫馆采购若尔盖农产品。原先主要销往西北市场的农牧产品以更好的价格进入了东部沿海市场，有了更广阔的市场空间。此外，在我们的联系下，不少若尔盖生产和销售牦牛绒、蘑菇、川贝藏药、青稞食品等的小微企业，与嘉兴建立起了购销通道，仅2020年线上线下农牧产品销售额达6500余万元，惠及贫困人口500余人。

若尔盖有着高原湿地、雪山草地等自然资源，高原野生动植物极其丰富，享有“中国最美湿地草原”和“中国黑颈鹤之乡”的美誉，素有“川西北高原的绿洲”和“云端天堂”之称。中国工农红军在此“三过草地”。这里民族风情浓郁，是川西北汉藏文化的“交汇地”、连接川甘青三省的“民族走廊”……如何将丰富多彩的旅游资源变为财富，也是我们思考的问题。我们决心做一回若尔盖旅游“促销大使”，与嘉兴总工会、机关党工委等组织对接，协助出台支持赴若尔盖疗休养的新政策。依托旅游协会，邀请嘉兴知名旅行社实地考察，将若尔盖旅游纳入华东旅游推荐会，增设嘉兴旅行社若尔盖景点线路，让更多游客了解若尔盖，向往若尔盖，走进若尔盖。这项工作，助力当地旅游产业拉升开拓新市场，既增加了本地牧民收入，拓宽了销售渠道，同时也给美丽若尔盖带来了巨大的旅游宣传效益。

七、解困

“一人致富全家脱贫”，劳动就业是解决单个家庭困难最直接、最有效的办法。我们牢牢把握东西部扶贫劳务协作精神，在当地建立园区、扶贫车间吸纳本地就业人口的同时，充分运用东西部劳务转移奖励政策和就业服务政策，鼓励牧民走出大草原前往东部经济发达地区务工。为此，我们多次召开就业就学帮扶工作推进会和推荐会，但效果不理想。于是我们挨家挨户上门，对建档立卡贫困人员的就业就学情况进行地毯式摸底排查，把在嘉兴务工就业的例子和生活工作照片印制成小手册向他们发放，不厌其烦地作宣传动员工作。同时，协调嘉兴有关企业与嘉兴技师学院合作，推出“就学加就业”的方式，开辟劳务转移新模式。2018 年 9 月至今，四批次 36 名若尔盖籍贫困学生到浙江就学同时就业，既提高了学历，又获得每月不低于 4000 元工资收入。身边一个个活生生例子改变了当地人的就业理念，东西部劳务协作得到了当地群众认可。若尔盖县红星乡冻卡村的那么泽里、帮么塔夫妇有 3 个孩子均为在校学生，家里老人又生病，十分贫困。为了还债和交学费，夫妻两人从 2019 年开始就乘坐“春风行动”免费专车、包机前往嘉兴打工，1 年能挣 10 万元以上，几年下来，家里的债务也还得差不多了。在我结束援建回到嘉兴的日子里，仍有若尔盖的村民打电话来，要求到嘉兴务工就业，这与 3 年前上门动员也不愿出门的情景已经是完全不同了。

脱贫攻坚、扶贫助困，嘉兴必须走在前列，这是省、市领导对我们的要求和嘱托。在我们的协调下，通过多方报道、多方对接、多方争取，嘉兴社会各界力量都参与到了若尔盖支援帮扶中来，形成“企业＋爱心组织＋志愿服务”的协作帮扶合力。我们协助两地有关单位，实施“万企帮万村”帮扶计划，签订村（社区）企结对协议 114 份，实现村（社区）全覆盖；成功举办“捐羊毛衫、送温暖活动”、学校取暖设施捐赠、文化长廊等爱心帮扶活动。3 年间，我们发动南湖、秀洲机关单位、商会组织、爱心企业等企事业单位捐款（含捐物折款）共计 3400 余万元。

八、感悟

嘉兴—若尔盖第一批东西部扶贫协作和对口援建工作在 2018、2019 年全省考评中名列前茅，评定等次为“好”，2020 年高分顺利通过考评，圆满收官；我个人年度考评均为优秀等次，期间获得县（区）州（市）省等多项脱贫攻坚和民族团结先进荣誉。2021 年 2 月，我有幸参加全国脱贫攻坚总结表彰大会并被授予先进个人的荣誉称号。大会向全世界庄严宣布，中国脱贫攻坚取得全面胜利，现行标准下近 1 亿农村贫困人口全部脱贫，832 个贫困县全部摘帽。那一刻，我感慨万千。

习近平总书记指出，脱贫攻坚不是终点，而是新生活、新奋斗起点。

作为来自红船起航地的援建干部，今天，我告别了若尔盖，告别了草原上美丽的格桑花，但“缺氧不缺精神，吃苦不怕艰苦”的意志信念已经深深烙印在我心中，融化在我的血液里，我将把高原干部的工作韧劲和草原群众的广阔胸怀带到今后的工作生活中去，为乡村振兴继续贡献自己一份力量。

（采访整理：邱阳；采访时间：2021 年 8 月 5 日）

李花又开放，他乡即故乡

王金良

一、一次讲课，成就千里“茵”缘

2018年10月的一天，我接到了县委领导通知，让我到屏山县给当地的果农上一堂课，传授种植果树的经验。屏山县我是知道的，因为在2017年，海盐县与屏山县签署对口扶贫框架协议，结下了扶贫帮困的“海誓山盟”。茵红李是屏山的主导产业之一，也是当地脱贫攻坚要破解的难题之一。由于水果茵红李出现销路不畅、大规模积压的问题，屏山县委、县政府发出号召，动员全县干部帮果农卖李子。从县委书记、县长到村支部书记、主任都行动起来，到全国各地推销，营销费花掉了300多万元，但销路依然打不开。

去屏山之前，我对屏山的了解只停留在知道这是四川一个县而已，对当地的情况几乎一无所知。海盐与屏山相隔2000公里，一个是东部沿海平原，一个是西部川南山区，无论是地理环境、气候特点，还是农业基础、生产观念，都相差甚远，不具有可比性。在海盐推行的农业科技是否适用于屏山，我心里并没有底。所以在那次课上，我能做的就是把沿海地区现代农业理念和农业产业化发展的现状和趋势作一番讲解，特别以海盐葡萄等产业成功发展为例介绍了经验、技术与具体创新做法。

没想到的是，这堂课受到了屏山老百姓的欢迎。上课那天，会场里座无虚席，许多农民赶了上百里山路，到县城来听课。他们争先恐后与我交流，询问各种问题。从他们一双双热切的眼中，我看见了他们渴求现代农业新技术、新知识的心情。课后，屏山县和我商量，让我留下来，作为扶贫人员至少在屏山待上半年时间，对当地农业生产、经营管理做一番深入的探究与剖析，帮助屏山茵红李以及屏山农业找一条出路。

当时我一点心理准备也没有，对留下来是有顾虑的。我已经 55 岁了，在农技线上摸爬滚打了一辈子，正准备慢下脚步喘息一下。由于身体原因，我也很难翻山越岭实地指导果农种植。再者，家里的老母亲年纪较大，又体弱多病，正是需要我尽孝心的时候。另外，东部平原与西部山地农业生产的环境和条件差异很大，我过去的经验能不能派上用处，心里没有底。

困难摆在面前，选择也摆在面前。我思考再三，作为一名共产党员，党和人民给了我莫大的关怀和荣誉，现在组织上要我留下来，这是对我的信任，我不能辜负；党中央提出坚决打赢脱贫攻坚战，我作为党员应该战斗在第一线；有困难就想办法克服，知难而退不是我的性格。我又想起了课堂上那一双双渴求的眼睛，想起那一声声真诚的挽留，我的心动了。

下定决心之后，我向组织递交了参加屏山县扶贫工作的申请书。海盐县委组织部正式委派我到屏山挂职半年，担任屏山县农业农村局局长助理，由此我与茵红李结下了不解之缘。

二、一份建议，提出破题之策

在上级通知我正式挂职的第二天，为了尽快了解当地茵红李种植情况，在当地农技专家的陪同下，我开始下乡走访调研。

说是下乡，其实就是走进大山。这里的山是真正的大山，连绵不断，直插云霄，与海盐那些俊美秀气的山完全不同。同时这里地形破碎，沟谷交错，山高坡陡，道路崎岖。汽车开在盘山路，旁边就是悬崖峭壁，万丈深渊，人坐在车里在山间盘旋，如云里雾中，头晕目眩，眼睛也不敢睁开。巨大的山体落差也形成了垂直气候特征，导致当地作物生长期不同，农产品的上市有两个月的时间差。

一路走来，我们走访了许多果农的家和果园，见到的情形比我想象得还要差。很多住房老旧不堪，屋内陈设简陋，有些贫困户甚至还住在低矮土坯房中。在走访的过程中，我发现果园里的茵红李树都比较高，有的高达三四米，同时由于缺乏修剪，无效枝叶太多，导致树与树之间密闭不通风。根据我的经验，这样的李树虽然结果比较多，但是果形会很小，品质不会好，很难卖出好价钱。在与书楼镇火焰村一户村民聊天时，我的经验得到了证实。他家的李子林今年大丰收，四亩地产出了近两万斤果，但由于品质不好根本卖不掉。

茵红李是当地的特色品种，成熟时果子“一半紫红，一半黄绿”，所以叫“茵红李”。它是屏山县农业经济的支柱性产业，全县种植面积12万余亩，涉及农户2.5万户，其中贫困户4000多户。前些年，县里大力扶持茵红李产业，无奈连续多年，果子都卖不出好价钱，丰产不丰收。今年由于果子严重滞销，像李武光这样忙碌一年连成本也挣不回来的果农不在少数，有些人甚至想砍掉李树，再去外地打工。

一连十几天的走访调研，我跑遍屏山县主产茵红李的10个乡镇，看到听到的情况大致相同。屏山的条件艰苦，困难也不少，但我也看到一些希望：这里基本零工厂零污染，大气环境质量为国家一类一级，地表水环境质量为国家一级，全县含硒土壤面积700平方千米，这些都是发展优质农产品得天独厚的条件；金沙江流域河谷间的干热气流适宜种水果，岷江流域的湿冷气候适宜种竹笋，两江交汇产生的茫茫雨雾适宜种高山茶叶，如果把这些有利条件利用起来，扬长避短，屏山的脱贫不就有望了吗？茵红李是屏山县农业的主导产业，可以作为近期的主攻方向。如果成功，经验可以复制到其他如茶叶产业、竹产业等屏山特色农业产业上，那么整个屏山县区域的农业也就基本转型成功了。

经过慎重思考，我写出了第一篇调研报告，正式向屏山县委、县政府提出实施“东西协作茵红李全产业链转型脱贫增收”项目。在报告中，我分析了屏山茵红李产业的难点、痛点、盲点，并指出这是一个系统问题、全产业链问题。要想改变，必须要做整个产业链的转型，对标沿海发达地区构建全产业链，在生产端标准化生产以提高品质，在市场端品牌营销以提升效益。

我提出茵红李提质增效的“六大策略”：创建高标准生产基地、组建农业专家服务团、编制控产栽培模式图、创新农技推广新模式、构建茵红李全产业链、开展茵红李品牌销售。具体操作中需要做到“七个统一”：统一品种品系、统一栽培管理、统一植保防治、统一配方施肥、统一农资供应、统一分级包装、统一品牌营销。这“七个统一”，既是问题导向，引导我们把现存的问题一个一个解决掉；又是目标导向，最终要建成一个完整的产业链。

我的建议得到屏山县委、县政府领导的高度重视和支持，要求尽快在全县推开。我想，把建议转化为现实，必须超常规工作，要有“三年并作二年做”的精神，同时又要分轻重、按步骤、有计划地实施。于是我又提出了一个“三年宏伟计划”：从 2019 年算起，第一年是品质提升年；第二年是品牌营销年；第三年是制度创新年。

三、一场“战斗”，转变旧有观念

茵红李要打一个翻身仗，2019 年的第一炮——品质提升很重要。第一步要从冬季修剪做起，因为茵红李生长的季节性，落叶果树 12 月就要开始修剪，我们要尽快采取行动见到效果，错过了季节就会延误一年。

过去，茵红李虽然结果多，然而果子小品相差，味道酸涩难吃。我们采用开心型修剪法拉枝整形，锯掉多余的分枝，把李树从三四米降到两米左右，方便农户地面农事操作，虽然结出的果实减少了，但营养集中，果子更大了；去掉了无效枝叶，通风透光，阳光直射果面，转色品相更好了；再加上配方施肥，茵红李品质风味就不一样了。我提出一定要修剪整枝，严格控产，向果农们发了两次告知书，要求主动控产 1/3，提高品质，如果不控产，劣质的茵红李是卖不掉的。

但是起步就遇到困难，基层干部和合作社想不通，广大果农更不愿意干。果农的传统观念根深蒂固，修枝疏果就像割他们的肉，议论声、质疑声、反对声一片。锦屏镇万涡村贫困户黄天金一家 5 口，种了 7 亩茵红李，去年只卖了 2 万元，连续几年没效益，债台高筑，他的态度最有代表性："多一个鸡婆多一个蛋，我不剪，看你咋个办！"我掰着手指头跟他算账："虽然产量降低了一些，但果子更大了，味道也更好了，品质提升一个档次，每斤收购价 2 元以上，你算算，能增收好几万呢……"富荣镇漆树村村支书愿意带头，但他妻子死活不肯，最后他家的李子林一人一半，各管各的。

我没有气馁，决定建立基地做好示范，让果农们眼见为实。我利用东西部扶贫协作海盐提供给屏山的 250 万元扶贫资金，建立了茵红李标准化核心基地 300 亩、高标准示范基地 6000 亩，把基地当"车间"做，以示范带动全县效仿。我们组织专家花了 2 个多月时间，制作了茵红李技术管理模式图，把所有的技术集合在图上，全县统一标准，全部数字化。按亩产 2000 公斤标准，明确植株株行距多少，留果多少及修剪时留枝留叶标准等。同时，为了破解"最后一公里"难题，我们成立了专家服务团队，组织农技推广大讲坛传授技术。到了重要时间节点，专家还在示范基地现场讲解演示，并通过抖音、短视频、微信等新媒体现场直播，将影响辐射到乡村。果农照着专家的做法操作，效果非常好。模式图上墙加上农技专家大讲坛，让农户一看就懂，一学就会。这个农技推广零距离创新模式在全国也是领先的。

2019 年的二三月间，白色的李花满山遍野，示范基地内的茵红李统一开心型修剪，树形优美，开张有度，枝梢平衡，如盆景树一样，"个头"不高，却显得格外精神。我们的真情和努力最终打动了果农，他们纷纷转变老观念，主动修剪整枝，开始讲究光照度、单果重、糖度、配方施肥。转眼就到了成熟时节，茵红李果大形美，半红半青，清甜脆嫩。平均单果重 33 克，比以往最好年份增加了 6–7 克。提升品质初获成功。果子品相好，价格自然就水涨船高。2019 年，全县茵红李总产量从 2018 年的 10 万吨下降到 7 万吨，产值却从 3.5 亿元提高到 5 亿多元，当年就增收了 1.5 亿多元，全县有 2500 余户种植茵红李的贫困户实现了脱贫。

四、一波造势，冲破疫情重围

经过2019年的努力，控产提质的观念得到广大果农的认可，茵红李标准化生产快速推广，高标准示范基地扩大到两万亩。由于新投产面积大幅增加，2020年对茵红李来说将是个“大年”，预计产量超过12万吨，大家都充满信心和期待。

但是新冠疫情不期而至，农产品市场从严管控，水果商品流通不畅，到了4月份，很多水果严重滞销，价格跳水。这时候，我已经回到海盐，想到屏山的茵红李，我忧心忡忡。必须想办法保住茵红李来之不易的大好局面，想到这里，我以最快的速度回到屏山。

一到屏山我先去基地调查，向县委、县政府提出“茵红李促销是屏山天大的事”，必须早做安排，并提出在生产端控产疏果“做减法”，在市场端拓展销售“做加法”，打好茵红李促销“组合拳”。我的报告引起了县委、县政府高度重视，县委书记、县长挂帅打响了屏山茵红李促销战役。

我参与制定2020年茵红李产销对接与市场促销方案，希望通过一套“组合拳”，提前布局，打通渠道。第一个动作是“走出去”，全县分成6个组，每个组由一位副县级领导带队，赶赴重要销区市场提前进行产销对接。我自己带头先去上海、嘉兴等长三角地区，与嘉兴水果批发市场签订协议1万吨，接着又去深圳、广州等珠三角地区，进商场超市、对接配送中心、跑大型水果批发市场，签订协议1.5万吨。第二个动作是“请进来”，邀请全国各地的采购商来屏山茵红李基地，现场考察品鉴和产销对接。第三个动作是“造声势”，县长代言、专家代言、3个奥运冠军代言，在央视二套做广告，扩大茵红李的知名度、美誉度，从茵红李消费源头做起。

我提出造势力度要与茵红李产业大小相匹配。海盐种植南方葡萄不到2万亩，整个嘉兴地区也才8万亩，周边有上海、杭州、宁波、苏州四个大中城市市场。而屏山一个县的茵红李就有12万亩，且又被重重大山阻隔着，所以，宣传声势一定要造大，要让茵红李走出大山走向全国。活动高潮是在屏山举办茵红李文化采摘节，组织茵红李基地连线直播，引起了全国众多网友的关注，屏山茵红李声名远扬。我请来一位有3000多万粉丝的网红主播，请他公益直播带货，短短8分钟卖出1000多单，而且卖出了每公斤50元的好价格。

在茵红李文化采摘节上，我还策划了一场“树王拍卖”活动。屏山县锦屏镇光辉村有一棵李树，树龄40余年，树冠直径8米，占地70平方米，被当地人称为“树王”。在“2020年四川屏山茵红李品鉴活动”现场，经过层层竞拍，深圳市海盐商会会长李炳法最后以人民币2.2万元的高价拍得了“树王”果子，每公斤高达88元。“树王拍卖”产生了很好的带动效应，客商纷纷订货，现场签订茵红李购销协议8份，订购优质茵红李1.8万吨。媒体争相报道：“拍卖一棵树，激活一个大产业。”

茵红李刚开始上市的时候，价格一路下跌，后来价格稳住并开始逆势走高，特别是两万亩高标准基地的李子自主定价，主动定价，特级果每斤6.5元、一级果4.5元，二级果3.5元，托住了基地外10万亩的价格中枢，对冲了疫情影响下的价格严重向下惯性，价格越走越高，全县茵红李优质优价，提前一个星期结束销售。

2020年，屏山茵红李旺产，果大味甜，远销全国各地，总产值6.6亿元，比2019年增收1.6亿元，比2018增收3.1亿元，两年共增收4.6亿元，这在云贵川地区独一无二。受新冠疫情影响，当年全国水果产值严重下行，果农严重减收，只有屏山茵红李大幅度增收，创造了一个奇迹。2020年全县种植茵红李的4000多户贫困户全部实现了脱贫。

“一亩李子一万块，脱贫致富来得快”，这句话成为很多屏山果农挂在嘴边的口头禅。屏山12万亩茵红李种出了相当于原来25万亩的收益，屏山果农把枯燥的数字变成了生动、通俗的语言。从这句口头禅里，我听见了他们喜悦的心声。

五、一个梦想，他乡美如故乡

当初我留在屏山，组织上给我的挂职期限是半年，也就是从2018年11月到2019年4月。半年时间转瞬即逝。2019年3月，李花漫山如雪，再过几个月茵红李就要结果了。我想总要等看到品质提升是否成功、果子能否卖个好价钱再走吧。因此我没有犹豫就向组织上主动提交再延长半年的申请。茵红李全产业链转型是一项大型的系统工程，西部地区没有现成的经验，需要带领他们一起探索实践。因此我一再主动延期，到现在，我到屏山已经是第3个年头了，山里的李花一茬接着一茬，已经开过三遍了。

我能够长期待在屏山安心工作，离不开家庭的支持和理解。2020年7月，我女儿到屏山来看我，当时我正忙着调查了解果农采收情况、联系果商销售、举办各项推广宣传活动，没时间陪她，就让她一起去基地体验了解情况。她亲眼目睹了屏山的现状，看到了我的工作状况，也明白了我以前给她说的那些话。后来记者采访她时，她说“这次看到屏山发生的一切，我理解了爸爸，我为他感到骄傲！”

2021年5月，这一轮全国范围的脱贫攻坚行动到期，我应该随队一起回去了。屏山的老百姓听说我要走，就坐不住了。13家农民专业合作社、1060位农民自发联名签写了“千人请愿书”，并去县政府请愿，强烈要我留下来。“金杯银杯，不如老百姓的口碑”，我深为感动，答应留下来继续为屏山服务。8月，随着最后一批茵红李采摘上市，茵红李全年总产量达13.6万吨，总产值达到8.2亿元，又实现了大幅度增收。我扶贫三年，屏山茵红李连续三年逆势增收，已经成为当地的致富产业。

2020年，我被浙江省委、省政府授予浙江省东西部扶贫协作奖突出贡献奖，获得“四川省脱贫攻坚奖先进个人”荣誉称号，还被推荐并获评全国先进工作者，参加了在北京举行的全国劳动模范和先进工作者表彰大会。我心里很清楚，这份荣誉不是我一个人的，我只是千千万万扶贫干部中的一个代表。11月24日，我有幸聆听了习近平总书记在全国劳动模范和先进工作者表彰大会上的讲话，总书记说“社会主义是干出来的，新时代是奋斗出来的”“劳动是一切幸福的源泉”[①]。这让我更加清楚自己坚守的意义和价值，给了我极大的鼓舞和鞭策。我要继续留在屏山，和屏山人一起续写东西协作脱贫致富的大文章。

（采访整理：邱阳　叶生华；采访时间：2021年8月4日，9月1日、14日）

① 习近平：《在全国劳动模范和先进工作者表彰大会上的讲话》，人民出版社2020年版，第4、5页。

栽下梧桐树，引得凤凰来

纪勇

一、上下齐心，誓要打赢这一仗

2014年，我进入桐乡市发展和改革局对口办工作，从此走上对口帮扶道路。实事求是地讲，当年的对口帮扶工作，要求没有现在这样高。我们的主要工作就是每年安排一部分帮扶资金，帮助对方实施一些帮扶项目，联系开展一些领导的互访、交流、考察等。2015年底，党中央、国务院发布了关于打赢脱贫攻坚战的决定，提出到2020年全面实现脱贫的战略目标。此后，对口帮扶工作的节奏开始加快，要求也逐渐提高。2015年，桐乡市与四川省阿坝藏族羌族自治州黑水县结对，按照党中央和浙江省委的要求，桐乡市全面加强统筹协调推进，从产业、消费、劳务等各方面与黑水县开展了全方位的协作。

黑水县隶属于四川省阿坝藏族羌族自治州，地处青藏高原东部，县域面积4356平方千米。境内群山起伏，河谷深切，平均海拔3544米，县城芦花镇海拔2350米。黑水藏名为“措曲”，是“生铁之水”的意思。黑水县常住人口近4.5万人，辖8个镇、7个乡，年财政收入约8000万元，地区生产总值不到30亿元。当地属季风高原型气候，旱、雨季分明，气温年差小、日差大，受青藏高原气候影响，常有干旱、暴雨、冰雹、洪水、泥石流、霜冻等自然灾害发生。这里有全球同纬度海拔最低、面积最大、年纪最轻的达古冰川，还有奶子沟彩林、色尔古藏寨以及雅克夏国家森林公园等自然人文景观。黑水县也是中国工农红军长征经过的地方，境内有“芦花会议”会址以及红军翻越的 3 座大雪山——达古雪山、昌德雪山和雅克夏雪山等红色遗址遗迹。

回顾这 3 年来的对口帮扶工作，我认为脱贫攻坚战能够取得胜利，其中最重要的原因就是党中央的高度重视。在中央的统一领导下，各地党委、政府认真落实中央方针政策，全力推进脱贫攻坚工作。桐乡市委、市政府对这项工作同样高度重视。2018 年省里提出对东西部扶贫协作工作考核要求后，市委主要领导第一时间组织落实，并亲自带队赶赴黑水县开展交流对接。2018 年，为了进一步提高各部门、各镇街对东西部扶贫协作工作的认识，强化主体意识和工作合力，我们建议将对口帮扶工作纳入桐乡市委、市政府的目标责任制。由此，当年度的目标责任制中增加了东西部扶贫协作和“山海协作”工作的考核指标，并且从那时起，连续三年都列了进去。桐乡市发改局根据东西部扶贫协作工作推进的要求，结合黑水县和桐乡市的具体实际，从 2018 年开始，每年制定出台对口帮扶工作要点，明确各个职能部门的工作职责。工作要点都是经过市政府会议讨论通过后下发的，这为我们工作的开展提供了保障。

在 3 年的东西部扶贫协作过程中，桐乡市的挂职干部付出了巨大的艰辛和努力。市人力社保局有一名选派干部，在那边主要负责劳务协作，包括劳务招聘及贫困人口技能培训等相关工作，挂职时间为 9 个月。那段时间，他在乡镇里对当地人员进行培训，还组织桐乡企业到那边开展定向招聘。挂职快结束的时候，他在一次体检中发现心脏有些异样。复查后发现，半年的高原生活对他的心脏造成了很大的影响。后来，他一直需要长期吃药治疗。还有嘉兴市人民医院的一名儿科医生，第一批选派担任黑水县妇幼保健院副院长，挂职期限 1 年半。他在医院的工作非常出色，当地群众对他的反响非常好。一些当地干部跟我讲：“你们选派来的这个儿科医生真是非常及时。”以前，黑水小孩生了病，很多都到成都的大医院去看。他到黑水县妇幼保健院挂职后，找他看病的人非常多。现在，他回到桐乡已经 1 年多了，还有很多黑水那边的病人经常给他打电话，向他咨询小孩的病情和治疗的方案。

二、政企联合，携手浇开幸福花

产业帮扶是东西部协作的重点工作。黑水协作帮扶的基础比较薄弱，产业结构以及区位条件都不是太好，如何能够将产业引进来、办下去，是我们面临的一个重要问题。根据桐乡市大企业比较多的优势，我们将目光放到引进家乡企业上。

我们首先联系位于桐乡经济开发区的浙江华友钴业股份有限公司。这是一家从事锂电新能源材料制造、钴新材料深加工以及钴、铜有色金属采、选、冶的高新技术企业。根据我们了解，为延伸产业链，拓展上下游产业联动，华友钴业刚刚收购了天津巴莫科技有限公司，而天津巴莫公司在四川省成都市有一个分公司，主要生产锂电池的正极材料，而且规模比较大。2018 年 10 月 8 日，我们前往华友钴业与企业负责人进行交流。企业负责人告诉我们，成都巴莫公司位于成都市金堂县，阿坝州与成都的“飞地”园区中。听到这个消息，我们都非常兴奋。如果这样，我们引导这个项目落地黑水县就更加顺理成章了。我们向企业负责人提出，让华友钴业到黑水注册贸易公司，给他们提供最优惠的政策。

在与企业负责人交流时得到一个消息。成都巴莫公司一期二期项目已经基本建成，因扩大规模需要，准备新上年产 5 万吨高能量密度动力锂离子电池材料产业化项目，计划总投资超过 50 亿元，建成投产后可实现年产值 100 亿元，正在选址过程中。于是我们建议将该项目落户到黑水。原因是黑水所在的阿坝州地区，水文资源丰富，水力发电储备较多，电价比较便宜，而且，四川省对阿坝州也给予了特殊的电力优惠政策。同时，我们可以通过黑水向阿坝州争取最优惠的电价政策，这样可以给企业减少电力成本。企业负责人对此很感兴趣。

我们马上与黑水县联系，将这个项目的基本情况告诉他们。黑水县委、县政府对此也非常重视，第一时间向阿坝州进行汇报。阿坝州要求黑水全力以赴，争取项目，并承诺在项目落地中，给予华友钴业最大优惠力度的扶持政策。2019 年 6 月，黑水县委、县政府邀请桐乡市委主要领导及华友钴业公司负责人去黑水考察交流。在考察当中，华友钴业公司与黑水方面就项目合作做了进一步深入沟通，最终该项目确定落地成阿园区。这个项目是我们近几年来引入到对口地区投资规模最大的一个产业项目。

另外，还有一个印象比较深的落地项目。2019 年 6 月，我在阿坝州红原机场候机时，偶遇桐乡沃伦特股份集团公司的董事长。在得知他是来黑水县对接项目后，我立马产生兴趣。桐乡沃伦特股份集团公司业务之一是在西藏、四川藏区等地收购牦牛绒，制成毛纺原料，提供给国内外一些服装品牌企业。黑水周边的红原、若尔盖等高海拔藏区的牦牛较多，桐乡沃伦特股份集团公司就有了在黑水开设一个加工基地的想法。我认为该项目非常适合黑水，于是马上和黑水县的有关部门进行了深入对接，让他们全力跟踪沃伦特牦牛绒基地项目，同时对沃伦特集团在其他藏区收购毛绒的情况进行深入了解。在项目推进过程中，2019 年下半年，沃伦特项目准备供地时碰到了一个问题，用地需要调规，并办理用地预审批复和规划选址意见。在黑水，以前从来没有这种项目，对相关手续具体怎么操作，谁也说不清楚。我们马上和黑水前方的挂职干部，以及黑水发改、经信、商务等相关部门沟通联系，请他们协调自然资源、建设等部门向州里积极争取，最终顺利完成各项前期手续。项目于 2020 年 5 月开工，9 月建成投产，解决了当地近 200 人就业，同时帮助当地及周边地区 2000 多牧民每年人均增加收入超过 2000 元。这个项目的发展前景非常好，因为他们的牦牛绒都是本色原料，纯天然无公害，不添加染色剂，特别受市场欢迎。2021 年，他们与雅莹集团进行合作，进一步扩大规模，把产业发展延伸到产业链上游，在西藏那曲市色尼区开辟一个牦牛牧场。通过不同类别的产业项目引导，我们希望能帮助黑水从“输血”到“造血”，甚至进一步实现“活血”。

我们不仅通过工业产业引导、劳务协作等方式开展帮扶，而且还想利用桐乡的一些特色优势，带动黑水经济发展。杭白菊是桐乡农业的一大品牌。最开始去黑水的时候，我们就反复考虑帮助黑水发展什么产业比较好。按照黑水的现有情况，人员状况、交通状况以及区位特点，我们觉得工业产业受到限制比较多，想马上就发展壮大起来比较困难，所以首先考虑的是发展农业产业。同时，我们认为，从群众增收角度以及环境保护角度考虑，最好是发展一些效益农业。但是由于黑水与桐乡在自然环境、种植技术方面存在较大差异，我们决定通过桐乡市农业农村局，请他们第一时间安排技术人员，携带桐乡特色农产品种苗到黑水进行科技帮扶。

市农业农村局非常重视，专门安排由20多名硕士及以上学历人员组成农技专家硕士团，于2019年4月带了桐乡杭白菊、果桑、槜李等15种优质特色苗种，到黑水做培育、试种。经过半年多的试种，发现大部分苗种对黑水高原土质和寒冷气候不太适应，“高原反应”严重。如蔬菜不耐寒，采摘之后如果不及时运输出去就容易烂掉；槜李结出的果子品相与口感大不如桐乡的槜李，想要走向市场非常困难。只有杭白菊还比较适应，在0.6亩的试验田里生长情况良好，采摘时间大约在9月中上旬，比桐乡提前1个月，采摘后加工成干花不易腐烂，便于运输，品质与桐乡出产的相差不大。杭白菊试种成功后，农业农村局专家们或上门指导，或远程视频教学，先帮扶当地农技人员再带动广大农户开始种植杭白菊，当年就培训农技人员和农村致富带头人423人次。

2020年，我们进一步扩大规模，在黑水县西尔镇麻窝村建起250亩的高原菊花基地，组织捐赠150万株菊苗及相关配套的菊花加工设备，设立扶贫车间。农业农村局的专家们通过线上线下进行全程技术指导，9月成功采摘，帮助周边农户就近务工2000余人次，实现增收20万元。现在，当地人都把杭白菊叫做“致富花”。2021年，黑水县把高原杭白菊种植作为重点发展产业，列入了黑水县“十四五”发展规划，基地扩大到了1000亩。《人民日报》也在头版对杭白菊种植产业帮扶模式进行了宣传报道，给予了高度肯定。

三、引知扶志，“三治融合”结硕果

在产业帮扶让当地老百姓在物质上比较富裕后，我们也通过一些举措帮助黑水经济社会实现全方位发展，希望当地老百姓能在知识上更加富有，在精神上更加富足。

2018年，桐乡第一批挂职干部到了黑水。一位市文旅局选派的干部考虑到桐乡是漫画之乡，文化底蕴深厚，而黑水属于藏区，民族文化特色浓郁，就想把桐乡的特色文化——漫画与黑水的藏区文化相结合。后来，他组织了十余位漫画家创作了一本《黑水话漫画读本》，用漫画的形式向大家推广介绍黑水的藏语，以及当地的风土人情和民族特色。这本小册子后来由桐乡、黑水两地组织部门编印，除了发送给援藏干部学习藏语以外，也向桐乡社会各界分发。许多桐乡人就是通过这本书对黑水有了一个较全面的认识。

桐乡是“三治融合”（自治、法治、德治）基层社会治理经验的发源地。当初和黑水结对的时候，我们就考虑把这个成功经验也输出到黑水。在组织部选派挂职人员的时候，我们就向组织部提出，建议选派有“三治融合”相关经验的同志到黑水去。组织部采纳了我们的意见，选派高桥街道宣传统战科的负责同志到黑水，专门负责“三治融合”在黑水的借鉴应用。他到黑水后，利用半年多时间，在先期三个村（社区）试点的基础上，成功实现了“三治融合”在黑水县各乡镇全覆盖。后来有一次我问他，你怎么这么快就打开了局面？他说：他刚到黑水的时候，重点走访了麻都社区、维多村等几个多村融合、多民族聚集的地方，了解到这些地方因为藏汉杂居，生活习惯和文化传统有许多差异，容易起纠纷，于是就选了这些地方做试点，提出了“三约三会三团”（守法良约、村规民约、诚信公约；群众议事会、乡贤参事会、邻里互助会；法律服务团、便民服务团、道德评判团）的“一核三治”新模式，大大激发了村民的参与意识。后来他收集101个黑水“三治融合”的典型案例，编纂了《“三治融合”在黑水县的实践》一书。

桐乡市也非常支持这项工作。2019年8月，桐乡市—黑水县“三治”建设专题培训班正式开班，为期五天，共有50名黑水县干部集中到桐乡，专题学习“三治融合”基层治理经验。其间，培训班开设专题讲座，并组织全体学员赴南湖革命纪念馆、越丰村“三治融合”馆、荣星村、世界互联网大会永久会址等，力求让黑水县学员对“三治融合”有更全面、更深入的了解。

老百姓的获得感是对“三治融合”成效检验最好的标杆和奖赏。作为“三治融合”试点的色尔古镇麻都社区是汶川特大地震后新开辟的安置地，200 多户居民分别来自色尔古镇与石碉楼、瓦钵、龙坝、维古五乡（镇）七个自然村，过去，一个小纠纷就可能闹成两个村、两个乡之间的大矛盾，尽管社区想了许多办法，却鲜有奏效。现在情况则完全不同了，麻都社区的阿瓦基说：“‘三治’以后，我们社区变化很大。社会治安好了，居民的家庭纠纷大大减少，整个社区的环境、卫生也越来越好了。”

经过桐乡市与黑水县三年的共同努力，黑水累计有 64 个贫困村退出贫困村行列，1 万余人脱贫，贫困发生率从 18.7% 下降到 0.03%，并于 2019 年底提前完成脱贫摘帽任务，脱贫攻坚第三方评估成绩和群众满意度名列四川省 38 个摘帽县第 1 名。黑水已经脱贫了，我们的对口支援工作也告一段落，但要巩固脱贫成果，实现持续富裕，还有很长一段路要走。在桐乡有一句俗话：“栽下梧桐树，引得凤凰来。”我想，我们在黑水的工作就是栽树，就是铺路，希望通过我们的努力能为黑水打下一定的基础，吸引更多的企业、人员到黑水，到中西部地区，与他们一起努力，振兴乡村，走共同富裕的道路。

（采访整理：邱阳；采访时间：2021 年 9 月 28 日）

与一个划时代的梦想同行

董坚强

一

嘉兴市秀洲区王江泾镇是中国织造名镇，自古就有“丝绸之乡”、“衣被天下”的美誉。我是土生土长的王江泾人，年轻的时候就在织造行业里摸爬滚打，后来又到相邻的江苏省苏州市吴江区盛泽镇与他人合伙开办印染厂。2002 年初，我回到王江泾镇创立了嘉兴天之华喷织有限公司。

2017 年，一个机缘巧合让我走进四川省，走上脱贫攻坚之路。当年 11 月，一个朋友邀请我到他的老家四川省宜宾市去考察投资。他对我说，现在国家在实施脱贫攻坚战略，到西部贫困地区投资有优惠政策。我们做企业的对国家的方针、政策是很关心、很敏感的，对国家正在大力推进脱贫攻坚工作也是了解的。到西部贫困地区办企业，一方面可以享受政府提供的优惠政策，探索企业扩大规模的新路径，实现更好更快的发展；另一方面也能加入脱贫攻坚队伍中，为实现全面小康尽我个人的一份力，是一件能够双赢且十分有意义的事。于是，我们就前往四川省宜宾市考察。

到达宜宾后，我与宜宾市屏山县工业园区管委会负责同志进行交流。当他得知嘉兴天之华喷织有限公司采用的是涡流纺纱技术，立马表示，这项技术对设备要求高，自动化程度高，生产过程无污染，绿色环保，正是他们想要引进的。随后，他向我详细介绍了屏山县的基本情况以及屏山在东西部扶贫协作和对口支援中的有关政策。屏山县有 1500 余平方千米，90% 多是山地，地理位置较偏僻，交通不太便捷；全县 30 多万人口，9 成是农业人口，人均收入较低；工业比较薄弱，上规模的大企业更少，许多青壮年常年在外地打工；全县地区生产总值才 50 亿元左右，财政收入也不高，属于国家级贫困县。同时，屏山也有自己的优势：党的十八大以来，国家高度重视扶贫工作，为东西部扶贫协作提供了许多优惠政策；云南省水富市与四川省宜宾市交界处有一座向家坝水电站，它发的电有一部分可以提供给地方使用，供电有保障且价格比较便宜；成贵高铁即将建成通车，屏山站位于屏山县江北王场产业园区，是交通规划中确定的综合交通枢纽之一，交通不便的问题得到解决；屏山县委、县政府对到屏山投资的外地客商很重视，在工作和生活上全力给予支持；屏山人有吃苦耐劳的品格，做事勤快认真，不会耍心眼，等等。从他的身上，我看到屏山县干部的诚实、踏实的品格和务实的工作作风。

当地领导的话说到我的心里去了。嘉兴天之华喷织有限公司的设备大多是德国、日本制造的先进设备，进口关税比较高。在屏山建厂可以根据国家政策享受部分进口先进设备补助；印染机器设备耗电量较大，屏山具有电价较低的优势，仅用电一项就可以节省不小的开支；屏山在用地方面相对东部地区宽松，在土地价格和土地供应量上能给予一定的优惠；嘉兴天之华喷织有限公司里有 100 来名宜宾籍职工，占到全体员工的近一半，他们吃苦耐劳、勤快认真，大多是厂里的骨干力量，所以员工素质有保障。这些优势增强了我投资屏山的信心。在宜宾总共就待了三四天时间，我就决定在屏山新建一个厂。2018 年 1 月 31 日，宜宾天之华纺织科技有限公司正式注册成立，注册资本 30800 万元。

2018 年 10 月 19 日，四川省委、省政府与浙江省委、省政府在杭州举行了“川浙经贸合作推介会暨项目合作协议签署仪式”，这是川浙两省深化东西部扶贫协作和对口支援的重大举措。我非常荣幸地参加了这个推介会，并作为浙商代表之一与屏山县人民政府在现场正式签署投资协议。在此前与屏山县的对接商议中，我对在屏山办厂的信心又增加了不少，已经决定在此次会议上追加投资金额。在两省主要领导的见证下，我努力按捺着激动的心情，在协议书上写下了姓名。我们这次签署的投资总额是28.9亿元，是年初注册资金的近10倍，按照嘉兴天之华喷织有限公司当时的资金状况，必须用嘉兴的资产做抵押，才有可能争取到足够的资金启动宜宾的项目建设，并且要保证今后有足够的收益支撑做二期、三期的投资。如果宜宾天之华纺织科技有限公司不能按计划开工投产，或者生产经营不善，嘉兴天之华喷织有限公司也要受到牵连，我数十年的心血也就有可能化为泡影。所以这么做是有些冒险的，但我觉得这个冒险是值得的。

二

宜宾天之华纺织科技有限公司位于屏山县屏山镇王场工业园区东南部，距离高铁屏山站不远，隔着岷江与屏山县城相望。2018年6月，公司一期项目开始土建；2019年2月，第一批设备进厂；4月9日，公司正式投产。二期项目2021年已经开工，相关手续正在办理当中。公司占地总面积350亩。其中，一期项目占地195亩，建筑面积129000平方米，共投资12.5亿元，引进日本村田纺纱设备168台、德国特吕茨勒前纺设备180台套，现有员工300余人，年产涡流纺纱5万吨，年产值8亿元，上缴利税3000万元。

我认为，照章纳税是企业家的本分，我们赢利多就能缴税多，地方政府有税收才能实施民生工程，老百姓才能过上好日子，这是服务当地经济社会发展的最直接有效的方式，也是作为对口支援企业应尽的社会责任。此外，我们还通过其他途径为脱贫攻坚作出自己的努力。2018年我刚到屏山投资时，就与屏山县政府联系，要来屏边彝族乡一个村的贫困户花名册，按照花名册登记的姓名人数，每年发给每人扶贫金3600元，1年差不多28万元，已经连续捐了3年。我还在宜宾天之华纺织科技有限公司创设两个扶贫车间，从当地建档立户的贫困家庭中录取80人在车间工作，占到车间总人数的30%。逢年过节，我们还积极参加市、县、镇开展的访贫问苦活动，向那些孤寡老人、残障人士送温暖、送爱心。我明白“授人以鱼不如授人以渔”的道理，从2019年7月开始，我从嘉兴天之华喷织有限公司陆续选派20多名技术骨干到屏山，手把手教当地员工学技术；我还协调日本村田、德国特吕茨勒、江苏精亚等设备供应商的专家、工程师定期到屏山开展教学，让员工在家门口也能学到国外先进技术；对那些技术掌握得又快又好、工作业绩突出的员工，还额外给予经济上的奖励。

“融资难”是民营企业在发展中经常遇到的比较头疼的问题，在这次屏山建厂中，我们享受到东西部扶贫协作机制的“政策红利”，也实实在在感受到了“嘉兴速度”。2020年3月23日，四川省政府领导到宜宾天之华纺织科技有限公司调研，了解企业复工复产情况、企业发展情况和金融贷款项目助力第二产业发展情况。借此机会，我向他汇报了所面临的流动资金短缺和融资难等实际情况。四川省领导当即打电话与金融机构的负责人商量如何通过政银协调机制，对企业进行“供氧”帮扶。最终通过四川省工商银行与浙江省工商银行的东西部扶贫协作机制，联合授信宜宾天之华纺织科技有限公司1亿元。2021年，宜宾天之华纺织科技有限公司准备上二期项目，需要再引进一批进口设备。外方要我们出具相应的信用证明，当时资金缺口比较大，我想到了可以通过知识产权质押、股权质押、人才团队保证等方式进行融资，但周期比较长。在当地，如果走一般的信贷程序，从申请到授信大概需要半年左右的时间，于是我就回到嘉兴想办法。在秀洲区政府、嘉兴市有关部门的帮助下，我们找到了嘉兴中信银行。中信银行领导对嘉兴天之华喷织有限公司的生产经营状况比较熟悉，当得知我们还是对口支援企业，立即表示愿意在政策范围内尽力给予支持。7月6日，嘉兴中信银行两位副行长来屏山对宜宾天之华纺织科技有限公司进行实地考察，1个月后，1.5亿元的授信额度就批下来了。

三

还有一件事我印象比较深刻，当初我决定在屏山县投资建厂时，认为自己是在帮助当地老百姓解决就业问题，一人就业一家脱贫，是实实在在地扶贫帮困。可让我没想到的是，在厂房建好、设备进场等一切工作都完成，准备招聘工人时，居然没有招到足够数量的工人。宜宾天之华纺织科技有限公司的设备是比较先进的，自动化程度很高，工人的劳动强度不大，工资待遇也还不错，比嘉兴天之华喷织有限公司只少几百块钱。被逼无奈之下，我们又找到了宜宾市委、市政府和人社部门寻求帮助。他们根据我们的需求，有针对性地组织了 20 场招聘会，还采用线上线下相结合的方式开展招聘活动，从云南和宜宾市、屏山县以外的其他地区招了一批工人，总算解决了生产所需劳动力的问题。事后，我专门召集在嘉兴天之华喷织有限公司工作的一些宜宾籍员工座谈，向他们了解情况。他们说，宜宾和屏山人口本身就比较少，年轻人大多数都喜欢外出打工，所以留在本地的年轻人比较少，因此在本地招工比较困难。我说，宜宾天之华纺织科技有限公司建在他们家门口，他们能就近就业不是更好吗？有员工说，在嘉兴天之华喷织有限公司工作上班，虽然日常开销要大一些，但每个月可以多拿几百元甚至一千元，扣除交通、通信等开支，每年还能节余不少。另外，经济发达地区的企业多，挑选的余地大，出来还可以见见世面，这些也是他们比较看重的。这件事引发了我的一些思考，就是我们这些参与东西部扶贫协作的企业，在有些事上不能一厢情愿。我们一直以为西部地区二三产业不发达，规模以上企业少，因此劳动力就富裕，外出打工千辛万苦，因此他们更愿意在本乡本土就业。其实在开放搞活的大背景下，在外出打工人员的带动效应下，劳动力的流动非常频繁，今天的年轻人更愿意去那些收入高、发展好、机会多的企业和城市，故土难离的老观念已经不合适他们了。我们在西部地区建厂兴业，扶贫帮困，要想做到可持续，还有一项任务就是要帮助他们培养和留住建设者、劳动者，而帮助他们实际上也是在帮助我们自己。

四川、浙江两地的省、市领导经常到宜宾天之华纺织科技有限公司调研、指导，给我们打气，让我们感受到了温暖，提振了信心，激励我们朝着正确的方向走下去，在困难和挫折面前坚持下来。

2020 年 2 月 25 日，四川省政府主要领导到宜宾调研指导统筹推进疫情防控和经济社会发展工作时，专程到宜宾天之华纺织科技有限公司，在听取宜宾市、屏山县领导和我的介绍后，还参观了生产车间，指出："我们招商，就要招这样的企业，设备先进，无污染，自动化程度高，产品质量稳定""地方政府要帮助解决好企业在发展中遇到的困难，落实好给予企业的支持措施政策，确保企业健康发展。"

对宜宾天之华纺织科技有限公司的未来发展，我有很多想法，总的一条是要把它做大做强，在东西部扶贫协作和脱贫攻坚中发挥更大的作用。我们现在投产的是第一期项目，接下来还有二期、三期项目，可以吸纳近千名员工就业。如果园区里的企业都能逐步发展壮大，就能带动园区以及周边的基础设施建设和三产经济繁荣，成为屏山县经济的一个新的增长点。

我现在是屏山县的政协委员，经常参加县里一些涉及经济社会发展的会议。我与屏山、宜宾的有关领导，企业的负责人在探讨，想在适当的时机提出建议：在当地建一所职业技术学校。我们企业可以捐资助学，也可以派技术人员上课，还可以吸纳毕业生到企业实习、就业。这样一来，可以减少因为贫困而造成的青少年辍学现象，培养一批有文化、有知识的人才力量，吸引他们留在家乡参加经济建设；对于我们企业，也能有相对稳定的用工来源，熟悉、理解企业文化以及掌握生产、经营、管理知识的后备技术人才和管理人才，这是一举两得的好事。

厂里的员工大多来自周边农村，我们给少数来自云南和市县外的务工人员在园区公租房租了宿舍，其他人都回自己家里住，早出晚归。我现在正在争取市、县给我一些政策，让我在园区边上建一个天之华家园，按照商品住宅小区的标准来做。根据员工对企业的贡献、工作时长、技术等级等标准给他们分房子，开始可以廉租，达到一定工作年限的可以用较低的价钱购买，拥有使用权甚至产权，让他们过上和城里人一样的生活。这个目标目前看起来还有些遥远，但我相信，随着东西部协作和脱贫致富的深化与拓展，终有一天是可以实现的。

风劲帆满图新志，砥砺奋进正当时。在今后的日子里，我将带领宜宾天之华全体员工，继续坚决贯彻落实习近平总书记对深化东西部扶贫协作和定点帮扶工作作出的重要指示精神，巩固拓展脱贫攻坚成果，参与乡村振兴战略，为嘉兴与宜宾的深厚友谊再添光彩，为屏山经济社会发展再做贡献，为两地走共同富裕之路再立新功，与这个伟大的时代同频共振、筑梦同行。

（采访整理：邱阳；采访时间：2021 年 9 月 6 日）

着力在建设高质量全面小康上为全国脱贫攻坚作贡献

谢军

一、增加集体经济收入，消除经济薄弱村

绍兴扶贫工作的载体叫“经济薄弱村和低收入农户奔小康工程”，对象主要有两块：一是经济薄弱村，二是低收入农户。当时，我在农业和农村工作办公室任职，其中一项工作就是如何发展集体经济，增加农民收入。作为东部沿海经济较发达地区，绍兴已经早于全国，在整体上消除了国家贫困线以下的绝对贫困现象，主要任务是减缓相对贫困。针对减缓相对贫困标准动态性、目标多维性、任务长期性的特点，我们工作的重点就是如何减少收入差距，加快经济薄弱村和低收入农户增收步伐。

绍兴市的集体经济实力总体上是不错的，但不太平衡，各县市之间的差距比较大，村与村之间的差距更大。2015年，我们做过一个调查，全市集体经济年度总收入40多亿元，村均收入超过200万元。不平衡的问题比较突出，例如柯桥区和新昌县相比，柯桥区的村集体经济年收入在500万元左右，而新昌县还不到50万元，差距在10倍以上。当时，绍兴市委、市政府领导对不平衡问题十分重视，提出要着力增加贫困村的收入。为此，市农办也把“消薄”作为脱贫攻坚的重要内容。

当时，绍兴集体经济薄弱村的标准是村集体年度总收入达到10万元，经营性收入达到5万元，经营性收入指村集体经济组织通过“造血”获得的收入。当时，全市还有将近10%的村达不到这个标准，主要集中

在新昌、嵊州。

从“消薄”的举措来讲，我们主要有以下几方面：

一是出台政策意见。2015 年，我们起草并以市委、市政府名义出台了《关于经济薄弱村稳定增加村级经营性收入的若干意见》，基本建立了项目增收、资源利用、挖潜改造、结对帮扶为主体的集体经济扶持增收体系；2017 年，起草并出台《关于深入开展第四轮经济薄弱村和低收入农户奔小康结对帮扶活动的实施意见》；2018 年 7 月，出台《巩固经济薄弱村消除成果促进村级集体经济发展壮大三年行动计划（2018—2020 年）》，在财政、用地、金融等方面出台了 21 条扶持村集体经济发展的具体举措。同时，将“消薄”作为重要内容，纳入乡村振兴战略行动方案、乡村振兴实绩考核和“五星达标、3A 争创”活动，层层落实责任。这些政策、措施的出台，为“消薄”提供了财政投入、土地供给、金融支持等多方面的保障。

二是加强组织领导。成立绍兴市消除集体经济薄弱村工作领导小组，市委书记、市长任双组长，组织部、农业农村局、工商联、国资委等部门分头负责；各区、县（市）也相应成立工作机构，明确部门职责，分头抓落实。2018 年，市委常委会两次研究发展村级集体经济工作，进一步拉高标杆，加快“消薄”进度。2018 年 5 月，在全省率先召开发展村级集体经济现场会；9 月，在新昌召开全市扶贫开发工作会议，就“消薄”工作作出总体部署。2018 年，市委、市政府领导就发展村级集体经济批示达 12 次。那段时间，我深刻地感受到各级领导对脱贫攻坚工作是非常重视的，举措也是扎实有效的。

三是坚持多措并举。绍兴发展集体经济始终秉持“因地制宜、多措并举”的基本思路，实施 100 个市级部门（单位）结对帮扶 100 个经济薄弱村，每年为结对村提供不少于 10 万元的资金；各区、县（市）财政安排发展集体经济资金 1.3 亿元，普遍建立县级财政“消薄”兜底保障制度。“村企结对”活动进一步深化，全年共落实帮扶资金 4223 万元。立足实际，根据村里的地理位置、资源禀赋、产业基础等基本情况，研究规划集体经济的发展思路，然后有针对性地制定发展举措，形成了物业建购、基金增收、挖潜改造、产业发展、资源盘活、土地入股、村企共建、服务增收、金融扶持、乡贤反哺等 10 种增收举措，尤其是光伏小康、基金增收等由绍兴创新发展的增收举措，成为发展集体经济的“绍兴经验”。

四是鼓励社会参与。充分发挥群团组织、民主党派、无党派人士在人才和智力帮扶上的优势，引导企业家、乡贤、爱心人士回馈家乡，通过设立专项基金、乡情基金、结对帮扶等形式，广泛参与形式多样的助弱、助学、助老、助残、助医活动。浙江永利集团已累计投入 1600 余万元，资助建造老年活动中心、文化设施，改善农业生产基础设施及生活环境，大力帮助实施香榧种植项目，提高集体经济发展能力，积极展现社会责任。

五是加快改革增收。在全国首创实施“闲置农房激活计划”，推动资本、人才“上山下乡”，促进村级集体经济发展。如柯桥区嵋山村通过激活闲置房产、山林等资源，集体经济年增加 100 万元；上虞区岭南乡东澄村，2021 年激活部分集体闲置房产，集体经济新增 10 万元；诸暨市直埠镇针对出租房管理难题，在该镇紫草坞村试点由村集体统一回收改造闲置农房，出租给外来务工人员，村集体可增收 20 万元；2018 年实施开发建设项目 243 个，村集体经济增收 4200 万元。“闲置农房激活计划”得到省委领导的充分肯定，已作为浙江实施“乡村振兴战略”六大典型经验之一在全省复制推广。

六是加强“三资”管理。全面加强农村“三资”管理，清理村集体资产资源，登记造册，理清权属关系。加强村级资产发包租赁管理，集体经营性资产交易全部公开进行，纳入县、乡两级产权交易市场，规范合同管理，清理私下签订、价格偏离、时间超期等不规范合同，为全市村集体经济增收 6000 余万元。将村级集体负担纳入农民负担监管，加大村级债务减控化解，施行村级债务警戒线制度，力促集体经济“节支增收”“减负增资”“清债增效”。

七是减轻税费负担。特别是对经济薄弱村投资兴建的物业项目，减免征地管理费、土地登记费、房屋登记费、白蚁预防费、人防工程易地建设费等五项行政事业性收费，属自收自支事业单位的收费项目，减免后由同级财政对其进行补贴；物业承租企业所交税收地方留存部分，可按比例补助到村；对村集体用于租赁的物业用房，所征房产税、土地使用税等地方留成部分适当返还给经济薄弱村。

通过这七条举措，全市的村集体经济实力得到了快速增长，从2015年到2020年，年均增幅达到10%以上，尤其是经济薄弱村，不仅实现原先标准下全部“消薄”，而且很多山区偏僻村通过“抱团发展”“物业建设”“飞地经济”等途径，增加了很多收入，整体经济实力大幅提升。

二、促进低收入农户增收，缩小收入差距

绍兴作为东部沿海地区，已经没有国家贫困标准之下的群体。绝对贫困不存在，但相对贫困是有的，而且还是动态变化的。2015年，根据省委、省政府统一部署，在全省范围内要全面消除家庭人均可支配收入4600元以下贫困现象。4600元，是浙江的标准，比全国标准高出一倍。

从全省来讲，4600元以下的低收入农户主要集中在浙南山区，绍兴市只有1071户。2015年，我多次实地到这些对象家中去走访慰问，了解实际困难，帮他们解决生活和发展问题。这些家庭，有些是残疾人没有劳动能力的；有些是孤寡老人没有子女赡养的；有些是患有严重疾病，不仅丧失了劳动能力，而且长期的医药费将家庭拖入贫困的。

为实现精准帮扶，我们为1071户家庭建立档案，每户人家有几口人、什么文化程度、有多少收入、住房条件怎么样、日常生活如何、子女在哪里上学、家里的主要困难是什么、本人有什么期望，我们都逐一登记，而且要动态更新。

为了加强对这些困难群体的帮扶，给每个家庭安排了结对帮扶干部，以当地镇、村干部为主。一方面，这些本地干部了解实情，和被帮扶人比较熟悉，容易被接纳；另一方面，基层干部和被帮扶对象在同一个乡镇或同一个村，当困难群众有什么需求，也可以第一时间赶到，当然，除了这些结对的干部外，我们还动员工商企业、民间人士等社会力量进

行帮扶。

当时，主要采取了六项扶贫举措：一是政策扶贫。出台《关于促进低收入农户持续普遍较快增收的若干意见》，明确通过实施产业开发、就业创业、结对帮扶、社会救助、服务提升、改革创新等六大工程，加快低收入农户增收步伐。全市统筹 1.3 亿元，用于经济薄弱村和“低收入农户奔小康”工程。二是结对扶贫。按照“一户一策一干部”的要求，建立市、县、乡镇三级干部结对帮扶机制。市级机关干部主要联系本部门结对村的低收入农户，以助业、助学、助医、助资为主要形式，每年做到“三个一”，即“上门慰问一次、拿出一定的帮扶资金、帮助解决一个困难问题”。各县也深入开展结对帮扶活动，如新昌县以“万名干部联万户”活动为载体，组织全县 4985 名干部结对联亲低收入农户；嵊州市对“4600 元以下农户”实行“一对一”结对帮扶，要求全年走访慰问不得少于三次，提供资金不少于 500 元。三是产业扶贫。引导低收入农户发展来料加工业，对吸纳五户以上低收入农户的来料加工经纪人予以奖励，全市共发展低收入农户来料加工点 15 个以上。鼓励农业龙头企业和专业合作社吸收低收入农户就业、入股入社及带动发展生产基地。同时加强对低收入农户的技能、技术培训和证书培训，对低收入农户经培训取得劳动部门颁发的职业资格证书并转移就业的，按农民劳动力培训补助两倍的标准给予奖励，并允许多次培训。四是金融扶贫。对低收入农户贷款实行全额免息，政府予以全额贴息。目前共落实贷款 49 户，贷款额 493 万元。五是兜底扶贫。进一步完善社会保障体系，扩大医疗救助、教育救助、住房救助向低保户、低保边缘户和困难低收入农户家庭覆盖。对 4600 元以下农户中基本符合低保条件的，由民政部门纳入农村低保，做到应保尽保。六是社会扶贫。通过电视、报刊、网络等主流媒体积极弘扬传播扶贫济困新风尚，开展“10·17”扶贫日、助残日、公益捐赠等活动，发动爱心人士、工商企业、红十字会等进行定向帮扶。新昌县还设立了道才基金、爱莲基金等乡情基金，向低收入农户送温暖。2015 年，全市 1071 户低收入农户，通过纳入低保消除 323 户、593 人，占比 30.16%；纳入残保消除 20 户、45 人，占比 1.86%；产业帮扶消除 82 户、150 人，占比 7.66%；就业帮扶消除 226 户、488 人，占比 21.1%；督孝帮扶消除 141 户、195 人，占比 13.17%；助困救济消除 181 户、286 人，占比 16.9%；其他渠道消除 98 户、153 人，占比 9.15%。

对于刚刚摘帽的 1071 户低收入农户，要扶上马，再送一程，确保不发生返贫现象。2016 年 4 月，绍兴市委办下发《关于巩固家庭人均年收入 4600 元以下贫困人口脱贫成果的通知》，组织“回头看”行动，对照目标群体、巩固方式、帮扶举措、长效机制、效果评价、责任落实等 6 方面重点，列出工作清单、责任清单和名册清单，切实抓好脱贫巩固工作，在此基础上，我们将主要精力聚焦到促进低收入农户增收上来，提升低收入农户生活质量，确保和全市人民共同迈入高水平全面小康社会。

在重点解决好 4600 元以下农户脱贫巩固的基础上，按照目标精准、对象精准的要求，以低保线的 1.5 倍收入为标准，调查认定低收入农户数据库，具体做到“三个全”。一是全域普查。在全市范围内对低收入农户进行调查认定，深入到每个乡镇（街道）、每个村、每家农户，做到村不漏户、户不漏人，由点及面，摸清情况。二是全面采集。将低收入农户家庭成员情况、健康情况、收入情况、支出情况、住房情况、技能情况等进行全面摸排，做到采集数据准确。三是全程公开。调查认定情况接受村两委班子、村民代表、驻村干部民主评议，结果在村委公告栏公示七天，防止优亲厚友、情况不实。通过各种方法认定入库低收入农户 3.8 万户，6.2 万人，且每年根据收入情况和低保标准进行动态调整。每户低收入农户家庭，都明确具体帮扶责任人，根据家庭实际情况，制定增收方案，在全市低收入农户和经济薄弱村奔小康资金中切出专项资金，用于扶持来料加工专业村，培育来料加工经纪人，拓展来料加工基地，鼓励经纪人赴杭州、义乌等地承接加工订单，对参加来料加工展会、在市外设立来料加工点的进行补贴。培育 17 个来料加工专业村，增加来料加工点 842 个，新增从业人员 1.8 万人，发放加工费 1.54 亿元。提高就业技能促增收，加大培训的实用性、有效性，重点开展家政服务业、传统小吃业培训，让低收入农户有一技之长，增加创业就业机会。

2017年，绍兴市出台《关于深入开展第四轮经济薄弱村和低收入农户奔小康结对帮扶活动的实施意见》。2018年1月，出台《关于实施“闲置农房激活计划”的指导意见》，为低收入农户增加财产性收入近220万元。出台《金融支持三农五大行动方案》，对低收入农户发展生产类10万元以下的小额贷款实行免担保、免抵押的信用贷款，当天申请，当天办结，对利率实行全额贴息，由市、县两级财政负担，切实缓解低收入农户贷款难、贷款贵的问题。实施低收入农户健康保险工作。由县级财政出资，按每人120–180元的标准，为低收入农户购买补充健康保险，在原先社保医疗报销、大病报销的基础上，对低收入农户住院期间自费药品，按发生费用的一定比例进行报销，对伤残人员按残疾等级给予最高三万元的保障。

从我工作的实践来看，增加低收入农户收入，缩小收入差距，要多措并举，持之以恒。一是着力提高低收入农户就业发展能力。结合“千万农民素质提升工程”，对所有具有劳动能力和发展意愿的低收入农户提供免费培训，农家乐、传统手工业、家政服务、电子商务等业态领域的专业技能培训，低收入农户优先安排；政府和社会组织提供的公益就业岗位低收入农户能胜任的优先安排，每年实现1000名低收入农户通过公益性岗位实现就业。二是拓宽低收入农户财产性收入渠道。深入推进以农村“三权”为基础的产权制度改革，引导和鼓励低收入农户流转土地经营权、山林经营权获得财产性收入，支持其以土地经营权入股参与发展土地股份合作社，保障低收入农户对集体资产股份占有、收益、及抵押、担保、继承等权益。探索将财政扶贫资金、相关涉农资金和社会帮扶资金等投入设施农业、养殖、光伏、水电、乡村旅游等项目开发经营，形成的资产收益分红权折股量化到低收入农户。三是强化兜底保障。逐步提高兜底保障水平，进一步完善社会保障体系，加大医疗救助、教育救助、住房救助力度，将支出型贫困纳入救助范围，农村低保做到应保尽保，城乡低保标准统一并轨，不断提高保障水平。四是加大教育帮扶力度。让低收入农户子女共享优质教育资源，切实消除因贫少学现象，完善针对低收入农户子女不同教育阶段的奖补或减免政策，在九年义务教育阶段普遍实行“两免一补（免学费免杂费，给予生活补贴）”政策，对低收入农户子女就读高中、大学专本科的，提高助学金补助标准。五是推进健康帮扶行动。逐步提高低收入农户基本医疗保险政策范围内住院费用报销比例、降低大病保险起付线、适当扩大合规费用范围，并把低收入农户全部纳入重特大疾病救助范围，切实降低低收入农户医疗费用支出。将低收入农户优先纳入乡村医生签约服务范围。六是动员社会力量积极参与。发挥群团组织、民主党派、无党派人士在人才和智力帮扶上的优势，开展“百企联百村”专项行动，引导企业家、爱心人士反馈家乡建设，开展各种形式的助弱、助学、助老、助残、助医活动。

（采访整理：李登科；采访时间：2021 年 12 月 22 日）

一颗蓝莓带动九省万人脱贫

杨曙方

一、发展蓝莓产业

我 1969 年出生于诸暨青山的一个偏僻的小山村——上下文村。那时候上下文村是诸暨市远近闻名的落后村，流传着一句“好女不嫁上下文”的俗语。我最早在工商银行浙江省分行工作，后来下海自主创业。在创业初期，我主要从事安防系统行业，并在业内有一定知名度。2008 年，一个偶然的机会，我了解到在国外，尤其是美国、加拿大、欧洲、日本等国，蓝莓的发展很普遍，甚至到了学生营养配餐的程度，其相关的衍生品种类也很多。那时，蓝莓产业在国内刚刚起步，只有零星分布在东北、西南等地区，而且只作为鲜果销售，精深加工产品极少。于是，2010 年，我出资成立了浙江蓝美技术股份有限公司，专注于蓝莓的产业化发展。

经过 10 余年的发展，浙江蓝美技术股份有限公司已经发展成为一家集品种培育、技术服务、精深加工于一体的蓝莓全产业链的国家产业化农业龙头企业。蓝美公司注重研发和创新，聚焦蓝莓新品种的培育，自主研发了目前全国唯一的蓝莓国家级林木良种“蓝美 1 号”，该良种不仅高产、易种、抗逆性强，而且药用价值高，是目前世界上唯一可提取药用花青素的种植品种。

二、蓝莓产业扶贫的主要做法

2018 年，浙江省供销社与蓝美公司达成战略合作，利用“蓝美 1

号”蓝莓品种在四川等地进行川浙两省东西部结对扶贫，取得了很好的反应和效果。

在蓝美产业参与脱贫攻坚的时候，党和政府按照精准扶贫、精准脱贫基本方略和“集中连片、突出重点、全国统筹、区划完整”的原则，对贫困地区因地制宜，分类施策，已经取得了显著成效，脱贫工作已进入了攻坚拔寨的决胜阶段，接下来的攻坚任务将会更加困难。其中最突出的是产业扶贫，最难的是产业扶贫，最根本的是产业扶贫，最长久的还是产业扶贫。

我始终坚持“共襄产业发展，共享致富增收”的扶贫思想，用工业化思维解决农业产业化问题，把帮助农民增收放在第一位。聚焦贫困区域和贫困人口，全力推进蓝莓产业扶贫。2018 年以来，蓝美公司成立了以我为组长的产业扶贫小组，走访了全国 10 多个省的 130 多个县市，总结了一系列成系统、可复制推广的主要做法，包括：

第一，面对问题，创新扶贫模式。

蓝美公司在前期扶贫调查的过程中发现的难点主要有：一是市场主体不活跃。二是资金整合困难。三是缺乏优质产业。四是多方共赢机制不完善。

针对这些问题，我们因地制宜，不断创新，各个击破。蓝莓在中国尚属于新兴产业。蓝美公司通过举办中国蓝莓产业化发展峰会和产业扶贫研讨会、产业推进现场会、组建蓝莓学院等教学培训活动，增进大家对产业的了解，形成产业发展共识，增强产业发展信心。另外，蓝美公司选择了自主研发的“蓝美 1 号”作为扶贫品种，具有农业现代化的基础。同时，蓝美公司还为当地提供全程技术服务。在种植技术服务方面，设立了蓝莓植护云平台，开设“蓝莓专科庄稼医院”，为种植主体提供全程技术服务；在收益保障服务方面，蓝美公司承诺按市场价收购，每年投入 2000 多万元收购蓝莓果 1500 多吨，保障蓝莓“种得出来、卖得出去”；在销售渠道服务方面，蓝美公司通过和供销系统的战略合作，建立鲜果批发渠道，用系统解决方案给种植户提升果品效益；在精深加工定制服务方面，当在一定区域范围内蓝莓基地达到一定规模（一般为

1万亩以上）后，蓝美公司在当地兴办蓝莓加工企业，鼓励当地企业和合作社、贫困村集体等投资参股。

第二，整合资源，探索扶贫模式。

在推行蓝莓产业扶贫过程中，蓝美公司整合各方资源，明确市场主体的职责，探索并形成了“政府引导、多方共建、群众参与、金融支持、蓝美保障”的模式。

政府通过规划引领、政策支持、组织发动引导产业发展方向。在推行蓝莓产业扶贫模式时，蓝美公司通过与当地政府沟通，落实相应帮扶政策。推行过程中注重发挥农民作为参与者、建设者和受益者的主体作用，强化政府规划引领、资金政策支持，引导社会主体、村组织和农民共同参与整村脱贫计划。对贫困村进行整体种植规划设计，并组织发动全村种植蓝莓产业，并建立健全后期帮扶机制，逐步覆盖具备条件的村庄，持续稳定解决贫困问题。

当地国资平台、龙头企业、合作社合作共建产业基地。蓝美公司采用“国资平台＋龙头企业＋合作社＋农户”合建企业模式，有效提高贫困村村民参与蓝莓扶贫产业的积极性。在整个产业扶贫过程中，通过国资平台吸引投资，龙头企业和合作社带动建立联农带农机制，农户以土地、资金、劳动等形式入股，合作建设蓝莓种植基地。最后由平台公司实施保证收购、保底收购，有效保障了当地农户的蓝莓销售收入。

农户通过土地流转、提供劳务和扶贫资金参与基地建设。蓝美公司引导贫困户以土地入股、土地托管、互换并地等方式对土地经营权进行有序流转，使贫困户将自有土地的经营权转租给合作社和农业龙头企业，进行规模化经营管理。参与其中的农户可通过土地流转获得稳定的租金收入。为帮助贫困户解决想发展又没能力发展的问题，蓝美公司在参与扶贫项目时，将银行、农担公司、保险公司等金融机构融入到扶贫格局中，对投保的农户、农业企业或合作社提供融资支持，保障农户最低收入。另外，优化了帮扶资金的使用效率，把政府和社会的财政帮扶资金以优先股形式参股到蓝莓合作社或加工企业，并量化到建档立卡贫困户和集体经济薄弱村，随后引导贫困户作为集体资本入股，强化整村推进脱贫项目的投入保障，让贫困户和薄弱村享有收益分成、保底分红。

根据贫困户家庭劳动力状况，蓝美公司组织人力对有劳动能力的农民进行劳动技能培训、基地培训，提高贫困人口的劳动力素质，合理安排劳务输出或直接就近在蓝莓基地务工，实现家门口就业，有效带动了更多贫困户脱贫致富。

第三，突出重点，完善扶贫机制。

蓝美公司始终把贫困地区和贫困人口放在突击位置，积极探索优先发展机制，组织力量对有劳动能力的农民进行劳动技能培训，提高贫困人口的劳动素质，合理安排劳务输出；引导贫困户以土地入股、土地托管、互换并地等方式对土地经营权进行有序流转，由扶贫企业统一规划进行经营管理。

同时，蓝美公司创新农村金融服务方式，为种植主体提供融资支持，解决资金问题以及资金保障的可持续性问题，而且优化了帮扶资金的使用效率，把政府和社会的财政帮扶资金以优先股形式参股到蓝莓合作社或加工企业，并量化到建档立卡贫困户和集体经济薄弱村，随后引导贫困户作为集体资本入股，强化整村推进脱贫项目的投入保障，让贫困户和薄弱村享有收益分成、保底分红。由此建立一种针对贫困人口的“五金一利”模式，即农户土地流转有“租金”、基地就业有“薪金”、承包管理有“酬金”、订单农业有“订金”、超产分成有“奖金”、参股经营有“红利”。

三、蓝莓产业扶贫取得的成效

自参加扶贫任务以来，我们结合被帮扶地区的实际，推动蓝莓种植业势头良好，经济效益、社会效益、生态效益凸显。

第一是直接带动贫困户增收。目前蓝美公司已与四川、贵州、安徽、江西、河南等九个省的50多个县合作开展蓝莓产业扶贫，稳步推进蓝莓原料基地、农旅示范基地建设，让贫困农户和贫困村真正参与产业发展。尤其在四川省凉山州布拖县发展了3600亩高原蓝莓，带动73个村集体发展经济，其中 70 个曾是挂牌督战村，已全部摘帽。目前，项目区已建成示范基地近 20 万亩，帮助贫困村村民流转土地 20000 余亩，涉及农户 3000 余户，直接带动贫困户 11000 多人脱贫。截至 2020 年底，贫困户人均新增加收入 1000 元，解决劳务用工超过 25 万人次。

第二是促进当地产业结构升级。蓝莓种植业发展后，规划发展蓝莓加工业、蓝莓休闲采摘园等附加产业，带动当地的加工产业、旅游产业等，促进其他产业大发展，给当地居民增加了就业机会，实现了持续增收，对优化产业结构、早日实现脱贫有显著效果。扶贫方式由“输血式”向“造血式”转变，使贫困户能够依靠扶贫项目自力更生，达到脱贫致富目的，为建设社会主义新农村共赴小康社会奠定基础。

此外，我们累计为贫困地区开展培训 260 余次，培训人员超过 8000 人。培训内容不仅是蓝莓种植管理，还包括了蓝莓深加工产品的工艺流程、产品质量、包装运输等各个方面，为后续二三产业的发展积蓄力量。

第三是有效改善了贫困地区的生态环境，实现了荒地利用。在经济发展和产业结构的调整取得较大进展的同时，蓝莓产业的发展有效地改善了贫困村的生态环境。蓝莓属高产、优质、高效产业，栽培时受地势和土层深度的限制较少，管理较简单，对病害抗性较强，以施用有机肥为主，不会对环境造成污染，可有效地改良土壤理化性状，增加土壤团粒结构，减轻土壤水、土、肥的流失。其次，蓝莓的产值虽高，但生物量却比苹果、柑橘等大果类果树小得多，且根系发达，保持水土能力强，特别适于在丘陵山区荒地等退化生态系统中种植，形成良性循环和持续发展，给贫困地区带来良好的生态效益。

第四是开展了多种形式的直接扶贫。3 年来，我们通过苗木、肥料等优惠供应方式，提供免费技术辅导，让利 1600 多万元支持贫困县；每年投入 2000 多万元收购蓝莓果 1500 多吨；在贫困地区设立招聘会，并在实地考察项目过程中，资助贫困家庭就业就学；在此次新冠疫情防控期间，蓝美公司为四川等地的医务人员捐献价值近 500 万元蓝莓花青素。

蓝美公司的产业扶贫模式重在给农业赋能，提升农民的观念、技能，发展生态高效农业，为农村打造绿色健康共富产业。蓝美公司的扶贫模式和成效得到了《人民日报》《农民日报》等多家媒体报道。2019 年 10 月 14 日，在由农业农村部主办的产业扶贫论坛上，蓝莓产业扶贫入选产业扶贫范例。蓝莓产业扶贫在东西部扶贫协作中也得到了四川、浙江两省主要领导同志的肯定。我自己也在扶贫过程中荣获了“全国脱贫攻坚先进个人”荣誉称号、浙江省东西部扶贫协作突出贡献奖、浙江省乡村振兴带头人“金牛奖”。

四、在产业扶贫中的一些体会

要结合当地实际，精准选择优质产业。选准产业是前提。要因地制宜地发展种植业、养殖业、加工业、旅游业等，要立足当地实际情况，充分利用当地的资源禀赋和市场需求，引导贫困户选择适合自己的生产经营活动。不可仅仅着眼于眼前的短期收益，而不考虑长期的可持续性增收。蓝莓产业适栽范围广，适种人群多，种植管理简单，产业服务周到，高产稳产，具有较高的科技含量，符合绿色健康发展理念，有较大的成长性；且全产业链条完善，加工用途广，市场容量大，经济效益高。

此外，贫困地区在巩固现有优质产业的基础上，可发展相应的附加产业，进一步拓宽增收渠道，确保贫困户收入持续增加。在推进蓝莓产业扶贫过程中，蓝美公司坚持规划先行原则，积极协助当地政府，按照一二三产业融合发展理念，制订产业总体发展规划，确定原料基地、休闲采摘基地、加工中心等区域布局和进度安排，并出台相应的产业扶持政策。如四川省在制定全省蓝莓产业发展规划基础上，各重点产区都分别制订了相应的产业发展规划，实现产业有序发展。

要注重龙头带动，培育本土企业。企业带领是关键。本土企业熟悉当地社会经济和产业发展情况，在产业扶贫中发挥着重要作用。由于贫困地区无论是产业基础还是企业实力都较为薄弱，需要有较强实力的龙头企业带动。蓝美公司坚持合作共赢理念，通过股权投资、业务合作等多种方式，带领和服务当地企业、合作社等发展生产、加工、销售，培育壮大本土经营主体，形成全产业链发展格局和长效发展机制。

要创建利益联结机制，推动利益共融，以市场手段促进经济发展。农民合作是基础，利益共享是核心，政府支持是保障。在产业扶贫中，必须把贫困户的发展需求放在第一位，与企业、政府建立良好的协作发展关系。这样，才能提高贫困户参与产业扶贫的积极性，提升政府支持、企业帮扶的主动性。

企业可以以合作社的形式将贫困户组织起来，形成政府帮扶合作社发展、合作社带领贫困户增收的“合作扶贫”模式；同时以农业产业化联合体、农旅一体化综合体等新型合作经济形式，将扶贫合作社、村经济合作社、小微企业等组织起来，将政府和社会的帮扶资源折股量化为贫困户和村经济合作社的优先股，打造贫困户、合作社、村经济合作社、龙头企业等主体共建共享的全产业链利益共同体。

要加强教育培训，提高贫困居民的劳动力素质。文化水平低、技术能力不足是制约贫困地区经济发展的重要因素。要想解决劳动力素质低的问题，应加大贫困地区的教育培训投入，积极推行义务教育，提高劳动力文化素质；并对劳动力进行实用技术、职业技能等培训，加强劳动力自身综合素质，使贫困地区劳动力由体力型向技能型甚至智能型转变，与现代市场需求相适应。

五、结语

脱贫只是第一步，如何扎实巩固拓展脱贫攻坚成果，推进精准扶贫和乡村振兴的有效衔接，走好乡村振兴之路，是我们即将面临的新的更大课题。我计划在未来几年，在全国 100 个县区、10000 个村打造真正有地方特色且能够为农民带来真正可持续发展的蓝莓特色产业，也将推进蓝莓产业在区域化、村集体、农户层面探索出一套真正能够可持续发展的乡村振兴模式，书写农业强、农村美、农民富的亮丽答卷！

（采访整理：李登科；采访时间：2021 年 12 月 22 日）

潮平两岸阔，风正一帆悬

张伟亚

一

金华市一直高度重视扶贫工作，把消除贫困、改善民生、逐步实现共同富裕作为党委和政府的一项重要民生工程来抓，坚持扶贫工作与经济社会发展“两促进”、扶贫工作与社会保障“两结合”，找准扶贫路子，强化机制建设，扎实深入开展扶贫工作。作为金华市政府分管农业农村工作的领导，同时担任金华市扶贫开发工作领导小组副组长，我有幸参与组织协调并亲历见证了金华市的扶贫开发工作。

进入21世纪，金华市的扶贫工作大体可分为四个阶段：

一是2003年至2007年全面实施“欠发达乡镇奔小康”工程阶段。金华有37个乡镇列入省定的361个欠发达乡镇，涉及18.96万户、56.6万人，其中省定重点扶持211个乡镇中有21个（婺城区4个、武义县8个、磐安县9个），涉及7.73万户、22.38万人。到2007年底，有19个乡镇的农民人均纯收入由2003年的2152元增长到4000元以上，家庭人均纯收入低于1500元的低收入人口从2003年底的5.58万人减少到4.84万人，最低生活保障基本实现“应保尽保”。“欠发达乡镇奔小康工程”各项目标任务顺利完成。

二是2008年至2012年全面实施“低收入农户奔小康”工程阶段。2007年，金华低收入农户有17.23万户、36.35万人，分别占全市总户数的11.94%和总人数的8.29%。到2012年底，全市低收入农户家庭人均纯收入为5993元，增幅高于全市农村居民7.1个百分点；人均生活消费支出为 4687 元，增长 14.8%，增幅高于全市农村居民 8.1 个百分点。家庭人均纯收入低于 2500 元的低收入农户家庭基本消除，其中有 73.7% 的低收入农户（低保户除外）家庭人均纯收入超过 4000 元。金华顺利完成了省委、省政府下达的扶贫工作任务。

三是 2013 年开始全面实施“低收入农户收入倍增计划”阶段，即通过加大产业扶贫、社会扶贫、金融扶贫的力度，改进帮扶方式，当年完成新一轮低收入农户和扶贫重点村界定，金华低收入农户为 47.68 万人，占全市农业户籍人口（2010 年）的 13.38%；市本级扶贫专项资金从 80 万元增加到 500 万元。

四是在“十三五”期间，按照“不落一村、不落一户、不落一人”要求，扎实推进“两不愁三保障”突出问题“清零”、年家庭人均收入 9000 元以下情况“清零”、集体经济薄弱村“清零”工作。2020 年，全市低收入农户人均可支配收入达 9514 元，增长 13.7%。全市家庭人均收入 9000 元以下农户全部消除，低收入农户住房和饮水安全问题全部解决，集体经济薄弱村“清零”完成年度任务的 158%。高质量完成低收入农户高水平全面小康攻坚各项任务。

二

在开展脱贫攻坚中，我们遇到了许多困难，突出表现在：一是扶贫对象能力较弱。低收入农户人口无论是家庭的经济实力还是自身的能力素质都比较薄弱，脱贫致富的途径十分有限，同时因灾因病返贫的现象较多；二是转移就业难度加大。受宏观经济影响，劳动力就业市场竞争日趋激烈，加上农民自身竞争力不强、稳定性不高和工资水平较低等问题，大多数低收入农户仍以农业为主业，实现增收脱贫的困难较大；三是特色农业产业水平不高。一些特色农业基地、农业龙头企业和专业合作社生产经营缺资金、缺技术、缺销路、缺品牌现象比较突出，市场竞争力不强，经济效益较低；四是易地搬迁困难很多。受用地指标限制，易地搬迁项目实施难度进一步加大。前期村级班子强、群众热情高的山区自然村大多数已完成易地搬迁，剩下的村由于经济条件较差、村级班子战斗力不强以及利益多元化分配等因素影响，工作难以开展，因此易地搬迁的工作难度较大；五是社会保障体系薄弱。农村合作医疗保险保障金额低，存在覆盖面小、保障水平不高、制度不健全等问题。有病无钱医治，“等、挨、靠”现象比较常见，许多农户因家人患大病欠下巨债而迅速走向贫困，同时基本养老保险、失地农民保险等保障体系不够健全、对农村人口覆盖率还比较低。

尽管脱贫攻坚难度很大，但我们锚定目标，切实扛起责任，认真贯彻中央扶贫工作精神，按照省委、省政府的总体部署，把脱贫攻坚工作作为推进区域协调发展、建设惠及全市人民小康社会的一项重要任务来抓，落实工作责任，创新工作载体，形成了党委政府领导、部门大力协作、社会广泛参与的扶贫开发机制和良好氛围。首要的是加强领导，统筹推进。市委、市政府多次调研、召开专题会议，狠抓工作落实。2012年，金华市成立扶贫开发工作办公室，具体负责组织协调工作，并将扶贫工作列入对各级各部门年度工作目标责任制的考核，每年对各县（市、区）实施成效进行评估，在届末对五年目标任务完成情况进行考核和评比，对成效显著的县（市、区）进行表彰和奖励。各县（市、区）都成立工作领导小组，由党政主要领导任组长，分管领导具体负责，设立办公室，建立层层负责的工作网络，建立健全考核督办等制度，对扶贫工作情况进行定期督查，做好分类指导，扎实推进扶贫各项工作。

为实现标本兼治，我们主要围绕四大重点工程推进脱贫攻坚工作：一是大力发展农业主导产业。加大对农业特色产业、农家乐的扶持力度，改造和提升一批农产品基地，扶持和培育一批扶贫龙头企业和扶贫专业合作社，鼓励发展特色种养业和“短平快”项目。二是积极发展来料加工业。以义乌市场为龙头，做大做强来料加工业，每年在义乌召开全省来料加工业务对接洽谈会暨发展来料加工工作会议。仅2012年，全市来料加工人数达24.3万人，发放加工费20亿元。三是实施易地搬迁工程。提高财政补助标准，加大对高山远山、地质灾害隐患点等区域群众的迁移力度。2012年全市完成投资1亿多元，完成易地搬迁4164人。2013

年，把易地搬迁工作列为全市民生十件重点实事之一。四是切实改善农村人居环境。深入实施新农村建设，加强基础设施建设，推进欠发达乡村环境综合治理。加大对欠发达地区社会事业支持力度，不断完善公共服务体系，欠发达地区农民享受政府公共服务的标准和覆盖面逐步提高。

我们还积极开展结对帮扶，城乡互动，动员全社会力量助力脱贫。2008 年至 2012 年，在全市范围开展结对帮扶活动，市委下发《关于开展新一轮结对帮扶活动的通知》，推进更多资源向欠发达地区倾斜，促进城乡协调发展。实施“经济强县带弱县”制度，发达县（市、区）与欠发达县（市、区）结对，如义乌市联系婺城区、永康市联系武义县、东阳市联系磐安县。还建立“市机关部门及有关企事业单位联系低收入农户集中村”制度，市本级 112 家机关部门和企事业单位与婺城、武义、磐安的低收入农户集中村开展结对帮扶，各县（市、区）共组织 721 家县级以上机关部门和企事业单位开展结对帮扶。五年全市共落实帮扶项目 1.9 万个，落实帮扶资金 2.8 亿元，有力促进了欠发达地区发展。同时，广泛开展“一户一策一干部”帮扶活动，要求结对帮扶部门（单位）党员干部与联系村的低收入农户开展结对帮扶活动。全市共有 3.14 万名党员干部与 6.38 万户低收入农户参加结对帮扶。

经过持续努力，金华市脱贫工作逐步形成常态化运作，各县（市、区）将欠发达地区和低收入农户集中村作为扶贫开发的主战场，以低收入农户为工作对象，广泛建立“一户一策”帮扶机制、“互助合作”开发机制和“分工协作”工作机制，通过产业开发帮扶、培训就业帮扶、易地搬迁、基础设施建设、社会救助覆盖、区域协调行动、金融服务支持等方式，促进低收入农户提高收入水平和发展能力，提高低收入群众的生活水平，推动欠发达地区经济社会持续较快发展。

三

随着“十三五”到来，全国脱贫攻坚工作进入倒计时，金华的扶贫开发工作也迎来最后的决战时刻。这一阶段的形势更为复杂，产生了许多新困难和新矛盾。

1、扶贫对象的认定机制亟待完善。全市参与脱贫攻坚的各个部门虽然都建立了数据库，如低收入农户数据库、低保数据库、残疾人数据库、助学数据库等，但由于缺乏统一的信息管理平台，未能做到信息共享，难以为精准扶贫在第一时间提供准确数据，特别是在对低保对象的认定和退出方面，缺乏及时的互通共享，导致工作量非常大。

2、因病因残致贫返贫现象仍较突出。全市贫困群体中因病、因残致贫返贫的占比达 70% 以上，这一群体身体状况差、缺乏劳动能力和技能，脱贫致富的途径十分有限，需要继续救助。同时还存在支出型贫困的情况，即虽然其人均年收入已超 4600 元，也在新型合作医疗、大病保险、医疗救助等方面享受到国家政策补助，但由于医药费自负部分支出较大，实际日常家庭生活仍然较为困难。

3、低收入农户集中区域自我发展能力还较弱。全市低收入农户集中区域大多是交通不便的山区，社会经济整体发展水平落后。同时这些地区大多是生态屏障或水源涵养区，承担着生态保护任务，经济发展受到政策制约。而且由于用地指标限制，易地搬迁工作难度进一步增大。

4、各类社会扶贫要素资源亟待系统性整合。全市扶贫开发工作涉及农办（扶贫办）、民政、残联、教育、卫生医疗、人力社保等多个部门，还涉及财政税务、国土资源、农业林业、科技金融、慈善协会等相关部门和群团组织，单个看产业扶贫、科技扶贫、教育扶贫、卫生扶贫等都很有成效，但因尚未建立有效的统筹机制，缺乏整合，工作推进中存在各管一块、政策多样、标准不一、资源分散等情况，难以形成叠加的综合效应。

作为分管全市脱贫攻坚工作的责任人，我深感重任在肩，使命重大，越是紧要关头，越要坚持到底，丝毫不能松劲懈怠，坚决打赢这场攻坚战。党的十八大后，以习近平同志为核心的党中央提出“精准扶贫”的理念，为我们今后开展脱贫攻坚工作提供了根本遵循，明确了目标和方向。我们越来越认识到过去粗放漫灌式扶贫难以聚焦扶贫对象，只有精准滴灌式扶贫才能使真正需要扶贫的群众获益，只有精准扶贫才能实现高效扶贫。有鉴于此，我们坚持因人因地施策、因贫困原因和类型施策，区别不同情况，做到对症下药，提高扶贫资源的配置效率，防止扶贫资源的浪费；集中力量帮扶重点区域，把扶贫资源用在刀刃上。我们的举措主要有：

一是坚持政府主导，完善工作机制。金华将精准扶贫作为一项重要政治任务来抓，建立县（市、区）委书记为第一责任人的工作机制，将农村指导员、第一书记全部派往市级扶贫重点村，纳入党政班子年度考核。根据精准扶贫新形势，2016 年重新调整扶贫开发领导小组成员单位，在农办增设扶贫开发处；率先在全省制定“消除 4600 元以下贫困现象”后巩固提升工作的政策文件。各县（市、区）也相应出台精准扶贫相关政策文件，健全各项帮扶制度，做到任务到人、考核到位。

二是坚持精准确定对象，分类排查到位。按照精准扶贫工作要求，抓好基础数据精准识别，全面开展拉网式排摸。通过逐个登门入户调查、村民代表大会讨论、公开公示等程序，采用“看房、看床、看粮、看劳动力、看读书郎”标准，确保精准到位，做到不错户、不漏人。同时，落实乡（镇、街道）、村（社区）两级动态管理责任，及时掌握因病因灾返贫人员情况，将符合条件的对象补进信息系统开展帮扶，真正做到“一户不漏、一个不少”。

三是坚持综合施策，助推精准扶贫。根据扶贫对象的布局和乡村发展条件，分析致贫原因，排出时间表，打出组合拳，确保在精准施策上出实招、在精准推进上下实功、在精准落地上见实效。综合考虑增强现代化水平、提升专业化规模、提高经济效益、保证农民增收成功率，实施产业开发扶持行动；全面考虑生态保护、土地利用规划、城乡基础设施、公共服务和人口布局等因素，实施农民易地搬迁行动；实施就业创业服务行动，为重点群体开展求职登记、职业指导、职业介绍等帮扶服务；实施金融服务支持行动，在加强农信联社金融扶贫合作基础上，积极探索与政策性银行、商业银行等金融机构扶贫合作；实施社会帮扶关爱行动，深化低收入农户帮扶机制；实施山海协作对口帮扶，实现优势互补、共同发展。

“十三五”时期是我国全面建成小康社会的决胜阶段，省委十三届九次会议把“低收入农户增收致富”作为补短板的六大重点工作之一，进一步加大对扶贫开发的转移支付力度，各部门安排的各项惠民政策、项目工程，也最大限度地向贫困地区和贫困人口倾斜。按照高水平全面建成小康社会的目标要求，我们切实做好“补齐低收入农户增收致富”短板工作，进一步推进科学扶贫、精准扶贫、有效扶贫。同时，注重“输血”与“造血”相结合、资金扶持与政策引导相结合、政府主导与社会参与相结合，着力破解农村困难家庭人居环境条件较差、因病返贫现象突出、子女教育存在困难、持续增收乏力等问题，切实保障农村困难家庭住房安全、基本医疗和子女教育，并推动农村困难家庭持续增收，实现扶贫发展工作新突破。

四

根据“十三五”规划，到2020年现行标准下农村贫困人口实现脱贫，贫困县全部摘帽，解决区域性整体贫困。按照这一目标要求，全市迅速建立党委领导、政府主抓、扶贫开发领导小组牵头协调、各相关部门共同参与的扶贫工作领导体制，严格落实党政“一把手”负总责、分管领导亲自抓的责任机制，确保高水平全面小康“不落一村、不落一户、不落一人”。2015年，金华市全面消除了家庭人均年收入4600元以下的贫困现象，提前5年完成中央要求的脱贫任务；2016年，武义、磐安两县低收入农户人均可支配收入首次突破万元大关。2020年，全市以“十大扶贫行动”为抓手，高质量完成了低收入农户高水平全面小康攻坚各项任务。金华精准扶贫交出了高分报表。

我们聚焦决战决胜低收入农户高水平全面小康攻坚，主动拉高标杆，自我加压，2020年初将全市低收入农户增收目标由省定10%调整到14%，将省定8000元以下农户“清零”调整为9000元以下农户“清零”。组织市、县两级成立扶贫专班，围绕低收入农户持续快速增收和“三个清零”实施专班作战，按月督查各县（市、区）和“两不愁三保障”成员单位重点工作推进情况，对工作完成不理想的通过任务交办、问题通报、实地督导等方式，不断压实各级各部门责任，确保各项重点工作保质保量推进。2020 年，613 户、1004 人年家庭人均 8000 元以下农户，213 户、352 人年家庭人均 9000 元以下农户全部消除；1493 户 C 级危房、266 户 D 级危房全部完成治理改造；6722 人饮水安全提标达标任务全部完成；347 个村集体经济总收入达到 20 万元以上且经营性收入达到 10 万元以上，完成年度任务的 158%。

同时，强化兜底保障，不断织密织实民生保障网。通过不断完善各项帮扶政策，有效提升“两不愁三保障”水平，低收入农户小康质量全面夯实。2020 年 9 月出台《关于规范以单人户纳入低保和实施低保低边渐退期有关事项的通知》，将单人户低保对象纳入范围，同时对于低保、低边家庭实行一年的渐退期制度，确保其稳定脱贫后再予以注销。为健全增收举措，让低收入农户持续快速增收，先后组织实施金华市“低收入农户收入倍增行动计划”和“低收入农户高水平全面小康计划”，多方式多渠道促进农户增收。2014 年至 2020 年，全市低收入农户人均可支配收入年均增长 13% 以上，2020 年底达到 12493 元，并在全省率先消除家庭年人均收入 9000 元以下现象。2013 年底，全市共有低收入农户 21.8 万户、40.3 万人，到 2020 年底消减到 4.2 万户、5.8 万人，户数、人数总量分别减少 80.7% 和 85.6%。2020 年，全市平均低保标准提高到 835 元 / 月，年平均低保标准突破 10000 元；城乡特困人员平均基本生活标准提高至 1327 元 / 月和 1200 元 / 月。医疗救助体系也不断完善，全市建成基本医疗保险、大病医疗保险、补充政策性保险和医疗救助相互融合的医保体系，困难人员医疗费用实际报销水平达 95% 以上。同时，教育扶贫全面推进，实现所有低收入农户子女全员全学段覆盖。保障范围也不断拓展，低收入农户可以享受有线电视费用减免和每月一定额度的生活用水、用电补贴。

在深化结对帮扶方面，不断壮大扶贫工作合力。我们进一步加大力度，实施“一户一策”精准帮扶、“一村一计”造血帮扶、精准派人驻村帮扶政策，不断调整充实帮扶干部力量，每个低收入农户落实至少 1

名乡镇以上干部结对，建立帮扶干部公示卡、帮扶政策明白卡、农户收支明细卡，做到“村村有部门、户户有干部、月月有走访”，不断深化“一对一”“面对面”帮扶活动。还广泛动员社会力量参与帮扶，积极构建专项扶贫、行业扶贫、社会扶贫相互融合的大扶贫格局。

五

在金华脱贫攻坚工作中，我们坚持创业创新，以踏石留印、抓铁有痕的工作干劲，奋力打造金华脱贫攻坚的“金字招牌”。

早在 1995 年，根据省委、省政府决策，在金华市区规划 3.8 平方千米土地，以“异地扶贫”的方式建成金磐开发区，对磐安进行更为精准的“造血式”扶贫。金磐开发区立足打造异地扶贫“试验田”“山海协作”示范区、生态补偿样板区、统筹共赢创新区，成功探索出集“精准扶贫、异地开发、生态补偿”于一体的“飞地”经济发展新模式。“十三五”期间，金磐开发区坚持独立行使园区内县级经济管理权、独立享有区内产值和税收、独立组织实施园区内建设管理的发展原则，推进园区总体规划与金华市区接轨、税收等经济政策与金华市区基本保持一致、土地征用由金华经济技术开发区统一组织实施，推动开发区高效运转、互利共赢。金磐开发区还在全国率先探索建立“异地发展工业增加税收，提供资金保护县内环境”的生态补偿机制。金磐开发区拥有各类经济主体 2000 多家，税收超千万元企业 12 家，其中税收超 5000 万元以上企业三家、超一亿元企业一家，主板上市公司一家，国家高新技术企业 10 家。工业用地亩均税收超 35 万元，连续 5 年居金华市各类开发区前列。自建区以来，吸引 5 万名职工就业置产，累计投入基础设施建设资金 100 亿元，在繁荣金华市区“三产”的同时，加速了毗邻社区城市化进程，实现了磐安异地开发与金华城市发展共赢。金磐开发区在金华市区发展，反哺磐安，成为磐安经济发展的主战场，其主要经济指标对磐安贡献度均达 30% 以上。2020 年 11 月 3 日，浙江省通报 15 个全省“山海协作”最佳实践案例，金磐开发区“飞地”发展模式成功入选。金磐开发区被列入“十三五”全国经济社会发展新亮点，《人民日报》头版予以报道。

击鼓催征正当时，奋楫扬帆启新程。金华脱贫攻坚取得阶段性全面胜利，接下来将切实把巩固拓展脱贫攻坚成果同乡村振兴有效衔接的政治责任扛在肩上，在更高起点上谋划和推进扶贫工作，把脱贫攻坚的特惠性、阶段性、攻坚性的政策体系，与乡村振兴的普惠性、长期性、常规性的政策体系相衔接，保持低收入农户持续快速增收、进一步提升民生保障水平、健全扶贫领域问题自我发现和解决机制，为奋力打造共同富裕先行示范的浙中板块做出积极贡献。

（采访整理：朱忠明　方军；采访时间：2021 年 7 月 23 日）

用情用心用力帮扶，打赢精准脱贫攻坚战

金文胜

2019年1月，我担任金华市发改委主任。由于政府机构改革，对口工作职能由市协作办划归至市发改委，因此我兼任了金华市对口工作领导小组办公室（简称市对口办）主任。这两年多时间，正值决战决胜脱贫攻坚的关键时期，同时又面临新冠疫情的严峻考验，金华市对口办按照市委、市政府工作部署，助力脱贫攻坚战和疫情防控战“两手硬、两战赢”，统筹协调全市力量参与到东西部扶贫协作工作中，实现了各结对县高质量脱贫摘帽，为取得脱贫攻坚决定性胜利贡献了金华力量。我非常荣幸、非常自豪能够参与到这个彪炳史册的伟大工程中去，亲身感受了脱贫攻坚带来的巨大变化，充分认识到社会主义制度的优越性，深切领悟了我党为人民谋幸福、为中华民族谋复兴的初心使命。

一

党的十八大以来，党中央明确指出，全面建成小康社会最艰巨最繁重的任务在农村特别是在贫困地区，提出精准扶贫理念，创新扶贫工作机制，全面拉开脱贫攻坚的序幕。2015年，党中央召开扶贫开发工作会议，提出了实现脱贫攻坚目标的总体要求，发出了打赢脱贫攻坚战的总攻令。党的十九大更是把精准脱贫作为三大攻坚战之一进行全面部署，锚定全面建成小康社会目标，聚力攻克深度贫困堡垒，决战决胜脱贫攻坚。

金华市根据中央和浙江省的部署，从2015年开始精准结对帮扶四

川省多个县（市、区）。其中，兰溪市、义乌市结对帮扶阿坝州汶川县，东阳市、永康市帮扶阿坝州理县。党的十九大以后，又增加浦江县结对帮扶乐山市金口河区、武义县结对帮扶四川南充市嘉陵区、磐安县结对帮扶南充市仪陇县。多年来，金华坚持真情付出，真金白银投入，将助力结对地区脱贫摘帽为己任。全市共投入帮扶资金 6 亿余元，助力结对五个县（区）于 2018 年、2019 年全部提前脱贫摘帽，累计帮助 506 个贫困村、5.65 万贫困户、17.85 万名贫困人口退出贫困序列。其中，金口河区是四川省大小凉山彝族地区首个高质量摘帽县，汶川脱贫攻坚经验做法作为全国唯一县级案例入选《亚洲减贫报告》，在博鳌亚洲论坛发布会上作交流。

同时，金华自 2010 年对口支援新疆阿克苏地区温宿县以来，累计投入援疆资金 12.3 亿元，实施项目 199 个，235 名援疆干部和专业技术人才接力开展对口支援工作，有效助推了温宿经济社会全面发展。此外，根据全省统筹安排，金华还参与对口支援西藏自治区那曲市、青海省海西州及重庆市涪陵区，拨付援助资金，提升当地基础设施建设及社会治理水平，促进民族交融。

二

2019 年是我亲历对口工作的第一年。这一年，金华围绕打赢东西部扶贫协作翻身仗目标，全面超额完成省里下达的东西部扶贫协作考核指标。全市共研究部署东西部扶贫协作工作 33 次，与对口帮扶地区召开联席会议 27 次，沟通扶贫协作情况，聚焦重点难点问题，开展东西部扶贫协作考核和督查。全面助力我市对口帮扶结对的最后一个县（区）——乐山市金口河区脱出贫困序列，实现结对的四川 5 个县（区）全部脱贫摘帽，提前完成省定各项任务。在对口支援青海、西藏、新疆方面，抓重点、克难点、增亮点，为对口支援地区经济社会发展积极贡献“金华力量”。

2019 年，开展了新一轮东西部扶贫协作干部轮换工作，强化智力支援，共派出干部 310 人次赴对口地区开展工作，积极协调 48 个学校、34 家医院、244 家企业参与结对并开展帮扶活动，全面提升对口地区软实力。其中，帮助温宿县建成国家通用语言文字有声童书馆 13 所，并在阿克苏全地区推广；促成金华市中心医院与温宿县人民医院建立远程会诊平台；实施“慈善光明行”免费手术项目，累计帮助 1000 多名白内障患者重见光明。

我们还以项目援建和产业园共建为抓手，高标准推进对口地区产业援助。在援川方面，我们安排了帮扶项目 63 个，涉及产业扶持、民生帮扶、人才支援、劳务协作等，共投入帮扶资金 1.86 亿元；协调引导 41 家企业在对口帮扶地区投资兴业，到位投资 20 多亿元，带动贫困人口近 4000 人就业；创新开展“飞地园区”合作开发，综合理县藏区水电、遂宁船山地理条件、东阳永康产业优势，打造“三方四地”发展新阵地，深化帮扶对口地区产业发展。在援疆方面，大力实施“十城百店”“百村千厂”“万亩亿元”产业援疆三大工程和旅游援疆，实施援疆项目 24 个。其中，“十城百店”工程共开设各类营销店 53 家、超市专柜 15 个，实现在金华各县（市、区）全覆盖，共销售阿克苏地区农产品 2 万余吨，销量居全省前列。“百村千厂”工程为温宿县引进落户企业 5 家，建成卫星工厂 2 个，创造就业岗位 600 多个。“万亩亿元”工程创造的黑木耳种植、水生蔬菜和水产养殖经验继续在阿克苏地区全面推广，成为当地精准扶贫和农民增收的重要举措。同时，我们会同温宿县成功举办了天山托木尔文化旅游节，举办旅游推介会，打通金华工会疗休养渠道，打响“游在温宿”品牌，推动赴温宿旅游人数呈井喷式增长。

在助力对口地区民生改善上，我们持续发力，补助温宿富民安居房 2863 套（其中贫困户 115 套）；援建了温宿县图书馆、温宿四中教学综合楼、社区服务中心、帕克勒克草原游客服务中心、青海冷湖水站改扩建及中水回用滴灌、冷湖文化体育活动中心、冷湖镇防风林绿化带项目等基础设施项目。

三

2020 年，面对突如其来的新冠疫情影响，金华市对口办及时帮助协调对口地区的困难诉求，第一时间与人社部门沟通，包车将务工人员接回金华，解决“返岗难”和“复工难”问题；牵头协调金华市中心医院、爱心企业为温宿县捐助防疫物资 30 余万元，解决温宿防疫物资短缺问题；认购汶川县樱桃 200 余万元，解决其因疫情带来的农产品滞销问题；发动社会各界向金口河区洪灾捐赠 100 万元，传递金华爱心关怀。

在疫情影响下，金华及时采取有效措施。在结对地区均已脱贫摘帽的基础上，按照“摘帽不摘责任、摘帽不摘帮扶、摘帽不摘政策、摘帽不摘监管”和“扶上马送一程”的要求，持续加强帮扶力度、强化帮扶政策、扩大帮扶范围，最终取得了脱贫攻坚战的全面胜利。

一是产业合作再发力。金华积极把产业合作与企业发展以及对口地区的动能转换、转型升级结合起来，通过云招商、线上签约等方式，引导企业到对口帮扶地区投资兴业。在援川方面，2020 年，共引导企业在四川投资项目 43 个，完成年度投资 23.3 亿元，直接带动贫困人口 1580 人。努力破解汶川、理县、金口河等县（区）因处于地震带、山多地少和地势陡峭等因素难以落地工业项目的困境，探索创新共建园区新路子。共建的川青甘物流园，由义乌市场集团派出专业人员，组成运营团队入驻，共同打造辐射西部地区的现代化物流园区，已入驻企业 16 家；仪陇县汽车汽配产业园已投产，引进企业 7 家，累计完成投资 7.6 亿元。大力推动扶贫园区、扶贫基地、扶贫车间、扶贫细胞“四位一体”产业模式，共建设扶贫车间 31 个，吸纳就业 1200 余人。在援疆方面，“百村千厂”工程运用卫星工厂助力温宿县农村集体经济“消薄”增收，成为浙江对口援疆的首批试点。“万亩亿元”工程提升温宿县特色农业品牌，重点持续扶持水生蔬菜、水果、宣莲、食药用菌等特色种养殖示范基地建设，累计引进金华农业新品种新技术 58 个（项）、种苗 15 万余株，特色种养殖面积达 5100 亩，带动当地群众增收。

二是劳务协作再深化。我们通过提供岗位、开展就业培训、出台激励政策等措施促进劳务协作，稳定就业。具体说来，在提供岗位方面，由金华市人社局牵头开展的“春暖牵手，就业金华”行动，通过组织开展“异地云招”160 场，发布招工信息 10 万条次，全市企业开发“爱心岗位”2.13 万个，对接直通专车 7470 辆、专列 54 趟、专机 7 架，累计接回外来务工人员 23 万余人，吸纳中西部 22 个省份贫困人员就业达 12 万人，得到了国务院扶贫办的充分肯定，中央电视台新闻联播进行了播报。在开展就业培训方面，2020 年在金华和对口地区开展就业培训 62 期，进一步提升贫困人员就业技能，帮助四川贫困人员就近就业 4500 余人。在政策方面，为保障本地企业复工用工，促进东西部扶贫协作对口地区就业工作，出台了一系列优惠政策。其中，对建档立卡贫困人员到金华工作的，给予免费专车接送或全额车费报销；对企业新招用建档立卡贫困人员就业的，签订 1 年以上合同并缴纳 6 个月社保费的，给予企业每人次 1000 元的补助；民办人力资源服务机构为企业推荐或派遣员工，依法缴纳社会保险费 3 个月以上的，按每人 500 元的标准给予机构就业创业服务补贴，最高不超过 20 万元。全市累计兑现复工补助 1813 万元。

同时，我们积极向互联网借力，利用“就在金华”智慧招聘平台、浙江人力资源网金华站，以及各类 HR 联盟，搭建企业为主体、人力资源服务机构为主导、政府部门综合协调的用工保障格局，以发订单、抢订单的形式帮助用工富余企业与缺工企业自由配对，为 1537 家企业调剂职工两万人。如来自宁夏西吉的建档立卡贫困人员杨杰，节后跟随返工班车到金华一家外贸企业上班，受海外疫情影响，该外贸公司订单接不上，杨杰面临失业风险。在金华人社部门牵线下，杨杰被调剂到了浙江稻花香食品有限公司，有效解决因失业带来的返贫情况。

三是消费帮扶再加码。金华通过丰富消费帮扶方式，实施单位购销、商超直销、展会促销、结对助销等多种举措，加大消费帮扶的力度。具体地说，一是通过设立消费扶贫专馆、专柜、专区带动消费。在金华全市设立消费扶贫专馆 6 个、专区 10 个、专柜 2 个。义乌在副食品市场开设“百县万品”扶贫产品馆，在汶川开设“义乌好货馆”；兰溪在农贸城设立了汶川馆；永康设立了中国理县特色农产品指定销售点；武义在原农贸城实体店的基础上，新增泉溪镇东西部扶贫农特产品直销店，加大对南充市嘉陵区农特产品的销售。同时，利用华东金华农产品物流中心的特殊优势，设立了600平方米的对口地区农产品展销中心，集中展示销售四川等地的农产品和手工艺品。二是借助金华的市场优势，利用各类展会和活动展示、展销对口地区农副产品。如2020年金华在古子城举行消费扶贫月启动仪式暨农民丰收节，承办“产销对话、情暖中秋”——浙江省供销系统消费扶贫样本发布会暨扶贫产品联供联销推介会、华东农交会、森博会等，拓宽销售渠道。三是出台系列政策，发动全社会力量参与到消费帮扶中，形成人人帮扶的浓厚氛围。如协调市总工会将工会福利用于购买对口地区产品的比例从20%提高到30%以上。动员全市干部和群众通过“以购代捐”“以买代帮”的形式，购买对口地区农产品。2020年，对口援疆方面，我们发挥市场大市和数字经济优势，打造“十城百店”2.0版，建立“市场+基地”模式，组团直入基地“一站式”购销，带动销售阿克苏地区特色农产品超12亿元，走在全省前列，并在浙江省援疆“十城百店”工程推进会上作典型发言。

四

在助力对口地区经济发展的同时，我们还注重“软实力”提升，注重“扶贫”与“扶智”相结合，从“输血”向“造血”转变，努力打造“带不走”的教育团队、医疗团队、科技团队，切实增强对口地区的内生动力。

在人才方面，金华根据对口地区的真实需求，选派了一批政治素质过硬、事业责任心强、有较强工作能力和丰富工作经验的干部到扶贫一线。在对口帮扶四川方面，共派出党政干部11人，选派卫生、教育、农业、科技等领域的专业技术人才276人。在对口支援新疆方面，前后共选派了10批共235名援疆干部和专业技术人才。这不仅有效输出了金华党政、教育、医疗等方面的先进经验、做法，而且提升了对口地区的社会治理能力和水平。同时，我们还加强对口地区干部人才的培训。紧密结合对口地区产业发展需求，利用帮扶资金，提供优质师资，采取“请进来”和“派出去”相结合、互联网和实地教相结合、传帮带和跟班学相结合等方式，倾囊相授实践经验，不断提升培训实效。我们还实施“领头雁”工程，扶持致富带头人，帮助提升对口地区自我“造血”功能。

在教育、医疗帮扶方面，持续打响“组团式”教育医疗文化援助品牌。在援川方面，共吸纳四川对口地区贫困学生 201 人到金华就读职业院校。东阳、永康两市针对理县的教育短板，不仅派遣优秀教师长期驻点帮扶，还邀请理县教师前来开展交流。义乌工商学院和阿坝师范学院不断深化合作，指导汶川电商学院学生参加全国大学生“互联网”创新大赛，并取得全国网络营销组一等奖。兰溪援建汶川县特殊教育学校特教心理健康辅导中心，定期举办多种形式的心理健康辅导，帮助学生排解心理困扰和防范心理障碍，疏导解决各类心理行为问题，促进学生身心和谐可持续发展。在援疆方面，2020 年新冠疫情防控期间，我们通过“云课堂”助力温宿学校停课不停学；开展“百校十万‘石榴籽’工程”，并在温宿县第二幼儿园举行了启动仪式，中央电视台新闻联播进行了报道。同时，医疗援疆迭代升级，不断扩大“组团式”医疗援疆成效，提高当地医疗卫生服务能力与水平。我们实施“杏林计划”，2020 年，七名援疆医生共接诊病人 860 人次；“光明行”活动全年实施免费白内障手术 243 例。市中心医院还通过网络开展在线专家会诊，为温宿医疗服务提供帮扶。

在农业帮扶方面，金华强化技术输出，提高对口地区的技术水平。我们组织农业专家到对口地区现场开展“一对一”“面对面”的指导，提供技术解决方案，协助提升农产品种植能力，提供增收新渠道。如兰溪市免费赠送 2400 株杨梅苗给汶川县，并派出技术工程师全程指导；金华市农科院派出专家指导仪陇县开展金线莲林下种植。

五

市委、市政府每年召开市委常委会、市政府常务会议、市对口工作领导小组会议，专题学习上级对口工作精神，研究部署对口工作。强调要提高政治站位，以更高的政治觉悟、更强的责任担当、更深的战友情谊，在决战决胜关键之际，动员全市交出对口地区脱贫攻坚高分报表。市四套班子领导多次赴结对地区考察对接，有力地推动了对口工作的开展。

各结对县（市、区）根据结对实际，积极筹集资金、精心选派援派干部人才，发挥各自优势，高质量完成对口任务。如：兰溪建设“飞地”产业园区，助力汶川雁门镇索桥村探索乡村振兴，在汶川成功种植枇杷、杨梅；义乌创新“党建 +”对口帮扶模式，打造汶川电商学院、川青甘物流园、“百县万品”消费助农中心等标志性项目；东阳由横店集团等大企业引领，走出技能、社保、就业“三位一体”的劳务协作新路子；东阳、永康两地还创新建设东阳—永康—理县—船山“三方四地”“飞地”园区；浦江投入上亿元帮扶资金打造“点线面”立体式产业扶贫，建设生态食品加工园，带动5000余名贫困人员脱贫增收；武义为嘉陵区蚕桑企业引进先进技术，建设万亩蚕桑基地，运用科技手段助力桑叶产出“黄金丝”，产品供不应求；磐安助力仪陇县建成浙川汽车汽配产业园，等等。

市直机关单位结合工作职责，积极协同，发挥金华优势，有所作为。如市委组织部加强对干部人才的关心关爱，11名援川干部均得到了组织肯定；市财政局及时筹集拨付对口资金，并开展资金绩效专项检查；市教育局、市卫健委统筹协调全市选派援派教师和医生；市民政局为对口地区筹集社会捐赠资金和物资；市人社局牵头开展劳务协作，实现12万建档立卡贫困人员在金华稳定就业，得到国家有关部门和浙江省的肯定；市供销社发挥华东金华农产品物流中心作用，助力消费帮扶走在全省前列；市国资委和市工商联组织市属国企和全市民营企业，积极参与携手奔小康行动；市妇联为对口地区送去直播培训、来料加工培训；市残联助力对口地区贫困残疾人脱贫增收，等等。

市对口办切实做好牵头抓总和协调服务工作，建立全市协调推进工作机制。协调市督考办将对口工作纳入对县（市、区）和市直部门的年度考核。通过工作例会、钉钉协同等方式，将前方工作组、市级部门、县级对口力量紧密衔接，汇聚各方力量，形成“前方一团火，后方一盘棋”的良好工作格局。

六

在助力对口地区脱贫攻坚过程中，金华不断创新突破方式方法，在助力就业、产业、教育等帮扶方面涌现出一批典型经验和做法。

第一，实施“春暖牵手、就业金华”行动，精准帮扶 12 万贫困人员稳步就业。

新冠疫情发生后，金华从 2020 年 2 月开始，紧密对接结对地区外出务工需求，开展“春暖牵手、就业金华”行动，目标吸纳中西部 22 省 10 万贫困人员来金华就业。着力打造 100 个以上贫困地区劳务协作基地，累计组织 1500 家企业开发“爱心岗位”2.13 万个，实现“岗位等人”“来就上岗”。通过开展“点对点、一站式”返金专车、专列、专机，累计接回来金务工人员 23.98 万人。目前，我们已与 16 个省 53 个县（市、区）建立了稳定的劳务协作关系，累计签订劳务合作协议 211 份，建立劳务协作站 101 个，吸引建档立卡贫困人员在金就业 12 万人。此项工作得到新华社、中央电视台、《人民日报》等媒体报道。

第二，精准教育扶贫助四川理县改写高考历史。

东阳、永康探索精准教育扶贫新模式，累计选派 31 名援川优秀高中教师开展教育帮扶。东部教育帮扶团队开展“组团式”教育帮扶活动，重编辅导用书，帮助学生提效减压。东西携手首创 24 小时自助答疑机，开设平板实验班，同步学习东部课程，实现两地教学资源共享，并在学校管理、名师带徒等方面建立了长效机制。2019 年高考，理县中学的“理县浙江班”共有9名学生裸分上本科线，16名学生加分上本科线，突破了理县11年来裸分上本科线“零”的记录，被国家和省级媒体宣传报道。2020年，又有4名学生裸分上本科线，11名学生加分上本科线。

第三，对口扶贫搭上“一带一路”快车。

义乌自对口帮扶汶川县以来，始终坚持“真扶贫”与“扶真贫”相结合、“输血”与“造血”相结合、治标与治本相结合、“有形之手”与“无形之手”相结合的原则，在实践中成功走出了一条“来料加工+产业培育”的产业扶贫方式。义乌帮助汶川10个乡镇建设上规模、标准化的扶贫车间35个，其中集中生产车间10个，分车间25个，安排剩余劳动力就业1300多人，其中吸纳困难人员就业241人、留守妇女432人。2019年被人社部列入扶贫案例向全国推广。2020年5月，义乌福田街道帮助汶川水磨镇郭家坝扶贫车间成功注册衬衣成品商标“义蜀缘”，指导扶助其从原来的来料加工、来样加工，逐步发展到来单加工和创出自己的品牌，真正实现产业转移。首批1000余件“义蜀缘”衬衣成品于7月底投放市场。截至2020年底，汶川扶贫车间生产的240余万件义乌产品，通过“一带一路”销往哈萨克斯坦、吉尔吉斯斯坦、俄罗斯、法国等20余个国家。

第四，企业示范引领，就业扶贫“小岗位”承载脱贫“大梦想”。

以东阳横店集团为代表的大企业积极参与对口地区就业帮扶，起到了良好的示范带头作用。横店集团东磁公司积极响应国家号召，专门成立领导小组、设立爱心岗位、建立培训专项基金、优化公司管理制度、完善职工选拔培养等方式，充分发挥扶贫基地示范带动作用，积极做好东西部扶贫工作，吸纳更多建档立卡贫困人员就业。截至2020年，东磁公司共计开展岗前培训149个班次，其中建档立卡贫困人员参加岗前和技能培训751人次，77名建档立卡贫困人员通过职业技能培训走上了成才之路；吸纳了西部省份建档立卡贫困人员442人就业。在东磁公司就业扶贫基地的示范带动下，东阳花园集团、海森药业、联宜电机、普洛康裕制药等一大批企业结合各自优势，纷纷投入到扶贫工作中。

第五，推出责任险、保障网，创新托底保障机制。

一是创新推出“防返贫责任险”。义乌市为汶川县黄家院村全体村民免费参保，总保额300万元。该险承保疾病、意外和灾害三大致贫风险，消除贫困户返贫风险，筑牢脱贫防线。这一险种和扶贫模式具有协同政府管理、保障覆盖范围广、精准扶贫帮困、定制开发易于推广等特点，可以建立起稳定脱贫的长效机制。“防返贫责任险”为防止贫困户返贫增加了一道安全有效的“防火墙”；二是携手合力助残圆梦。东阳、永康一直将残疾人作为帮扶重点，多措并举、“智志双扶”，配合前方出台了创业就业、医疗救助、教育帮扶3大政策，编牢残疾人脱贫保障网，到2020年底累计筹集残疾人帮扶物资资金达200余万元，开展残疾人创业就业培训达200人，残疾人教育帮扶61人，残疾人医疗救助6人，残疾人辅助设备帮扶救助75人，残疾人农业生产帮扶1955人。

第六，成功复制金华经验，打造温宿乡村振兴示范点。

温宿县托呼拉乡金华新村（原名库如力村）是金华援疆元素和辨识度的集中展现，也是浙江对口援疆的标志性工程之一。金华新村从整村易地搬迁到全面发展，四批金华援疆干部久久为功，借鉴浙江“千村示范、万村整治”工程和美丽乡村建设经验，将该村作为乡村产业、人才、文化、生态、组织“五个振兴”示范点持续打造，累计投入援疆资金5500余万元。在金华市援疆指挥部的大力援建下，金华新村现已成为国家级AAA景区和地区级乡村振兴示范村、人居环境示范村、文明村、爱国主义教育基地，成为温宿巩固拓展脱贫攻坚成果与乡村振兴有效衔接的精品示范点和民族团结嵌入式居住示范村。2020年，金华新村有689户、2379人，其中汉族113户、246人，占总人口的10.34%；村集体年收入22万余元，村民年人均收入2.35万元。

七

全国如期取得了脱贫攻坚战的决定性胜利，区域性整体贫困问题得到了有效缓解，但东西部发展的差距依然存在。金华坚决贯彻习近平总书记深化东西部协作和定点帮扶工作的重要指示精神，一如既往扎实推进东西部协作工作，助力对口地区实现巩固拓展脱贫攻坚成果与乡村振兴的有效衔接。

一是巩固对口地区脱贫攻坚成果，防止返贫复贫。我们将切实按照“摘帽不摘政策、摘帽不摘责任、摘帽不摘帮扶、摘帽不摘监管”和“扶上马送一程”的总要求，保持各项帮扶力度不减，继续选派优秀干部人才，保持帮扶的稳定性。同时重点关注易返贫人员。对脱贫不稳定户、边缘易致贫户以及因疫情或其他原因收入骤减或支出骤增户加强监测，提前采取针对性的帮扶措施。加强就业稳岗，持续做好在金务工建档立卡人员的跟踪监测，加强就业困难人员的服务保障。

二是提升对口地区发展能力，增强其内生动力。我们将重点推进东西部协作共建产业园等大项目，强化项目招引，做好项目服务，加快项目落地，培育相关配套企业。探索建立更多“飞地”园区，集东部产业和西部资源优势，寻找产业梯度转移的机遇，助力对口地区产业发展。同时，充分发挥华东金华农产品物流中心的作用，加大消费帮扶力度，拓展对口地区产品销路。

三是进一步扩大交流合作，提升对口地区社会治理能力。总结提炼我们“最多跑一次”“标准地”“无证明城市”等改革经验，与对口地区开展互学互鉴，深化社会治理经验合作。在抓好农业、文旅、教育、卫健等重点领域合作交流的同时，进一步创新思路、优化举措，深入开展更宽领域、更深层次的合作交流，助推对口地区经济社会加快发展。

四是复制推广乡村建设经验，促进对口地区乡村振兴。借鉴我们在易地搬迁、美丽乡村建设等方面的经验，结合对口地区乡村振兴重点帮扶县的实际，精心选择乡村振兴示范村，因地制宜帮助编制乡村振兴规划，制定乡村振兴政策，轮次开展乡村振兴干部人才培训，通过资金、人才、技术和智力的持续投入，打造有特色、有亮点的乡村振兴示范点，推动对口地区实现乡村振兴。

（采访整理：朱忠明　张才　方军；采访时间：2021 年 7 月 23 日）

绝不让一个人在小康路上掉队

杨尚弟

2013 年 10 月至 2019 年 5 月，我具体从事金华市脱贫攻坚工作。几年来的亲身经历，让我深切感受到党中央和习近平总书记对脱贫攻坚工作的高度重视、对人民群众的深厚感情和坚决打赢脱贫攻坚战的坚定决心。党的十八大以来，金华各级党委、政府认真贯彻落实党中央的决策部署，坚持以习近平总书记关于精准脱贫的重要论述为指导，扎实开展扶贫开发各项工作，在实现全面脱贫攻坚目标的基础上，积极构建精准高效解决相对贫困的扶贫工作体系，使金华市低收入农户同步实现全面小康，“不让一个人在小康路上掉队”，打赢了脱贫攻坚战并交出了高分答卷。

一

消除贫困，改善民生，实现共同富裕，是社会主义的本质要求。党的十八大以来，以习近平同志为核心的党中央把脱贫攻坚纳入“五位一体”总体布局和“四个全面”战略布局，作为实现第一个百年奋斗目标的重点任务，作出一系列重大部署和安排，全面打响了脱贫攻坚战。2015 年 11 月，党中央作出《关于打赢脱贫攻坚战的决定》；党的十九大明确把精准脱贫作为决胜全面建成小康社会必须打好的三大攻坚战之一，2018 年 6 月又下发《关于打赢脱贫攻坚战三年行动的指导意见》。特别是习近平总书记始终保持对脱贫工作的高度关注，作出一系列关于精准扶贫的重要论述，为我们抓好扶贫开发和脱贫攻坚工作把舵定向。

金华各级党委、政府一直高度重视精准扶贫工作，坚持扶贫工作与经济社会发展“两促进”、扶贫工作与社会保障“两结合”。其后，根据党中央和浙江省委、省政府的统一部署，紧紧围绕“六个精准”（扶持对象精准、项目安排精准、资金使用精准、措施到户精准、因村派人精准、脱贫成效精准）和“五个一批”（发展生产脱贫一批、易地扶贫搬迁脱贫一批、生态补偿脱贫一批、发展教育脱贫一批、社会保障兜底一批）要求，制定扶贫攻坚行动计划，把解决相对贫困问题作为脱贫攻坚的重点来抓，先后制定出台和实施了“低收入农户收入倍增行动计划”（2013—2017年）和“低收入农户高水平全面小康计划”（2018—2022年），强化政策举措，明确目标任务，形成了部门协同抓推进的大扶贫工作格局。我作为金华市委农业和农村工作办公室分管扶贫工作的副主任，亲自参与了这两个政策文件的起草和组织实施工作。

从“低收入农户收入倍增计划”再到“低收入农户高水平全面小康计划”，扶贫工作在指导思想上实现了“三大转变”，在扶贫目标上，从解决扶贫对象的基本生活保障向实现全面小康转变；在扶贫举措上，从开发性扶贫为主向社会保障性扶贫与开发性扶贫并重转变；在扶贫机制上，从临时性、阶段性的政策性扶贫向常态化、法制化的制度性扶贫转变。突出了五项基本原则：一是坚持“小康路上一个不少”原则，守住全体人民进小康、不能有人掉队的底线；二是坚持农民为主体原则，突出扶贫对象的主体地位，帮助有劳动能力的低收入家庭成员提升技能，增强自我发展能力；三是坚持政策“兜底”原则，通过政府“兜底”，保障符合条件的低收入农户的最低生活需求；四是坚持精准扶贫原则，扶真贫、真扶贫；五是坚持社会共建原则，通过专业扶贫、行业扶贫、社会扶贫相结合，形成全社会共同参与的强大合力。在扶贫对象确定上，也由重点帮扶低收入农户、扶贫重点村向帮扶低收入农户、扶贫重点村和经济薄弱村并重转变，努力实现农村全面小康建设目标。

二

为扎实推进脱贫攻坚，金华持续完善党委领导、政府主抓、扶贫开发领导小组牵头协调、各相关部门共同参与的扶贫工作领导体制，严格落实党政一把手负总责、分管领导亲自抓的责任机制，并将其纳入各县（市、区）党政班子年度考核和新农村建设考核。我们建立完善扶贫信息管理系统和统计监测制度，全面建立低收入农户、扶贫重点村等基础数据库；建立健全财政扶贫投入增长机制，不断加大对低收入农户增收项目和集体经济发展项目的扶持力度；强化扶贫资金“阳光监管”，完善资金项目公告公示制度，创新社会参与机制，发挥社会监督作用，确保资金运行安全；建立健全扶贫工作考核机制，实行扶贫工作目标责任制和分类考核评价制度，将部门结对帮扶工作列入年度工作目标考核，定期对工作落实情况进行督查；健全精准扶贫信息化服务体系，进一步提升精准帮扶、信息发布、扶贫宣传、政策法规、社会帮扶、社会救助等工作水平；积极构建专项扶贫、行业扶贫、社会扶贫相互融合的大扶贫格局，努力营造人人关心扶贫、人人参与扶贫的良好氛围。

同时，注重做好顶层设计和组织保障，2014 年和 2019 年，先后以金华市两办名义印发《关于开展新一轮扶贫结对帮扶活动的通知》，组织安排 150 多家市直机关部门、企事业单位与婺城区省定扶贫重点村和经济薄弱村开展扶贫结对，将市级农村指导员、第一书记全部派往扶贫重点村。2015 年把精准扶贫工作列为市政府十大重点民生实事，市委、市政府多次召开会议专题部署“消除 4600 元以下贫困现象”工作，并组织全市人大代表、政协委员对各县（市、区）建档立卡低收入农户帮扶对象全面“消除 4600 元以下贫困现象”开展进村入户调查核实。2016 年根据精准扶贫的新形势，重新调整扶贫开发领导小组成员单位，并在市农办增设扶贫开发处；率先在全省制定了“消除 4600 元以下贫困现象”后巩固提升工作的政策文件，着力破解农村困难家庭人居环境条件差、因病返贫现象突出、子女教育存在困难、持续增收乏力等问题，切实保障农村困难家庭住房安全、卫生保洁、子女教育和基本医疗，并推动农村困难家庭持续增收。还建立月报、季查等督查制度，每季度末开展一次督查，对存在问题限期整改。2020 年，市、县两级成立扶贫专班，紧紧围绕“三个清零”目标，决战决胜低收入农户全面高水平小康攻坚任务。各县（市、区）也相应出台精准扶贫相关政策文件，并健全各项帮扶制度，做到“一户一策一干部”，确保分工明确，责任清晰，任务到人、考核到位，确保扶贫开发各项工作落实。

三

扶贫工作要精准，首先扶贫对象认定要精准。为此，我们严格按照精准扶贫对象的工作要求，注重完善扶贫对象识别办法，以最低生活保障标准的 1.5 倍（不低于上年当地农民人均可支配收入的 40% 确定收入标准线）划线作为建档立卡的低收入农户扶贫对象，并以低收入农户相对集中、集体经济比较薄弱的行政村作为重点扶贫村对象。起先主要对照省里提供的任务数及低收入农户数据库，全面开展低收入农户拉网式排摸。2018 年以后，我们进一步实行数字化提升，全面对接全国扶贫系统，和民政等职能部门实现数据共享，开展扶贫对象数据全面核查，实现低收入农户建档立卡全覆盖。在具体工作中，注重抓好基础数据的精准识别，采用“看房、看床、看粮、看劳动力、看读书郎”等“五看标准”，村民公议公推初步确立帮扶对象，并通过逐个登门入户调查、村民代表大会讨论、公开公示等程序，确保扶持对象精准到位，做到不错户、不漏人。

在此基础上，实行低收入农户家庭收入记账登记制度，用记账形式确定农户每月收入，对扶贫对象分县、镇、村三级建立联系卡制度，制作花名册，并录入省扶贫数据库。根据全省统一部署开展低收入农户数据比对工作，及时将收入大幅提高且已经完全脱贫或不符合条件的扶持对象调出低收入农户信息系统；将低保、残保等属于兜底保障型的困难户纳入民政等部门管理，并进一步落实好乡（镇、街道）、村（社区）两级动态管理责任，及时掌握因病因灾返贫人员的情况，将符合条件的对象补进信息系统开展帮扶，真正做到“一户不漏、一个不少”。

四

近年来，我们坚持分类精准施策抓帮扶，根据扶贫对象的布局和乡村发展条件，认真分析农户和扶贫重点村致贫的原因，因地制宜采取不同帮扶举措。在实施“低收入农户收入倍增计划”期间，重点在产业开发、易地搬迁、就业创业服务、社会帮扶关爱、金融服务支持、改革创新促进、公共服务提升等7个方面精准施策；实施“低收入农户高水平全面小康计划”后，我们又制定了新一轮精准扶贫“十大行动”，并坚持每年制定工作计划，排出时间表，确保在精准施策上出实招、在精准推进上下实功、在精准落地上见实效。重点抓了6个方面工作：

一是大力发展扶贫产业。各类扶贫资金特别是财政扶持资金重点用于支持低收入农户发展，并倾斜用于武义县、磐安县、婺城区和兰溪市。推进来料加工扩面提质，鼓励和支持来料加工经纪人培育专业村、创办加工车间或企业、发展电子商务等，在义乌国际商贸城设立“金华市来料加工办公室”，在义博会上设立金华展示展洽专区，形成宣传合力。2013年以来，每年发放来料加工都在20亿至30多亿元以上，从业人员达28万多，人均增收一万多元。突出抓好村集体物业经济、资源经济、服务经济的培育壮大，加快推动“美丽资源”向“美丽经济”转变，因地制宜发展特色产业，大力推广电商、乡村休闲旅游、光伏等扶贫新模式，如在磐安县全面推进光伏小康工作。据不完全统计，2013年以来，全市累计投入各类产业扶贫资金16.5亿元，让低收入农户成为主要受益主体。

二是注重生态易地搬迁。以县（市、区）为单位编制农民易地搬迁规划，明确搬迁村落、农户和易地搬迁小区建设情况。推进生态保护型易地搬迁，特别关注地质灾害点隐患点搬迁和农户安全，确保地质灾害隐患点农户“应搬尽搬”，并研究完善差别化的实施办法，努力使搬迁农民“下得来、稳得住、富得起”。2013年以来，全市累计投入各类资金 5.29 亿元，搬迁山区群众 2.1 万多人；市本级财政补助资金从每人 5600 元提高到 8400 元，库区移民每人补助 39600 元。如婺城区已下山搬迁的低收入农户收入水平比下山前增长三倍以上。

三是推进就业创业服务。深入实施“千万农民素质提升工程”，完善政府购买、机构供给、农民选择的培训机制，全市累计完成各类农民培训 37.8 万人次，12 万多人经培训实现转移就业。强化低收入农户就业援助，出台鼓励企业吸纳当地低收入农户劳动力就业补助政策，通过实施岗位补贴、社保补贴、创业补贴等措施拓展低收入农户就业领域，全市兑现就业补助资金 10 多亿元，1.9 万多名低收入农户劳动力实现就业。大力开展公益性岗位进村工作，重点开发一批村级公共环境与设施管理服务类、农村服务类以及便民服务类公益性岗位，就近安置低收入农户劳动力，全市累计安置低收入农户劳动力 1.2 万多人。积极开展各类就业服务工作，各级公共就业服务机构和基层平台免费为低收入农户劳动力开展求职登记、职业指导、职业介绍等服务，并积极举办失地农民转移就业招聘会及其农民工、残疾人、妇女等专场招聘会，全市累计为低收入农户提供服务 20 余万人次。

四是创新金融服务支持。全面实施扶贫小额信贷制度，以丰收小额贷款卡和丰收创业卡为载体，对按期还贷的低收入农户给予一定比例的财政贴息；选择具备条件的扶贫重点村建立扶贫资金互助会，目前全市共运行 120 家，参会农户 6132 户；签订《银村全面合作协议》，扩大金融扶贫覆盖范围，引导金融机构加大对信用良好个人的信贷支持力度，积极推动农村金融产品和服务方式创新，发放“林权抵押贷”“农房改造贷”“农村青年创业贷”“光伏贷”“下乡脱贫、异地奔小康贷”等农村金融创新产品，助力低收入农户增收致富。

五是促进公共服务扶持。开展教育扶贫，以国家学生资助政策体系的顶层设计为指导，全面构建家庭经济困难学生资助政策体系，涵盖从学前教育、义务教育到高中教育、高等教育的各个学段，努力实现“应助尽助”，切实消除因贫失学现象。2013 年以来，金华共计资助中小学生 100 多万人次，资助金额 10 多亿元。开展健康扶贫，建档立卡低收入农户全部纳入基本医疗保险、大病保险和医疗救助范围，落实个人缴费财政补贴政策，凡符合条件的低收入农户由户籍所在地政府全额补助参加基本医疗保险二档，并鼓励和扶持参加大病医疗补充商业保险；健全基层卫生服务体系，实现签约低收入农户家庭医生服务全覆盖，签约服务费每人每年120元，由医保基金、基本公共卫生经费和服务对象个人三方分别承担40元，其中市区低保、“五保”对象和“三瘫一截”人群等签约对象个人承担部分也由财政全额补助；开展市区大医院进乡村免费义诊活动，免费为低收入农户提供基本公共卫生服务和健康体检。

同时，积极开展文化扶贫工作。2013年以来，为市本级3万多户城乡低保户家庭免除有线数字电视初装费和视听维护费；农村应急广播体系建设共建村级广播室1069个、音箱7502只，有力推进基本文化公共服务均等化。还开展基础设施扶贫，重点抓好欠发达地区联网公路、强塘固房、水库保安、农民饮用水等基础设施建设；完善住房保障机制，实行农村困难家庭危房改造即时救助，截至2020年9月，1462户C级危房、264户D级危房全部完成治理改造；6722人饮水安全提标达标任务全部完成；全市农村公路总里程达12万多公里，行政村客运通达率达97%，城乡客运一体化率达100%。

六是加强社会关爱帮扶。主要是结村、帮户、联乡、带县。深入开展结对帮扶工作和实施“消薄”三年攻坚行动，市本级机关、企事业单位与婺城区的省级扶贫重点村结对，其他各县（市、区）也参照制定结对帮扶政策。完善农村工作指导员派出单位与驻村结对帮扶工作，帮助结对村发展村级集体经济，据不完全统计，2013年以来共落实经济发展项目9600多个、基础设施建设项目7200多个，帮助争取落实各类扶持资金6.5亿多元。同时，动员各类群团组织开展形式多样的帮扶活动，如团市委开展“低收入农户青少年关爱行动”、市妇联开展“春蕾助学”等帮扶行动，效果明显。实施“春蕾计划”以来，共筹集助学款6500余万元，帮助2.8万余名贫困儿童完成学业。

党的十八大以来，金华扶贫工作总体成效明显。一是全面消除绝对贫困现象。2015年底，全市共消除4600元以下低收入农户39662户、

63482人；截至2020年9月，613户、1004人8000元以下农户全部消除；10月，全市213户、352人9000元以下农户全部消除。二是武义、磐安两县顺利摘掉欠发达县帽子。2016年，武义、磐安县低收入农户人均可支配收入首次突破万元大关，分别达到10147元和10281元，意味着两县提前1年完成“倍增计划”目标任务。三是低收入农户增收明显。2020年全市低收入农户人均可支配收入增至12493元，增长13.9%，增幅居全省第5位；2019年底圆满完成消除集体经济薄弱村三年行动，所有村集体经济总收入达到10万元以上且经营性收入达到5万元以上。四是农村低收入人口和扶贫重点村大幅减少。2013年，全市按省定标准认定的低收入农户有21.8万户、40.3万人，扶贫重点村576个。截至2019年初，新一轮认定的低收入农户5.69万户、8.64万人，新认定省级扶贫重点村364个，5年来共减少16.11万户、31.66万人，扶贫重点村减少212个。

五

随着脱贫攻坚工作的深入开展，人民群众对于美好生活需要日益广泛，不仅对物质文化生活提出了更高要求，在民生、法治、公平、正义、安全、环境等方面的要求也日益增长。这是摆在我们面前的现实问卷。根据党中央和省委，我们从最困难的群众入手、最突出的问题抓起、最现实的利益出发，敢担当、善作为，扎实开展脱贫攻坚工作，切实增强人民群众的获得感、幸福感、安全感。通过持续努力，扶贫工作呈现出五大特点：一是从感性到理性，参与扶贫已成为全社会的共识，党委政府领导、部门协作、社会参与的扶贫开发机制已经形成。二是从治标到治本，易地搬迁已做到“下得来、稳得住、富得起”。三是从“输血”到“造血”，项目开发已注重向生态高效型发展。欠发达地区扶贫项目的选择、山区资源的开发，已向合理开发和有效保护相结合过渡。四是从应知到应会，扶贫培训已成为我们工作的重点之一。通过培训，一大批贫困人口掌握了至少一门实用技术，促进了欠发达地区劳动力向二、三产转移。五是从原始到规范，扶贫资金做到严格使用和规范管理。各县（市、区）都出台了相应的管理办法，确保扶贫项目管理有序规范，扶贫资金使用高效合理，并严格按照有关规定执行。

在扎实抓好精准扶贫各项工作的同时，我们积极开展扶贫模式、机制创新。2015 年，武义县“扎实推进易地搬迁，打造精准扶贫县域样本”的经验做法，被全球扶贫大会认为是“中国反贫困战略创新的最佳县域样本”。2018 年武义县在全市首创政策性补充医疗保险。2020 年 10 月，磐安县乌石村发展模式入选浙江十大精准扶贫案例。此外，兰溪针对低收入农户增收问题，创新推出“菜单式”扶贫产业项目，永康推出“红色保单”做法，金东区探索总结新农村融合发展“八法八例”等，都具有借鉴意义。

（采访整理：朱忠明　方军；采访时间：2021 年 7 月 20 日）

热爱“三农”工作，多渠道扶贫攻坚

黄森

一、我从农村能源推广迈入扶贫之路

2014年4月，我转任永康市能源办公室副主任，主持能源办工作。这对我来讲是一个全新岗位，正是这次转岗让我与扶贫工作结缘。能源办主要负责全市的农村能源推广，尤其是沼气、太阳能、秸秆等农村清洁能源的推广利用。这其中，沼气工程建设是传统主业。为了更快了解和尽快掌握能源办的业务，我到岗后就抓紧时间了解情况。这时候老同志告诉我，农村能源工作很有意义，是习近平总书记非常关心的工作。我用心查找资料后发现。沼气等农村能源推广也是习近平总书记非常重视的扶贫手段。早在1974年，习近平总书记在陕北梁家河插队时就带领村民建成了陕西省第一座沼气池。梁家河地处偏远，烧煤要到百里外的煤矿去拉。群众为了烧火做饭大量砍伐树木，造成水土流失，影响农业发展。办沼气不仅能解决农村能源问题，还能对厕所粪便进行处理，提高农村公共卫生水平，更能解决农业肥料问题。在浙江担任省委书记期间，习近平同志也非常重视沼气在农村的利用。在他的支持下，淳安县下姜村70户农户修建起了沼气池，用上了沼气能源。现在下姜村已经成为远近闻名的美丽乡村，还带动了周边共同发展。从习近平总书记身上，我认识到自己所从事的农村能源推广工作不是件小事，是关系到农村农民发展的大事。正是抱着这样的认识，我们农村能源推广工作不知不觉中与扶贫结了缘。

二、种养结合、污水变肥水，农牧结合的产业扶贫

2014年底，省委、省政府启动“五水共治”工作，很多小规模养殖户因为缺乏对畜禽排泄污染的治理能力，养殖场面临关停。我非常着急，心里暗想：“一定要用沼气技术给养殖户找一个出路。”当时，市能源办缺少既懂工程测算又懂施工的工程师，我就带着问题到金华市和省里找专家请教，反复研究以前沼气工程污水处理的工艺图纸，仔细测算污水处理和利用能力，最终设计了一套利用沼气工程处理养殖污水，产生的沼液用作粮油果蔬种植肥料的生态循环农业的简易治理模式。治污模式还成功争取到金华市政府的专项资金支持，养殖户治污设施建设有了着落。很多养殖户都在山区，我们就一家一户地走访，实地勘查，帮助他们设计沼气工程和配套设施。每个养殖户的治污设施从设计、施工、验收以及消纳地管网的布置，我们都至少亲自到现场指导3次以上。

但是没想到，唐先镇第一批养殖户治理设施刚完工，就遭到了其他农户的阻扰。我们设计的治理模式是“农牧结合”。按照养殖数量建设相应容积的沼气池和沼液贮存池来分解降低养殖污水中的指标，产生的沼液按照五头猪配套一亩田的标准配备沼液消纳田，田里都布设了沼液管网，非常方便，如果实施得好，既能治污又能肥田，提高农作物的产量。起初由于沼液使用方法不当，导致唐先镇许多葡萄种植户的部分葡萄苗长势受到影响。这件事被不断放大，误传为沼液有毒，导致很多种植户不肯使用沼液。这个问题如果不解决，农民就会有顾虑，沼液就不能要处理。我们研究后发现，沼液使用不当的主要原因是，施用过于集中。为此，我们专门召集种植户开展沼液合理施用的培训，并带领大家到示范田实地参观。慢慢地，种植户接受施用了沼液施用的，与会养殖户签订了沼液利用协议。到2017年，永康市畜禽养殖户实现沼气工程治污设施全覆盖，养殖污染得到了有效解决，养殖户的收入也有了保障。

三、昔有鸡毛换糖、今有秸秆换肥，供需两利的生态扶贫

唐先镇是永康的农业重镇，经济相对薄弱，葡萄种植是支柱产业，也是很多农民唯一的经济收入来源。种植规模已经发展到5000多亩。每到秋冬季，整理葡萄枝杈产生的大量秸秆成为处理的难题，种植户经常连续大面积露天焚烧，导致空气污染严重，群众怨声载道。了解到这种情况后，2016年，我专门到唐先镇调研，希望通过“秸秆换肥”的方式，建立起一套快捷有效的秸秆收贮利用模式。

要收贮就首先要解决秸秆“怎么用”的问题。唐先镇正好有一家畜禽粪便收储中心——永康市鼎昆农业开发有限公司。我多次上门，反复劝说公司老板利用粉碎后的秸秆作为有机肥生产原料。为了解除老板的技术顾虑，我一方面联系永康市远霞机械制造厂共同研发生产专用的秸秆粉碎机，另一方面带领同事们一头扎进有机肥厂里，整天与猪粪、牛粪、秸秆打交道，搞起了有机肥发酵实验，研究葡萄秸秆混合猪粪生产有机肥料的最佳工艺。接连几个月时间，我每天跑有机肥厂，亲自翻肥、测温、记录、抽样、检测，夏天有机肥厂最多的就是蚊子、苍蝇，到处充斥着浓重的猪粪味。

有机肥发酵生产工艺试验获得成功，秸秆粉碎专用设备也生产出来了，接下来就要解决秸秆“怎么收”的问题了。在政策支持下，我详细设计了一套“秆肥等换”（1斤秸秆换取1斤商品有机肥）上门服务的操作方法。很快，唐先镇的田间地头，就多出来了16个田间换肥点，葡萄种植户在地头就可以将原先废弃的秸秆换成商品有机肥。每亩葡萄田可以通过“秸秆换肥”减少40%的用肥成本，原先的废弃秸秆增值到每公斤0.6元，实现了增收；有机肥得到推广，葡萄品质得到提升；有机肥厂效益也大幅提高，更加积极主动地服务种植户。“秸秆换肥”试点初获成功。从2018年开始，永康市政府每年专门拨出150万元用于全市“秸秆换肥”运行。我又牵头对“秸秆换肥”收贮运模式进行更加完善的体系构建，每年回收葡萄、梨、桑等各类秸秆2500余吨，服务受益种植农

户 2000 多户，带来直接增收 150 余万元。2018 年，“秸秆换肥”入选浙江省民生获得感示范工程。

四、小技术解决农民大问题，“光伏小康”的科技扶贫

永康市地处丘陵地区，耕地资源不足，很多田地都是从山区坡地开垦而来的。2018 年，我到山区镇指导农业生产，有个农户田地紧邻小溪，却抱怨耕地缺水，一问才知道是因为溪水与农田落差较大，田间没有电网，无法抽水浇苗，从村里拉电线有两里地还要加装变压器，投入至少 8 万元。我做了调研，发现这种情况在永康还比较常见，是困扰山区用水的一大难题。我们急农民所急，想通过利用太阳能解决山区农民田间用电用能问题。我上网广泛搜索查阅，发现温岭是生产水泵的重要基地。我直接联系多家企业，一套“非洲沙漠地区的太阳能光伏深井抽供水技术”引起了我的注意，计划将它改造后应用于山区农业生产。考虑到田地的实用性和经济性，我最后研究出一套“太阳能水泵 + 贮水池”的山区农田供水应用模型。有了方案后，我们就跟永康市新能达节能净化设备有限公司联系共同开展工程设计。一套新型实用的“太阳能水泵 + 贮水池”的山区农田供水应用系统终于研制成功。

我们在唐先镇发强家庭农场安装了两套不同功率的系统。试用过程中，只要有阳光，太阳能水泵就能够将溪流、池塘的水抽到高处的贮水池贮存，打开水阀，水就可以顺着渠道、喷灌等设施灌溉农田。这一套成本 2000 多元的系统，彻底解决了山区农民用水的大难题。2018 年，为了让农民更好地使用太阳能技术，我还研究设计了“农光互补”光伏小康 10 大技术模式，并建立专门的展示基地。我始终认为，农民的需要就是我们技术人员的研究方向，我们要做的就是给他们带去最经济实用的技术。

五、“红色保单”暖人心，降低因病返贫风险的大胆探索

2019 年，我从技术岗位转到农村经营管理岗位。开始经常性接触集

体经济薄弱村和低收入农户群体。永康处在经济发达地区，但是仍存在较大比例以老、弱、病、残、障人员为主的低收入农户。我发现这部分低收入农户作为弱势群体，在生产生活中极容易发生意外伤害以及其他疾病，虽然他们已经实现基本医疗保险全覆盖，但真正发生疾病和伤害后，仅靠基本医疗保险不能完全承担医疗费用，自费负担仍然较重，因病致贫的风险仍然存在。

2019 年 6 月，人保财险永康公司的负责人与我联系农业保险事宜，谈话间提及人保商业保险业务，我受到启发：能不能用商业保险解决低收入农户的医疗保障问题？

经过几天的认真思考，又研究了永康低收入农户的就医数据，我找到人保财险永康公司负责人谈了我的想法：一是制定一项专门服务低收入农户的专项保险，作为基本医疗保险的补充；二是必须低保费、高保障；三是必须无年龄和健康状况限制。我的想法得到保险公司负责人的全力支持。很快，一项专门的低收入农户专项保险方案就出台了，保费只要 100 元。

保险方案有了，谁来给低收入农户购买保险呢？我向单位领导汇报了此项工作，建议由农业农村局率先带头，转变以往低收入农户“一户一策一干部”结对帮扶中“送钱送物”的老做法，发动全局党员干部为结对帮扶的低收入农户购买保险。我的建议得到了单位领导的充分肯定，同时这项工作也立刻得到了全局党员干部的广泛响应，大家还将这个低收入农户专项保险取了个响亮而光荣的名字——扶贫“红色保单”。农业农村局的党员捐款为江南街道勤丰、永利、下告朱三个村 48 位低收入农户购买并上门赠送了扶贫“红色保单”。

“红色保单”行动一经发起，永康全市各部门、单位、社会团体党员干部积极捐款参与，当年就有 1000 位低收入农户享受到“红色保单”的保障。古山镇低保户朱振富是“红色保单”的第一个受益者。75 岁的朱振富家庭困难，劳作时意外摔伤，手术治疗除去医保报销后还要自己负担 6000 元，让他一筹莫展。这时，扶贫“红色保单”帮了他，他共获得 3592 元理赔款，仅自付 2000 多元。当我和理赔人员将理赔票据送到朱大爷家的时候，朱大爷坚持要站起来，握住我们的手，激动地说："感谢党，感谢你们！"

扶贫"红色保单"在脱贫攻坚中发挥了重要作用，我希望它能成为一项低收入农户长期有效的保障机制固定下来。2020 年，我们牵头制定了政策，政府每年拨出 95 万元专项资金，将它变成了一项长期的政策性保险（低收入农户政策性医疗补充保险），单份保单的保费增加到了 150 元，保险范围也进一步扩大了。

依托"红色保单"，我们组织开展了低收入农户结对帮扶"三送"（送政策、送服务、送保障）活动，"红色保单"实现政策性全覆盖，6000 多名低收入农户从中收益，仅 2020 年就发生低收入农户医疗理赔 1.1 万笔。2020 年 4 月，"红色保单"被浙江卫视新闻联播作为"牢记总书记在浙江考察嘱托"的重要典型进行报道。8 月，中央电视台团队拍摄的专题纪录片《让贫困户多一份"保"障》登上中央纪委网站和学习强国。

在今后的工作中，不管处在何种岗位，我都将永远秉持着对"三农"工作的热情，怀抱着对农民的爱，用尽自己的知识和智慧，团结奋斗在扶贫攻坚与乡村振兴的道路上。

（采访整理：卢俊英；采访时间：2021 年 8 月 27 日）

跨越千里去支教，点燃理县新希望

麻成广

一、扎根教育事业，成为“支教人”

我生长在农村。因为一心想要跳出“农门”，我便寒窗苦读，最终成为那时为数不多的大学生。大学毕业后，我成为一名人民教师，先后在倪宅中学、永康二中任教。

自2015年以来，永康市与千里之外的四川省阿坝州理县建立了结对帮扶，累计提供援建资金近3000万元，极大地推动了理县经济社会发展。当地老百姓的口袋从瘪到鼓，人均年收入达到万元以上。但是与经济发展不相称的是，2008年以后理县就没有出过一个裸分考上本科的学生。“家门口考不上大学”成为理县百姓的心病，教育成为当地百姓呼声最大的民生短板。这也导致理县教育陷入恶性循环：成绩好、家庭条件好、父母对教育重视的学生都被送往都江堰、成都等地上学，本地留下的生源往往质量不高，成绩每况愈下。

扶贫先扶智，治贫先治愚。让贫困地区的孩子接受良好的教育，是阻断贫困代际传递的重要措施。一场跨越千里的教育脱贫攻坚战就此打响。2018年，永康市委组织部发出去四川支教的号召，我第一时间主动申请。当时我女儿正在念高三，我怕和家人商量久了决心会动摇，于是“先斩后奏”直接报了名。面对家人和朋友的劝阻，我主意已定，我想为理县教育做点什么，为国家做点有意义的事情。我立志要重振理县人“在家门口考上大学”的信心。就这样，我成为了永康到理县支教的第一位老师。

二、理清理县所需，重振“精气神”

2018 年 7 月 18 日，我来到理县中学，成为理县中学的数学教师、挂职副校长。虽然一时难以适应当地的气候条件和生活习惯，但我马上投入到紧张的教学工作中。

适逢新学期开学，学校安排我任教高三文科重点班。我欣然接受，并积极与永康、理县两地教育局、理县中学多方探讨，组建起高三文科培优班，对学生、老师进行调整。学生按照学校存留成绩从高到低择优录取，搭班老师则从教学负责、任劳任怨的教师中择优挑选。除此之外，我还组建各类攻坚小组，重新构建理县中学的培养结构。

到理县中学工作不到半个月时间，我就发现学校教学质量不高的症结所在，一方面学生的基础较差；另一方面，学习资料难度过高。这容易导致两方面的后果，一是学习资料难度超过了学生自身的水平，学生们很难有获得感，二是在教学过程中，学生们普遍学不会，造成教师也没有成就感。经过反复考虑，我牵头与理县中学的老师们重新编写了一套更加符合理县学生实际的教学用书，真正做到因材施教。

同时，我在自己任教的数学科目上进行“试点”改革。首先是建立每周一考试制度，从出卷、考试、改卷、反馈，到与学生个别谈话，我都亲力亲为，认认真真，一丝不苟。作为高三年级数学老师，我先后为学生编了 50 多套复习用卷。有了新教材，学生数学学习情况开始有了显著改变。其次是推进高三月考制度，及早进入高考模拟模式，要求文科老师认真阅卷、及时反馈。

在教学过程中我还发现，由于理县地处山区，每到农忙时节就有大批学生频繁请假回家干活。同时当地老百姓思想观念比较闭塞，辍学在家务农学生也比较多，当地老师已习以为常。我深知学习改变命运的道理。利用节假日、课余时间，翻山越岭、走街串巷进行家访，不厌其烦地和家长沟通交流，做家长的思想工作，灌输教育的重要性，引导家长配合学校、鼓励学生树立信心，让他们能够以课业为重。就这样，我在田间地头成功“捞”回了一些学生，让他们重返课堂。

我的言行在理县中学起到了很好的榜样示范作用，帮助大家鼓斗志、增信心，让师生的精神面貌焕然一新。理县中学的改变就此开始。

三、倾尽永康所能，援建“浙江班”

在理县，不仅要考虑“理县所需”，也要考虑“永康所能”。而永康作为“大后方”，也为理县教育脱贫攻坚提供了坚强保障。永康市领导以及市教育局领导多次到理县中学调查研究、“把脉问诊”，切实解决历史遗留问题，真正做到“理县要什么，永康就给什么”。

从几次摸底测试中，我发现政治、历史两门学科是理县中学本届毕业生的薄弱环节，需要在师资上加大扶持力度。我将这一情况反映给了永康市教育局的领导，从内心讲，我对这件事情的解决没有抱太大的希望。因为我在教育工作岗位上工作多年，深知永康这两门学科的老师也很稀缺，同时大家都在备战高考，不太可能抽派教师到理县任教。但是出乎我的意料，仅仅 2 天时间，永康市教育局领导就带领两位老师从永康千里迢迢赶到理县。在之后的 1 年多时间里，永康市派往理县支教的教师达到 14 人，极大地充实理县的教师队伍，直接提高了学校薄弱学科的教学质量。

永康二中实施“精准教学”模式利用平板电脑开展常态化智慧教学，借助大数据分析，精准掌握学生学情；利用信息技术，优化课堂教学模式。考虑到永康二中“精准教学”改革在浙江省乃至全国都处于领先地位，我又积极向两地教育局、永康二中建言献策，想在理县中学筹建精准教学实验班。力争通过一个班开展“精准教学”，带动一个学校，再扩面实现整个理县教育的大发展。在我的积极协调下，永康市发改局、永康市教育局、永康二中全力支持，价值 55 万元的“精准教学”硬件设备全部到位，理县中学“精准教学”实验班顺利开班。

如今，理县中学这个唯一的“精准教学”班，被当地群众称为“浙江班”。全班共有 25 名学生，学生们人手一台平板电脑，平均每个学生软硬件投入达 1.2 万元，教室里外分别配备投影仪和自助答疑机，全部由永康援助，并由两名永康教师授课。借助大数据和智能技术，学生们能够当堂掌握知识，当堂反馈问题，提高了课堂效率，同时老师也能及时发现学生薄弱点，更好地为学生培优补差。“精准教学”一经推广，就广受理县师生欢迎。

四、交出完美答卷，期待“接棒人”

2019 年 6 月 23 日，刚从四川理县支教归来没多久，我收到了来自理县中学的一条报喜短信——理县中学 2019 年高考创佳绩：参加高考 108 人，本科上线 25 人，其中 9 人裸分考上本科线。听闻这个消息，我激动得几宿没有睡好觉。因为这是理县中学 2008 年以来高考最好的成绩了，其中“硬上”本科线是 2008 年以来首次实现“零”的突破。由于理县高考享受少数民族政策，加分后上了本科线的即为“软上”，而未享受少数民族政策加分、完全靠学生高考成绩上了本科的便是“硬上”，也就是俗称的“裸分”上本科。

7 月 10 日，我再次飞往远在千里外的理县中学，我赶不及地要回去跟那些考上大学的孩子们道喜。我的藏族学生雷子杰，以理县中学第一名的成绩被西南民族大学韩语专业录取。7 月 14 日，雷子杰一大早便到理县中学找到我，当面感谢：“要不是麻老师一年来的细致辅导，我肯定考不上西南民族大学！”望着手机上的录取短信，这个藏族小伙露出了幸福的笑容。

支教一年来，我只回过永康 3 次，几乎把所有的时间和精力都花在了理县学生身上。7 月再回到理县，我欣喜地发现这一年的辛苦没有白费，支教给理县带去的改变是深远的，师资力量得到了提升，硬件设施也越来越好，家长的观念也得到改变。自己最初的支教目标——重振理县人“在家门口考上大学”的信心，逐步得到了实现。离学校开学还有 1 个多月，已有近 10 位原本打算外出借读的孩子回来了。

我非常喜欢《送东阳马生序》里的一句话：“其业有不精、德有不成者，非天质之卑，则心不如余之专耳，岂他人之过哉。”我支教取得的成绩，正是靠着老师专心的教学，学生专一的学习。2019 年 12 月，我告别了支教时光，由同事接过我的接力棒，理县中学的蜕变仍将继续。

2021 年 2 月 25 日，对我而言是一个终身难忘的日子。这天，我在全国脱贫攻坚总结表彰大会上接受“全国脱贫攻坚先进个人”荣誉称号的颁奖。在大会上，我看到了全国各行各业的脱贫攻坚先进代表，跟他们相比我做的还远远不够。我认为，教育扶贫是一个长期的事业。光发展经济是不够的，我们要用教育去培养人才，让他们有能力自己建设自己的家乡，让理县的孩子也有远大的志向和崇高的理想。

（采访整理：卢俊英；采访时间：2021 年 8 月 27 日）

把脱贫攻坚胜利的旗帜插上小凉山

张卫东

一、蜀道难，难不住扶贫的意志

2018 年春天，我受组织选派，前往四川省乐山市金口河区，挂职担任金口河区人民政府副区长，开展东西部扶贫协作工作，助力金口河区精准脱贫。

金口河区位于乐山、雅安、眉山、凉山四地交汇处，距离乐山市中心城区 120 公里，是攀西地区通往成都、重庆等地的交通咽喉。由于地处小凉山腹地，区内沟壑纵横、峰峦叠嶂。在历史上，金口河区人民为抗日战争的胜利以及共和国的国防事业走出过重要贡献。

“坚决打赢脱贫攻坚战，让贫困人口和贫困地区同全国一道进入全面小康社会。”这是中国共产党的庄严承诺。为了这个掷地有声的庄严承诺，我到任后详细了解东西部扶贫协作和脱贫攻坚的主要任务，用最短时间走遍了金口河区所有的乡镇，深入调研当地实际情况和群众最关心、最迫切需要解决的问题，走访重点贫困村、贫困户。

金口河区地域总面积 598 平方千米，山地面积占 99%，辖 5 个乡镇 26 个行政村，人口 5.1 万，彝族人口占 15%。截至 2017 年底，全区建档立卡贫困人口 4488 人，还有 433 户、1086 人未实现脱贫，是四川省的深度贫困县（区），也是四川省至今唯一不对外开放的地区。金口河区交通不便，至今没有开通高速公路和高速铁路。每到汛期，山体松动，滚石飞落，泥石流现象时有发生；道路塌方、交通事故造成堵车，屡见不鲜。

二、蜀道难，难不住大爱的传递

在金口河区的走访调研中，我发现由于浙川两地不同的历史文化背景，浙江经验无法直接在金口河区落地生根。2018 年 5 月 21 日，通过我的牵线搭桥，中国美术学院风景建筑设计研究总院第四分院一行，到金口河区现场开展公益旅游和美丽乡村设计。在团队现场勘察过程中，我们经历了多次险情。最为惊险的是，乘坐的汽车正在盘旋山路上行驶，前方一辆满载矿石的大货车刹车突然失灵，直冲过来，大家都吓得呆住了。好在驾驶员反应迅速，立马向后倒退十几米。就在这一瞬间，大货车紧贴着我们的车身呼啸而过。等大家反应过来，都惊出一身冷汗。就是这样，中国美院的设计师和当地干部群众克服了重重困难，仅用一个礼拜就完成了第一阶段的设计任务。美丽乡村的设计和建设让大山的村落旧貌换新颜。村容整洁了，村貌美观了，村民们高兴地说："感谢浙江人民，让我们的村庄变了样。"

2018 年 7 月 20 日，浦江龙峰国际学校的几十名老师赶赴金口河开展协作交流。就在离金口河 10 公里的地方发生道路塌方，他们只好在车上一直等待。我在塌方的这边，他们在另一边，虽然仅隔着几十米，但就是过不来。等到晚上 10 点，道路清理好了，刚要通行，突然路基又严重下沉，道路立刻又封闭了。无奈之下，老师们只好饿着肚子原路返回峨眉山市，到达宾馆时已是凌晨。让我想不到的是，第二天他们绕道 200 公里，经雅安来到金口河。老师们说，无论怎么艰难也要挺进金口河，看看结对的学校，了解当地的情况。只有这样回去后才能做好精准帮扶。那一刻，我的内心被强烈震撼了。

三、蜀道难，难不住协作的力量

按照浙川两省东西部扶贫协作的要求，浦江、金口河两地重新梳理了东西部扶贫协作规划项目。根据东西部扶贫协作项目 15 个，申请东西部扶贫协作资金 3390 万元。浦江援派的 14 名医生、教师、电子商务、农业等专业技术人员迅速到位。

为生命开启绿色通道。金口河区因为交通不便，急性创伤和突发疾病的病人往往得不到及时救治，有的甚至在转送乐山市级医院的途中就失去了生命。在浦江援川医生的努力下，金口河区人民医院建立急诊科，多次挽救危重病人，打通山区百姓的生命绿色通道，解决了长期困扰山区医院发展的难题。同时，妇产科、儿科、骨科、康复科等方面的浦江援川医生，帮助当地培养了一支“带不走”的医疗团队，金口河区百姓的健康保障得到很大提高。

为孩子搭建教育平台。浦江援川教师们帮助金口河区建立教育扶智“云平台”，使西部山区孩子享受到东部的优质教育资源。浦江、金口河两地师生“同上一堂课，共读一本书”，同享教育“云端”之乐。同时，在大小凉山彝区开展“学普通话”活动，帮助彝族孩子打通语言障碍。

为老人提供养老服务。金华市慈善总会帮助金口河区提升社区居家养老设施，使山区老人的幸福指数不断提高。同时，我们帮助残疾人建立利益链接和就业渠道，让残疾人能够依靠自己的双手，创造人生价值。

为农民打通销售渠道。浦江县职业技术学校的骨干教师利用暑期，帮助当地搭建电商平台，利用线上线下销售平台，大力开展消费扶贫，打通山区百姓的农产品销售渠道，一批直播带货的网红应运而生。通过消费扶贫，发展村级电商服务站点 10 个，帮助金口河区销售 3897 万元农副产品，增加了建档立卡贫困户的收入。此外，浦江县还无偿提供城区繁华街道店面，为金口河区开设农特产品专销店，使金口河的乌天麻、老鹰茶、老腊肉等山区特色产品走进了浙江市场。

为农业产业提档升级。3 年来，我们投入帮扶资金 3270 万元，帮助当地建设为农服务中心（生态食品加工园区），填补了金口河区建区以来中药材无精深加工、无冷链物流的空白，实现中药材产业的全面提档升级。从田间地头到入园加工、检测、仓储、物流、销售，形成了完整的产业链条，彻底改变了当地农业产业低、小、散的局面。同时，大瓦山高山食用菌东西部扶贫协作项目初见成效，产品进入杭州、上海市场，带动周边 70 多户农民和贫困户脱贫致富。我们在金口河共发展道地中药材、高山食用菌、大鲵养殖等特色产业 4.5 万亩，实现特色产业产值两亿元，带动 2000 余户农户持续增收，全区 4486 名建档立卡贫困人口从中分红收益 1520 余万元。

四、蜀道难，难不住旅游助扶贫

在金口河区永和镇西北部的高山峡谷之中，深藏着一个“悬崖村”——胜利村。这里“多见猴子少见人”，村民们祖祖辈辈分散居住在海拔 1600 多米的悬崖峭壁之上。下山赶集，早上天没亮就出门，晚上摸黑才能回家，所有生产生活用品都得靠背篓背运，“两头黑”场景在这里延续了几代人。

从 2004 年开始，历时 10 多年，金口河区先后将散居在“云端”的 72 户村民搬迁下山，实行集中安置。但搬迁下山的村民还是以传统农业为主，收入不稳定。

怎样才能让下山的村民脱贫致富？这是我一直思考的问题。为了让村民“落地生根稳得住”，我用最短的时间走遍了胜利村的每家每户和各个角落，通过实地查看、走访群众，了解到胜利村拥有丰富的农特产品和得天独厚的自然资源，村民们也有创业的想法。于是，我和金口河区领导干部商议，决定依托生态环境的自然优势和彝族风情的人文优势，鼓励村民们就地开办民宿，打造旅游扶贫“新样板”。

通过牵线搭桥，我联系金华市和浦江县，将胜利村纳入东西部扶贫协作项目当中，先后投入 300 万元扶贫协作资金，按照打造“峡谷第一村”的目标，从生态环境、自然风光、人文景观、农房风貌、基础设施等方面对胜利村进行升级改造。同时，结合胜利村地处大渡河金口大峡谷景区和毗邻成昆铁路的独特优势，新建“成昆铁路建设纪念碑”和全国唯一的“铁道兵博物馆”；在丁木沟硬化徒步登山体验游步道，新建观光亭台，进一步完善配套设施，提升胜利村的文化内涵。经过几年的努力，如今的胜利村已成为川西一个漂亮精致的旅游村，成为大峡谷旅游的网红热门景区。

2018 年 5 月，依托浙江省工会疗休养政策，金华市和浦江县把金口河区作为干部职工工会疗休养目的地，将疗休养工作与对口帮扶工作相结合。浦江和金口河两地总工会签订了《浦金职工疗休养合作协议》，当年就接待金华市、浦江县疗休养干部职工 100 余批次、4000 余人，实现旅游收入 1000 余万元，助推了当地乡村旅游。这项惠民工程名列四川省第 1 名，典型做法被新华社播发。旅游扶贫促进了当地群众增收，打造了“带不走”的扶贫基地。

几年来，在浙江省、四川省各级党委、政府及社会各界的支持下，浦江县和金口河区同扛一份责任，共担一种使命，借助东西部扶贫协作这股“东风”，双向互动、多维沟通，累计完成对口帮扶资金投入 1.369 亿元，实施东西部扶贫协作项目 37 个，打造完成“花溪曙光”“峡谷第一村”等 4 个旅游扶贫示范村。同时，引进浙商在金口河注册企业 7 家，累计投资 1 亿余元。

此外，金华市金东区党委、政府也积极参与到帮扶金口河区高质量脱贫攻坚的行列，全方位帮助金口河区发展。金华各级慈善总会、红十字会、残联、工商联等群团和社会组织纷纷雪中送炭、慷慨解囊，累计捐款捐物达 3000 余万元，为金口河脱贫攻坚注入了爱的动能。

在我的扶贫协作征途上，“党建引领东西部扶贫协作”“金口河区成功创建四川省中药材重点县”“云课堂教育”“急诊开通生命绿色通道”“消费扶贫五位一体新模式”等扶贫协作典型案例在全省、全市推广。

五、蜀道难，难不住脱贫总攻战

3 年来，我协调各方面力量，发挥两地党委、政府协调作用，架起东西部扶贫协作的桥梁和纽带。围绕扶贫协作任务，精心谋划，精准发力，协助两地在产业、人才、劳务、社会帮扶等方面开展深层次、多领域、立体化协作交流，推动干部人才、产业、资金、技术向金口河区流动，共同推进扶贫协作项目开花结果。

3 年来，我带领由 76 名党政干部、专业技术人才组成的浦江县赴金口河区团队，认真贯彻执行中央、省、市、县有关文件要求，聚焦精准，聚焦重点，聚焦民生，实事求是，因地制宜，不搞“面子工程”，做了一些实实在在真正惠及百姓的事情，帮助当地解决了诸多群众急需的民生事业、民生工程，为决战决胜全面建成小康社会奠定了坚实的基础。

“两不愁三保障”一直是东西部扶贫协作的基础工作。自浦江县与金口河区结对以来，双方开展了深层次、多领域、全方位的扶贫协作。我们协同当地干部群众，将东西部扶贫协作化为金口河脱贫奔小康、助力乡村振兴的巨大动力，取得显著成效。2019 年，金口河区东西部扶贫协作工作成绩考核位居乐山市第一名，四川省考核评价等次为“好”。同年 4 月，四川省政府宣布，金口河区正式退出省定贫困县行列，成绩位列省定贫困县第 1 名，成为四川省大小凉山彝区第一个高质量脱贫摘帽县。在浙江省、金华市、浦江县等各级党委、政府和社会各界的帮扶下，金口河区兑现了军令状，通过了世纪考，交出了满意答卷。金口河区的贫困人口同全国人民一道进入了全面小康社会，我们实现了扶贫协作的庄严承诺，不辱使命，不负人民。这份沉甸甸的荣誉，离不开党中央的英明领导，离不开浙江省、金华市、浦江县、金东区等各级党委、政府的鼎力支持，离不开社会各界的积极参与和帮助。

（采访整理：张庆平；采访时间：2021 年 8 月 18 日）

责任在肩，使命光荣，全力做好扶贫工作

陈飞

一

2020 年 7 月，我开始担任磐安县农业农村局局长。我多年在乡镇基层工作，对农业农村工作比较了解，但对扶贫工作了解不多、体会不深。担任农业农村局局长后，我牵头扶贫办日常工作，越来越体会到扶贫工作责任重大、使命光荣。

消除贫困、改善民生，逐步实现共同富裕，是社会主义的本质要求，是我们党的重要使命。党的十八大以来，党和国家把脱贫攻坚作为治国理政的重大任务，提出了一系列新思想新观点新论断，落实一系列有力有效举措。2015 年 11 月 29 日印发的《中共中央、国务院关于打赢脱贫攻坚战的决定》文件中明确提出，到 2020 年，稳定实现农村贫困人口不愁吃、不愁穿，义务教育、基本医疗和住房安全有保障；实现贫困地区农民人均可支配收入增长幅度高于全国平均水平，基本公共服务主要领域指标接近全国平均水平；确保我国现行标准下农村贫困人口实现脱贫，贫困县全部摘帽，解决区域性整体贫困。

磐安县是山区县，脱贫攻坚的任务很重。在具体脱贫工作实施过程中，也存在诸多问题。比如，在低收入农户认定中，由于农民收入来源的多样化和不可预测性，再加上有的农户担心被取消低保资格，不愿意如实填报收入，导致部分农户的经济收入信息掌握不够详实，造成认定上存在偏差。在全县低收入农户中，有一半左右缺失劳动力，基本依赖低保金维持生计；部分低收入农户缺技能缺增收门路，面对政府的积

极引导又不敢尝试新的增收渠道，宁愿维持传统种养模式，每年申请扶贫贷款贴息的低收入农户数量不多；少数农户缺乏脱贫内生动力，存在“等、靠、要”的思想。再比如，个别乡镇（街道）指导低收入农户产业扶贫力度不大，导致乡镇（街道）之间产业扶贫项目分布不够平衡。针对这些问题，磐安县委、县政府始终坚持以习近平总书记关于脱贫攻坚的重要论述为指导，深入贯彻落实中央和省委、市委关于脱贫攻坚工作的决策部署，把扶贫工作作为重要政治任务和第一民生工程，明确工作目标，细化工作举措，扎实推进扶贫领域各项工作。

二

作为县农业农村局局长，我全心全力投身扶贫工作，切身感受到了上级对我们加快发展县的关心关怀，切身感受到了县委、县政府对抓好扶贫工作的责任担当，切身感受到社会各界对扶贫工作的支持。在打赢脱贫攻坚战过程中，磐安县主要采取了五个方面的措施。

第一，强化组织保障，落实主体责任。脱贫攻坚工作任务重、要求高、时间紧，必须要有强有力的组织领导。磐安成立了由县委、县政府主要领导任双组长的扶贫工作领导小组。各乡镇（街道）和相关部门成立相应条块扶贫领导小组，做到扶贫工作有人管事、有人办事，确保扶贫工作组织有序、任务到位。同时，建立扶贫工作责任落实机制。县委常委会议和县政府常务会议定期召开研究扶贫工作的专题会议，及时研究解决精准扶贫工作中遇到的新情况、新问题。全面落实党政“一把手”主体责任和分管领导直接责任，逐级组建作战单元，形成上下贯通、责任到底、合力攻坚的责任落实体系，有力推动脱贫攻坚各项工作顺利开展。

第二，精准施策发力，提升脱贫质量。要让脱贫工作抓得有成效，抓到点子上，必须坚持问题导向，突出重点，精准施策。我们始终把农民增收、民生改善作为做好脱贫工作的重点内容，统筹做好产业开发、民生保障、基础设施等工作，不断增强贫困区域的内生发展动力。一是加快特色产业发展。大力发展现代农业、来料加工业，不断夯实农民增收的产业基础。全县先后建成了省级主导产业示范区 6 个、特色农业精品园 70 个，新发展设施农业 1.45 万亩；累计培育来料加工经纪人 670 余人。2019 年实现来料加工从业人员 4.6 万人，收入 4.9 亿元，年人均加工费收入达 10600 元。二是全面推进农民增收。深入实施低收入农户高水平全面小康计划，高质量打好农民增收集群攻坚战。大力发展农家乐，发展旅游经济促农民增收。如尖山镇乌石村从 2005 年的首批四户农家乐、48 张床位发展到 2020 年的 173 户、3777 张床位、8375 个餐位。2020 年，乌石村接待游客 79 万人次，旅游综合收入 1.45 亿元。乌石村管头自然村农民人均纯收入从 2004 年 3000 元提高到 2020 年底的 67000 元，不仅解决了 1500 多人的就业问题，而且有效地带动农产品销售，拓展了产业链，被誉为农家乐规模最大、旅游接待人次最多、营业收入最高的“金华市农家乐第一村”。乌石乡村旅游发展模式被省扶贫办列为“全省十大精准扶贫案例”之一。通过多种渠道，有效促进了农民持续增收。2014 年到 2020 年，全县农村常住居民人均可支配收入增幅居金华市前列。2020 年，农村常住居民人均可支配收入 20950 元，是 2015 年 13400 元的 1.56 倍。三是大力提升民生保障水平，实行城乡低保标准一体化。2016 年，城乡居民低保标准从 528 元 / 月、396 元 / 月统一提高到 800 元 / 月，累计发放低保补助资金 1.3 亿元；不断加大医疗保障力度，全县实现省级卫生乡镇全覆盖，基本医疗保险参保率达 99.9%，政策范围内报销比例达到 97% 以上；实施低收入农户子女扶贫助学计划，全县小学适龄儿童入学率和初中适龄少年入学率均达到 100%；不断缓解最低收入家庭住房困难，近 3 年共完成农村困难家庭危房改造 147 户，拨付专项扶持资金 112.85 万元；加快易地搬迁和下山移民，五年内建成新渥九里塘、古竹两个县级移民小区，共安置下山移民农户 404 户、1243 人。四是大力发展集体经济。在全省率先成立县级农村集体经济发展有限公司，将每年所得用于扶持集体经济薄弱村。先后投资建设磐安工业园区集体经济物业园、旅游酒店、新兴街安置小区、新城区农商综合体等物业项目，每年可得租金 500 余万元，入股村庄每年可获得不少于五万元的经营性收入。大力推进光伏扶贫项目，在2018年完成建设大盘北桥、尖山龙潭背山地光伏17.8兆瓦的基础上，2019年收购新日生、泰科、华凯等企业屋顶6.3兆瓦光伏，每年增加扶贫资金1000多万元。

整合扶贫资源，形成攻坚合力。扶贫工作是一项系统工程，需要各方齐心协力。几年来，磐安举全县之力、集全县之智，借助社会各界力量，整合社会各类资源，合心合拍合力打好脱贫攻坚战。一是深化结对扶贫。按照“一户一策一干部、一村一计一部门”的原则，由全县86个机关、企事业单位结对帮扶87个村；县、乡、村三级党员干部结对联系低收入农户，近五年机关部门落实帮扶资金1600多万元。二是对接对口帮扶。全省10家省级单位结对帮扶磐安的10个乡镇10个村。省级结对部门尽心尽职，对结对帮扶村关爱有加，常年派工作组驻村联系。2019年至2020年深入磐安开展帮扶活动103批次、1127人次，共到位帮扶资金1431.3万元，走访困难群众300多户，落实各类扶持项目38个。三是动员社会帮扶。由省扶贫基金会和浙江中天集团联合推出的“中天集团爱心助学基金”，连续14年资助磐安贫困家庭大学新生，2020年又资助了60多名、资助金额36万元。县农业农村局、县民政局、县教育局和团县委、县总工会、县妇联、县工商联等群团组织也积极动员相关群体参与扶贫工作，仅2020年就资助贫困学生1118人，资助金额达209.05万元。

第四，全面排查摸底，集中攻坚抓扶贫。党中央强调，在脱贫攻坚奔小康的路上一个也不能少。从2020年7月开始，磐安深入开展“百日扶贫攻坚”行动，推进“六项问题全面清零”。一是年人均收入9000元以下农户清“零”。7月底，通过走村入户，全面排摸9000元以下农户，全县排摸出9000元以下农户361户、581人。截至2020年10月12日，通过逐一落实帮扶举措，达成目标。二是在校困难学生清“零”。通过建立健全低收入农户子女在校就读情况教育扶贫档案，全县共排查出1004名困难学生。截至2020年10月15日，通过全面开展救助，共发放助学金130.09万元。三是因病致贫、因病返贫困难群众清“零”。全县共排摸出疑似因病致贫困难群众30人，截至2020年10月15日，通过大数据比对，9人不属于因病致贫对象，因病致贫对象21人已全部纳入低保（边）户，可享受基本医保、大病保险、医疗救助、医疗扶贫、临时医疗救助等相关医疗扶贫政策。四是农村困难家庭危房户和无房户清“零”。全县共排摸出109户农村困难家庭危房户（其中D级11户、C级98户）和五户无房户。截至2020年9月底，11户D级危房，2户完成修缮，9户拆除；98户C级危房，91户完成修缮，1户原拆原建，6户拆除；5户无房户，3户租赁安置、2户投亲靠友，每户每年落实1000元租房补贴。五是低收入农户“零就业”家庭清“零”。2020年9月底，全县共排查“零就业”家庭69户，通过公益性岗位安置43户，其他途径安置26户，完成“清零”任务。2020年10月份，又为55户其他低收入农户、19户东西部对口地区在磐就业贫困户，落实公益性岗位。六是集体经济薄弱村清“零”。截至2020年10月底，全县169个薄弱村完成集体经济总收入20万元以上且经营性收入10万元以上，占全县行政村的78.2%，比省下达任务高出8.2个百分点。

第五，规范政策制度，强化监管考核。规范政策制度，加强工作监管与考核是做好扶贫工作的基础保障。我们在政策上、制度上、监管上等方面落实了一系列举措。一是做好科学规划。根据上级要求，结合县情实际，科学确定目标任务，精心编制项目规划，细化制订年度任务，并将年度计划指标下达到乡镇、村，将项目具体到点、责任落实到人，确保“干有目标、行有方向、责有担当”。二是加强制度保障。实行项目管理制，把扶贫资金纳入财政支农项目库管理；实行项目分级报账制，对资金实行多头把控，确保走向明确、专款专用；实行项目资金集体研究制、公开招标投标制、绩效评价制等制度，确保扶贫资金的管理有章可循、规范运行，从制度上堵住财政扶贫资金专项资金管理漏洞。三是实行全程公开。将扶贫政策、项目建设、资金拨付全公开，扶贫专项资金的补助范围、扶持对象、申报程序、扶贫项目以及监督电话等信息全公开，切实提高项目的透明度。四是多方联动监管。坚持群众参与、部门协同，形成全方位、宽领域的监管体系，县纪委监委、县财政局、县扶贫办定期不定期对扶贫资金管理使用情况进行专项检查，县审计局将审计监督贯穿扶贫项目实施的全过程，对发现的问题及时整改、严肃查处。

三

打赢了脱贫攻坚战，不等于脱贫攻坚的结束，防止返贫的任务仍然十分繁重。我们把脱贫工作与乡村振兴有效衔接，通过落实“七个一批”措施，持续巩固拓展脱贫攻坚成果。

一是产业发展帮扶一批。对新发展油茶、香榧、中药材等产业，直接给予 500—1500 元 / 亩补助，在不影响生态环境的条件下，对养殖鸡、羊、牛等产业，直接给予 50—1500 元 / 只（头）补助，增加低收入农户收入。实施“我们的幸福计划”项目，采取“土法种养+现代营销”模式，每年带动 3000 余名留守群众增收。2021 年，新建方前镇寺岙村和仁川镇新岭下村、柳坡村等 8 个村光伏产业项目，当年上半年已分给低收入农户 500 元 / 人收益金。

二是来料加工帮扶一批。大力加快来料加工业的发展，对来料加工经纪人在金融信贷、用地用电、部门服务、资金奖励等方面进行特别扶持，使全县的来料加工参与人数稳步增加，加工费逐年递增，受益人口不断扩大。2020 年，全县来料加工从业人员达到 4.6 万人，实现收入 4.9 亿元，直接带动低收入农户 2966 人在家门口就业，人均增收 1000 元左右。

三是兜底保障帮扶一批。全县城乡低保标准在 2020 年 9 月提高到 800 元 / 月基础上，2021 年 9 月再次提高到 900 元 / 月。2018 年起，低收入农户基本医保和大病统筹自筹部分全部由县财政全额保障，每人 150 元的大病补充保险已连续实施两年，惠及更多低收入农户。

四是真情助学帮扶一批。为有效防范因学致贫、因贫失学问题，磐安全面实施低收入农户子女扶贫助学计划，县农业农村局、县民政局、县教育局和团县委、县总工会、县妇联、县工商联等群团组织积极动员相关群体参与低收入家庭子女就学救助工作。2021 年已资助贫困学生

368 人，资助金额 127 万元。

五是结对联系帮扶一批。磐安坚持实施“一户一策一干部”制度，确保全县各机关部门和乡镇（街道）工作人员至少结对帮扶一户以上低收入农户，帮助困难群众解决生产生活难题。今年全县 86 家机关企事业单位结对帮扶全县 87 个村，2660 多名乡镇和县机关部门党员干部结对帮扶全县 3497 户低收入农户，已深入开展帮扶活动 242 批次、4581 人次，走访低收入群众 4000 多户，落实帮扶资金 300 多万元。

六是创新金融帮扶一批。在财政扶贫资金的支持下，磐安不断创新金融帮扶举措，低收入农户 10 万元以内贷款直接采用“免抵押、免担保”信用放贷，帮助各类经营业主解决资金缺口，带动低收入农户增收。2021 年全县已发放扶贫小额贴息贷款 172 户次 2144 万元，其中向低收入农户发放扶贫小额信贷 42 户次 280 万元，有效解决了困难群体产业发展资金筹集难问题。

七是技能培训帮扶一批。为了提高农民特别是低收入农户就业技能，磐安相继开展药膳师、药乡月嫂、护理师等乡土特色人才培训，进一步满足全县紧缺人才培训需求。目前磐安的药膳师、药乡月嫂、护理师供不应求，工资可达 1 万元 / 月左右。

（采访整理：周斌豹　施岩忠　潘伟安；采访时间：2021 年 8 月 28 日）

脱贫攻坚，横店“有戏”

吕跃龙

一、起步：一个农村党支部书记的脱贫致富梦

改革开放前，横店是一个公社，1983年改作乡，1985年改为镇。20世纪90年代以来，由于横店集团的崛起，横店经济快速发展，横店镇也先后于1992年、1995年两次扩镇，镇域面积从39.7平方千米扩大到97平方千米，从40个行政村扩大到108个，人口从2.4万增加到近10万，成为除市区以外的东阳市第一大镇。

早年的横店的地理条件并不优越，是一个内陆半山区半丘陵地区。这里交通不便，资源匮乏，人多地少，经济基础很差，一直为贫穷所困扰。“出门望见八面山，薄粥三餐度饥寒”，这首民谣是当年横店的真实写照。

20世纪70年代初，刚刚上任横店大队党支部书记的徐文荣带领党老百姓，造桥、打水井，发展农业生产，还办了五金厂、粮食加工厂。第二年，粮食亩产从700斤增长到1500斤。年底分红时，每个工分由原来0.27元增加到0.76元。横店老百姓也实现了一天“两干一稀”，中饭吃完后，一人吃一个橘子或苹果，群众生活得到极大改善。横店的共同富裕之路从一开始就深深打上党组织和带头人引领、大胆突破体制机制束缚、集体劳动共建共享等三个鲜明烙印。1975年，横店公社党委任命徐文荣为横店丝厂党支部书记。在一无资金、二无技术、三无政策的情况下，徐文荣带领支部党员克服重重困难，1976年2月16日横店丝厂正式投产，利润逐年翻番。1979年1月，横店人又办起了横店针织

厂，当年便实现利润超 100 万元。紧接着，横店又办起了内衣厂、印染厂、丝织厂和化纤纺织厂等，形成轻纺产业链。1980 年 4 月，横店磁性器材厂成立，经过 30 多年发展，磁性材料不仅成为横店集团的主导产业，还带动整个东阳磁性材料产业的兴旺发展，成为东阳经济的重要支柱。到如今，横店集团有电气电子、医药健康、影视文化、新型综合服务等四大产业版块，共有 200 多家生产与服务型企业、5 万多名员工。1984 年 10 月，党的十二届三中全会通过了《中共中央关于经济体制改革的决定》，首次提出了政企分开的问题。东阳县和横店乡党委、政府全力支持横店乡镇企业的发展。11 月，横店工业公司（后改为横店工业总公司）成立。为促进企业发展，适应市场，在横店工业总公司基础上，1990 年 11 月浙江横店企业集团公司成立。1993 年 3 月，为进一步加快推进“高科技、外向型、集团化”的战略步伐，横店企业集团公司正式改组为横店集团，成为全国第一家乡镇企业集团。1999 年成立横店集团控股有限公司，对集团公司和下属子集团、子公司进行全面公司制改造。

从创办横店丝厂到成立横店工业公司再到组建横店集团，从农村党支部书记成长起来的徐文荣在脱贫致富的道路上，追逐着一个又一个目标，实现了一个又一个梦想。

二、发展：一个农民企业家的共同富裕观

横店集团成立后，每年都要拿出一大笔资金搞城镇基础设施建设，包括桥梁、医院、自来水厂、污水处理厂、影视职业学院等，累计投资达到 100 多亿元，使城镇面貌发生了翻天覆地的变化。

20 世纪 90 年代，全国掀起了以股份制和股份合作制为主要形式的改制热潮，徐文荣没有跟风。在他看来，横店集团的资产是集团成员共同创造的，是属于集团成员的共有财产。为了寻求一个长远的发展模式，他提出了“社团经济”的概念，其核心宗旨就是“共创、共有、共富、共享”。这一模式，后被经济理论界概括为：横店式共有制、市场型公有制，为中国农村实现全面小康提供了新的范式。徐文荣也因此荣获了

“2016中国全面小康十大杰出贡献人物”称号。

在徐文荣心里，自己始终是一个农民，也一直以解决横店的“三农”问题为己任。他深知，新时代的“三农”工作，不再仅仅是解决农民的温饱和小康问题，而是要更进一步建设美丽乡村，实现农村现代化。为推动横店建设，横店集团在发展战略“高科技、外向型、集团化”后面，加了“办社会”三个字。社会主义企业家不但要办好企业，还要办好社会，要有社会责任意识。横店集团坚持企业办社会，办出了一个新横店。横店农民“从农民到工人到市民”，不用往城市涌，而是就地实现了城市化、市民化，走出了一条社会主义新农村建设和农村城市化的新路子。

经过政企合力共建、产城融合发展，坚持“四共”理念，横店已然走出了一条高质量发展建设共同富裕美好社会的道路。2017年，由中央各部委18位专家组成的专家组，对横店幸福指数体系进行调查研究。结论显示，横店人“很幸福”和“非常幸福”的比例达到了90%以上，横店居民的总体满意度达到93.5%。

三、跨跃：一个民营企业的精准扶贫路

横店集团通过企业自身的力量，努力带领当地百姓走上共同富裕之路，带动周边区域的经济发展，切实改善百姓生活水平。横店集团不断承担社会责任、创造社会价值，并在新时代国家精准扶贫的政策号召下，建立扶贫长效机制，进行了有益的探索，取得了显著成效。

第一，“横漂+剧组”影视扶贫。

作为全球最大的影视实景拍摄基地，横店影视城常年为来自中西部的影视“追梦人”开辟绿色通道，让他们成为“群众演员”。2003年成立的横店影视城演员公会，为44817名来自中西部相对贫困省份的人员，办理了横漂演员证，仅2018年至2020年对“横漂”演员的培训就达19997人次。为提高“横漂”演员的职业技能，我们专门从北京、上海等影视院校，不惜重金请来专业影视表演老师，开展系统性专业培训，让他们的内在表演潜力不断被挖掘，以最专业的群演姿态完成剧组的要求。

2020 年新冠疫情防控期间，共有 31 个剧组在横店停工，大约 5600 名剧组人员和 1600 名“横漂”工作者留在横店。为了帮助停留在横店的剧组渡过难关，横店在全国率先推出免除剧组租用横店影视城下属所有拍摄基地、摄影棚的费用，酒店房费减半的优惠举措，并给“横漂”工作者每人 500 元补贴。同时不断加大优惠力度，扩大帮扶范围，积极畅通产业链，从多角度加大对剧组的帮扶力度，以各环节协同助力复工复产。横店为剧组减免费用总计达 4000 多万元。

横店旅游业对的带动效应可量化为 1 元门票带动 5 —7 元的第三产业消费。通过文旅融合，横店集团的影视文化产业在横店本地创造就业岗位约 5 万个，从事第三产业劳动力占劳动力就业总数的 53%，劳动力就业率达到 100%。数据显示，全镇常住人口从 2011 年的 10.8 万增长到 23 万，居民年人均收入已从 1975 年的 75 元增长到 2020 年的 6.5 万元。

第二，“保险 + 期货”金融扶贫。

针对很多国家贫困县均为农业县，且农户缺乏利用金融衍生工具规避价格风险的专业知识这一现状，横店集团下属企业南华期货充分发挥自身的专业优势，以“保险 + 期货”为抓手，进行精准扶贫，有力提高扶贫效果。2016 年，新疆首个“保险 + 期货”创新试点签约仪式在新疆喀什地区莎车县举行；2017 年 9 月 6 日，由上海期货交易所支持的“橡胶价格保险 + 期货”项目首次成功落地云南省临沧市沧源佤族自治县，惠及胶农超过 1000 户，其中 80% 以上的胶农为建档立卡的贫困户。2017 年南华期货在黑龙江海伦市贫困农场——海伦农场推出大豆价格保险产品，开展大豆“收入险”试点。2019 年海伦市 23784 户农户参与试点项目，覆盖大豆种植面积约 153 万亩，占全县种植面积的 60% 以上，其中包括所有种植大豆的建档立卡贫困户 3889 户，种植面积 94932.1 亩。通过一系列“保险 + 期货”的专业扶贫，南华期货协同各方有力整合社会资源，利用市场力量推动精准扶贫，从而建立扶贫工作的长效机制。南华期货“保险 + 期货”的扶贫模式得到了《人民日报》的关注与报道。

第三，“项目 + 产业”技术扶贫。

横店集团的产业扶贫之路一直在向中西部延伸，陆续在安徽、湖北、山西、河南、云南、四川、江西等地租赁或收购企业，让这些企业扭亏为盈，成为当地明星企业，从而带动中西部地区人民脱贫致富。

20世纪90年代初，横店集团旗下医药产业与川抗所进行了紧密合作，并于2001年1月投资设立了横店集团成都分子实验室有限公司。公司创建以来，横店集团累计投资6000余万元，已成功研究开发100多个医药中间体，9个API新药，多个技术平台，不同所有制企业跨区域、跨行业合作取得丰硕成果。2007年10月，横店集团旗下横店东磁公司投资6000万元，取得四川理县通安镇叉子硐铜矿普查探矿权，并注册公司。不仅为企业自身拓展了发展空间，也促进当地就业及增加财政税收。2017年，东磁公司投资建设位于江西省九江市都昌县蔡岭镇洞门村的都昌昊缇10MW光伏电站项目，实际投资额达到7750万元。2019年11月，该公司又收购宜宾金川电子并新增投资项目，通过向金川电子导入技术、客户和资金等资源，促进金川电子提质、降本、增效。

目前，横店集团下属企业正在四川、贵州、吉林、湖北四省开展调研，计划在当地适时建立代工企业，提高当地的“造血”功能。

第四，“扶智＋扶志”文化扶贫。

老少边穷地区由于经济条件落后，人民群众普遍受教育程度低，文化生活贫乏。1995年11月，横店集团决定响应中宣部“文化扶贫”倡导，为东阳全市1300个行政村每村赠订1份《农民日报》。我们不仅给老少边穷地区送去精神食粮，还推动知识和技术的传播。横店集团被文化部文化扶贫委员会、中国扶贫基金会、农民日报社等评为“文化扶贫、送报下乡”突出贡献奖。

长期以来，我们还先后开展送电影进革命老区、送红色影片进校园等活动。成立于2000年12月的横店电影放映队，先后赴江西、江苏、上海等革命老区和校园放映电影达近千场，为群众免费放送电影近5万场，观众达1000万人次。

横店影视公司在云南、贵州、西藏、重庆、陕西、甘肃、青海、新疆、宁夏、内蒙古、广西等省份的欠发达县市及边远山区，投资建设了70余家多厅数字影院，送文化精品和精神食粮，让当地群众在第一时间就能观看全国首轮影片。

为助力更多大山深处的贫苦孩子实现求学梦想，阻断贫困代际传递，我们还与当地政府部门签署结对帮扶协议，设立以杭州甘霖助学基金会为代表的助学扶贫项目。

在扶贫过程中兼顾“扶智”和“扶志”，在当地不定期开展专业知识培训和技能培训。针对在岗的建档立卡人员，积极开展技能和文化素质提升培训，通过“文化扫盲 + 职业技能提升 + 学历提升”，走出了一条以文化扶贫为特色的路子，促进东西部贫困职工岗位技能、学历层次“双提升”，让他们出得来、留得住、干得好、有发展、有奔头。同时开展“精准扶贫二帮一”活动，通过党委、支部、党员和公司、工厂、师傅两条线进行帮扶，每个党员联系一个扶贫对象，开展岗前培训工作。2017 年至今，东磁公司开展针对贫困地区员工的培训 149 个班次，惠及贫困地区员工超万人。同时设立员工爱心互助会，帮助解决员工子女上学、职工医疗等，给职工以温暖和保障。

第五，“爱心 + 政策”救济扶贫。

2020 年，面对突如其来的新冠疫情，横店集团党委迅速贯彻落实党中央重大决策部署，积极组织近 2300 名党员参与人民战“疫”，充分发挥党组织的战斗堡垒作用和党员的先锋模范作用。面对疫情防控和经济发展的压力，企业、社区联防联控筑起“铁篱笆”，并创新方式方法，“共享员工”获《人民日报》头版点赞，“包车跨省接员工返岗”上了《学习强国》。针对疫情防控一线物资紧缺情况，集团向湖北省、浙江省、金华市、东阳市红十字会共捐款 2200 万元。下属子公司普洛药业向湖北省政府捐赠了价值 1100 万元的药物。一批冲锋在前、担当作为、甘于奉献的党员同志，舍小家为大家，坚守抗疫第一线，扛起了众志成城、共克时艰的重担。

在带领横店人致富和助力中西部贫困地区脱贫的道路上，横店集团几代人始终坚守共创共富初心，勇担脱贫攻坚责任。2020 年，横店集团荣获浙江省对口工作领导小组及省委组织部评选的“浙江省东西部扶贫协作社会责任奖”。2021 年，我代表横店集团出席全国脱贫攻坚总结表彰大会，接过“全国脱贫攻坚先进集体”荣誉奖牌。

四、先行：打造精神文明高地的使命担当

40 多年来，伴随着工业、影视、旅游的蓬勃发展，横店从一个村发展成为一座城，实现了真正意义上的蝶变。未来 5 年，横店将投资 19.5 亿元，开展第二轮风貌提升，真正做到“镇区景区化、景区全域化”，让美丽风景更好地转变为“美丽经济”。横店发展的“四最”目标，即综合实力最强劲、城镇建设最美丽、社会治理最平安、群众生活最幸福，与共同富裕的目标是一致的。可以说，“四最”样板的打造，就是横店对共同富裕的探索之道。

我们将始终扎根横店，始终立足横店发展，在党委和政府的领导下，进一步走好镇企合力发展之路，在全省共同富裕示范区和全市共同富裕示范区先行市建设中积极发挥企业价值，贡献集团力量。

（采访整理：张敬　王进兴　赵淦；采访时间：2021 年 10 月 10 日）

以“排头兵”姿态助力对口地区脱贫攻坚

王盛洪

我于1964年出生在江山市。1986年7月参加工作，从衢州市计划委员会（计划与经济委员会）到衢州市水利局。30多年的工作经历，大部分都和农业农村有着直接联系，也和脱贫攻坚息息相关。2019年1月，受组织委派，我调任衢州市发展和改革委员会主任，兼任衢州市对口工作领导小组办公室主任，深度参与对口地区脱贫攻坚伟大事业。

衢州市对口工作主要分三大板块，即对口支援新疆、对口帮扶四川和对口合作吉林，其中对口支援的新疆乌什和对口帮扶的四川北川、平武、沐川、叙永、古蔺6个县均为国家级贫困县。在衢州和受援地党委、政府的高度重视和坚强领导下，经过双方多年的紧密配合、密切协作，圆满地完成了党中央、国务院和浙江省委、省政府赋予的政治任务，全面打赢脱贫攻坚战。

一

衢州援疆始于1998年，当时对口支援的是和田地区墨玉县。支援墨玉期间，衢州共选派6批援疆队伍。2010年，调整为对口支援阿克苏地区乌什县，从第七批援疆队伍开始，共选派4批援疆队伍，现在已是第十批次。

2017年至2019年，衢州在第九批援疆期间共投入资金7.3亿元，撬动资金近37亿元，实施77个援疆项目，全面放大援疆的综合效应。在衢州援疆强力助推下，2017年至2019年，乌什县累计脱贫8852户、36312人，达到退出国家级贫困的县标准和条件，正式脱贫摘帽。

衢州援疆工作之所以取得明显成效，主要得益于 4 个方面。

第一个方面，得益于领导重视高位推进。省委、省政府强化系统设计、制度设计、顶层设计，建立省市联动推进机制，为衢州援疆工作指明了方向、明确了重点。衢州市委、市政府也十分重视援疆工作，主要领导亲自带队赴疆考察，现场指导援疆工作，看望慰问援疆工作人员。同时，乌什县、一师四团对我们的援疆工作人员在政治上信任、工作上放手、项目上支持、生活上关心。

第二个方面，得益于抢抓重点提升内生动力。实践证明，放大援疆资金效应，实施产业援疆，坚持“输血 + 造血”，增强受援地自身发展能力，是助推脱贫攻坚和实现总目标的重要抓手。

一是聚力脱贫全面出击。以招商带来项目、项目带动产业、产业带动就业、就业带动增收、增收促进脱贫、脱贫实现发展，精准实施“八个一”工程，直接带动贫困群众就近就业 6100 余人。如投入援疆资金 2200 万元建设的中小企业孵化基地，引进投资 1 亿元的艾斯芬纺织服装有限公司，解决就业 2500 余人，年生产服装 1000 万件。

二是“三大工程”齐头并进。“浙里美”新疆特产旗舰店、西域小羔羊新疆特色餐饮、欣禧源葡萄酒业品鉴店等一批“十城百店”项目落户衢州，开设有 80 家旗舰店、直营店、加盟店、超市、机关食堂专柜，年销售额超过 1 亿元，实现“疆果东送”。“百村千厂”全面开花，投入援疆资金 1.3 亿元，建设标准厂房 46 座，引进服装、地毯、帽业和袜业等劳动密集型企业 10 余家。全部投产后，带动 6000 余人就业，其中建档立卡贫困户 1500 余人。阿克苏金勺果业有限公司，年加工核桃 1 万吨、鹰嘴豆 2000 吨，分别占乌什县总产量 20%、40%。“万亩亿元”科技引领，在依麻木镇托万克麦盖提村投入援疆资金 1450 万元，建设面积 6000 平方米的菌棒科研生产车间，打造科技攻关示范基地，年生产菌棒 260 万棒，覆盖具备生产条件的 19 个贫困村，带动 1305 户贫困户种植，户均增收 5000 元以上。

三是“旅游 +”模式全面开启。投入援疆资金 2000 多万元，助力打造阿克苏地区唯一全域旅游示范县。提升乡村旅游景点 20 余处，创办农家乐、渔家乐、牧家乐 55 家，有 360 户贫困户参与入股分红；依托燕泉山、燕泉河、沙棘湿地公园、杏花村、农家乐集群等旅游景点，打造“丝路泉城 · 养生乌什”系列旅游品牌，直接带动贫困群众就业 1100 余人、间接就业 3000 余人，有力助推乌什县成功创建“自治区全域旅游示范区”。

第三个方面，得益于关注民心持续改善民生。强化惠民富民项目实施和管理，实施饮用水工程、厕所革命、垃圾分类等一批惠民项目，助力解决乡村通水、通电、通路等问题，开展旧城区项目改造，不断提升乌什县人民群众的幸福感。

一是实现项目惠民富民。以项目带动基础设施、城市建设、产业发展，促进能级提升。所有援疆项目都高质量完成，其中 2 个全额投资类“交钥匙”项目获新疆“建设工程施工安全生产标准化工地”荣誉称号。新时代创新大厦总投资 4200 万元，是中小企业的孵化器、智慧产业的研发地，更是美丽经济幸福产业、数字经济智慧产业在乌什的探索。人才公寓第三期项目，总投资 1800 万元，建设公寓 90 套，为引进的脱贫攻坚主力军解决了后顾之忧。

二是改善生活居住环境。聚力解决好“两不愁三保障”突出问题，将 80% 以上援疆资金用于民生领域，重点安排在贫困乡村。建成九个衢州团结新村，改造提升农田水利、道路绿化、路灯厕所等一批公共设施；补助建设安居富民房 11810 户，文化大礼堂、基层组织阵地、农民饮用水、安居富民房等实现了村村全覆盖，村容村貌与援建前相比发生了翻天覆地的变化。衢州团结新村为农村人居环境整治和乡村振兴作出了示范。

三是提升医疗卫生设施。不断改善乌什医疗卫生设施，投入 2000 万元左右援疆资金，为乌什县人民医院和各乡镇卫生院、计生服务站配备设备器材，新建妇幼保健院业务用房，大大提高医疗环境和诊疗水平，乌什县被列为“国家健康扶贫工程示范县”。组织 13 所衢州医院、公共卫生机构结对 13 所乌什医院、公共卫生机构，实现县级医院全覆盖。开展结核病防治试点工作，联合义诊 20 余次、服务 3300

余人次，有效遏制因病致贫、因病返贫，受到乌什各族群众的频频点赞。

第四个方面，得益于真心融入促进民族团结。民族团结是对口援疆工作的重要任务，衢州始终把“交往、交流、交融”工作作为加强民族团结、促进融合发展的内容，推进民族团结一家亲活动。

一是打造“全链式”组团教育。通过援助基础设施、选派援疆教师、结对帮扶等途径，形成涵盖幼教、小学、中学各学段“全链式”的衢州·乌什教育共同体。全面托管乌什·衢州小学，全力打造“一所最有礼的学校”，成为“学生向往之地”“教师培训基地”“国学传承之地”。组织 18 所衢州学校结对帮扶 17 所乌什学校，组建教育援疆服务队 12 支，交流进修人员 100 余人次。

二是做好“文化润疆”文章。启动“衢州有礼”系列活动，累计举办文艺汇演、文化走亲、文艺下乡、论语诵读比赛、读书会等大型互动活动 90 多场次，组织浙江、衢州两地艺术家 100 余人次走进乌什。衢州与乌什两地同步举办祭孔典礼，乌什少先队员到衢州开展文化之旅。支持拍摄反映援疆体裁的电影《奔腾的托什干河》，展示“祖国大家庭、衢乌一家亲”援疆成果。

三是推进交流交往交融。两地先后组织开展了 40 多批次党政代表团和企业代表团考察活动，共签订帮扶协议及战略合作书 20 余份。安排 230 多名受援地干部人才赴衢州市考察、学习、交流。组织乌什企业赴衢州参加年货节、展览会，累计帮助销售农产品 2100 万吨，户均增收 2000 元以上。

助力乌什县脱贫攻坚的同时，衢州援疆工作得到浙、新两地省部级领导多次肯定，也赢得乌什县各族干部群众频频点赞。

二

2018 年 5 月，根据浙江省对口办《关于开展新一轮浙江与四川东西部扶贫协作工作的通知》要求，衢州市柯城、衢江、龙游、常山、江山 5 个县（市、区）分别与绵阳市北川县、平武县，泸州市叙永县、古蔺县，乐山市沐川县签订结对帮扶协议，开展为期 3 年东西部扶贫协作，吹响了决战决胜脱贫攻坚的战斗号角。

衢州结对的四川 3 市 5 县，均以山地为主，尤其叙永、古蔺、沐川等县，位于乌蒙山片区，素有“地无三尺平、天无三日晴、人无三分银”之称，是国家新一轮扶贫开发攻坚战的主战场之一，也是全国脱贫攻坚最难啃的“硬骨头”之一。由于特殊的自然环境，长期以来这些地区的农民收入普遍很低，贫困发生率比较高。根据国家 2014 年公布的相关数据，北川有建档立卡贫困村 93 个，建档立卡贫困人口 6929 户、20384 人，贫困发生率 14.08%；平武有建档立卡贫困村 73 个，贫困人口 6896 户、19543 人，贫困发生率 12.8%；叙永有建档立卡贫困村 90 个，贫困人口 23535 户、96920 人，贫困发生率 15.9%；古蔺有建档立卡贫困村 117 个，贫困人口 28328 户、118882 人，贫困发生率 15.4%；沐川有建档立卡贫困村 43 个，贫困人口 48923 人，贫困发生率 23.4%。

针对协作地区产业基础差、底子薄、贫困人口多等特点，我们充分发挥衢州资金、产业、人才等方面的优势，不断加大东西部扶贫协作力度，精准施策，走出了一条具有衢州特色的东西部扶贫协作新路。

首先，东西部扶贫协作作为一项重要政治任务，离不开高层推进和制度资金保障。衢州市委、市政府多次召开会议专题研究部署东西部扶贫协作工作，两地领导每年定期互访，高位推进各项工作落实落细。为进一步理顺机构职能，市委、市政府将东西部扶贫协作工作由协作中心调整到发改系统，并专门成立市对口支援和区域合作中心，配备八个编制，形成高规格、全方位、立体式工作机制。对照省里的任务分工，将年度指标任务分解至 5 个县（市、区），围绕重点领域、重点板块，细化明确部门职责，制定东西部扶贫协作工作年度考核评价办法，以考代督、督考结合，充分调动和发挥各县（市、区）的主动性和积极性，高标准、高质量推动各项指标落实。2018 年至 2020 年，市县两级共筹措资金 1.73 亿元，援助结对县启动 200 多个东西部扶贫协作项目实施，动员社会各界捐款 7300 多万元，帮助结对地区改善贫困山区办学条件，提升基础设施，发展茶业种植等项目带动脱贫增收。

其次，扶贫离不开产业，只有产业发展了，才能斩断贫困地区的穷根。衢州立足两地资源禀赋和产业基础，聚焦结对地区特色产业培育，着力增强协作地区自身造血功能，激发内生动力。大力支持东部企业在东西部扶贫协作中寻找合作机会，积极赴协作地区参与建设、发展产业、吸纳就业，并鼓励龙头企业、批发市场、电商企业、大型超市采取“农户 + 合作社 + 企业”等模式，在贫困地区建立生产基地，推动贫困地区产品和服务融入东部大市场。在实践中，两地产业合作不断碰撞出火花，各县（市、区）均创出一些自己的特色亮点。

柯城区成功在北川县建成 1900 亩蓝莓种植示范基地，其中项目一期通过增收利益联结机制，开出“致富花”。一是土地流转“收租金”，通过流转福田村农户土地 500 亩，收入年租金 25 万元，推动 89 户群众户均增收 2800 多元；二是就近务工“挣薪金”，可提供 30 个长期性岗位和 150 多个临时季节性用工岗位，年务工收入可达 90 余万元，每年带动户均增收 5600 多元；三是反向承包“得佣金”，采用“公司 + 基地 + 合作社 + 农户”的模式，贫困户和当地群众可通过村民委员会、合作社担保，向企业反承包管护蓝莓基地，实现户均增收 3000 元以上；四是项目投入“分股金”，前三年每年按项目补助资金的 5% 固定分红给贫困户和村集体，实现贫困户户均增收 857 元、村集体经济增收 7.2 万元。项目三期完工后，将建成蓝莓原料生产基地 5000 亩，深加工线一条，开发民宿、康养地等 10 万平方米，打造一个集农业、旅游、文化、健康为一体的蓝莓主题体验中心。

衢江区在平武县大桥镇通过发展雷笋种植基地，辐射带动全村所有农户参与。大桥镇从 2014 年开始种植雷竹，经过 3 年多的栽种培育，2017 年将其纳入村集体经济统一发展。随着衢江—平武东西部扶贫协作的深入开展，大桥镇利用东西部扶贫协作项目扶持资金，为每户贫困户捐赠了 2 亩以上的雷竹，免费帮助他们栽种培育，引导他们发展脱贫产业。2020 年，种植规模已扩大到 3000 多亩，在利益分配上采取 4 ∶ 3 ∶ 2 ∶ 1 分配方式，贫困户不仅可以享受集体利益分红和土地入股分红，每年还可以享受额外的分红，38 户建档立卡贫困户人均每年可以获得 2600 多元的收益。

龙游县充分发挥浙江农业龙头企业作用，在叙永县发展“飞鸡”项目。浙江宗泰公司在叙永建成集养殖、防疫、检验、物流、销售一条龙的管理服务体系，构建“提供鸡苗 + 收购鸡蛋 + 回收成鸡”链条式产业扶贫模式。该模式在带动农户在家创业、贫困户有效脱贫方面发挥了良好效应，真正让贫困户实现了“人人有事做，家家有收入”，被国务院扶贫办作为精准脱贫重点案例在全国推广，通过共享“龙游飞鸡”品牌、共享销售平台资源，发展 700 多贫困户，养殖规模达 20 余万只，每户可稳定增收 2 万元左右。疫情防控期间，在实体经济运营受到严重冲击的情况下，“龙游飞鸡”以互联网为销售平台，以物联网为技术支撑，紧盯东部消费市场，通过视觉营销、场景化营销、体验式营销、口碑营销、情感营销等精准化手段，极大激发网友的购买热情，鸡、鸡蛋、鸡汤总销售量达 600 万元，同比增长 30%。

江山市发挥全国最大的蜂产品生产基地和蜂产品原料集散地优势，携手沐川县实施“甜蜜奔小康”计划。持续派驻由养蜂专业技术人才和“土专家”组成的蜜蜂养殖“保姆式”服务团队，为沐川蜂产业和贫困户带去实用的蜂业发展“江山模式”，也将先进高效的江山蜂养殖技术更多地分享到当地。在各方共同努力下，成立了沐川蜂产业协会，创建“栉蜂沐语”集体商标，申报“四川扶贫”标识，探索开展“养蜂小转场”行动。2020 年，共惠及贫困户 2200 多人，新培育致富带头人 54 户，助力贫困户年均增收 5000 元以上。

常山县紧扣东西部扶贫协作和发达地区劳动密集型产业转移契机，积极探索“政府主导、各方参与，特色发展、经济实用，脱贫为本、增收致富”的“扶贫车间”新模式。近年来，安排扶贫协作资金支援皇华镇当湾蚕丝被加工厂、丹桂镇菜油加工厂等三个特色农产品加工扶贫车间，在人口集聚点建设四个来料加工扶贫车间示范点，充分发挥扶贫车间投入少、联结紧、带动强、见效快等优势，切实解决结对地区产业基础薄弱、贫困群众受教育程度低、劳动技能缺乏等难点堵点，真正实现贫困户“搬得出、稳得住、逐步致富”，为乡村产业发展打下良好基础。

再者，在东西部扶贫协作工作中，我们也注重创新，充分发挥衢州网络、教育、企业等优势，整合政府和社会资源力量，重点帮助结对地区解决“两不愁三保障”突出问题。

一是“村播”构建消费扶贫新体系。柯城—北川以破解对口帮扶贫困地区优质农特产“品优价难”为切入点，依托浙江电商“蓝海”优势资源和柯城“村播”成熟经验，率先试点创建全国首个东西部“村播基地”，开创淘宝“村播计划”助力消费扶贫 IP，构建东西部“扶贫产业整合 + 直播带货带贫 + 脱贫达人培育”消费扶贫新体系。2021 年以来，共完成“县长来了”站台直播 3 场和点上村播 20 余场，累计为农民开展普及、基础、进阶主播培训 150 余人次，通过两地电商合作助力北川消费扶贫 1500 余万元，通过“企业 + 电商 + 基地 + 贫困户”带动贫困户脱贫 700 余人，推动北川贫困村、贫困户“手机变农具、直播成农活、数据为农资”。其中，《衢鲜森牵手羌妹子——北川—柯城打造“共享 +”东西部共享 + 电商扶贫新模式》入选“2020 年全国消费扶贫优秀典型案例”“全国 50 佳电商精准扶贫案例”。

二是“奖教基金”阻断贫困代际传递。为促进教育扶贫与合作再上新台阶，实现对口帮扶教育工作深入、有效、持续开展，衢江区在平武县每年设立 100 万元奖教基金（60 万元励志奖学金、40 万元励志园丁奖），该基金是四川省首个东西部扶贫协作励志奖教基金，用于帮助平武中考、高考学子励志成才，激励广大教师勤奋工作。2020 年 9 月 8 日，在平武中学秀熟馆举办东西部扶贫协作衢州市衢江区励志奖学金发放仪式，共有 172 名平武县受助学生领取励志奖学金，分别为平武中学 2020 年中考前 100 名、高考上一本线（含艺体双上线）70 名及职高上本科线两名平武学子。拿到奖学金后，学生们纷纷表示：“在今后的学习道路上，将会更加认真，用更好成绩来回报帮助我的人”。

三是“微心愿”助力携手奔小康。针对北川空巢老人、残障人士、贫困学生等困难对象学习和生产生活中的微小心愿，柯城区组织“点亮微心愿 · 携手助奔康”圆梦行动，形成“北川百姓有心愿，柯城干部来认领”的良好氛围。2020 年累计开展志愿服务 960 多个小时，带动东西部两地 6 个商会组织、3 个部门和 9 家企业参与，完成 2300 个贫困对象的圆梦心愿。柯城区慈善总会专门组织了为期一个月的“扶贫协作对口帮扶慈善一日捐”，柯城区团委在衢州南湖广场组织开展“衢州有礼 · 爱心义卖”青春助力北川活动，柯城区团委捐赠北川“青年之家”，浙江海力集团和浙江鸿盛环保定向捐赠北川贫困学生，衢州市社会组织基金会捐赠北川安昌幸福小学 310 套新型塑钢课桌椅，衢州市绍兴商会定向捐赠北川桂溪小学和北川教育 31 万元……“微心愿”的“星星之火”已在北川形成了精准而有序的社会扶贫“燎原之势”。

正是在大家的共同努力下，东西部扶贫协作取得了高质高效。2020 年 2 月，随着泸州市叙永、古蔺两个县退出国家级贫困县序列，衢州结对的四川五个县全部提前实现脱贫摘帽，东西部扶贫协作脱贫攻坚任务圆满完成。

（采访整理：毛阳炎；采访时间：2021 年 12 月 15 日）

扶贫廿四载在路上，红心一颗真情为民

汪有土

我是1992年8月参加工作的，虽然前后更换多个岗位，但有25年时间是直接从事扶贫工作的。第一次，我刚从民政学校毕业，直接到乡镇当民政干部，后来调到县民政局从事救灾救济和低保工作。第二次，我从县级机关到偏远山区新桥乡任乡长、党委书记，接着又调到球川镇。在球川镇工作时，我最主要是帮助山区群众脱贫致富、易地搬迁。第三次，担任衢州市农办副主任、市扶贫办主任期间，在衢州市委、市政府的正确领导和大力支持下，持续加大扶贫开发力度，决战决胜脱贫攻坚。特别是在2020年，衢州全面完成“两不愁三保障”突出问题、家庭年人均收入8000元以下情况和集体经济薄弱村“三个清零”任务，低收入农户增收攻坚战成效度（低收入农户人均可支配收入与农村居民人均可支配收入之比）为52.56%，位列全省第一。

一

我是名普通的农家子弟，最初从学校毕业，原以为好不容易能够跳出“农门”，到常山县辉埠镇担任民政助理员，结果又回到农村。而且直接和最困难的群众打交道。我对乡亲们并不陌生，知道他们想要什么，就是“有饭吃、有衣穿”。

就这样，我既要迅速学懂弄通中央、省、市、县各项补助政策，又要逐村逐家逐户走访困难群众，真正掌握他们的实际情况和具体需求。几个月里，我走遍辉埠镇的每一条路、每一个困难群众家庭，笔记本上密密麻麻记录的都是困难群众的致贫原因、收入、帮扶建议等。从那时起，无论谁问起困难群众的情况，我都能够脱口而出、如数家珍。

最低保障是贫困群众最后的希望，部分群众因政策知晓度不高和理解偏差，经常会对镇、村工作产生误解和不满，我就将心比心向他们解释，及时化解矛盾。贫困户大多年老多病，理解能力和行动能力比较差，我就“兼职”做代办员，帮助他们办理农村低保、合作医疗保险。功夫不负有心人，有付出就有回报，我得到镇里困难群众的普遍认可，“有事找有土”，不经意间成了他们的自觉选择。

后来，我调到常山县民政局专门从事救灾救济和低保工作。期间，我结合乡镇工作经历，在开展帮扶库区移民致富、五大保障体系试点等工作上做出了一定的成绩，得到了各级党委、政府和群众的肯定。可以说，基层扶贫的工作虽然辛苦，但也为我的成长打下了深深的扶贫烙印。

二

2005 年 11 月，我被派到常山最偏远的山区——新桥乡担任乡长。再赴乡镇一线，我深知身上的责任就是要带领山区群众摆脱贫困。

“靠山吃山、靠水吃水。”新桥乡短板弱势是山区，比较优势也是山区。大山里生态环境优美、资源丰富，就要做好绿水青山转化金山银山的文章。我大力实施“兴林富民”工程，全面扩大毛竹种植面积，增加毛竹产能和效益，推动 13 家毛竹加工企业改良技术，扩大产能，到 2010 年，累计加工毛竹 2200 万公斤，实现产值 2600 万元，解决就业人数 260 人。做好高山蔬菜产业建设，建成 4 个高山蔬菜基地，提高薯干等农特产品质量，完成微蓄微灌配套设施建设。培育发展来料加工企业 17 家，年加工产值 927.4 万元。

特别是，依托坞石坑村宜人的环境、秀丽的风光和深厚的红色文化底蕴，在全县率先提出发展农家乐乡村特色旅游。从最初 10 家经营示范户培育起步，到 2010 年，接待游客 2.3 万人次，实现经营收入 60 万元，并带动乡村餐饮配套服务、手工制作、农副产品加工及特色种植养殖等产业发展，给村民带来家门口的就业机会，使坞石坑村成了真正的“桃花源”！2010 年，新桥乡农民人均收入达到 5000 元，连续五年增长 10% 以上。

2012 年 12 月，我从新桥乡调任球川镇党委书记。当时，球川镇拥有常山县最大的水库移民安置区，如何让 1180 户、4500 多名库区群众移得出、住得下、富得起，是我面临的最大难题。我在农民易地搬迁、建设安置小区基础上，牢牢把握农民增收和村集体经济增收两个重点，一方面新发展蔬菜、小西瓜、灵芝、玉米等特色种植基地 8000 亩，新发展家庭农场 23 家；另一方面，积极助推库区移民就业，把来料加工作为移民增收的主渠道之一，2013 年，共发放来料加工费 4377 万元，比上年增长 19.6%。同时，通过整合盘活各种资源要素，积极争取各级支持，鼓励村集体发展物业性、经营性经济，增强村集体经济实力。2013 年，村均集体收入 33.51 万元，同比增长 24.01%。

三

2016 年 5 月，根据组织安排，我担任衢州市农办党组成员、市扶贫办主任。其时，全省刚刚消除 4600 元以下绝对贫困现象，衢州是浙江的经济后发地区，6 个县（市、区）都是山区加快发展县，丘陵山地占 82.9%，平原仅 12.9%，减贫工作基础薄弱、任务最重。

减缓相对贫困，衢州怎么办？如何走在全省前列？面对困难和挑战，必须要扛起政治责任，主动担当，不断探索实践，努力在走出一条衢州减贫的新路子。

精准识别扶贫对象是减缓相对贫困实现精准帮扶的关键所在。我把低收入农户精准认定作为一项重要的基础性工作，率先通过深化县、乡、村、户四级联动机制，做到程序、比对、复核“三到位”，力求一个不错、一户不漏。2019 年，衢州市在全省率先通过低收入农户对象大数据比对认定，得到省委主要领导和省政府分管领导的批示肯定。扶贫、民政“两线合一”开展以来，对困难群众逐个核对、逐个排查、逐个审核，系统甄别、摸清情况，确保低收入农户应纳尽纳。

2020 年，8000 元以下农户清“零”任务攻坚中，我严格按照“不落一村、不落一户、不落一人”要求开展工作，推动建立市委“最多督一次”督查、市纪委扶贫开发市县联查专项监督、县（市、区）扶贫办推磨式督查等多维度、全方位扶贫督查工作体系，推动工作落实；对于新排查出来的帮扶对象，同步采取各类帮扶措施，做到即查即消。同时，深化“一户一策一干部”制度，利用组团联村和周二无会日，组织全市 1.8 万名乡镇以上干部与低收入农户结对，常态化走村入户与困难群众进行面对面交流，深入了解、准确掌握每户家庭的收入、医疗、住房、子女就学等状况，摸清农户低保、税费减免等政策享受情况，排查农村群众生产生活中的各种困难，根据不同家庭情况精准“开方”，为他们量身打造产业引导、就业扶助、医疗救助、住房保障、低保兜底等帮扶路径，确保帮扶政策扶到点上、扶到根上、扶到家庭。

2021 年，在全省率先探索建立防止返贫监测预警和帮扶数字化系统，逐户建立低收入农户“幸福清单”，并继续按照“一户一策一干部”的要求，确保干部 100% 结对到位，推动各项帮扶措施落实到位。6 月，在全国巩固脱贫攻坚成果同乡村振兴有效衔接专题研讨班上，向全国介绍衢州经验。

四

减缓相对贫困，“一个都不能掉队”是底线要求。我认为，首先要紧紧围绕“两不愁三保障”突出问题，因人因地施策，力求对症下药、靶向治疗，让低收入农户不出村、不出户就能享受到更加优质的民生保障。

刚接手全市扶贫工作时，我就着手开展了大量的调查研究，其中有一组数据让我印象极深：2016 年年人均收入 4600 元以下巩固对象中，有 81.9% 属因病致贫、因病返贫对象；2017 年低收入农户中因病致贫对象占比 42.5%。大多数低收入农户家庭收入较少，一旦遭受重大疾病，极易出现因病致贫、因病返贫现象。然而，低收入农户又大多是“病、残、老”，这些对象都是商业保险不予参保的对象。

为有效缓解因病致贫、因病返贫，破解低收入农户“看病难”问题，2016年，我尝试在全省率先推出扶贫健康保险，作为医疗补充保险，保费由财政全额负担，采用“政府监督、财政出资、公司优惠、保本经营”的运作模式，为低收入农户群体集体投保，不管其是否患大病、是否残疾、是否年龄超过60周岁，只要被认定为低收入农户，列入扶贫数据库，均有政府投保的扶贫健康保险，享受相应保险服务。当年10月，我们在龙游县、常山县开始试点，2017年起全市实施。

为低收入农户设置扶贫健康保险的目的是救大病、防意外。结合试点探索，2017年，我们将扶贫健康保险责任范围覆盖到参保对象住院医保报销范围外费用、意外身故和意外残疾等，其中住院医保外费用最高赔付3万元，意外身故赔付1万元，意外残疾赔付最高2万元。2018年，将住院医保外费用最高赔付额提高至5万元。2019年，进一步调整保险责任，取消意外事故赔款，增加住院医保外费用赔款，一方面是将最低起付线从1000元降低至200元，另一方面是将最高赔付额从5万元提高到10万元，进一步优化了保险责任，扩大了受益面。扶贫健康保险最大的突破点之一，就是突破了基本医保报销目录范围，将保障覆盖到目录范围外的丙类自费药，直击“因病返贫”要害。此外，该项目允许丙类费用当年累积，即累积到一定数额后，系统自动提高报销比例，不仅减少了群众报销奔波次数，更实现了健康保险与民生扶贫的精准对接。

因扶贫健康保险的对象大多是老弱病残对象，文化水平相对较低、行动上相对不便，我借助“最多跑一次”改革成果和大数据运用，采用市扶贫办、社保局、保险公司三方合作，开通“住院理赔直付系统”。系统在参保对象住院的第一时间，即进行精准识别、精准赔付，同时与民政、公安、残联等部门实现信息交互，主动发现投保对象身故、残疾等理赔事故。保险公司组建专门的理赔专员队伍，开展“五免理赔”（免申请、免填单、免资料、免临柜、免调查）主动上门服务。在上门服务中，理赔专员将保险对象的身份证件等进行拍照记录上传系统后，相应理赔款在15分钟内到账，实现扶贫健康保险理赔“一次不跑、一个不漏”。我印象较深的是有一次到衢江区高家镇安仁村45岁的低保户董某家走访，他因患直肠恶性肿瘤住院治疗，2018 年共用去医疗费 415235.93 元，其中社保报销金额 399618.32 元，医保外丙类费用支出 136478.38 元，自己一分钱没出，账户上还凭空多出一笔 50000 元的巨款。他开始怎么也不相信，我们告诉他这是扶贫健康保险的赔付金。他紧紧拉住我们的手激动地说："党和政府好！"

扶贫健康保险自 2016 年推出以来到 2020 年，各级财政共投入保费 6149.786 万元，累计为 44.83 万人次的低收入农户投保，累计赔款 5292.89 万元，受益低收入农户 335901 人次，5 年综合赔付率达 86.07%。2021 年共为 80857 人参保，保费 1502.235 万元。乡村干部群众一致认为扶贫健康保险是最精准、最有效的缓解因病致贫、因病返贫的扶贫举措。2017 年 12 月，该做法得到国家审计署高度肯定。2018 年 9 月 3 日，国务院参事室专程来衢州调研扶贫健康保险工作，并给予高度评价。2019 年，省政府在全省推广衢州经验，26 个加快发展县保费由省财政按 150 元 / 人标准予以补助。

扶贫健康保险是衢州精准扶贫的重要举措之一。由于浙江在全国率先消除绝对贫困，我觉得浙江的低收入农户已提前实现"不愁吃、不愁穿"，因此，减缓相对贫困，就要变"保吃饭"为"保生活"，使低收入农户的基础保障实现功能性转变，尤其要让民生最关键的从"三保障"实现"三提高"。如，我们针对"雨露计划"，在给予中高职教育补助 3000 元 / 年的基础上，积极推动这项教育帮扶政策向全日制普高、大学学习的低收入农户子女延伸，进一步扩大政策帮扶受益面。再如，我们在龙游率先推出"自然村整体搬迁、公寓式集中安置、宅基地同步复垦、差异化补助补偿、公司化运行管理"做法，注重将易地搬迁与工业化、城镇化相结合，依托产业平台、工业园区、中心镇布局，使易地搬迁的农村劳动力实现就近就业，转型成为"产业工人"，2020 年得到省委主要领导的批示肯定。又如，新冠疫情防控期间，为了方便低收入农户子女开展网课学习，我们组织开展免费送数字电视、宽带网络、学习设备等系列活动，让他们居家期间享受到和普通家庭子女一样的"云课堂"。这些年来，我们努力推动所有符合条件的低收入农户家庭成员一体纳入最低生活保障范围，做到应保尽保、应补尽补，并且围绕低收入农户家庭生活品质提升需求，推出教育、医疗、供电、有线电视、宽带网络等一系列减免优惠政策。我粗粗算了算衢州低收入农户的这些“幸福清单”，仅 2021 年前 10 月，全市低收入农户人均享受帮扶金额 5100 多元。

五

低收入农户是共同富裕的底线、短板。6 年来，我们通过抓实就业帮扶、抓准产业扶贫、抓牢消费扶贫等，突出重点、组合出拳、精准落实增收举措，使低收入农户增收成效明显。衢州低收入农户收入增幅自 2016 年以来始终位居全省前三。

——“授人以鱼不如授人以渔”，我们在全省率先推动有劳动能力的低收入农户家庭至少一人相对稳定就业。通过利用乡村振兴讲堂、衢州农民学院等平台，免费开展各种扶贫致富带头人培训以及保安、月嫂（保姆）、农家小吃等实用技能培训，如常山衢州保姆培训提升增收技能，入选“浙江精准扶贫十大案例”。其中，2018 年组织培训农民 3.05 万人次，农村实用人才 2.19 万人，位居全省第一。围绕就业帮扶，我们要求各县（市、区）每年新增开发保洁员、护林员等绿色公益性岗位 3000 个以上，优先提供低收入农户就业，月均工资 500 元以上；举办专场招聘活动，帮助他们就地就近就业，如在去年国家扶贫日期间，组织低收入农户就业专场，当场吸引 1100 余人进场咨询求职，现场达成初步就业意向 231 人；帮助农村残疾人家庭参与集中就业、分散按比例就业、辅助性就业、基地就业和自主创业，人口一万以上的乡镇（街道）建立一家残疾人辅助性就业或庇护性照料机构。

2020 年新冠疫情防控期间，我们第一时间制定出台关于精准做好低收入农户增收等相关意见，要求涉农资金投资项目、农业经营主体优先满足低收入农户就业，用工比例较高的，在各级评优评先、示范创建认定、涉农资金补助等方面优先推荐或安排；市人社局对吸引低收入农户就业给予配套补助等。如针对受疫情影响大量柑橘被“堵”家中难以销往各地的难题，专门拨付300万元专项财政资金用于支持柑橘线上线下“并联”销售，网络主播仅用了两个小时就售出40余万斤衢州柑橘，实现交易额120万元，稳稳兜住了农户减贫增收的基本盘。

——我们探索低收入农户与现代农业发展有机衔接，抓准产业扶贫。创新“公司（合作社）+低收入农户”“财政资金折股量化”等模式，开展对低收入农户发展生产的金融扶持，实施江山温氏养鸭、衢江食用菌、柯城中药材等产业扶贫项目，成功打造“早田农业”“龙游飞鸡”等平台型经济模式，带动低收入农户户均增收2000多元。全市培育一、二级来料加工经纪人3000多名，从业人员24万名，年发放加工费26亿元。

——我们借助“山海协作”平台，创新消费帮扶模式。通过村播带货、县级农投公司保底销售等方式推动消费扶贫，实现“以购代捐，以买代帮”。特别是在柯城区试行推出农特产品“消薄卡”项目，通过成立由若干村集体经济股份组成的村民合作社，建立以农特产品为销售商品的消费帮扶超市，由区农合联作为区级运营主体发售“消薄卡”，组织余杭区社会工商资本认购，购买超市内的农特产品，并享受一定的增值和优惠服务，实现供需双赢。仅试运行期间，得到余杭高新技术企业协会、良渚商会、浙江鹏远新材料股份有限公司等30多家组织和企业的支持，带动销售大量农产品。

六

实现共同富裕、村强民富，关键要充分激发基层减贫内生动力，引导和支持村集体和农户在家门口参与建设美丽乡村的过程中实现致富增收。

开化县大溪边乡上安村是个偏僻的小山村，村子以前有800多人，400多人在外面打工，只有300多人在村里，基本是60岁以上的老人，是个远近闻名的贫困村。我到上安村调研时，了解到整个村子“地无三米宽”，仅有500亩耕地。村民告诉我，村里原先种过水稻，但梯田停不住水，没产量没收入；种过高山蔬菜，但交通不便，只丰产不丰收；2014年，村里学别人种向日葵，结果只开花不结籽，有付出没收入。

于是，我就带着乡村干部开始跑县城、省城，找科研院所、农业专家，最终确定引入适合旱地种植的红高粱，先是试种240亩，没想到一举成功。第二年，全村都种上了红高粱，办起了酒厂，村集体将抛荒地通过土地流转，重新清理出来种植红高粱，增加村集体经营收入。后来，村里往往酒还在发酵，就有千岛湖等地的客人100斤、200斤、500斤前来预定，让乡亲们看到了希望。2020年，上安村与杭州的旅游公司合作共建30个标间民宿综合体，专门在高粱红的时候对外营业；引入江西农业大学的专利技术，种植七彩油菜花，生产油菜花茶、化妆品等；牵头全乡12个村集体创办全县首家乡镇级集体经济联营公司——开化六都集体经济发展有限公司，与开化两山集团达成长期战略合作，共同投资5300余万元建设钱江源红高粱创服中心，带动全乡村集体“消薄”增收、低收入农户脱贫增富。

如今，上安村梯田上夏种高粱，秋看高粱红；冬种油菜，春看油菜花，建成了国家级AAA景区。村里不仅有了美丽的景区，乡亲们还赚到了真金白银。红高粱种植、管理和收割等阶段，每亩用工七个左右，劳动强度很低，不用腰部负重劳动；高粱地干燥不泥泞，没安全问题，年纪较大的老人都可参与。延伸出来的酿酒、民宿等产业，老人、妇女也可打下手，还可以参与到景区清洁等劳动。目前，上安村高粱平均亩产达到1000多斤，年产红高粱白酒100吨，按当年新酒市场价5万元/吨计算，销售产值可达500多万元，实现在村300多村民人均增收13000元以上。如72岁的村民余贤宝，夫妻2人种植10.5亩，白酒产量3140斤，产值78500元，人均增收39250元；74岁的余献虎夫妻两人种植3.5亩，白酒产量1620斤，产值40500元，人均增收20250元。现在上安村人人参与红高粱种植、红高粱酒酿造和红高粱旅游等环节。全乡60岁以上老人，也有80%以上同步程度参与红高粱产业。

除了上安村的“那一片高粱红、那一碗高粱酒、那一脸笑容”，还有浙源里村的“林下种钱、水中养钱、屋中生钱”、龙门村的“户带户、户连户、公司+农户”等鲜活典型。

围绕村集体经济“消薄”，我们坚持“两手抓”。一手抓村庄经营，探索“村企结对”“飞地抱团”“一村万树”绿色期权、土地指标换收益、一二三产融合发展等做法，推动农村“三资”从管理向运营转变，在加快美丽经济幸福产业发展中，建立村级集体经济稳定增长机制。同时，通过扎实推进中央和省财政扶持集体经济项目建设，大力实施光伏小康工程。全市六个县（市、区）均被列为实施县，每年每个扶贫重点帮扶村均获得光伏小康收益六万元。

另一手抓农村改革。2019 年开始谋划“三地一房”改革等农村改革“十大专项”，强化顶层设计，为乡村振兴注入新动能。一是开展宅基地和农房活权改革，在开化县华埠镇金星村和柯城区九华乡妙源村市级试点的基础上，探索形成了衢州宅基地改革经验并在全国宅基地管理和制度改革专题培训班作交流发言。江山市列入新一轮全国农村宅基地制度改革试点县。二是推广农户小额普惠贷款，在江山开展试点，创新“无感授信、有感增信、随时用信”等做法。三是推进土地集中连片流转，制定出台《关于全面推进农村土地集中连片流转的实施意见》，已培育柯城区华墅乡等 12 个示范乡镇和开化县桐村镇华山村等 103 个示范村。四是建立市农村产权交易中心，充分发挥平台对接市场、配置资源的作用，2019 年以来农村产权累计交易额达 5 亿多元。五是实施乡村集成改革。2020 年，衢州被确定为浙江省新时代乡村集成改革第一批试点，制定品种培育改革等 13 项具体改革任务，按照“一县一主题”原则，全面开展新时代乡村集成改革百村示范培育行动，形成整市域推进新时代乡村综合集成改革态势。

25 年扶贫路，我觉得始终要用心用情用力，坚守住一名扶贫干部的初心，本色前行！

（采访整理：梁国宏　吕伍；采访时间：2021 年 12 月 15 日）

练好绣花功夫，帮扶一方百姓

贵丽青

一

浙江、四川两地交流协作源远流长、帮扶情谊历久弥新。2018 年 4 月，浙江省 92 名援川干部带着习近平总书记对浙江的殷切期望，带着省委、省政府的重托，跨越千里来到巴蜀大地，分赴四川 11 个市州和 40 个贫困县。其中女干部仅 3 名，我就是其中之一。

在这之前，我从没到过四川，只知道它自古就有“天府之国”的美誉。这样的富庶之地，能有多贫困？怀着“马到必然成功、轻松就能搞定”的心情，我和同事们一起踏上了西行的旅程。到了实地一看，我才发觉自己想得过于简单了。

我被派到绵阳市北川羌族自治县，挂职县委常委、副县长。一到北川，县委、县政府的领导就给我亮出了北川的“穷底子”：北川是古代治水英雄大禹的故里，是全国唯一的羌族自治县和国家重点生态功能区，同时也是集“5・12”特大地震极重灾区、少数民族地区、革命老区、边远山区和秦巴山连片特困区“五区合一”的深度贫困县。山高沟深，交通不便，资源匮乏，地质灾害频发，“先天孱弱 + 后天难补”，让北川县的贫困程度一直高居绵阳全市之首，全县每 3 个村中就有 1 个是贫困村，每 10 名群众中就有 1 名是贫困人口。面对山高、路远、沟深的贫困山区现状，我才真正对“蜀道难，难于上青天”有了深刻的认识。

习近平总书记说，全面建成小康社会“一个都不能少”。我想“一个都不能少”，必然包括 56 个民族。如果北川境内的羌族、藏族、彝族等少数民族不能如期实现脱贫，就会影响全面建成小康社会的全局、大局。另外，在2008年的“5・12”特大地震中，北川是10个极重灾县中受灾范围最广、伤亡人数最多、经济损失最大、重建任务最重的县，直接经济损失超过600亿元，86366户住房重建，北川县城也异址重建。目前也仍然面临着因病致贫较多、满足群众期盼难，因灾致残群众较多、稳定增收难，地震次生自然灾害多、基础设施和产业重建难等“三多三难”问题。

“贫困”就像顽疾一般始终困扰着当地百姓。“进川为什么、在川干什么、离川留什么？”这三个“为什么”，也就成了我经常思考的问题。

二

残酷的现实摆在眼前，压力扑面而来。怎么办？我是专门来扶贫的，就要拿出浙江干部的精气神，化压力为动力，马上开始干！

帮助地方脱贫，最好的经验来自基层，最好的办法就在基层。精准扶贫，就要先精准地摸清家底，才能“对症下药”。所以，我入川的第一件事就是扎根基层一线。

看资料，仔细查阅北川县以往的发展材料，研究分析各类数据表格；听介绍，努力克服语言关，认真倾听当地干部的汇报，了解当地群众的看法想法；下乡考察，花了2个月的时间，翻山越岭跑遍全县23个乡镇、102个村和34个基地，行程超过了5000公里。

在此期间，发生了一件让我下定决心帮助北川脱贫的事情。当时，50年一遇的暴雨突袭北川，我联系的苦竹村发生险情，道路冲垮，通信一度中断。考虑到山上村民大多年老体弱，随时有危险发生，我冒着风雨和塌方落石的危险，立即赶赴现场，与乡村干部上山指挥撤离，帮助村民有序进入安全地带。当地的村干部告诉我，像这样的暴雨灾害基本上每年都会有，对村里的道路、房屋等基础设施损害严重。村干部的话，让我更加明白了北川脱贫任务的艰巨。

刮风下雨“满山转”，夜以继日“家家跑”，成了我刚入川时的工作常态。从最初一进山就战战兢兢，到后来在蜿蜒崎岖的山路上也能“健步如飞”。

全面摸清“家底”后，我们和北川相关部门通力协作，结合大量基层调研成果，认真分析北川经济发展的优势和瓶颈，找准全县产业发展的契合点，聚焦组织领导、产业合作、劳务协作、人才交流、资金支持、携手奔康等 6 大任务，编制完成北川东西部扶贫协作《三年行动实施方案》，又与相关领导反复磋商、不断完善，最终敲定了 3 年安排 1 个亿资金、12 类项目的扶贫协作方案，成为北川东西部扶贫协作的重要指南。

3 年来的扶贫工作，我们总结起来是“四个三”：构建“三大机制”政策支持“再加码”，坚持“三产互动”脱贫质效“再提速”，立足“三网融合”共建共享“再优化”，围绕“三个聚焦”惠民利民“再加力”。

“扶贫之路是有方向的”。在两地合作的初期，结合两地资源禀赋，我们创新建立了联动共建、人才交流、联合监管机制，推动形成“四梁八柱”的大协作格局，树立了照亮扶贫前路的“灯塔”。

构建联动共建机制。创新开展“五个五”行动（即建立两地县区、乡镇、村、学校、医院等“五位一体”扶贫结对，实施产业合作、劳务协作、人才交流、社会扶贫、携手奔康等“五大工程”精准帮扶，推动特色农业、农产品加工、文旅产业、电子商务、飞地园区等“五大产业”重大协作，加大党政干部、教育、卫生、农村致富带头人、基层干部等“五类人才”交流培养，强化两地互访交流、联席会议、推进协调、信息沟通、督查考评等“五大保障”机制制度），纵深推进专项、行业、社会“三位一体”扶贫协作。先后召开县（区）常委会、常务会、两地联席会、工作推进会、现场办公会等 69 次，推动两地党政部门、商会企业、群团组织等考察交流 97 批 1100 余人次。成立县（区）双领导小组及其办公室，制发扶贫协作工作规则、工作细则，将责任压实到 24 个部门 19 个乡镇，确保任务明确、步调一致。

构建人才交流机制。我们始终把人才交流作为扶贫协作的桥梁纽带，互派挂职干部13名、专技人才118人，推进“组团式”支医、支教、支农。举办专题培训班培训党政干部人才、致富带头人2700余人。

构建联合监管机制。瞄准贫困村、贫困户，将柯城区安排的1.051亿元帮扶资金，精准细化到45个帮扶项目，并建立健全东西部扶贫协作资金使用办法、项目管理办法，完善与柯城区纪检监察机关和审计等协同监督、联合督查机制，强化项目监督、资金管理、考核评比，确保项目资金用在扶贫刀刃上。

“浇花浇根、扶贫扶业。”我们坚持“输血”转“造血”、扶贫协作变区域合作，坚持把产业发展作为重点和根本之策，创新推出“一二三产业融合、生产加工销售一体”的全产业链扶贫新模式。

产业发展的初尝试，还是要说回2018年的那一场暴雨。由于部分公路被暴雨冲毁，我和当地干部徒步20多公里，前往陈家坝镇平沟村了解受灾情况。刚脱贫的农户王继贵，地里的农作物几乎绝收，面临一夜返贫的境地。这样的情况，在当地不在少数。怎么办？要脱贫，归根到底还得靠产业。我们与当地干部群众反复交流，邀请专家充分论证，决定利用东西部扶贫协作资金500万元发展生态肉牛养殖，贫困户每养1头牛，每年可以增收约5000元。想法很丰满，但在落地时还是遇到了很大困难。一开始，农户们顾虑重重，没多少人愿意干。有的缺少启动资金，没钱买牛崽怎么办？我们出台政策，贫困户只要付20%的购牛成本款就可以借养；有的担心有风险，牛死了怎么办？我们统一买了养殖业保险；有的担心卖不出去，白养了怎么办？我们成立合作社，实行保底收购。一系列保障措施下来，农户们的顾虑终于慢慢被化解了。半年后，陈家坝镇的13个肉牛养殖场建起来了，王继贵家也分了几头牛，增加了两万元的收入。

“扶贫牛”的良好效果，让我们更坚定把发展产业作为扶贫协作的重点。尽管北川山高路远，先天不足，但同样有着不少独特优势。比如，北川是川贝母的最佳产地之一，高海拔山地非常适合种植蓝莓等高附加值水果。我们就大力推动一产，投入帮扶资金4720万元，帮助北川实施农业种养殖项目21个，新建茶叶、水果、水产扶贫基地1万余亩，建立肉牛、生猪等扶贫养殖基地 13 个；推动投资 3320 万元的千余亩蓝莓产业扶贫示范基地落户北川，承办“浙川携手·富民强村”蓝莓产业扶贫启动仪式。北川具备劳动力优势，农产业的链条发展空间大。我们就积极撬动二产，根据“政府主导、市场引入、资源整合、园区共建”原则，投入帮扶资金 3460 万元在四川省率先建设 4 万平方米的柯城—北川扶贫协作产业园，新建中药材、茶叶、扶贫超市等扶贫车间 9 个，有力提升农产品附加值和市场占有率。北川旅游经济很有发展潜力。我们就把浙江“无中生有、有中拉长”的经验用到了北川，以产业招商带动脱贫，主动联结“三产”，引进浙江飞鸿、杭州奕米等东部企业 17 个，推动投资 5.3 亿元的飞鸿草上运动综合体落户北川。

“互联网 +”理念融入扶贫工作，是我们重点探索创新的扶贫路径。

在电子商务方面，我们搭建了“电商飞地网”。借助柯城—余杭电商“蓝海”高地和柯城村播先行经验，实施“个十百千万”电商工程，建立“村播计划”“电商飞地”，推动线下北川馆、线上直播馆落地柯城，率先建立“衢鲜森牵手羌妹子”区域电商上行品牌，带动贫困户农产品电商销售 4200 余万元，实现“生产在北川、销售在柯城”。在扩大销售市场方面，我们搭建了“供销联盟网”。坚持东西部扶贫协作和浙江“山海协作”相结合，建立余杭—柯城—北川供销联盟，加强三地区域战略合作、优化产业布局、拓展农产品销售新空间，签订 14 个“馆企定销”协议，带动 108 种北川农产品进驻长三角。柯城区先后发动 61 个部门乡镇和事业单位采购北川农产品，推动北川产品融入东部大市场。目前已实现消费扶贫 4900 余万元。在远程教育方面，我们搭建了“同步课堂网”。创新实施“互联网 + 同步课堂”教育，在两地 4 所学校每周开通语文、数学等主课的同步教学，实现教、学、研网络实时互动，构建起 2 个东西部中小学强校牵弱校“协作体”，通过同步课堂“志智双扶”，切实阻断贫困代际传递。

精准扶贫，以人为本。为将东西部扶贫协作成果更多更好人地惠及贫困户，我们紧紧围绕“三个聚焦”发力，推动实现两地携手发展、惠民利民。第一个“聚焦”是转移就业。柯城区在浙江率先出台县级专项补贴政策，帮助北川3200余名贫困户转移浙江和就近就业，在四川率先组织43名困难职中学生到衢州就读。疫情防控期间两次规模性组织复工专车、专列搭载北川贫困户赴柯城返岗就业，被央视《新闻联播》连续两次报道，助力北川获评“四川省农民工服务保障工作先进县”。第二个“聚焦”是聚焦“携手奔康”。巩固深化两地学校、医院、部门等13类172个“携手奔康”协议，争取柯城区等东部社会各界捐款捐物1900余万元。第三个“聚焦”是社会帮扶。我们创新开展“微心愿行动”，在柯城区社会各界爱心帮扶下，认领北川微心愿2600余个，画出了最美同心圆。

三

近年来，电子商务成为浙江助力东西部扶贫协作和对口支援工作的重要抓手。依托柯城“村播计划”，我们率先在北川试点创建全国首个东西部“村播基地”，携手线下开设北川农产品特产馆（北川特产馆），线上开设东西部扶贫北川羌货特色馆（北川直播馆），着力打造“衢鲜森”农特产品上行区域电商品牌，打通了东部助力西部农特产品上行的“双线”渠道，构建了“脱贫达人培育+直播带货带贫+扶贫产业发展”的人、货、产统筹协同消费扶贫新体系，让“藏在深闺人未识”的北川“土宝贝”变成脱贫致富的“金元宝”。

经过这些年的发展，“村播”带动北川农特产品上行，助力北川1192名贫困人口精准脱贫，带动贫困户创业就业746人，年人均增收780元，帮扶贫困户销售农产品达2690万元，同时也加快北川企业转型升级，增强企业市场竞争力，极大地增强了扶贫内生动力。在这一过程中，我认为北川发生了“三个变化”。

第一，北川当地品牌得到了塑形。为解决北川区域品牌不完善、线上品牌缺失的痛点，我们专门成立柯城区电商东西部扶贫专班视觉服务小组，进村入企、座谈交流、实地调研，以北川是目前全国唯一一个羌族自治县的民俗风情为切入点，从品牌符号打造、品牌传播语、品牌战略、产品包装设计和推广创意 5 个维度分析梳理，提出打造“羌调”品牌。同时，筛选了“羌秀、羌酒、羌笛、羌妹子、西羌”等企业子品牌，并指导企业以品牌的理念开设运作线上店铺，以品牌的意识输出企业产品、文化。据统计，2018 年以来北川新开设线上品牌店铺 10 余家，“羌调”IP 品牌全线运营，其中“禹珍西羌”品牌产品在 2018 年天猫腊味节暨北川腊肉上线发布，在天猫平台销售额突破 220 万元，形成了电商上行品牌孵化重塑示范效应。

第二，羌品打开了上行渠道。充分发挥柯城区电商部门、行业协会、电商企业等资源优势，两地政府、社团、企业多方联动，按照北川负责前端供应链、后端物流售后体系服务，柯城负责中端平台渠道、运营推广的合作方式，主动出击帮助对接产品上行渠道。柯城区的电商服务团队先后赴阿里、贝店、环球捕手、顺丰大当家、蚊子会直播等机构对接，帮助北川产品上行实现了既依托本土企业 B2B、B2C、C2C 等模式电商线上平台销售，又有外部社交电商、网红直播、新媒体 KOL 等新兴的业态推广，呈现了“多元、多屏、全网、跨界”的特征，成功拓宽了羌品的市场。

第三，北川企业进行了转型升级。在推进“村播”的同时，深入实施开展东西部电商扶贫村企、企企结对工作，通过高层线上“换脑风暴”交流、中层线下“动手实操”挂职锻炼，从思维、战略、战术全力助推北川企业由传统市场转型到互联网柔性供应链新兴市场。2018 年以来，柯城—北川电商村企、企企结对达到 10 家，通过线上线下双向实操、互动交流，重构了用户认知和产品创新，北川禹珍实业有限公司、北川羌山雀舌茶业有限公司等一批企业走在了转型前列。禹珍实业在品牌战略的支撑下，走出了以北川老腊肉、腊香肠、腊耳叶等肉制品为主打产品的现代农业产业化发展之路，先后在天猫、京东等电商平台上开设了禹珍实业品牌馆，依托网红直播，将北川大山里优质的农产品通过电商送达全国，交出了一份满意答卷：2018 年电商销售 1350 万元，同比增长 39%。

四

在帮助北川大力发展特色产业的同时，我们还将北川的剩余劳动力源源不断地输送到浙江。浙江是用工大省，而北川又有大量的剩余劳动力，转移就业既满足了浙江的用工需求，又帮助北川贫困群众增加了收入，实现“用工双赢”。

在这里我想特别介绍一下柯城—北川两地为扩大就业、促进贫困户增收所作出的努力。

万事开头难，转移就业刚开始时也没那么顺利。听说让他们去浙江务工，很多群众都有各种顾虑，有人嫌路太远不方便，有人怕上当受骗，有人担心钱挣得少，有人说饮食不习惯。于是，我和两地人社部门以及柯城用工企业不停地协调，出台了一系列方案，切实解决务工人员的后顾之忧：嫌路远，我们就用专车免费接送，或者报销来往路费；怕上当受骗，我们就协调双方签订正式用工合同，用法律为他们提供保障；担心挣钱少，就制定政策，为建档立卡贫困人员每人每月额外补助 1000 元，保证他们月薪拿到五六千元以上；吃不惯江浙菜的，就让集中吸纳北川务工人员的企业尽量给他们“开小灶”，让他们在异乡也能吃到家乡口味的饭菜……

多管齐下之后，一批又一批的北川群众“轻装上阵”，通过线上线下的各种招聘，到衢州柯城的多家企业当起了工人。自己在厂里干活包吃包住，每月领了工资准时打钱回家，家里存折上的数字不断上涨，务工增收让许多贫困家庭一扫阴霾。不少务工人员还成了“义务宣传员”，带动北川更多的劳动力到浙江务工挣钱。

2020 年初，突如其来的新冠疫情打破了这一和谐局面。一些务工人员回到北川过年，开年后却因为疫情防控无法返岗，浙江的用工单位也因此不能及时复工。而此时，我也在浙江没法赶回北川。要知道，北川外出务工的贫困人员占到了全县贫困人口的 50%，如果因为疫情耽搁了行程，就相当于直接阻断了他们的增收脱贫之路。想到这些，我心急如焚。从两地的人社部门，再到各乡镇、企业，从掌握企业复工时间、用工需求，到精准摸排确定返岗人员，每天要接打电话和发送微信上百个。苦心人，天不负，短短几天时间，首批 32 名贫困户终于顺利踏上了返岗“跨省专车”。

五

现在，北川已经顺利退出了贫困县序列，全县所有贫困村、贫困户都高质量地摘掉了“穷帽子”。北川老乡们的日子越过越红火。许多北川干部和群众都跟我说：“感谢党的政策好，感谢衢州柯城的帮扶！”我不敢居功，但想着北川艰苦卓绝的脱贫攻坚，有我们浙江帮扶干部的亲身参与、亲手助力和亲眼见证，就是非常幸福的事了。

习近平总书记指出，消除贫困、改善民生、实现共同富裕，是社会主义的本质要求。①3 年时间，我把自己从一个柔情女子变成了一个刚强“汉子”。女本柔情，扶贫则刚。千里援川情，一片家国梦，或许，这就是援川人的诗与远方吧。

（采访整理：谭胜泉　胡元琪；采访时间：2021 年 12 月 16 日）

---

① 《习近平谈治国理政》第一卷，外文出版社 2018 年版，第 189 页。

东西协作山海情，南柯北川一家亲

叶德刚

一

2018 年 2 月，衢州市柯城区与四川省北川羌族自治县结为东西部扶贫协作地，开启了东西部扶贫协作新篇章。2019 年上半年，因工作需要，组织上安排我到柯城区政府经济技术协作中心工作，主要负责东西部扶贫协作工作。作为一名转业军人，骨子里“组织叫干啥就干啥”的政治意识和任务意识被激发出来，我也暗自下定决心：再苦再难也一定要把这项伟大而光荣的任务完成好。

作为牵头部门的分管负责人，我主要在后方负责全区东西部扶贫协作组织协调工作。所以我有幸参与见证了柯城区几年来东西部扶贫协作的所有事件。

柯城区在东西部扶贫协作中承担着包括人才支援、资金支持、产业合作、劳务协作、“携手奔康”等多项任务，涉及 22 个具体指标。柯城区从政府层面、社会层面共同发力，几年来拿出真招实策、投入真金白银、灌注真情暖意助力北川发展。每年区委常委会、政府常务会议都要专题研究东西部扶贫协作工作，区里主要领导每年都会带队到北川考察交流，研究两地扶贫协作中的重大问题。为了务实推进各项任务，我们构建起了“四梁八柱”大扶贫协作格局。建立了县（区）党政主要领导为组长的“双领导小组”及其协作（发改）、扶贫“双办公室”机构；实施“五个五”行动，签订《柯城—北川东西部扶贫协作框架协议》，制定“三年行动方案”及项目子方案；构建了“两地党政总抓、上下联动、部门协作、高效有力”的联动共建机制。3 年来，两地先后多次召开县党政联席会、工作推进会、现场办公会等，推动两地党政部门、纪检组织、商会企业、群团组织等紧密考察交流。

为支援北川，推进东西部扶贫协作走深走实，柯城区还选派了数十名专技人才到北川进行支援，推动“组团式”支医、支教、支农。我们立足“扶贫 + 扶志 + 扶智”，着力打造一支“带不走”的队伍。同时我们还注重强化互派交流培训，把人才交流作为两地扶贫协作的桥梁纽带，3 年来每年都互派挂职干部和专技人才，举办党政干部脱贫攻坚、乡村振兴、专技人才等培训班，对北川的干部人才、致富带头人进行培训。

在援建资金的使用管理上，为保证资金使用绩效，每年项目资金安排前，前方挂职干部都要进行细致深入的调查研究，准确摸清项目的实际需求情况，并结合县里工作任务安排建设计划，努力做到帮在根上、扶在点上。3 年来共编报实施了帮扶资金 1.051 亿元、帮扶项目四类 45 个，惠及全县贫困对象上万人次。为规范工作，建立健全了两地扶贫协作资金管理办法、项目管理办法、利益联结指导意见等，对项目资金全过程管控，同时委托第三方同步开展跟踪审计。我们还实行了一个项目、一套方案、一张作战图、一个牵头部门、一名县领导、一张督办单等“六个一”推进机制，采取“园区（企业）+ 合作社（基地）+ 县扶贫基金池 + 贫困村 + 贫困户”方式，形成“五金扶贫、入链扶贫、两山扶贫”利益联结增收模式，确保资金用实用活、增量增效。

柯城区除与省里配套援建资金外，每年还会拿出一定的财政资金支持北川，同时发动区慈善总会、红十字会、企业商会等开展慈善公益、“万企帮万村”和“微心愿”等活动，3 年共完成款物捐赠 1700 余万元。2020 年 8 月北川发生重大洪灾，得知这一情况后，区里立即拨付 50 万元财政资金援助北川，我也会同水利局相关领导一天内筹集好 60 余万元防汛救灾物资支援北川，同时我们动员全区各乡镇、街道各拿出 3 万元资金援助北川结对乡镇。

二

柯城区始终把助力北川产业发展作为扶贫协作的工作重点和根本之策，充分整合两地资金、信息、技术和人才的资源要素，通过实施精品农业、园区工业、现代服务业项目，创新推出“一二三产业融合、生产加工销售一体”的全产业链扶贫新路径，新建了茶叶、水果、水产等扶贫基地和肉牛、藏香猪等养殖基地十多个，建成柯城—北川扶贫协作产业园、精品农业产业园、多个扶贫车间和“衢鲜森牵手羌妹子”电商上行品牌等。通过柯城帮扶资金和项目的协作撬动，打好“1+1+1>3”特色扶贫产业“组合拳”，形成了“有种养基地、有龙头带动、有加工园区、有市场前景”的全链式扶贫，助力北川县域经济整体迈上新台阶。尤其是两地共建产业园区—打造“一二三产业链”的扶贫模式更是入选全国东西部扶贫协作典型案例。

我们注重通过建园区、搭平台帮助北川发展特色产业，其中一个重磅工作就是建设柯城—北川扶贫协作产业园。产业园选址北川擂鼓镇，总投资 1.08 亿元，当时在全省也是率先的。目前已建成可开展中药材、茶叶等农产品加工、储存的标准厂房、冷库，已有多家企业入驻。

我们还以产业招商带动脱贫，先后吸引浙江建工、明辉蔬果等浙企、浙商到北川考察，引进浙江飞鸿、杭州奕米等新引进或新增投资东部企业。引进了浙川新一轮东西部扶贫协作首个旅游项目——投资 5.3 亿元的飞鸿草上运动综合体落户北川，成为新的经济增长点。浙江飞鸿旅游发展有限公司获浙江省东西部扶贫协作社会责任奖。

柯城在劳务协作方面也做了一些工作，围绕“就业一人、脱贫一户、带动一片”思路，充分发挥劳务协作在助力脱贫中的重要作用。一方面建立保障机制，在全省率先出台县级精准就业扶贫专项补贴政策，3 年来为北川来柯务工的建档立卡人员发放了就业补贴 100 多万元。依托全国妇女手工编织协会平台，打造全省首个“妇”字号居家就业的“吴大姐巾帼扶贫车间”。举办订单式技能培训班，组织贫困学生赴衢州就读。另一方面每年举行专场招聘，组织企业到北川参加劳务协作现场招聘，帮助贫困户实现省内外就业。在劳务协作工作中我们注重强化人文关怀，成立了两地劳务协作工作站和“温暖驿站”，每年组织北川在柯务工人员恳谈会、中秋端午节日慰问、发放爱心物资等送温暖活动。

我们还发动政府各部门、乡镇、街道与学校、医院、社会团体、企业等与北川结对，并实施帮扶活动。每年邀请柯城区群团组织、红十字会、企业商会等到北川开展慈善公益、“万企帮万村”等活动，争取柯城等东部各界捐赠 1700 余万元。创新开展“点亮微心愿·携手助奔康”行动，认领北川微心愿 2000 多个，画出了最美同心圆。

在消费扶贫方面，我们坚持“线上 + 线下”“政府采购 + 社会参与”“东西部扶贫 + 山海协作”，建立余杭—柯城—北川供销联盟，签订“馆企定销”协议，带动了北川农产品进驻长三角。柯城区先后发动全区部门乡镇和事业单位采购北川农产品，推动北川产品融入东部大市场，三年已消费帮扶累计近 1.6 亿元。

三

作为柯城区协作中心（招商局）的一名干部，在参与东西部扶贫协作工作的几年中，我经历了许多，同时也收获了很多，我的体会概括起来主要是三句话。

第一句话是“与北川东西部扶贫协作有关的事没有小事”。作为牵头部门的分管领导，我始终秉持这样一种观念，只要是涉及北川东西部扶贫协作的事情，永远都放在首要位置，必须做到第一时间响应，最快速度解决。我始终认为，结对北川的东西部扶贫协作工作，不仅仅是一件简单的工作，更是党中央交给柯城区的政治任务，是一份必须得高分的政治考卷。在工作中，北川各个部门领导和工作人员只要一有事情，首先就会想到给我打电话，不管大事小事，凡是与北川有关的事，只要联系我，我都会非常重视并且热心地去帮助协调解决。时间长了，很多北川的同志都亲切称我为“刚哥”，听到这种称呼，我增强责任感的同时也增添了一份亲切感。正是有了北川同志的信任，我对北川部门、乡镇或企业提出的事情，更会一件一件认真去办，能协调相关单位和领导解决的尽快解决，一时不能解决的也都会耐心解释。

第二句话是“协作工作再难再苦都必须要做好！”众所周知，协作工作很繁杂，也会遇到很多困难，特别是我们牵头部门，几乎所有工作都要参与其中。作为一名转业军人，部队的经历使我具有强烈的时间观念和执行意识，所以不管困难多大，我都会坚决领受并想方设法地去完成。2020 年 3 月，根据市里的统一安排，东西部扶贫协作工作的职责要从协作部门划转至发改部门，衢州市其他区县都进行了职责划转。考虑到 2018 年和 2019 年柯城区连续 2 年在全市考核为优秀，为了不影响工作，让区里东西部扶贫协作工作考核继续保持优势，我向领导申请希望东西部扶贫协作工作职责继续放在协作中心，待 2020 年考核结束后再划转至发改部门。当时很多同志都不理解，觉得 2020 年是脱贫攻坚的收官之年，东西部扶贫协作工作任务肯定会更多更重，考核要求也会更高更严，况且区里前两年都已经考核优秀了，可以“功成身退”了，万一今年考核达不到优秀，反而会让别人看笑话。但我觉得正因为 2020 年正值脱贫攻坚的关键之年，如果这个时候划转调整工作职责，对两地协作工作必然会有一定影响，毕竟很多工作需要后面做这项工作的人重新学习和熟悉，一时难以上手，不利工作开展，只要是对完成两地协作工作有利的事，对完成上级交给柯城任务有益的事，对增进两地群众利益有益的事，即使自己苦点累点，都是值得的。2020 年以来，因为工作需要我频繁下乡到村里开展“消薄助农”工作、跑援建项目点等，也经常出差，多的时候一个月要往外跑四五次，有时一个月有一半时间都在外面跑，加班也更是家常便饭。我爱人为此常埋怨我。我自知对家庭有所亏欠，但我更深知自己身兼的责任重大。

第三句话是“协作工作用心用情才能做好！”2008 年“5・12”地震给距震中不远的北川县造成了巨大灾害。北川县群众长期承受着地震灾害带来的心理创伤，也因为地理环境条件的制约影响脱贫奔小康。“北川的人民群众是我们的亲人，北川的事情做不好无法向自己的内心交代”。作为一名从事扶贫协作工作的干部，作为一名四川人，我在做扶贫协作工作时具有比一般人更高的自我要求和真情实感。在工作中，许多北川干部、群众都格外亲切，把我当作是北川人，我也总是把北川的群众当作亲人一样对待，把北川的事当自家事去做。2020 年 8 月以来，北川连续暴雨，多个乡镇出现严重洪涝地质灾害，人民群众生命财产安全受到严重威胁，当我从北川干部微信朋友圈里和新闻上得知北川受灾严重时，就思考着如何帮助北川抗灾救灾。当了解到当地急需防汛救灾物资后，我第一时间联系柯城区水利局防汛办和相关乡镇街道，筹集救灾资金和物资。很快，价值 50 余万元的防汛救灾物资专车从柯城出发前往北川。

几年来，我们组织了多次协作活动。2019 年组织爱心企业成立“携手奔康红色联盟”，在冬季及时为北川贫困家庭送去 300 件羽绒服、5000 双棉拖鞋和 100 个智能机器人学习机。2020 年在柯城区北川学生和务工人员相对集中的地方择点建立“东西部扶贫协作温暖驿站”，为北川来柯城就学、务工人员免费提供技能培训、就业服务、心理咨询，帮助北川在柯城就学、务工人员申领补贴、联系在柯城就业、就医体检、子女入学和返乡车票购置等事宜。我还协同前后方相关部门开展“精准对接、插花扶贫、志愿服务”活动，帮助建档立卡贫困家庭解决生产生活中实际困难问题 2100 余个，取得良好的扶贫效益、社会效益和经济效益。

现在柯城与北川扶贫协作已经结束，但全面推进乡村振兴任务难度不亚于脱贫攻坚，而柯城与北川也将继续开展新一轮的结对协作。我有幸能继续从事此项工作，虽然心知会更难，但我对协作团队始终满怀信心。

“征途漫漫、唯有奋斗”，这句话是我过去的工作信条，也是我今后的自勉之言。我也会继续践行这一信条，努力在今后的工作中贡献更多力量。

（采访整理：李丹琪；采访时间：2021 年 10 月 12 日）

努力做精准扶贫的忠诚实践者

余永宜

一、扶贫工作必须做到公开公正公平

我从 1999 年以来一直工作在扶贫战线上，见证了浙江省 1998 年全面消灭“贫困县”后新一轮扶贫工作的衢江实践，参与了衢江区从“百乡扶贫攻坚”“欠发达乡镇奔小康”到“低收入农户奔小康”、“低收入农户高水平全面小康”的全过程。

易地搬迁是从根本上改变山区库区群众生存环境的扶贫措施。由于历史和自然环境等原因，衢江区贫困面大量多，扶贫工作任务繁重。如何加快欠发达地区发展，促进低收入农户与全省基本同步实现小康，特别是山区库区，是农村扶贫的重点和难点。因此，如何推进下山异地脱贫、加快山区农民脱贫致富成为衢江区首先要考虑的问题。衢江区南有乌溪江库区，北有千里岗山区。40 万人中，生活在山区库区约 8 万人。特别是乌溪江库区，存在行路难、上学难、就医难、娶亲难、发展经济难等问题。衢江区的“南极村”——岭洋乡白岩村，距衢州市区 100 公里，乘公交车要 4 个多小时。2008 年我在《衢州通讯》发表《情系库区百姓》一文，是当时情况的真实写照。那年冬天的一个夜晚，岭洋乡一个村干部的妻子，突然胸口疼痛不止，额头渗出豆大的汗珠，痛苦地叫喊。手忙脚乱的他连忙请人用小船将妻子往大坝送，在浩瀚的水库里，在漆黑的夜晚，北风呼呼地叫，但妻子的叫喊声越来越弱，未待船靠岸，妻子已永远停止了呼吸。岭洋乡坑坞村塘坞岙自然村的杨大伯起了个大早，肩扛近 200 斤杉木，沿着高低不平、似有似无的山路，艰难地行进着，1.5 小时后到达中心村将杉木放在路边，再走 1.5 公里，来到旱岭背等待上午仅有的一趟中巴车，到乡政府所在地理个发，在唯一的小饮食店胡乱吃碗面，采购油、盐、米等生活必需品，傍晚时分回到了远在“天边”的家。

2003 年，我们深入到乌溪江库区走村入户，了解群众意愿，撰写了《异地脱贫是山区库区群众摆脱贫困的现实选择》等调研报告，为推进乌溪江库区脱贫致富工程提供了依据。为落实省委、省政府实施乌溪江库区困难群众异地脱贫的战略决策，我们在深入调查研究的基础上，从衢江境内十里丰监狱产业转移、大部分农田向外转包和乌溪江库区入口处廿里镇二、三产业发展较快的实际出发，提出“通过有偿转让生产生活用地、建设有土安置小区和在廿里镇建设无土安置小区”的建议，得到了区委、区政府的认同。起草了乌溪江库区困难群众异地脱贫实施方案，在一个多月时间里和区领导先后五次向省财政厅、扶贫办汇报实施方案，争取列入省重点工程。

2004 年启动实施建设云溪乡郑村、高家镇七堡畈 2 个安置小区。8 月下旬农户抽签、动工建房。9 月 16 日上午，省里一位领导到七堡畈小区考察时，一些建房户围着他反映问题：省里给区里的安置费是 1 个人 5600 元，区里给农户只有 5000 元一户。根据这一情况，我们会同有关部门连夜编制安置农户明白卡，分发宣传到所有建房农户，明白卡上农户受益情况清清楚楚，安置政策明明白白。这次教训告诉我们，扶贫工作是做好事，要把好事做好，必须让我们的工作对象——贫困农户对扶贫政策了如指掌，必须与群众多沟通。所以在以后的工作中按照公开、公正、公平的要求，站在农民群众角度思考问题，逆向思维完善制定政策，把小区规划、安置户型、抽签办法、安置政策等编印好分发到乡镇、到农户，一个一个村召开会议宣传到位，做到家喻户晓，要把下山异地脱贫这一深受山区库区农民群众欢迎的德政工程好事做好，让他们真切体会党和政府的温暖。实践让我们深深地体会到，做农村扶贫工作不但要怀着对农民群众深厚的感情，更要注意工作方法，特别是让农民群众有充分的知情权。

我们积极探索创新下山安置模式，2008年针对以往脱贫小区联建式安置占地多、农户自建进度参差不齐、外立面不统一、品位不高、土地利用率低等问题，廿里后山小区提出统一代建安置模式，以建设公寓式安置房为主，提高小区品位、节约集约利用土地。2002年以来，衢江区异地安置山区库区群众近2万人，其中乌溪江库区1万多人，建成希望新村、白马新村、通衢村、和美村、龙溪小区和立模小区等异地安置新村。

易地搬迁群众的生产生活方式发生了翻天覆地的变化，如何引导他们适应新变化，我们坚持把工作重心放在促进安置农户增收就业、子女就学上，让他们下得来，更稳得住、富得起。通过技能培训和就业信息服务，引导他们到衢州市高新技术园区、廿里区工业功能区等打工或在廿里集镇从事来料加工；通过重点欠发达县特别扶持，“两山项目”资金，扩建廿里小学、廿里初中，让库区下山安置农户子女可以充分就学。2013年，和美村安置农户杨小琴，通过衢江农商银行信贷扶持，购了小区一套120平方米的公寓。搬迁到小区后，杨小琴又在小区租了房子设来料加工点，添置40多台机器。现在，杨小琴的2个来料加工点有70多人在工作，1年发放加工费100多万元。这些年通过做来料加工经纪人，每年她有40万元收入。走进衢江区廿里镇和美村，俨然来到一个现代化的城市小区。这个占地150亩的下山异地安置村，安置了来自乌溪江库区岭洋、举村、黄坛口乡和湖南镇3乡1镇的下山脱贫群众，有村民817户、2434人。为了建设好小区，2018年我们支持村里实施光伏扶贫项目。项目投资554万元，在公寓房和联建房屋顶安装光伏太阳能发电，发电产生的效益将用于房屋维修和村里发展经济，“以屋养屋”，年收益四五十万元。

云溪乡希望新村，起先是2002年“8·15”地质灾害双桥、太真两个乡受灾户安置点，后来也是乌溪江库区4个乡镇下山搬迁农户安置地，村民来自6个乡镇44个村。2002年12月28日，时任浙江省委书记习近平同志来到希望新村走访慰问。我们牢记习近平同志嘱托，一任接着一任干，让“希望”变为现实。引来义乌飞雅手袋厂等来料加工和电商项目，全村发展来料加工经纪人15人，从事来料加工约150人，其中2家来料加工点产值达1000万元；2019年村民家庭人均可支配收入达18405元；2019年村集体经济经营性收入11.48万元，总资产600多万元。大力开展村庄环境整治提升，整治赤膊墙，改造提升农民饮用水工程，谋划建设景观节点、党建长廊、健身广场、篮球场、村文化礼堂、居家养老服务中心等，一个崭新的社会主义现代化新农村展现在人们面前。

二、让低收入农户一次不用跑“零成本”享受国家扶贫政策

2008年浙江省实施“低收入农户奔小康计划”，扶贫对象从区域型贫困向个体型贫困转变，区域性“农村居民人均收入”向扶贫对象“家庭人均收入”转变。扶贫工作对象一下子从乡镇到户，让我们这些从事扶贫工作的同志，思想上转不过弯来，一下子到户是不是太快了？是不是应该先从乡镇到村，然后慢慢地到户。在认识提升后，我们以2007年家庭人均纯收入低于2500元的41750户、128511人低收入农户为对象，以提高低收入农户致富能力和收入水平为中心，加大政府扶持、区域协作、结对帮扶和社会援助力度，改善欠发达地区和低收入农户的生产生活条件，落实低收入农户小额贷款等金融扶贫措施，开发特色产业，发展来料加工，开展农村实用技术和就业技能培训，促进劳动就业，推进下山搬迁，加强社会救助。到2012年，74%以上的低收入农户（“低保”农户除外）家庭人均收入超过4000元；90.6%低收入农户实现了非农就业，有劳动力的低收入农户至少有1人实现非农就业或从事特色农业；最低生活保障标准提高到3060元，符合条件的低收入农户全面纳入最低生活保障；教育救助面全覆盖低收入农户；医疗救助全面覆盖家庭人均收入低于农村“低保”标准1.5倍低收入农户；住房救助全面覆盖低收入农户中的困难群众；低收入农户人均教育和医疗消费支出占生活消费支出分别达8.08%和9.6%，基本达到农村居民平均水平。

为降低低收入农户享受政策的成本，我们在“最多跑一次”改革中，

提出了“利用社保局医药费大数据，让低收入农户一次不用跑，零成本”享受国家扶贫政策，经过努力与保险公司合作的具体操作中规范为免申请、免填单、免资料、免临柜、免调查的“五免理赔”，实现低收入农户“一次不跑、一个不漏”“零成本”享受健康扶贫政策的目标。

三、让低收入农户应享尽享国家扶贫政策

“雨露计划”是缓解低收入农户家庭就学压力的有效措施。2018年衢州市纪委、市扶贫办对“雨露计划”落实情况进行检查，发现一些符合政策的低收入农户家庭子女未得到补助、一些农户补助资金不清楚是否到账。为切实落实雨露计划扶持政策，让补助对象“一个不错、一人不漏”，我们反思我们的工作方法，提出“利用现有数据库，将未列入补助范围的适龄（原则上为15—22周岁）低收入农户家庭子女名单进行筛选，对他们是否在校接受中、高等职业教育情况进行全面核查”，并要求乡镇主动上门核查，对“雨露计划”执行情况开展一次全面彻底自查，当年及时补发漏报37人；探索研究享受“雨露计划”占比规律，对一些占比明显偏低的乡镇开展督查；补助资金到账后及时告知农户，让符合条件的低收入农户“应享尽享”。

20多年扶贫工作实践告诉我们，扶贫工作要因人而异、因户施策，综合集成各项扶贫措施，打好组合拳。我认为扶贫工作就是通过我们的努力，用我们的方法把党的扶贫政策落到每个贫困农户，做精准扶贫的忠诚实践者，党和人民群众的血肉关系要靠我们一点一滴去努力。老百姓是懂得感恩的，你帮他解决问题，他就会说都感恩共产党好。衢江区扎实的扶贫工作实践，有效地促进了低收入农户增收致富。

（采访整理：余慧仙；采访时间：2021年9月8日）

“雄”心致“富”十四年，从脱贫攻坚走向共同富裕

余雄富

一、七年“屡败屡战”，我一直在探寻山区应该发展什么

我是开化县大溪边乡上安村人，早年在外创业，开过饭店、卖过茶叶。每年通过销售开化龙顶茶，就有 15 万元的收入。2000 年，上安村要修建通往千岛湖的公路。由于村民在拆迁问题上存在疑义，导致工程进展缓慢。我一直关心着村里的发展和建设，当知道村里修路遇到难题后，主动回村帮忙做通几户村民的工作，使拆迁工作能够按时完成。经过这次拆迁，村“两委”发现我善于做村民思想工作，就多次鼓动我回村里参选村委会主任。

2008 年，我下定决心，放下已经非常成熟的茶叶生意回到村里，并竞选上村委会主任。上任后才知道村干部难当、“当家人”难做。上安村曾是浙江省重点贫困村，村庄区位实在太偏僻，资源又很少，仅有 500 亩耕地，且都在山高坡陡的梯田上。种水稻，梯田留不住水，没产量没收入，外出打工的村民越来越多，村里土地抛荒现象也严重起来，最多时抛荒了 300 多亩。

如何将闲置的耕地再次利用起来，同时如何让留守在家的 60 岁以上老人有事可做、有钱可赚？这一直困扰着我，让我夜不能寐。每个深夜，我一直在问自己，上安村除了高低不平、水源缺少的梯田，还有什么？作为上安村的“当家人”，我又能为上安改变点什么，能为村民做点什么？

2010 年，在惠农政策支持下，浙江各地到处都在实施农田整治工程，许多村庄都将农田推平，修机耕路、沟渠等，方便农业机械进入，发展大农业。我就琢磨，上安村能不能也把土地整平，方便农业机械进来，重新种上庄稼？但是，现实告诉我，这样肯定不行。上安村都是梯田，再怎么整，也整不出大块田畈来。

土地整不平，种水稻又缺水，那可否种植一些耐旱的农作物？于是从 2011 年开始，我就带领着村民在梯田里种起高山蔬菜、甜玉米等农作物。当时亩产量很高，一亩苦瓜都能收获 2000 多公斤，每斤也能卖 0.8 元，效益还是比较可观的。但是到了第二年，每斤苦瓜价格就跌至不到 0.3 元，而且上安村离大城市较远，受交通制约，运费很贵，缺乏市场竞争力，村民们没能挣到钱。

2013 年，浙江省开始乡村旅游建设。开化县吹响了建设国家东部公园的号角，众多村庄都转向了乡村旅游，建起一个个景区，搞起农家乐，赚起“生态钱”。2014 年 5 月油菜收获后，我也和村民们尝试在梯田上种植向日葵，发展乡村旅游。当年种了 240 亩，向日葵在村民们的精心培育、呵护下，长势非常好。虽然向日葵开花时比较好看，但还是因为交通不便，游客来得并不多。更为糟糕的是，那批向日葵只开花不结籽，脱贫致富路又一次被堵上。

虽然种高山蔬菜、种向日葵都失败了，但通过跑县城、跑省城、跑院校、跑专家，我们理清了发展思路：梯田排水通畅，土地不涝，非常适合旱粮作物生长，我决定带领村民们尝试种植红高粱。

“橘生淮南则为橘，生于淮北则为枳。”以前南方人都只是在田埂上零星种点高粱，并没有考虑其经济效益。但是现在要大规模种植，作为产业来发展，说实话，我心里也没底。北方种的高粱，在南方的上安村能长得起来吗？对于这个问题，我一直在犹豫。不少村民也流露出了“怯意”。好多村民因为种向日葵种怕了，都不敢再尝试种高粱。在这种情况下，我组织村里 20 多个党员干部带头，在自己的责任田里种上了红高粱。随后，党员干部们挨家挨户登门，为村民们分析种高粱的利弊，发动大家参与高粱种植。

2015 年，上安村试种了 240 亩红高粱，平均亩产近 500 公斤，村民们把丰收的红高粱酿成高度白酒，当年就卖了 140 多万元。刚开始的时候，我们还不清楚可以将高粱拿来酿酒，而是直接卖掉了一些高粱，直到看到好多本地小作坊来村里拼命收购，才开始转向自己酿酒。有两对 70 多岁的老夫妻俩人种了七八亩地，卖酒都卖了六七万元。一下子就将上安村的土地资源劣势转化为优势，种出了风景，也种出了“金山银山”。

二、七年“乘胜追击”，我让高粱火红了村民们的好日子

种红高粱有 5 大好处，一是可以用来酿酒，经济效益好，在全民注重生态的饮食文化下，城里人喜欢纯粮酿制的土烧，喝着放心，同时，酒是越陈越值钱越好卖，不像高山蔬菜等，要急着卖，卖不掉就会烂掉。二是适合与油菜轮作，油菜种植是 10 月底至次年 5 月，红高粱是 6 月至 10 月初，所以时间上不冲突。三是老年人都可以干，田里干燥，不用担心安全问题，劳动强度也不大，身体条件都能够适应。四是红高粱与美丽的油菜花一样，在高粱成熟转红的季节里，梯田上一片火红，又是一道亮丽的风景。

村民们真正得到了经济实惠，更是看到了未来的希望。到了 2016 年，村里自办的红高粱酒坊也建设起来了，村民在家门口就可以自己酿酒赚钱。到了 2017 年，全村 500 亩梯田，包括 200 多亩抛荒地被重新复垦出来，全部种上红高粱，年产高粱酒 100 余吨，年销售产值超过 500 万元，一举破解了农村土地抛荒难题。加上一季的油菜籽油，全村每年收入可达 600 余万元，留在村庄的村民共有 380 余人，这样算下来人均增收 15000 元以上。

红高粱产业成功后，我还想着再去做点什么，进一步增加产业的经济效益。从 2019 年 10 月开始，我带领村民进行了集体经营体制改革和承包土地股份化改造等探索，筹组上安梯田农业开发有限公司，对全村资源进行统一经营。通过探索，将全村 252 户村民手中的土地使用权

“一次性收回”，把能干活的80多位村民组成5个生产队，由他们承包耕种，我们成功破解了困扰山区的“有田没人种，有人没田种”的难题，全村没有一亩抛荒土地，景观也变得更好了。

春天里一片金黄的油菜花，秋天里一抹火红的红高粱，与蜿蜒起伏的高山梯田浑然天成的视觉效果。上安梯田现在已经成为钱江源头一道最靓丽的乡村田园风景。

上安村人还把眼光瞄向了更有远景的旅游开发，以上安梯田美丽“粱花”景观为基础，抓住紧邻杭州千岛湖的区位优势，逐步把上安村建设成了开化县“融杭接沪”战略最前沿的“展示窗口”。一批新的村民休闲广场、停车场、文化礼堂、景区游步道、游客接待中心等公共设施在产业发展下得到进一步完善。上安村成功创建省AAA级景区村庄，每年吸引全国各地游客10万人次以上，旅游年均增收200多万元。

不能满足于一个村的富裕，更要积极带领周边地区共同发展。2018年以来，我在村里创办红高粱讲堂，配合乡党委、政府创建大溪边乡高粱红党建联盟、红高粱产业协会，为周边村民带去红高粱产业发展技术。在上安村示范带动下，大溪边乡红高粱种植面积今年达到了4300亩，所有适合坡耕梯田都种上了红高粱，成了全省连片种植面积最大的红高粱产业基地，带动全乡在家村民人均增收5000多元，12个村集体经营性总收入超200余万元。我还积极牵头全乡12个村创办全县首家乡镇级集体经济联营公司——开化六都集体经济发展有限公司，与国企开化县两山集团合资5300万元建设年产500吨白酒项目。这将成为浙西地区最大的红高粱白酒研发、生产和营销基地，也将为12个村集体每年带来300余万元分红收入。把12个村的力量凝聚起来，就有了跟大型资本进行谈判合作的筹码，红高粱产业就能做得更大更强，脱贫攻坚胜利成果进一步充实巩固。

在此基础上，积极总结提炼出了乡村振兴、共同富裕的“上安模式”，把上安村的发展经验推广到了全县、全省，甚至全国。仅2020年，红高粱讲堂就为来自湖南长沙、江西上饶、安徽黄山和杭州、金华等地的农村干部开课60余场次，听课学员达6000余人次。

“一村红带动全乡红，一地富带动区域富”，乡村振兴、共同富裕“上安模式”已经成功拓宽了资源禀赋欠佳农村的“绿水青山就是金山银山”转化通道。全省红高粱种植面积已经达到13万亩，众多的兄弟村庄都开始走上了乡村振兴、共同富裕的道路。

（采访整理：郑建平；采访日期：2021年8月10日）

以实干践行入川初心，用担当履行援川使命

陈益

一、在宣汉县从事东西部扶贫协作

根据党中央关于开展东西部扶贫协作的重大决策，2018年起，舟山市定海区对口帮扶四川省宣汉县。我是2018年4月前往宣汉县从事东西部扶贫协作工作的，担任政府办公室副主任，之前在定海区担任干览镇党委副书记、镇长。宣汉县地处秦巴山区集中连片特困地区，幅员4271平方千米，人口132万，其中贫困人口20.58万，是国家扶贫开发工作重点县。到宣汉工作之前，我对脱贫攻坚工作了解不多，对宣汉也缺乏足够认识。为了更快了解宣汉县的基本情况、更好熟悉脱贫攻坚工作，我到宣汉的第一年就跑遍了全县54个乡镇。每到一个乡镇，我都深入贫困村、贫困户家中实地走访，了解、掌握宣汉村情民意，还直接结对帮扶当地贫困户，用自己的实际行动去履行帮扶责任人的义务，去聆听和感受宣汉的脱贫攻坚事业。3年多来，我在当地党委、政府和浙江援川工作组的领导下，结合宣汉县脱贫攻坚和定海区经济发展实际，努力推动两地东西部扶贫协作不断深化。

二、小樱桃变大产业

产业扶贫是农民脱贫、农村发展的“牛鼻子”。定海区3年共安排了1.1亿元援助资金用于助力宣汉县脱贫攻坚，这其中有74%的资金都用到了农业产业发展上面。经过3年不间断的支持，宣汉县已成功打造

了“6341”优势产业（63 指脆李、蓝莓、车厘子、玫瑰、枳壳、茶叶 6 个 3000 亩产业，41 指蔬菜、青花椒、木瓜、柠檬等 4 个 1000 亩产业）和水产养殖、水果加工等一批特色产业。这些产业项目的实施，带动当地 1.6 万贫困人口增收。

让我印象最深的是当地车厘子种植产业发展。2018 年，我和一同从定海区过来挂职的县委领导到宣汉县最贫困的中部山区考察。在走访老百姓的过程中，我们发现当地一直就有种植车厘子的传统。由于散户种植，没有形成规模，同时也缺乏资金支持，车厘子的经济效益不够理想。但这里的老百姓在当地党委、政府的带领下，在发展产业方面不等不靠、主动作为，自我脱贫的干劲十足，给我们留下了深刻印象。回到县城之后，我们和县分管县领导、农业局、农办等部门经过多次慎重研究，并听取当地乡镇党委、政府意见后，决定在中部山区投入援助资金，开展规模化种植车厘子产业。3 年时间，共投入 850 万元援助资金，车厘子产业成效喜人，2021 年 3000 余亩车厘子已成功试花挂果，附近 500 余户、1600 余名贫困人口实现户均增收 1000 元以上。当我们再次前往这个地方时，当地老百姓拉住我们的手说：“今年车厘子成熟后，我们天天守着它，生怕被鸟儿叼走了，自己更是舍不得吃，就是听说你们要来，一直为你们留着。”他们的这份深情，让我们备受感动。

三、大山孩子走向大海

宣汉县是人口大县，农村贫困劳动力资源丰富，而舟山市正处于产业发展的兴盛期，需要大量的产业工人。如何通过人力资源的输送，帮助宣汉县解决贫困劳动力实现就业和脱贫，实现两地资源互补和成果共享，成为我思考的一个问题。经过几年努力，舟山、宣汉两地成功围绕“职教协作、顶岗实习、市场招聘、专场推介”创新东西部劳务协作，并形成了一条可复制、可推广的东西部劳务协作新路子。

让我最有成就感的是：创新职教协作成为劳务协作里面最重要、最核心、最有分量的部分。2018 年，经过前期多次充分的考察和对接，我积极协助两地职校以院校合作、企业实习、推荐就业的模式，开展了东西部职教协作“2+1”教学，通过现代学徒制、工学交替等措施提高宣汉学生专业技能水平。3 年来，先后促成 117 名宣汉职中学生赴舟山就读“2+1”班。如今这些宣汉职中毕业学生已成为舟山绿色石化、万邦永跃等企业重点招引对象。部分学生成功就业后，还将自己的家人、亲戚带到舟山务工。

2019 年，在东西部职教协作“2+1”教学的基础上，为进一步深化两地之间的职教协作，让更多的宣汉人从大山走向大海，我们又深化筹备“海员培训班”。“海员培训班”需省海事局审批，临时增补难度很大。舟山相关部门高度重视这个事情，专程赴省局对接，并成功于当年 10 月召开了第一期“海员培训班”。截至 2021 年 9 月，两期共 47 名宣汉学员已成功在舟山航海学校培训结束并考取海员证书，均已成功与船务公司签订用工协议，开始上船务工。在实习期结束后，他们的月收入在 1 万元以上。2021 年，宣汉县退役军人事务局得知我们还将举办第三期“海员培训班”，要求将学员重点放在退伍军人上。目前，以退伍军人为主的第三期“海员培训班”已在舟山航海学校开班。在“2+1”教学和“海员培训班”进行的同时，为进一步提升宣汉职中学生的就业技能和适应社会的能力，宣汉职中还与舟山海中洲集团建立了现代学徒制校企合作平台，宣汉县先后派遣了 132 名不同年级的学生赴舟山海中洲集团顶岗实操，每月工资 3000 元，并报销往返交通费用。这种顶岗实习的模式，既帮助舟山企业缓解用工短缺难题，也帮助宣汉职中学生学习一门宝贵的就业技能。为了这些工作的顺利开展，舟山市和定海区给予大量支持，学生前往舟山的路费、学费及生活费均由定海区援助资金和舟山市财政资金全额补贴。

四、“宣菜入舟”显成效

消费扶贫是助力打赢打好脱贫攻坚战的重要内容，特别是受到新冠疫情的影响，消费扶贫成为了一个热点，也成为了东西部扶贫协作的重中之重。

在推进消费扶贫的过程中，考虑到宣汉县是农产品大县，而舟山市场所需农产品基本从外地输入。因此，舟山挂职干部积极与两地对接，在两地党委、政府的大力支持下，成功探索出了一条“宣菜入舟”助力消费扶贫的新路子。一方面，考虑到蔬菜种植周期短、见效快、辐射带动作用强，也适合宣汉发展，于是引导利用530万元援助资金发展2000余亩蔬菜基地，并引入业主统一进行标准化管理。另一方面，宣汉是牛业大县，蜀宣花牛乳肉兼用，经济效益好，我们又引导利用300万元援助资金打造了蜀宣花牛示范养殖场，年出栏600头，并通过养殖场引领、带动当地农户养殖。

为了帮助发展起来的蔬菜、蜀宣花牛等农产品走进舟山，有稳定的销路，经过宣汉和舟山两地多次对接，舟山商贸集团、舟山市龙荫农业与宣汉汉田农牧、桓源农业等多家农产品销售公司建立了“宣菜入舟”订单收购合作机制。为了鼓励更多的舟山企业同宣汉农产品销售公司达成合作，舟山市还对这些企业给予适当补贴。并在舟山设立两家宣汉农产品实体店，帮助销售宣汉农特产品，成功促使宣汉农民的“钱袋子”和舟山市民的“饭桌子”连接在一起。2021年，宣汉向舟山销售的蔬菜和黄牛肉就达到了600多万元，受益贫困群众达412户、1305人。同时，蔬菜基地和蜀宣花牛示范养殖场附近农户，既可以获得土地流转费用，还可以通过就近务工获得劳动报酬，多渠道增加家庭收入。

在宣汉对口帮扶的3年，对于我来说，是一段激情燃烧的岁月，是一次丰富人生的阅历，是一回提升素养的锤炼。面对20.58万贫困人口脱贫、211个贫困村退出、贫困县摘帽的艰巨任务，132万宣汉人民没有回避、没有退缩，在县委、县政府的正确领导下，迎难而上、主动作为、大胆创新，成功摸索出了一条县域全面落实精准扶贫、精准脱贫基本方略的有效路径，取得了一个又一个胜利。2019年，宣汉县成功整县摘帽，贫困人口从20.58万人降至4797人，贫困发生率从16.6%降至0.44%，实现了从“全省贫困人口最多”到“全省减贫人口最多”的华丽蜕变。我亲历其中，有太多的收获、感触和体会。3年的挂职即将结束，这里的山和水、这里淳朴的巴人儿女、这里和我并肩作战的兄弟战友，都将永远铭刻在我心中。真心地祝愿，美丽宣汉——我的第二故乡，明天会更好！

（采访整理：陈瑶；采访时间：2021 年 9 月 9 日）

愿做扶贫帮困传递幸福的热心人

钟佩玲

我于2007年大学毕业，通过考试被正式选派到舟山市普陀区六横镇龙山社区出任大学生村官，2012年7月担任龙山社区党工委委员，2014年8月正式成为一名扶贫干部，现任浙江舟山群岛新区六横管理委员会社会发展局大社保工作科科长。我从大学刚毕业就一直扎根在农村，从一名大学生村官成长为一名扶贫干部，已经在农村工作了14年（其中做扶贫工作7年），这些时光是我一生中最宝贵的财富。

一

2008年2月，组织上派我去六横镇政府社发处开展扶贫工作，担任社会救助管理员。新的工作岗位和社区工作内容截然不同。作为一名年轻的大学生村官，能有这样多岗位锻炼的机会，我非常珍惜。我很高兴能够得到组织和领导的信任，同时也感觉多了一份责任。

从2008年2月至6月，我以一名扶贫干部的身份和其他同志一起奔走在六横的各个村（社），在深入基层开展工作并且切身体会那些常年遭受病痛折磨和生活困苦的群众时，我的内心被深深震撼，常常看到困难群众就控制不住自己的眼泪。但我知道眼泪是没有用的，只有像对待亲人一样去对待困难群众，尽自己的绵薄之力，努力把扶贫工作做好，才能心有所慰。四个月的借调锻炼很快就结束了，我非常不舍地离开了扶贫岗位。我曾向组织申请希望能够继续留在扶贫工作岗位上，但因为镇政府人员岗位排编已满，所以未能留下来。

我的“扶贫生涯”暂时告一段落，但是扶贫的种子却在我心里生根发芽。回到原岗位工作后，我时常想起那段扶贫时光，也许是因为这一段我的亲身经历，我对龙山社区的困难群众也给予了更多的关心。每逢重要节日，我就会跟随社区领导一起去走访困难党员、困难群众。只要有机会一定要继续为困难群众服务，实实在在为群众做好事，办实事。

二

2014 年 8 月，组织上正式选派我去负责乡村扶贫工作。接到这个消息，我的内心是非常激动愉悦的，我终于实现了继续为困难群众服务的愿望。而颇有缘分的是，我正式走上扶贫岗位，担任的还是社会救助管理员。我给自己立下明确目标，要在最短的时间内熟悉所有救助政策，并且能够熟练运用，这样可以迅速为群众答疑解惑，同时做到嘴勤，脚勤，做到“串百家门，知百家情，解百家难，暖百家心”，才对得起党组织对我的高度信任，群众才能满意，党组织才能放心。

同年 12 月，六横镇社发处、社救科合并，设立大社保工作科，我就被派到大社保工作科开展扶贫工作，于 2016 年 3 月开始担任大社保工作科副科长，分管社会救助工作，2017 年 7 月担任科长。六横镇共有 35 个村（居），在册户籍人口约 6.5 万人。我们将精准扶贫分成 4 类：五保户、低保户、低保边缘户，以及从 2016 年以来实施的“残疾人两项补贴政策”（困难残疾人生活补贴及重度残疾人护理补贴）补贴对象，2014 年的贫困人口大约是 700 户、2500 人。

从六横镇政府将符合条件的困难户纳入到兜底保障系统后，到 2020 年底，全镇有低保低边户 703 户，持证残疾人 2196 人，有 467 名困难残疾人享受困难生活补贴，1003 名重度残疾人享受护理补贴，有 68 名学子顺利完成了学业。困难户的最低生活保障得到有效解决，受助困难户的压力大幅度减轻，生活水平明显好转。享受相关救助政策的低保低边户以及残疾人的生活及医疗有了最基本的保障。至此，六横贫困人口已经全部实现脱贫。

2014 年以来，我们累计为约 3000 户次困难家庭申请补助资金，累计发放各类救助金 1000 余万元。我们在开展救助工作过程中做到公开、公正、透明，所有的施保对象做到长期公示，接受社会监督，实实在在地把国家的救助资金花在了刀刃上。在困难救助申请中，扶贫干部全部实地调查取证，从第一线掌握困难群众资料，为扶贫救助提供了材料支撑。当时我们平均每年要调查走访 300 户的困难户。近年来，六横交通建设发展得到很大提升，进村入户调查走访更加快捷有效。

在扶贫工作上，为了让困难群众能够在第一时间享受到扶助待遇，无论严寒酷暑，无论刮风下雨，我们都是第一时间赶往各村（居）困难户家中了解情况。因为走访体量大，调查内容多，几天下来身体就感到疲惫，脚上也时常磨出水泡，但想到能为困难群众解除后顾之忧，心里也觉得欣慰。7 年来，我们工作的大部分时间都奔走在乡村一线，和群众“面对面、心贴心”交谈，做群众的贴心人。

三

我所在科室还承担着残疾人服务、劳动保障、社保、医保、退役军人事务等其他工作内容，工作压力大、责任重，加班加点是常事。有几次我们加班到凌晨。为困难群众减轻生活重担，是我们前进的不懈动力和力量。当看到困难群众因为我们的努力而看到生活的希望时，我们觉得一切辛苦和付出都是值得的。

为了更加切实地帮助困难群众解决实际问题，我们推动救助申请“跑零次”，申请事宜可由村干部“代为跑腿”，做到“让群众动动嘴，让干部跑跑腿”，群众在家门口就能实现救助申请。为了能让群众享受到更多的方便，入户前我们会仔细审核材料，如果群众有些材料没有上交完整，就带着相关申报表入户调查，做到“容缺受理”，为的是缩短群众花费时间，免于来回奔波。自 2019 年 6 月开始，六横镇在全区首先实现低保户水电费费用减免申请“跑零次”，通过窗口工作人员与水电部门进行数据对接。按照以往办法，这是需要困难群众持证自行前往水电公司办理的。截至2020年12月，我们已累计为65户困难户办理了水电费减免申请。

2018年，普陀海岛第一家“残疾人之家”在六横镇台门揭牌成立。“残疾人之家”总投资30万元，占地400平方米，设有独立的康复室、工疗室、休息室等，配备两名专职管理人员。“残疾人之家”共收容19名残疾人，他们大部分都是精神、智力残疾的困难群众。刚来托养中心的时候，很多人连自己的名字都不会写，在“残疾人之家”的细心照顾和教导下，他们慢慢学会书写，还学做各种手工制品。有的刚开始性格内向，现在却乐观向上，精神面貌有了很大改变。每逢传统节日，我们都会前往探望，陪伴他们一起度过一个温暖、祥和的节日。我们还组织残疾人家属到“残疾人之家”看望，感受他们的惊喜变化。家属们看着他们能表演节目，制作手工艺品，眼泛泪花，内心的激动欢愉无以表达，发自内心地说：感谢党，感谢政府！经过3年时间的努力，“残疾人之家”的发展已经步入正轨。下一步我们准备通过直播带货、爱心助力等渠道，将他们制作的手工制品进行售卖，将售卖所得全部返送给他们，让他们体会到劳动的乐趣，提升生活获得感、幸福感。

六横镇率先在普陀海岛实现为群众代办“医保报销”业务。群众无需乘船出岛就可以实现医药费报销，报销全程由大社保工作科工作人员代办，实实在在为海岛群众带去了福音。至2020年12月，已累计办理5852件。2021年4月，六横镇在普陀区海岛率先实现企业职工工伤认定及伤残鉴定业务办理，企业职工无需出岛就可以办理相关业务，半年间，已累计为海岛企业职工办理工伤受理105件。为了更加高效地为群众服务，窗口工作人员全部实现业务互通、全程通办。大社保工作科为群众服务的暖心事项，得到了群众的高度好评。

四

扶贫工作是一项扎扎实实的群众工作，我们面对的都是因病因残导致家庭生活困难的群众。群众工作能不能做好，关键就看我们是不是把群众的一点一滴放在心上。对群众来说，他们的每一件小事，都是实实在在的大事。只要是群众的是，哪怕再小，都应该认真去履行。我们时刻谨记自己不仅是一名扶贫干部，更要把自己当作群众的贴心人。我们非常注重和群众“唠家常”，以一个亲人的身份去对待每一位群众，站在群众的角度去思考问题，感同身受。

有一户困难群众，男主人因突发脑疾失去劳动能力，生活无法自理。因为家庭困难，刚考上大学的女儿有了辍学外出打工的想法。得知情况后，我们第一时间入户调查。根据他家里的情况，在符合救助条件下给男主人办理低保户，同时帮助他女儿申请 3 万元助学金，为女主人在家门口找了一份工作。去年，女儿大学毕业，就职于宁波一家医院，成了一名医生。现在看到女主人，她的脸上总是放着光彩，挂着微笑，每次谈及六横镇政府的帮助和扶持，这位大姐总是热泪盈眶，不停地说着：“生活的好转离不开中国共产党！”

五

扶贫工作的关键在于“精准”。只有足够了解困难户的具体实际情况，才能真正做到精准，才能实施有效帮助。一年 365 天，我们把大部分的时间和汗水都挥洒在进村入户的第一线，对每个救助对象进行细致的调查摸底，把每家每户真实需求记录在册，同时将所有的低保低边户名单在镇政府以及村（居）公示栏进行长期公示，接受群众的监督。

从六横实际情况看，致贫原因主要是因病致贫、因残致贫或缺少劳动力等。因病致贫的家庭多为家庭成员身患各种重大疾病，无法参加劳动，造成家庭经济背负巨大压力。因残致贫的因先天或后天残疾导致劳动力丧失，经济收入相对较低。缺少劳动力的家庭多为年老体弱的五保户，他们未婚无子女，无经济来源，无劳动能力。这些家庭在相当长一段时间内或者是永久性无法靠自身努力实现脱贫，需要党和国家的帮扶。我们要始终紧绷神经，继续关注这些困难户的动态情况，一是严格落实各类保障政策的实施和落实，让符合条件的困难户及时享受救助。二是实施困难户动态管理，做到“应保尽保、阳光施保”，防止困难户出现返贫现象。三是为有潜在劳动力的困难家庭提供就业帮扶。

六

大社保工作科 2017 年、2018 年连续两年获得“普陀区群众满意基层科室示范单位”，2019 年获得“舟山市扶贫开发工作先进集体”“全省劳动人事争议处理工作基层调解优秀单位”等荣誉称号，我个人也于 2019 年被评为“舟山市先进扶贫个人”、2021 年荣获“全国脱贫攻坚先进个人”及“浙江省扶贫开发成绩突出个人”等荣誉称号。

经过全党全国各族人民的共同努力，我国脱贫攻坚战取得了全面胜利。作为基层扶贫干部，我们要更加紧密地团结在以习近平同志为核心的党中央周围，持续发扬“孺子牛、拓荒牛、老黄牛”精神，以人民利益为重，知民情、重民意、急民需、解民忧，千方百计为人民群众办实事、谋实利、求实效，不断提高为人民服务的水平和质量，为实现中华民族伟大复兴贡献自己的一份力量。

（采访整理：魏斌　秦俊华；采访时间：2021 年 10 月 26 日）

助残路上的坚守

金庆华

一、从零开始，依家筑“家”

在接手“残疾人之家”以前，我一直在宏泽汽配有限公司工作。2017年，岱山县残联为了推进全县残疾人辅助性就业工作，带领各乡镇残联理事长、县残疾人劳动就业服务所及爱心企业有关人员组成考察组，前往宁波学习考察残疾人辅助就业机构建设。我和宏泽公司负责人作为考察组成员，全程参与这次活动。当时，宁波残疾人辅助性就业机构主要采取两种形式，一种是由爱心企业创办的，另一种是由政府主办民营。不管是哪一种，对于岱山来说，都是全新的。这次考察的重点是辅助性就业机构的硬件设施建设、就业人员结构、机构运作情况、资金保障、配套服务设施等，同时还要充分学习好经验及亮点举措。这次考察，对我们触动很大。回来后，公司领导就想通过宏泽公司自己的力量，为社会上的残疾人做一点贡献。在了解各方面情况后，公司领导决定马上创办岱山首家“残疾人之家”（最初叫做“阳光庇护中心”），同时决定由我来负责。

刚接到这个任务时，我内心是有些犹豫的，当时我已经50多岁了，再过几年就可以退休了。现在工作已经驾轻就熟，突然要去做残疾人工作，对我来讲是个不小的挑战。正当我踌躇不决时，公司领导找我谈心：“创办‘残疾人之家’是党和政府对残疾人的关怀，作为企业应该有这个觉悟去承担这份社会责任，为国家扶贫助残事业贡献力量。”一直以来，反哺社会、回馈社会是宏泽人的理念，而我作为宏泽的一分子，更应该将宏泽的这个理念发扬出去。因此，我决定扛起这份担子，干出一番成绩来。

2017 年 6 月，我们开始筹备宏泽“残疾人之家”。一个新的“残疾人之家”从无到有，要做的准备工作非常繁杂。除装修建设外，还需要对即将接收的残疾人进行全面调查，筛选符合条件的接收对象。宏泽“残疾人之家”位于岱山县东沙镇，我们根据就近原则首先对东沙镇各个村进行摸底。在县残联的带领下，我们对镇内残疾人的数量、精神状况、身体情况以及家庭境况等各方面因素进行了全方位调研。

很多人对我们的运行模式不了解，有些人担心来“残疾人之家”后，原本的低保就会被取消。我们耐心地向他们讲解政策：一是“残疾人之家”是由政府主导、企业参与创办，主要为中轻度智力残疾人和稳定期轻度精神残疾人员提供日间基本生活照料和护理、生活自理能力培养、社会适应能力辅导、心理辅导、康复训练、劳动技能训练和支持性就业等方面综合服务的机构；二是政府对于符合促进残疾人就业税收优惠政策条件的“残疾人之家”，会根据安置残疾人数在规定限额内予以退税或减征，为机构减负，保障机构正常运行；三是机构每月会为每人提供一定的工资，从业人员符合就业困难条件的，即可享受相关补贴政策；四是精神、智力和其他重度肢体残疾人在辅助性就业岗位取得的收入不超过最低工资部分，在核定低保和低保边缘户残疾人家庭收入时可不计入。通过沟通谈心和普及政策，很快便得到了残疾人及其家人们的积极响应。

在这个过程中，我深刻地体会到推进这项工作的紧迫感和使命感。这些残疾人因为身体或精神等方面的原因基本不能就业，不但自己需要他人的照顾，整个家庭也因此陷入困境。这更加坚定了我要做好“残疾人之家”的信念，希望通过“残疾人之家”，能为这些残疾人，甚至他们的家庭带来一些改善。

2017 年 8 月，经过两个月的紧张筹备，舟山宏泽“残疾人之家”正式开业。整个机构面积约 1200 平方米，内部包括员工食堂、工疗车间、康复训练室、多功能厅（文体活动室）、6 间日托室（供残疾人午间休息）、男女卫生间等。各种功能一应俱全，既可以为残疾人提供技能培训，又能为他们创造一个良好轻松的环境，进行医疗康复、文化娱乐、体育健身等，照料他们的生活。

开业初期，我们以工作年龄段（男 60 岁以下，女 50 岁以下）为主，根据能自理，精神状态良好、肢体残疾为参考标准，总共招入员工 31 名。这些员工基本上都需要长期服药，原先在家都靠亲人照顾。进入这个大家庭后，他们可以通过自食其力过上有尊严的“上下班”生活，产生一种融入社会的自豪感，同时也能减轻家庭负担。

可以说，通过创办“残疾人之家”，一定程度上让附近的残疾人实现了在“家门口就业”。这种模式不仅门槛低、就地就近，而且工作时间弹性大，既能有效缓解当前残疾人就业的结构性矛盾，也能帮助残疾人有效克服自身行动不便的困难，同时又获得了稳定的收入。

二、攻坚克难，以“爱”管家

万事开头难，正当我信心满满想要在这里大干一场的时候，就受到了多方面的打击。31 人当中，有精神残疾、智力残疾、肢体残疾、多重残疾四种类型，其中智力残疾占多数。我首次接触这类员工，面对复杂病情，一没有专业知识，二没有管理经验，工作上常常有心无力、顾此失彼。

有个员工已有 53 岁，但智力水平却只相当于四五岁的小孩，行为习惯完全不受控制。员工由于智力受限，长年呆在家中，很少与外界接触，突然来到“残疾人之家”后，面对陌生的环境和人群，以及封闭式管理，产生恐惧、焦虑、不安等情绪。这样，每天都有员工吵架甚至打架的情况发生。有的员工想要爬出铁门回家，不给开门就用砖头砸。各种情况都有，每天都是“鸡飞狗跳”的。那段时间，我白天就是他们的“妈妈”，想着怎么安抚好、照顾好他们，让他们能尽快适应这里的生活；晚上，我就是他们的“爸爸”，总是绞尽脑汁思考残疾人的管理应该怎么做。

我每天给他们调解矛盾，做思想工作。告诉他们，政府和公司给我们提供这么好的平台，应该好好珍惜，要遵守各项规章制度，不能打人骂人；这里既提供工作，又有休闲娱乐和健身，吃喝住都有保障，哪里再去找这样舒心的环境呢？同时，我也努力学习，加强自身管理水平，逐渐掌握残疾人事业的基本知识，也慢慢摸索出一套行之有效的管理方法。了解每个员工的病情，建立医务室管理制度，尤其是精神残疾的员工，要随时注意他们状态是否良好，及时进行疏导和用药。对于肢体残疾的员工，我把他们当做孩子来照顾，天气不好时，让他们提前下班，安全第一。就这样，通过两个多月的磨合，员工们的情绪逐渐稳定下来，员工之间的关系也慢慢变得融洽起来。员工们也从刚开始由监护人陪着进来上班，发展到自己坐公交上班。我们工作人员每天都会在车站进行接送，确保他们能够安全到达。员工一般下午 4 点下班，由于没有专门的班车，往往要在车站等 40 多分钟才能坐上车。岱山县政府了解到这个情况后，决定对班车时间进行调整，使到站时间同下班时间无缝衔接，确保每个残疾人能够及时回家。

现在，员工们每天最期待的事就是到“残疾人之家”上班。在这里，他们会做一些简单的手工劳动，我们将这称为“工疗”。通过“工疗”，他们的手工技能得到了提升，心情也越来越舒畅。而家人们也将这些转变看在眼里，心中的担忧也放下了。我了解到，原先照顾他们的家人，有的去蟹笼厂做了短工，有的去做了食堂阿姨，也有的开始操持起农活，卖点蔬菜补贴家用，家庭条件一天天好起来，我打心眼里为他们高兴，也为自己在 50 多岁的年纪还能做些帮困难家庭减轻负担、助人脱困的事情而感到欣慰和自豪。

2019 年，经过两年的运营，宏泽“残疾人之家”已成为岱山县非常成熟的一家辅助残疾人就业机构。两年间，我们经常定期举办各种活动，如卡拉 OK 大赛、参观台风博物馆、摘桔子搞野炊，丰富员工们的生活，也会开展公益活动，如清理沙滩上无人处理的垃圾、爱心捐款等。逢年过节，作为这个大家庭的大家长，我还会给他们发红包，对表现好的员工予以表扬鼓励。同时员工们的精神状况和身体情况都有了明显好转。

可以说，“残疾人之家”的每一小步，都为每个小家庭带去变化和喜悦，这是我在前进路上的动力和支持，也是支持所有人继续这项事业的最大动力。

三、重新启航，再造新“家”

2019 年 6 月，弘美机械制造有限公司也打算办一家“残疾人之家”，他们同岱山县残联商议后找到我，希望我能过去负责管理。在宏泽“残疾人之家”的运行步入正轨、工作稍有起色的时候，又要接手新的“残疾人之家”，这意味着我要重新开始。在征求县残联领导和宏泽公司领导的意见后，我决定继续发挥余热，把这两年在宏泽“残疾人之家”管理过程中取得的经验带到弘美“残疾人之家”，帮助更多的残疾人。

同时，我也鼓励我的家人接手宏泽“残疾人之家”。当时我爱人在铝合汽配公司担任办公室主任，办公室的工作对她来说驾轻就熟，压力小而且轻松。“残疾人之家”的工作不仅繁琐，压力也大，所以她并不想来。后来，在我的不断“游说”下，她终于同意了。我在宏泽“残疾人之家”的这两年，她也看在眼里，深知残疾人扶助工作的艰难，也明白这份工作的重要意义。为了让我全身心投入到第二家“残疾人之家”的创办工作中，她毅然放弃了自己的舒适圈，选择向难而行。

创办前，我跟随岱山县残联领导及弘美公司领导一同去外地考察取经，大胆探索。经过 2 个多月的打磨和建设，2019 年 8 月，弘美“残疾人之家”正式投入运行，总投资 85 万元左右。弘美“残疾人之家”建成后，长期配备 5 名专（兼）职管理人员，服务对象以劳动年龄段的智力、精神和其他重度残疾人为主，接纳残疾人员工最多时达到 36 人，因受到新冠疫情持续影响，目前有残疾员工 29 名。为更好地创办弘美“残疾人之家”，我结合 2 年多在宏泽“残疾人之家”的管理经验，尝试将“军事化 + 家庭化”理念运用到日常管理中，打造具有海岛特色的“残疾人之家”品牌，经过反复实践和优化，也取得了较好的成效：

一是拥有健全的管理制度，机构运转有序。弘美“残疾人之家”从运营初期，便着力于健全完善机构服务规范和管理制度，包括基础管理制度、服务管理制度和安全管理制度等。实行个人实名信息管理，做到一人一档；推行日常服务台账管理，做到一日一志。在提升残疾人职业技能方面，采取评优制，通过评优版来记录员工的综合表现，调动员工做事的积极性和学习热情。同时通过县残联为机构配备指纹考勤机，进一步完善考勤制度。在我负责管理期间，弘美“残疾人之家”从未发生过一起侵害残疾人权益事件或责任事故。

二是拥有完善的服务功能，硬件设施完备。弘美“残疾人之家”拥有齐全的设施设备，员工能够得到全方位的日间照料服务；为精神、智力残疾员工配备定位装置，保障员工上下班途中安全；设立残疾人家庭医生定点签约点，并与医院机构签订服务协议，为员工提供医疗问询、检查、医疗及转诊转介等服务；与县心理协会合作，为员工及监护人开展心理咨询、疏导及定期开设讲座；落实药品专人管理，督促精神残疾员工按时定量服药，做好服药记录；为员工提供工疗产品及农疗基地，设立近300平方米的工疗车间，实现员工就业要求，并对员工进行岗前培训，提升工作和生活技能。近2年来，弘美“残疾人之家”联合众鑫“残疾人之家”举办了5期岗前、岗中技能提升培训和生活技能培训班，共100余人次参加。通过一系列托养内容及开展辅助性就业，每个员工都实现了自食其力、增加收入的目标，平均每户家庭年收入增加2万多元。

三是拥有真切的服务态度，家庭氛围浓厚。除了良好完备的硬件设施外，弘美“残疾人之家”内部拥有如大家庭般的浓厚氛围，员工相处十分融洽。每年开展一次监护人座谈会，加强与监护人的联系，更加深入了解员工的精神状况和身体变化，让他的家人安心，看到了希望。我们经常会收到家属亲手书写的感谢信，上面工整地写着质朴却又情真意切的语言。让我印象最深的有这样一位员工，他被别家“残疾人之家”辞退后，找到弘美“残疾人之家”寻求帮助。虽有精神和视力多重残疾，但符合扶贫政策要求，为此我们接纳了他。由于表现出色，在一次会上点名表扬了他。第二天一早，他妈妈致电给我，说他电话联系她，告诉自己受到了表扬。他的母亲感慨道：养育孩子30多年来，他从来没有和自己这样说过。看着儿子一天天好起来，她的感激之情难以言喻，也使我深受感动。这样的例子还有很多，这些来自员工家属的感谢，成为我今后要更加用心做好这项工作的最大动力。

四、爱心“小家”，温暖“大家”

在弘美“残疾人之家”运行的过程中，我们得到了来自政府的可靠保障。一是一次性开办资金补助。2019年至2020年，弘美“残疾人之家”在三星级、四星级验收通过后，舟山市、岱山县两级分别给予了10万元的一次性创建经费补助。二是运营资金补助。弘美“残疾人之家”享受国家残疾人集中就业税收优惠政策（每安置1人按年最低工资标准的4倍享受退税，计86400元）；每安置1名劳动年龄段的智力、精神和其他重度残疾人，每年按不低于当地3个月最低工资的标准予以运营补助；对场地租赁、员工中餐、技能培训、设施设备配置、无障碍改造等方面给予资金补助。三是社保补助。对机构内残疾职工缴纳的社会保险费按单位实际缴纳金额的50%给予补助，安置残疾职工比例超过25%的，按每人每年3000元标准给予奖励。除此之外，社会各界的爱心人士也给予我们很大的帮助，还有志愿者来给员工免费理发。正是在政府和社会各界的关爱和扶持下，我们的“残疾人之家”才能平稳有序的运行，员工们才能够安心地在这里创业就业。

我们的员工也在这一份份温暖和关爱中，学会了在自己的能力范围内反哺社会、回馈社会。2020年的腊月初八，我们的员工和县残联的志愿者们，在高亭中心菜场门口为过往市民免费送上一碗碗亲手熬制的热腾腾的腊八粥，也为节日里的人们送去了温暖和祝福。在疫情暴发最严重的的日子里，我在职工群里拟写了一份捐款倡议书，号召员工们在力所能及的前提下自愿捐款。微信发出不到一天时间，就得到了大家的积极响应。有的员工甚至在群里说：“国家有难，我们必须要捐的。”平均每个人捐了200到300元。2021年3月5日，在向雷锋同志学习58周年之际，我们的员工还将亲手制作的青饼送到高亭镇敬老院慰问老人们。在全县上下“共同创城”的阶段，弘美爱心小分队的残疾人志愿者又同岱山经济开发区党支部来到星浦小区，开展了一次以“同心争创文明县城，携手共建美丽岱山”为主题的创城志愿活动。这不仅仅是一次尝试，同时也为我们今后常态化开展志愿活动开了一个好头。我们将充分发挥残疾人志愿者的力量，为“创城”贡献自己的一份力量。

残疾人事业是一项社会性的事业，是爱心工程、民心工程。目前岱山县已实现了万人以上乡镇“残疾人之家”全覆盖，包括宏泽和弘美两家“残疾人之家”在内，全县共有 8 家“残疾人之家”。其中近 150 名精神、智力和重度肢体残疾人实现辅助性就业，低收入人群人均增收 21600 元。

春风化雨，润物无声。我将始终秉持“残疾人之家”“没有最好，但会做得更好”的宗旨，不忘初心，砥砺前行，不断从实践中吸取经验，真诚帮助残疾朋友，为每个因残致贫的家庭早日脱贫脱困而不懈努力，绝不辜负党和政府的关心和支持。

（采访整理：王贤照　李慧慧；采访时间：2021 年 9 月 23 日）

只为守护彝区群众健康

柴芝红

一、初到峨边

2017年，党中央和省委确立台州市椒江区对口帮扶四川省峨边彝族自治县，峨边是全国88个深度贫困县之一。台州市立医院对口帮扶的是峨边彝族自治县人民医院。我作为“蔡仙丽、柴芝红专家团队工作室”的负责人，是第一批被选派的专业技术人才。在去峨边之前，我心里也有一定的准备，知道那里的条件会比较落后。但是，到了峨边之后，发现这里比我想象的还要差。峨边医院只有大内科、大外科、妇产科3个科室，科室下面也没有亚专科。同时整个医院职工老龄化程度比较严重。妇产科只有4名医生，而且年龄都比较大，最小的都已经47岁，科室根本没有后备的接替力量，妇产科医师只会做产科的业务，妇科业务几乎是零。药房很多药品不齐，器械设备严重短缺。至于检验科，很多东部地区社区医院稀松平常的检查在这里都无法开展。这比我8年前帮扶的贵州省思南县人民医院和5年前帮扶的贵州省江口县人民医院还要差。

看到这些我很难过，但是似乎有一个声音在增强我的斗志，给我打气。“这里就是因为落后，这里就是因为需要我这样的专技人才，组织才会派我来啊！我必须得做点事情”。我决定帮扶先从增加一些必备的医疗设备开始。于是，我和医院领导商量购买了宫腔镜、腹腔镜的设备。但是医院领导认为，一方面购买设备需要大量资金，医院本身靠政府补贴维持，业务收入一直处于负增长状态；另一方面，如果购买的设备，整个医院里只有我一个人可以操作使用，当我离开后，这些设备就浪费了。得知他们的顾虑后，我向医院领导保证，会好好带教当地医生，把我的技术留下，形成一支“带不走”的队伍。

二、精湛技术为患者解除病痛

2018 年 10 月，我受邀挂职峨边彝族自治县人民医院副院长。

“因病致贫、因病返贫是脱贫攻坚中的‘硬骨头’。要尽己所能，为患者解除病痛，帮助峨边提升医疗水平，引导群众树立健康意识。”这是我刚到峨边工作时给自己下达的任务。在医疗扶贫的道路上，我治愈了一位又一位患者，周边的群众都慕名而来找我治疗。我的手机一直保持 24 小时开机状态。不管是夜间还是周末休息时间，临时接到急诊电话后总是第一时间赶回医院。

顺利抢救宫外孕急性大出血 2000 毫升的患者；夜间紧急为建档立卡贫困户施行腹腔镜下卵巢黄体囊肿破裂修补术；为 80 岁的患者取出放置了 50 余年的节育环；为 62 岁卵巢癌患者做卵巢癌减灭术，切下重 3 千克的肿块，挽救了她的生命……在援助峨边的日子里，像这样的紧急手术、较有难度的手术，我已经开展了多例。

在工作过程中，我看到医院产房里有人拿着活鸡给产妇，据说这是彝族的一种毕摩的仪式。产妇生孩子时，如果有困难，只要咬断活鸡的脖子，孩子就能生下来了。听到这里，我目瞪口呆，产妇、孩子感染了怎么办？怎么可以这样不遵守无菌规则呢？于是，我和医院领导商量对产房进行整改。经过我和台州市立医院领导、医生共同商量，我画图纸，设计产房、新生儿抚触室、新生儿水上乐园、孕产妇宣教室的布局。我还自己出钱买了导乐分娩球，买了墙贴美化这几个房间。看到焕然一新的妇产科门诊及产房等就医环境，心里感觉还是美滋滋的。

2020 年 4 月 9 日上午，峨边一名怀孕 8 个多月的彝族孕妇到县人民医院妇产科检查。在做 B 超时，发现胎儿心跳只有 60 次 / 分，随即连胎心都消失了。我立即主刀实施剖腹产，从切开皮肤到取出婴儿只用了不到 2 分钟。通过医护人员共同努力，换来了母子平安。大家都高呼：这个孩子是东西部扶贫协作的幸运儿!

整个峨边彝族自治县没有儿科，孩子生病需要前往乐山或者更远的成都去看病，不但山路颠簸、路程遥远，而且也容易导致病情恶化，对于本就贫困的老百姓来讲，医疗费和交通费都不是一笔小数目。台州市椒江区委、区政府，椒江区卫健局和台州市立医院决定在峨边彝族自治县人民医院建立儿科。最终在台州市立医院儿科林爱琳、沈春荣专家团队工作室的帮扶下，于2019年5月31日设立了儿科门诊，2020年4月8日又设立儿科病区。还选派新生儿科缪添义医师开展新生儿黄疸蓝光治疗，开展新生儿查房及儿科常见病、多发病的诊治，为当地培养了一支“带不走”的医疗团队。

三、“传帮带”提升彝区医疗水平

我凭着自身技术助力峨边彝族自治县人民医院妇产科，开创了多个手术的先河，让许多妇科疾病患者在峨边就能享受到大医院的医疗服务。

为患有严重心肺疾病无法耐受手术的75岁高龄子宫脱垂患者进行子宫托治疗，使她能够再次行动自如，这是峨边首例子宫托治疗；开展峨边首例腹腔镜卵巢囊肿摘除术。除了做好诊疗工作外，我还手把手指导医院妇产科医生提升腹腔镜及宫腔镜操作技术。组织腹腔镜模拟箱训练，买来猪心教她们缝合、打结等技能，并指导当地医生做主刀，我在一旁进行指导，目前科室已有4人掌握并能独立开展腔镜微创手术。还组织妇产科应急演练比赛、对妇产科护士进行培训，提升医护技能。

四、下沉义诊传递浓浓爱心

“要从群众最急需解决的事情做起，不能仅坐等患者门诊就医，要下沉乡镇全覆盖义诊，才能更好为彝区群众服务。”2019年3月至7月，我组织策划了椒江区援助峨边医疗团队会同当地医院共同实施东西部医疗协作健康帮扶暨妇女保健“双下沉、两提升”巡回义诊活动，深入到峨边19个乡镇，为山区妇女及孕产妇提供“两癌筛查”及免费体检、产检，义诊量5054人次，发放健康教育资料8000余份，使群众了解到各种健康知识，增强卫生防病意识，及时发现并治疗疾病，受到了峨边群众的热烈欢迎和一致好评。2020年5月，再次启动第二轮东西部医疗协作健康帮扶“两癌筛查”巡回义诊活动。我发现很多当地妇女一般情况不看病，到医院看病的时候都是非常紧急和严重的情况，有些甚至威胁到生命，给患者及医生都带来了极大的负担。于是，我带领5个专家团队工作室的专家录制了健康科普宣教的视频，普及健康知识，让群众从饮食生活等细微处着手，发现疾病的早期症状，早预警，做到对疾病的早发现、早诊断、早治疗。

峨边县的道路蜿蜒崎岖，我们在义诊的过程中经常遇到山体滑坡、泥石流等危险情况。记得2020年5月26日，我们到共和乡红旗村下村义诊，当时已经下了两昼夜的大雨了。在去之前的那天晚上，我们得知红旗村的电线杆被大风刮断了，村里停电，电力部门正在抢修，估计是要取消行程了。没想到第二天7点多收到信息说是抢修成功，我们一行10人就按时出诊。那天虽然没有下雨，但是由于连续多天下雨导致山体松动，时不时就会有飞石落地。司机师傅小心翼翼地开着车。在转弯处，忽然发现一根铁杆斜卡在路中，司机师傅迅速转动方向盘，车顶刚好不偏不倚地在铁杆高处看到的下方闪过，车上发出一片尖叫声，太危险了！等我们到达红旗村医务室，看到门口站着一个60岁左右的农村妇女。我以为她是要看病的，正准备询问，她提前说话：“医生，你们又来了，我就是去年你们来检查的时候晕倒，你们给我吃了饼干后好起来的那个人，今天我自己准备了馒头了。谢谢你们又来了！”村里大多是一些老人，来了一个70岁阿婆，说她的“儿肠”掉出来了，我听不懂她所说的“儿肠”是什么？经过当地居民翻译和进行体检，原来是子宫脱垂；来了一个71岁阿婆，说是3年前做了手术，术后三年没有复查过，又讲不清楚自己做了什么手术，资料在家里，于是她说回去拿资料。后来发现是CIN Ⅱ级手术后，于是建议她择日到峨边县人民医院复查TCT和HPV……

峨边县人民医院没有眼科门诊，导致当地很多眼疾患者无法得到及时治疗。我到峨边工作后，发现当地白内障患者较多，每年约有 90 余名白内障患者得不到及时救治。台州市立医院与红十字会恰好要开展一个“红十字光明行”活动，于是在台州市椒江区驻峨边工作组的大力支持下，2019 年 7 月顺利开展台州市“红十字光明行”医疗救助东西部扶贫项目。该项目邀请台州市立医院眼科专家团队到峨边，捐赠眼科手术设备及医疗救助款 61.5 万元，为 785 名群众进行门诊检查，免费为 78 名白内障患者施行手术。

峨边县和金口河区均没有血透中心，100 多名需要血透的患者，本来患重疾后生活条件和经济负担比较重，再加上身体状况差，还要奔波到乐山等地去治疗，不但增加了经济负担，还增加奔波劳累。峨边县决定县人民医院建立血透中心，由我负责对接落实工作，并于 2020 年 11 月 3 日成功开诊。

2020 年 11 月 16 日，是峨边彝族同胞的彝族年欢庆，那天在广场举行“感动峨边”颁奖晚会，我本来要参加方队观赏的，但是在下午突然接到峨边卫健局的紧急电话：“峨边东城医院有一个大出血的患者需要抢救！需要您的帮助。”我赶忙坐上医院的救护车直奔抢救地。到了现场后发现患者全身苍白，毫无血色，危在旦夕。棘手的是，患者的血型非常特殊，当地没有可以和她配对的血型，从乐山运送过来的话，至少需要 2—3 小时，时间来不及，于是我和血库主任商量，决定采用异型血暂时救人。经过抢救后，患者转危为安。这是峨边首例异型血抢救成功案例。一直到午夜时分，患者的病情才终于平稳，大家都松了一口气。

五、践行“大陈岛垦荒精神”

帮扶峨边 2 年多来，我努力践行“大陈岛垦荒精神”，把提高彝区医疗服务水平作为己任，不畏艰苦、甘于奉献，既抓医院管理，又抓医疗业务开展，带领当地医护人员开创了县人民医院妇产科多个手术的先河，开创了 31 项新技术新项目，填补了峨边彝族自治县人民医院妇科领域的多项空白，为当地患者带去福音。在峨边开展手术300多台、门诊量5600多人次、诊疗住院病人3000多人。峨边县人民医院2019年实施的妇科手术是2017年的5倍。2019年门诊就诊较上年增加17.78%，出院人次较上年增加23.75%，手术台次较上年增加24.1%，医疗收入较上年增长35.04%。2020年受疫情影响，各家医院都出现负增长，但峨边彝族自治县人民医院还是继续正增长。2020年全年门诊就诊90758人次；较上年增加5.1%，出院人次较上年增加5.1%，手术台次较上年增加5%，社会效益和经济效益取得了“双丰收”。

在2020年新冠疫情防控的关键时刻，峨边彝族自治县医用物资紧缺。我多方联系，促成台州市立医院妇儿党支部为峨边卫健系统捐赠700余副护目镜，支援战斗在一线的医护人员。在日常工作中，我积极协助医院抓好预检分诊、发热门诊和病区管理，对发热病人严格筛查，切实做好防控工作。

在进行医疗帮扶的同时，我还捐助峨边两名高一学生，每人每年1500元助学金，直至他们毕业参加工作为止。

在峨边工作的2年里，我把时间全部献给了扶贫事业和彝区病人，却没有时间去照顾孩子，也不能照顾年迈的父母。但是在感到愧疚的同时，我从来没有感到后悔。因为作为一名医生、一名党员，不管身处何处，看到病人经过我的治疗后有所好转，我觉得这一切都是非常值得的。

我在峨边工作期间，有一天早晨起床后胃病发作了。由于当地医疗条件有限，一时找不到能够治疗的胃药，而当天我安排了3台腹腔镜手术。峨边彝族自治县多崇山峻岭，各个乡镇到县里医院，免不了舟车劳顿，求医之路多有不便。我胃疼能忍，病人的伤痛不能忍。我喝了点温水，就走进了手术室。在做手术的过程中，我精神高度集中，反而没太多痛感，就这样顺利地做完了手术。“手术全部圆满完成。”病房外，护士们的欢呼声响起。我松懈下来，胃疼翻江倒海涌来，以被压抑的成倍痛苦呈现，一时间冷汗直流，瘫坐在椅子上。

2018年以来，我先后获得了“感动峨边”人物，“浙江省东西部扶贫协作突出贡献奖”“全国脱贫攻坚先进个人”等荣誉称号。但是荣誉属于过去。习近平总书记指出：脱贫摘帽不是终点，而是新生活、新奋斗的起点。总书记的重要讲话将激励我为全面建设社会主义现代化国家、实现第二个百年奋斗目标而继续努力前进。

（采访整理：王昱　许宏志；采访时间：2021 年 4 月 15 日）

只有人民打出的分数才经得起历史的检验

刘庭才

根据党中央和省委的统一安排，2018 年 4 月我到台州市黄岩区、临海市的对口帮扶地区——松潘县挂职，担任松潘县委常委、副县长，主要工作是开展东西部扶贫协作和对口支援，助力松潘县脱贫攻坚事业。去之前，我做的第一件事情就是查资料，在网络上仔细搜索了一下松潘这个地方，了解基本情况。松潘是一座千年古城，素有“高原古城”和“川西门户”之称，与临海相距 2300 多公里，7.6 万的总人口涵盖了藏羌回汉等多个民族。我一想到临海市也是一座千年古城，而且临海的台州府城墙与松潘古城墙都是国务院公布的第五批全国重点文保单位，就感到两座城市在精神气质上是共通的，进而对即将开展的 3 年工作充满了信心和干劲。

一

2018 年 4 月底，在组织部门的统一安排下，我抵达松潘。4 月的季节，浙江沿海地区已经春意正浓，而松潘却异常寒冷，树木还未吐绿，四面的山上也光秃秃的。县内的同志幽默风趣地向我介绍说：“松潘只有两个季节，冬季和大约在冬季。”这是我对松潘的第一感觉。

为了尽快融入新的工作和环境，我与工作组同事利用“五一”假期，走村入寨，了解当地农牧民生产生活情况和风土人情。与此同时，为了更加详尽地了解当地的历史沿革、风土人情等情况，我还向松潘当地同事借阅了地方志、年鉴、行政区划图等相关书籍、资料。

当我更加深入地了解松潘、并亲身踏足这片古老而伟大的土地以后，一股敬佩之情油然而生。恶劣的自然条件和偏远的地理位置，不妨碍它成为了一座历史悠久、文化繁荣、风景旖旎的城市，也不影响当地农牧民的淳朴热情、积极向上、坚韧不拔。东西部扶贫协作是党中央、国务院为加快西部贫困地区扶贫开发进程、缩小东西部差距、促进区域经济协调发展作出的一项重要战略决策。我的目标就是要帮助松潘消灭贫困、壮大产业、真正富裕起来。

二

东西部扶贫协作和对口支援工作是一项崇高而艰巨的任务，要结合各地实际情况，因地制宜、精准施策。我深信习近平总书记所讲的："脚下沾有多少泥土，心中就沉淀多少真情"[①]。为了迈好"万里长征的第一步"，我坚持调研开道，在较短时间内走遍了松潘县的所有乡镇、村社，与老百姓交流交谈，并走访各乡镇贫困户，深入了解他们的实际情况。记不清有多少次，我在少数民族贫困群众家中与他们促膝长谈，虽然语言不通，需要村干部的翻译，但从他们眼神中，我能够看到他们流露出的对脱贫致富的深切渴望。我们援建干部来到贫困地区，就是为了帮助他们拔穷根、下远棋，从源头上、从根本上帮助他们"迈开步子"富起来。我将"为什么来，来干什么，留下什么"三个问题谨记心间，并暗下决心：在松潘一定要当松潘人、谋松潘策、做松潘事，扎根一线、沉入基层、真抓实干，不辜负组织的信任和人民的期望。

通过一段时间的调研，我发现松潘县存在基础设施不健全、产业发展规模小、专业人才匮乏、农村劳动力就业难等实际问题。为了高质量解决这些问题，我先后多次召集相关部门会商研判，最终编制《松潘县东西部扶贫协作 2018—2020 年规划》，探索建立"一项机制、六张清单，双城互动、三方合作"的顶层设计，确立了黄岩、临海与松潘"两

① 《习近平扶贫论述摘编》，中央文献出版社 2018 年版，第 37 页。

地三方”的东西部扶贫协作联席会议机制，逐一落实东西部扶贫协作项目资金、人才与智力支援、就业和劳务协作、社会帮扶、产业合作、携手奔康等6张清单，将年度工作项目化、清单化、表格化，做到前后方目标一致、行动一致、组织一致，挂图作战、明晰时间、责任到人、扎实推进、落地生根。

2018年至2020年，是松潘县决战决胜脱贫攻坚的关键期。我积极当好习近平新时代中国特色社会主义思想的执行员、三区三州扶贫攻坚的战斗员、东西部扶贫协作的协调员、松潘文化旅游农牧产品的营销员、浙江经验台州模式的推广员和台州援松干部的指导员；作为前方工作组负责人，我坚持带好、带强援川队伍，为松潘县脱贫攻坚战场输送新鲜血液、培育精兵强将和打造主力队伍，组织临时支部，加强日常管理，针对每位干部人才特长和工作经历，有的放矢地分任务、压担子，培养干部人才在艰苦环境中独当一面和团结协作的能力，树立忠诚、担当、干净的浙江干部形象。3年来，在黄岩、临海大后方的全力支持下，在松潘县委、县政府的坚强领导下，以及在“两地三方”各部门的鼎力协同下，扶贫协作和对口支援取得了一定成效，劳务协作、消费扶贫、残疾人扶持、致富带头人培育等工作被人民网、中国经济周刊、新华网等多家媒体宣传报道，松潘县东西部扶贫协作和对口支援工作连续两年考核“优秀”，高质量退出贫困县序列，各项工作走在阿坝州前列。

三

我与援川工作组成员重点抓了以下几方面工作：一是落实“就业千百”行动。抓牢“千人技能培训，百户劳务输出”，设立台州—松潘东西部就业服务合作站，举办东西部扶贫协作专场招聘会八场、“十乡百村”乡村招聘会20场，乡村技能培训会29期，采取“点对点”包机包车形式向台州输送劳动力390人次，就近就业927人次，培训贫困劳动力1870人次，组织21名贫困户子女赴台就读职业院校；二是落实“产业百千”行动。坚持将产业建在合作社基础上，组织“百家创业、千户奔康”行动，引导22家松潘新型农牧经营主体组建松潘县东西部扶贫协作农民合作社联合社，依托松潘优势资源，抓实“一社两园三基地”特色农牧产业，加强组织化、标准化、品牌化建设，建成浙川扶贫协作松潘产业园和万亩花椒科技园、万亩中药材种植基地、千头藏香猪养殖基地，带动750户贫困户稳定脱贫。注重致富带头人培育，建立松潘东西部扶贫协作致富带头人孵化基地，精心挑选30名致富带头人，培育了熊天忠、罗吾群、白登林、何顺权等一批全国、全省致富带头人。组织12批次71家企业前往松潘调研考察对接，成功引导吉能鸿业、通利荣松、牦之牛等九家企业投资松潘，完成实际投资1.6亿元。三是落实“消费扶贫”行动。组织45家企业（合作社）赴浙江参加农博会、林博会、年货会，构建“三城十店，双线运行”的农产品营销网络体系，打通了“西货东销”的流通渠道，整合松潘京东云、东博等电子商务平台，建立农产品电商松潘特色馆，年网络零售额达15亿元，居阿坝州第一。定制“黄龙山珍、松州八宝”扶贫礼包，通过“十乡百村”上门收购贫困村贫困户的花椒、地胡椒、大蒜、蜂蜜、沙棘、牛肉等农特产品，累计向台州销售松潘农牧产品达3000万元。四是落实“项目援藏”行动。3年累计到位援建资金1.57亿元、社会帮扶资金1571万元，严格按照“预算一个盘子、支出一个口子”的原则，将浙江资金统一纳入松潘脱贫攻坚资金池，统一预算、统一规划、统一监管使用。围绕住房和饮水安全、“两不愁三保障”和“户达标、村退出”目标，向贫困村、向牧区、向基层倾斜，科学谋划千万脱贫对标、千万医疗提升、千万厕所革命等7个“千万民生项目”，建成一批生产便道、便桥、排水沟等便民设施，修复一批水毁工程，解决一批农村饮水困难，发展一批农业到户产业，新建、改建一批教育、医疗、村委会等项目，以及一批旅游AAA级厕所、乡村“四好”道路、美丽村庄，改造一批残疾人无障碍设施，建成台州路等一批标志性建筑，提升松潘县群众获得感、幸福感、安全感。五是落实“智力援藏”行动。“两地三方”互派党政干部挂职，选派77名医师、教师、农技专家等中高级人才开展驻点式帮扶，技术输出14项，传帮带

37 人，充分发挥中高级人才驻点帮扶在医疗重点科室建设中的作用，推进红土镇远程医疗会诊建设；开展多领域多层面立体式的提能培训，共培训基层干部 712 人次、专技人员 1875 人次，组织医疗专家团、名师讲学团、农技专家团 11 批 190 人次赴松潘开展义诊、讲学、培训活动，共建妇科、儿科、超声科等 3 个重点科室，建成和合书吧、心理咨询室、音乐教室等一批校园文化提升设施，有效发挥人才的“传帮带”作用。六是落实“双城互动”行动。台州、松潘两地交流交往交融频繁，政府、市场、社会、民间交流交往进入常态，亲戚越走越亲。3 年来，“两地三方”召开联席会议 8 次，各层面互访交流达 1571 人次。开展了“百名书记浙江行”“百名艺人双城戏”“千名职工松州疗休养”行动，尤其是“百名艺人松州行、万人共跳花灯舞”创造了基尼斯世界纪录，促进了民族团结进步。七是落实“携手奔康”行动。开展台松“百企帮百村”社会帮扶行动，黄岩、临海纳税前 30 强企业与松潘 55 个贫困村结对，为每个村捐赠扶持集体经济发展资金。制定助学、助医、助残等“七大百万帮扶方案”，完善台州干部到松潘疗休养优惠政策，深化社会结对帮扶。针对贫困学生家庭、残疾青少年、贫困老党员提供多种形式的帮扶，切实织密社会帮扶保障网。

在扎实推进东西部扶贫协作和对口支援工作的同时，我代管松潘县国土、建设、人社、扶贫开发等工作，力所能及地参与到疫情防控、地灾防治、森林草原防火、“两联一进”“户户访·人人忙”“三域一居”环境综合整治等中心工作中，尤其是“6·25”、“7·10”洪水及“7·11”特大飞石事故期间，我与同事们第一时间冲在一线救灾，对暴雨山洪灾害进行再排查、再评估、再清理，谋划了一批地灾治理项目；在阿坝州率先出台城市建设用地增减挂钩政策和入库，分批向东部流转增减挂钩土地指标 300 亩、1200 亩，为松潘增加 1.2 亿元土地流转收入；组建松潘县项目变更审核领导小组，配合完成第一自来水厂水源地和清真屠宰场选址，助力推进进安棚户区改造等一批事关县域发展的重大市政项目。

在一次访谈中，一名四川记者问我：“在松潘 3 年，如果让你给自己的工作总结一个成绩，你会打几分？”我回答他：“我们给自己打的分数不能代表什么，只有群众给我们打的分数，才经得起历史和人民的检验。”2019年4月，松潘县高质量退出贫困县序列，群众满意度达99.45%。就是群众给我们打出的分数。

（采访整理：朱婷；采访时间：2020年9月26日）

民生无小事，枝叶总关情

罗文

一、从严从实管队伍，扎根基层抓扶贫

2018 年 12 月，我到临海市永丰镇担任镇党委书记。刚一到任，我就紧锣密鼓地进行走访调研、谈话问询，并查阅建镇以来一些重要文献资料。永丰镇是 2002 年建立的新镇，辖 39 个行政村，人口 6.3 万，自然资源丰富，区位优势明显，是临海西部“枢纽所在”，也是一个发展前景广阔的近郊型乡镇。多数村仍以农业为重，工业建设基础薄弱。相比临海其他乡镇，永丰镇集体经济薄弱村数量最多，贫困群众所占比例较高。我深知永丰镇扶贫开发任务艰巨、责任重大，更清楚消除贫困、发展经济对当地群众的影响之深、意义之远，下定决心改变落后面貌，带领全体贫困群众脱贫致富。

农村脱贫，群众是主人翁。我坚持“看真贫、扶真贫”，带领所有班子成员走村串户，以脚步丈量民情，深入体察群众冷暖，主动开展沟通交流，了解贫困户的所思所想所盼，遍访全镇 39 个村，与群众谈、与村干部谈、与驻村干部谈，掌握工作底数与村情民意，逐步制订“一村一策”“一户一策”，明确攻坚靶向，做到有的放矢。在临海，永丰素有“民风彪悍”一说，那是由于建镇初期，不同乡、街道的村合并成镇，村民归属感、认同感不强，矛盾问题多发，如今镇域治理成效良好，村风民风已然好转。但“名声”在外，久而久之，连不少永丰群众都还认为本地风气依旧。“穷困”观念亦是如此。积贫之下，大多数贫困户都缺乏自主脱贫的动力。要扶贫先扶志，在方案研判的过程中，我主张把“精

神扶贫”作为一项重要内容，从典型带动、志愿服务、乡风文明、文化活动四个方面入手，激发贫困群众的主体意识和内生动力，切实为打赢脱贫攻坚战提供强大的精神保障。

农村脱贫，干部是领头雁。我坚持把政治标准摆在首位，牢记为民初心、执政之本，严字当头，管好队伍，严于律己，当好表率，将打赢脱贫攻坚战作为底线任务，讲政治、讲团结、讲合作，坚持全镇上下一个思想、一个声音、一个行动、一个步调，推动上级重大决策部署在永丰落地见效。严格落实“五级书记抓扶贫”的要求，以镇为战区、以村为阵地、以户为堡垒，一级带一级，一级抓一级，层层签订“军令状”，严格执行“四个统一”，即政策统一执行、任务统一部署、数据统一进出、问题统一研判，把全镇各级干部拧成一股绳，提升基层组织的凝聚力、战斗力，构建严密的组织领导体系。坚持以真心换民心，全面落实“一户一干部”，对各类困难群众格外关注、格外关爱、格外关心，引导126名农指员、机关干部与贫困群众结对，做到每月走访到位、动态了解到位、联户连心到位，发挥好全员全线的力量，解决了浦叶村20多年未建房等一批群众反映强烈的难点问题，树立了方家岙村农村工作指导员张建明等一批扶贫助困的先进典型。

农村脱贫，制度是压舱石。按照中央、省、台州市、临海市各项决策部署，研究制定了《永丰镇脱贫攻坚决战决胜行动方案》《永丰镇低收入农户全面高水平小康“百日攻坚”行动方案》《永丰镇脱贫攻坚“强基础、补短板”作战方案》，从建章立制入手，为全镇脱贫攻坚工作提供行动指南。建立镇、工作组、行政村三级“指挥部”，层层压实责任。我着力抓好贯彻工作，逢会必强调脱贫，部署必强调落实，坚决扛起第一责任人职责；其他领导干部严格落实分片包网制，履行指导责任；各行政村“一把手”、第一书记对所在村脱贫攻坚工作负主体责任；联户帮扶干部对绑定的低收入农户负直接责任，构建起定户定人定时定责帮扶、不脱贫不脱钩的“四定两不”闭环责任体系。与此同时，建立全方位督查体系，实地核查低收入农户家庭情况，随机走访党员、村民代表、普通群众，定期督查危房改造、人居环境整治、农饮水达标提标工程等民生项目，对苗头性、倾向性问题早督查、早提醒、早处理，共发现和处置扶贫领域问题38个，处理干部5人，切实为脱贫攻坚提供坚强的政治保证。

二、凝心聚力扶真贫，一个不少奔小康

全面建成小康社会，一个不能少；共同富裕路上，一个也不能掉队。我始终恪守“民”字为本、“实”字为先、“干”字当头的工作理念，把脱贫攻坚作为最大的政治责任、最大的民生工程、最大的发展机遇来抓，主动作为，积极探索，全力打好基础保障、精准扶贫、经济薄弱村转化“三场硬仗”，实现了脱贫攻坚路上不落一村、不落一户、不落一人。

坚持一户一册，加强基础保障。以“线下排查+线上核查”的形式，建立并完善“一户一册”，每户均明确了劳动力基本情况、就业状况、参保情况、培训需求等情况，由专门工作人员定期比对固定资产、银行存款、经商从业等信息，阶段性清退不符合条件的低收入农户153户323人，实现了对低收入农户的精准识别、精准管理。在此基础上，积极与上级部门对接，及时掌握和了解最新政策，落实医疗、教育、住房、供水等一系列基础保障，解决好“两不愁三保障”等领域突出问题。医疗方面，所有低收入农户均由市财政代缴农医保480元/人/年，实现特困供养人员医疗费报销100%；教育方面，针对排查出的80名低收入农户家庭学生，第一时间对接教育部门，累计发放餐补、生活补助金超30万元；住房方面，采取维修、重建等方式，对77户困难群众危旧房进行全面改造，完成率100%，在市级补助的基础上，另外给予24万元的困难补助；供水方面，在全市率先完成59个自然村的农饮水达标提标工程，以及4个市级扶贫项目，惠及2.9万余人；社会保障方面，每年发放各类慈善金、低保金、救助金等700多万元，扶贫助困1430人以上。

坚持分类施治，加强精准帮扶。实行财政兜底，对于因老、弱、病、残致贫，缺乏劳动力，自主脱贫能力不强的低收入农户，做好低保、残联等政策衔接，实现年家庭人均收入8000元以下清“零”。实行公益帮

扶，对于具有劳动能力但缺乏就业机会的人群，引导39个行政村安排村内公益性岗位，优先聘用低收入人群，如设置河道保洁员、卫生保洁员、护林员等，除原有工资外，人均每月补贴1000元。实行就业帮扶，分季度邀请省农科院、台州市、临海市及本地专家开设免费“人才讲堂”，对低收入农户不定时进行农业技术指导，开设月嫂、电商等技能知识培训班，引导困难人群上岗就业。实行精神帮扶，依托农村文化礼堂，搭建百姓大舞台，组建28个村级文化团队，通过快板、舞蹈、小品等喜闻乐见的方式，开展脱贫致富、移风易俗、垃圾分类等宣传引导活动，拔掉群众思想层面的“穷根”，引导其积极向上、勤劳致富。实行产业帮扶，依托“中国特色休闲小水果之乡”品牌，大力发展特色水果产业，出台《永丰镇特色水果产业发展若干意见》，明确规定水果种植户为建档立卡的低收入农户提供增收平台，带动低收入农户增收，帮助10户以上的低收入农户实现增收脱贫，给予2000—10000元的资金补助，鼓励各水果种植户参与扶贫，以高于市场价收购低收入农户的优质产品，统一品牌，统一包装，统一销售，不断提升市场竞争力。

坚持多方联动，加强“消薄整转”。紧紧围绕“2年脱贫转化、3年巩固提升”工作目标，突出重点、科学推进，以“强村+弱村”“山水+项目”等形式，助推薄弱村集体有力创收。抓好政策引导，加大镇财政扶持力度，将美丽乡村建设、扶贫开发、一事一议等涉农项目资金，优先向集体经济薄弱村倾斜，以“三改一拆”、清洁家园、全域土地综合治理等工作为重点，设立100万元以奖代补专项资金。如浦叶村，抢抓“三改一拆”推进契机，破解村内多年未建房难题，2019年盘活宅基地137间，拍卖收入1120万元，村集体经济不断壮大。抓好项目引航，积极鼓励薄弱村创建物业经济项目、盘活存量资产、开发特色产业、农旅结合等有效途径，促进自我转化。如方家岙村，通过挖掘村内特色水果和山水资源优势，成立了临海市方家岙旅游发展有限公司，发展乡村休闲农旅产业，连续举办三届临海市布林节，带动周边数村联动发展。抓好资源引进，大力推进“千企结千村、消灭薄弱村”专项行动和“百村帮扶”工程，开展村企结对、乡贤结对、部门结对，将企业和乡贤的资源、资金、信息等优势转化为经济薄弱村的发展优势，汇聚乡村振兴新动能。如 2019 年，与浙江中财商贸有限公司等 4 家乡贤企业签订投资合作意向书，引进 10000 套 / 年差步直线井下智能采油装置设备等项目，总投资约 3.7 亿元，辐射带动区域发展。

三、上下求索破瓶颈，实干为先谱新篇

几年来，我带领班子与全体干部砥砺奋进，脱贫攻坚卓有成效，经济发展势头强劲，城镇面貌焕然一新，完成了从“弱”到“强”的逆势突围，获得全市经济社会目标责任制考核优秀，综合经济实力跃上新台阶。

在“工业强镇”上取得新突破，工业发展高位推进，3 个千万元以上工业项目落地投产，全镇工业企业发展已达 70 家，其中规模以上企业 11 家，工业企业从业人员达到 3000 多人，工业总产值突破 11 亿元，税收收入翻了一番，主要指标综合排名全市第 2，交出建镇以来的最高报表。2020 年，完成小升规两家，新引进高新科技型企业 2 家，申请 6 个技术专利，加快总部经济区、沙头角工业园及蚕种厂工业园等 3 个地块的出让招引工作，“一区两园”建设拉开框架，工业强镇战略地位愈加凸显。

在“特色产业”上取得新突破，大力发展特色水果产业，建立全市首个小水果产业联盟，率先推动冰冻杨梅、蜜橘等优质水果远销海外，擦亮“中国特色休闲小水果之乡”这一“国”字品牌，形成一定的品牌知名度与美誉度，区域竞争力与市场竞争力不断增强，带动农民增收上百万元。2020 年，小水果产业农合联成为台州市“三位一体”农合联改革暨乡村产业高质量发展现场会考察点，加深了与省农科院的院地合作，建立新品种示范基地 20 亩，引进培育“天工墨玉”葡萄等 4 个新品种，培育电商类、技术类农业人才百余名。

在“乡村振兴”上取得了新突破，坚持城乡一体、产业互动、生态先行的发展理念，建成省级新时代美丽乡村精品村 2 个、达标村 20 个，新增 2 家省级示范性家庭农场，获评台州市美丽乡村示范镇。全面开展农村人居环境大整治，打造 351 国道精品线路，创建“无违建村”13

个、美丽庭院家庭户153户，获评台州市小城镇环境综合整治市级样板镇。2020年，污水零直排区正式竣工验收，垃圾分类工作走在全市前列，被评为省第二次全国污染源普查成绩突出集体、新时代美丽台州建设工作突出贡献集体。

在“民生发展”上取得新突破，坚持全心全意办好为民实事，全面完成脱贫任务，实现“两不愁三保障”等领域突出问题、年家庭人均收入8000元以下、集体经济薄弱村“三个清零”目标，完成永丰中学迁建、永丰中心卫生院等一批民生类基础工程建设，创成省级卫生乡镇、台州市文明镇；平安建设成效显著，众志成城抗击超强台风“利奇马”，全力以赴抗击新冠疫情，先后获评省级平安农机乡镇，人民群众获得感、幸福感、安全感不断增强。

接过永丰改革发展的“接力棒”后，我时时走在前、做在先，一刻不曾懈怠，从基层党的建设、经济建设、城镇建设、民生扶持等各个方面出发，以上率下抓好落实，做好全面高质量发展的“领跑者”，深入基层、深入群众，用实际行动践行为人民服务的宗旨，不忘初心、牢记使命，当好广大永丰人民的“贴心人”，带领全镇上下为打造乡村振兴永丰样板而不懈奋斗。

至2020年底，永丰镇扶贫开发工作取得阶段性成果，累计投入5000多万元，完成59个农饮水项目，建成4个扶贫工程，改造77户困难群众危旧房，落实好教育医疗住房供水等一系列惠民措施，全镇651户建档户1145名贫困群众全部脱贫；39个行政村均已实现经营性收入10万元以上，20万元以上的有5个村，持续巩固“消薄”成果，确保脱贫不返贫。高水平全面建成小康社会取得决定性成就，我也被评为浙江省扶贫开发工作成绩突出个人。如今，永丰人民已经闯出了一番新天地。然而，扶贫是一个永恒的事业，不能轻言胜利，不可停步不前，“人民对美好生活的向往，就是我们的奋斗目标”，也是我将为之奋斗终身、誓死不悔的伟大事业。

（采访整理：许宏志；采访时间：2020年11月11日）

咬定青山，为初心而奋斗

辛宏权

一、大山里出生，大海边成长，部队中成熟

我的童年基本在大山里度过。1991 年，我随母亲从长潭水库移民到滨海镇长安村居住。从大山到大海边，许多生活方式都发生很大变化。我就读的学校管理很严格，让我这个大山里来的学生很吃力。那个时候，我对自己的前景感到迷茫。每当看到母亲和许多村民日夜艰辛劳作，生活仍异常艰苦，就暗暗立下一份朴素的决心：一定要闯出一条路，让母亲和村里所有的人都过上好日子。

部队是我人生中承前启后的重要阶段。技校毕业后，我短暂工作了一段时间就参军入伍。在部队里，我的思想和意志得到了最大限度的锤炼。我先后获得各项训练标兵，并被评为“优秀班长”“优秀带兵骨干”，连续 3 年被评为“优秀士兵”。3 年多的军旅生涯，树立起具体而清晰的为人民服务思想，铸就了坚忍不拔的意志和不轻言放弃的做事精神，这些都是我以后生活工作的重要力量源泉之一。

二、顺藤摸到瓜，顺势上平台，敢为才有为

退伍回来的时候，母亲已开始在村里种少量西瓜，就让我随她一起种西瓜。但我并没有答应。1998 年春节后，我去金清一水泵厂做业务员，负责跑东北市场。半年下来，我赚了几万元钱。有了启动资金后，我想开个小厂自己做老板，但不久就失败了，也赔进去不少钱。那段时间，我意志消沉，就在家里待着。母亲仍每天种西瓜、卖西瓜，非常辛

苦。看到母亲消瘦的身体抬起一筐筐西瓜，我于心不忍，开始帮着母亲做一些重体力活。在这个过程中，我接触到一些贩瓜商人。他们见我比较实在肯干，就鼓动我做他们与瓜农之间的中间商。但是，做中间商没多久就出了问题。我已经与瓜农预订好了西瓜，贩瓜商却因市场滞销没来收购，只好自己找出路，第一次直接把西瓜销往温州。应该说，从这个时候开始，我与西瓜结下了不解的情缘。

1999 年，我光荣加入中国共产党，党的教育让我多年来的那份初心得到了升华。也就在这一年，在我的鼓动下，我和长安村部分村民一起承包了东片农场 120 亩土地，自己种了 16 亩，与红茄轮作。我引进商家收购西瓜和红茄。2000 年又开辟杭州等地市场。经过两年的摸索，我渐渐有了市场意识。瓜类运输难度大、成本高，如果把种植地靠近市场，就可以降低成本，便于开拓市场。而温岭位于沿海，夏季台风频繁，特别是西瓜集中上市这段时间，经常遇到强台风，给瓜农造成巨大经济损失。2001 年，我开始鼓动村民走出去，在萧山、绍兴、宁波等地承包土地种瓜。几年下来，我的瓜园不断扩大，也有了一定的资本积累。与此同时，和我一起种瓜的村民腰包也鼓起来了。看着他们日子过美了，干劲更足了，我由衷地感到高兴。2002 年，我担任长安村村委会主任后，下决心带领村民走上致富道路。随后的两三年，我开始考察全国各地适宜种瓜的地方，然后与村民不断开拓新瓜园。当年 12 月，我在省农业高科技园区（萧山）承包了 380 亩地，种植大棚西瓜，并套种红茄。2003 年之后，我又跟村民们一起相继在海南、广东、山西等省建立西瓜基地。与此同时，我开始探索从瓜地到市场的直销模式。之后，我的种植基地又发展到云南、宁夏等地，以及缅甸等国家。

2005 年 7 月，在温岭市农业部门的大力支持下，我成立温岭市吉园果蔬专业合作社，主要从事瓜果蔬菜新品种的引进、筛选和栽种，还专门注册“吉园”品牌，寓“吉祥田园”之意。随着瓜园的扩大和市场的开拓，我感觉到市场对瓜果的需求向中高端发展，对种瓜的要求越来越高，大力发展设施农业、精品农业势在必行。

于是，我首先在本村及永进村、洞济村等沿海一带尝试开展规模化、标准化开展果蔬种植。我严把育苗和种植，我妻子负责市场开拓和后勤保障，长期与浙江、上海、新疆等地农科院建立合作关系，引进网纹甜瓜、西州蜜瓜等 10 多个新品种。有了好的品种，有农业专家的指导，结合多年的实践经验，我逐渐形成了一套西瓜甜瓜种植技术，如立架吊蔓生产栽培技术，就是让甜瓜藤沿着大棚钢架上垂下来的塑料绳向上生长，每根藤蔓只保留 1 个瓜。采用立架大棚栽培，有助于提升品质和外表的整洁度，获得更高价格，还可以降低多雨天气对瓜的甜度和病虫害等方面的影响。此外，采用立架栽培技术，还有助于整枝时保留需要的甜瓜，对于病虫害防治、人工授粉、提高坐果率、田间通风、光照均匀、提高光合作用等方面均有明显的优势。

吉园果蔬专业合作社在 2017 年购置了一套智能水肥灌溉设备，设备能灌溉 500 亩的园区。这套水肥一体化物联网系统技术，实现大棚种植数字化，可以远程操控园地的施肥、浇水，保证瓜果高产优质。有了现代农业技术做保障，我要求果农必须等到成熟度达 85% 以上才采收果实。这样，我们的种植园成了全省甜瓜优质、绿色、安全、高效种植的示范样板。

酒香不怕巷子深。2015 年，合作社与深圳百果园实业发展有限公司签订了长期供销合作协议，有了长期战略合作伙伴。这意味着，只要我们有好瓜果，销路根本不用愁。百果园在全国 80 多个城市开设了 4000 多家社区门店，要求一年四季都要有优质的西瓜甜瓜供应，这就倒逼我们在全国各地建设基地。我们是“追着太阳种西瓜”，从冬季到次年夏季，海南、云南、浙江、江苏、宁夏，各个基地的西瓜次第成熟。这样，百果园的所有门店长年都有我们种的西瓜甜瓜。2018 年至 2019 年，吉园果蔬专业合作社荣获百果园“十大最具潜力供应商”。2020 年，仅在百果园，合作社就有五六千万元的销售额。

三、有情更念情，帮人即帮己，真诚是大爱

2021 年，当我被授予“全国脱贫攻坚先进个人”时，我自己都有些

吃惊。在创业的道路上，我似乎从来没有刻意考虑过扶贫，但扶贫的意识却又时时刻刻渗透进我的每次思考、每个决定里。当我摸索到种瓜是一条不错的商机时，没有自己单独去承包土地，而是毫不犹豫鼓动同村村民一起去承包。好在天时地利人和，自从和村民一起种瓜以来，一路凯歌，使我潜意识里的有乐同享观念顺利实现，也为我后来的披荆斩棘凝聚了信心和力量。

创业不可能都是一帆风顺的。2007 年下半年，我到山西承包土地种麒麟瓜。不料那里种出来的麒麟瓜表皮偏黑，山西之行失败了。2008 年，我们带着许多西瓜大棚钢管到江苏睢宁，承包 500 亩土地，结果种出来的西瓜根本达不到中高端的要求，又一次遭到打击，损失惨重。两年时间，仅经济损失就达 500 多万元。

在连续挫折面前，我开始反思西瓜质量问题。我发现是季节点没掌握好。优质西瓜对小气候要求很高，麒麟瓜种得好的地方大多在海边，如海南、广东、宁海、嘉兴、崇明岛等地。睢宁那块基地的合同签到 2029 年，必须要长期种下去，我就更换西瓜品种，把种瓜季节提前，果然取得了成功。接着，我让当地农民慢慢都转种麒麟瓜。每当西瓜成熟季节，基地周围一下子热闹起来，大家都忙碌着，摘西瓜的，运西瓜的，甜甜的西瓜把大家的笑声浸润得亮亮的。就劳务人员的工资看，2009 年每 8 个小时 35 元，到了 2021 年涨到 65 元，差不多提高了一倍。

每年的八九月份，全国各地都没有优质西瓜。这触发我去宁夏西海固建设基地。2008 年，我在西海固的四个村承包了 3700 亩地，这四个村恰恰都是贫困村。当地政府定下来每亩地租 500 元，我把地租提到每亩 800 元。之所以主动提高地租，首先是这里的气候、土壤很适合种西瓜，再者这里比较贫困，劳动力价格低廉。对我来讲，只要能产出优质西瓜，利润就相当可观，地租增加对合作社来说成本增加不多，但对当地农民来说却是一笔可观收入。就这样，几轮西瓜种下来，当地老百姓也跟着受益。

四、愿做探路人，逢水搭桥梁，脱贫奔小康

其实一路走来，我从来没有停止过探索，为我的事业探索，为合作社探索。2009 年，创业接连遭受失败，但我的探索没有停止。2010 年，我在温岭东部现代农业综合区创建 310 亩核心基地，转型发展“精准农业”，探索立体栽培技术。核心基地集瓜果蔬菜种植、销售、采摘观光休闲农业于一体，并通过了国家级无公害基地认定和产品认定。2013 年，我与浙江省农科院合作，在温岭建立 1500 亩的生产和育苗基地，从浙江省农科院、浙江大学等科研机构引进新品种，每年引种、试种达 20 至 40 多个品种，从中筛选出适合本地种植的优质品种。在核心基地，我们尝试把甜瓜苗嫁接在蒲瓜苗上，成功解决瓜苗对土地要求过高的问题；探索出红茄、大棚甜瓜、非转基因小番茄、西瓜二熟的高效栽培技术。由此，我们培育出的甜瓜多汁且果味浓郁、外脆且果肉柔嫩，获得“满分优果”的雅号。

一般来讲，我承包基地，一切由自己打理，周边农民给基地打工，我发工资；现在模式渐渐发生变化，仍是我承包基地，但给予技术辅导，让周边农民参与种植与管理，甚至让一些会钻研的农民自己承包土地，自己种植与管理；我只是给予技术辅导，种出来的瓜符合标准并且愿意卖给我，我就收购，不卖给我，通过其他渠道卖也可以。这样，那批承包土地的农民往往成了当地致富带头人。比如在宁夏，我除帮助 57 个建档立卡的贫困户脱贫外，还培养了一批年轻的脱贫致富领头羊。

以后要走的路，我从 3 个方面作了规划。

一是建立一个技术辅导平台，让农业专家与农民朋友面对面交流。这个平台对合作社的创业之路也有很大促进作用，我能第一时间接受最新农业理论的指导，也能第一时间发现理论在指导实践过程中存在的问题。

二是继续做好做强瓜园种植示范点。大规模的土地种植将全部交到农民朋友手里，我只经营示范点。把最新的农业理念转化为农民熟悉的种植技术，不是一个简单的过程，有时需要反复实践，并在实践中总结

经验教训。在示范点里，我可以让几个品种一起种，从中知道哪个品种有什么优势，是用什么方法种的，让每个品种在试点试种成熟后再大规模投入种植。温岭示范点已被认定为浙江省农民田间学校、浙江民办农业技术推广平台和台州农民大学生教学实践基地，温岭—茂县东西部扶贫协作和对口支援致富带头人培训基地，近年来累计接待5000余人次前来学习。以后，我要在每个基地区域都建立示范点，让每块基地都能找到属于自己的区域优势，带动更多农民朋友致富奔小康。

三是建冷库做好渠道对接，让瓜农种出的优质果蔬能找到最佳销售渠道，卖出好价格。合作社高端的销售渠道，主要与深圳百果园实业有限公司等实力雄厚的企业合作；大众销售渠道就是与各类超市、商场合作，积极发展网上营销。怎样才能找到最佳的销售渠道，这不是简单的收瓜卖瓜的问题，现在及将来的果蔬销售，必须进行果蔬的初加工。还要摸准市场，让市场与产区结合。我要带着各类销售平台的销售人员走进果园示范点，让他们自己挑选果蔬品种，这样就能大大减少种植的盲目性，只有这样，我们的果蔬种植才能真正进入良性循环快速道，让种植者的收益最大化。

2002年我担任长安村村委会主任，2005年至今，我一直担任长安村党支部书记。近20年来，我与村民风雨同舟、荣辱与共。长安村发生翻天覆地的变化，不但村民富起来了，村集体经济的收入也大大增加。我对村集体机动田进行改造升级，16亩土地全部搭上大棚种上果蔬，村集体收入每年增加近5万元。同时，这些年长安村周边的一些村及村民也走上种瓜道路，且普遍受益。

我的成功获得了社会的认可，党和政府给了我和吉园果蔬专业合作社许多荣誉。我知道，在这些荣誉背后，最重要的是各级党委、政府对我的关心和指导，是社会各界对我的关爱和鼓励，是我身边所有人对我的支持和帮助。而我自己则很清楚，做得还很不够。创业之路、与广大农民朋友一起走共同致富之路永远在路上。

（采访整理：李幸斐；采访时间：2021年7月20日）

怀揣初心跑好农村工作指导员这一棒

张新建

一、推进新农村建设，圆村民新房梦

党的十八大召开后，拉开了新时代脱贫攻坚战的序幕。回首10年农村工作指导员生涯，很荣幸能为国家的伟大事业——脱贫攻坚贡献自己的一份微薄力量。我时刻牢记作为一名共产党员的初心和使命，在农村工作指导员这一棒上，跑出人民的满意、村庄的发展、乡村的振兴。

5月，组织上派我到仙居县溪港乡金竹岭脚村当农村工作指导员，担任村党支部第一书记。在我到来之前，这个村已经有20多年没建过一间新房了，村里到处可见露天粪坑，垃圾遍地，村集体账面上没有一分钱，甚至连买一本做账的本子都得私人先垫付着。可现在，金竹岭脚村发生了巨大的变化，家家户户住上了崭新的“小别墅”，门前屋后是美丽庭院的花花草草，露天粪坑早就不见踪影，村里的角角落落都非常干净整洁，村集体的账面上有了500多万元的可用资金。金竹岭脚村成为省级农房改造示范村、县级美丽乡村精品村。

刚到村里时，我对自己提了个要求，“既然来当农村工作指导员，就要当好农民带头人，为村里多干实事，促进村民增产增收。”这是我作为一名农村工作指导员的初心与使命。

金竹岭脚村由两个自然村组成，共有162户、512人，当地百姓习惯将村名简称为岭脚村。到任岭脚村后，我做的第一件事就是了解情况。经过挨家挨户的上门走访，我发现村里的情况比我看到的还要糟糕。我记得很清楚，村里有个叫杨香梅的老人，当时已经80多岁，杨香梅和他的孙子住在一间只有十几平方米的老房子，家里破败不堪，一贫如洗。杨香梅对我讲：“这间房子有上百年历史了，房梁随时都有塌下来的可能。再不建新房的话，万一哪天房子倒了，压死我，也罢了，反正我也是老骨头了。要是压到我的孙子，他可还是个娃娃啊……”我听得心如刀绞。

在岭脚村，像杨香梅一样的房屋不是个别。70 多岁的村民吕牡丹，家里被大火烧毁，全家 8 口人住在残垣断壁里过日子，上无砖头瓦片，下无插针之地。她和全村人的最大愿望是，建一间属于自己的新房。听到乡亲们如此简单的愿望，我在心底里发誓，一定要帮他们圆了住新房的梦想!

为了岭脚村新农村改造工程项目能够早日实施，我三天两头跑市、县、乡国土、城建、民政等部门，咨询优惠政策、争取项目资金，有时候真的是跑破脚皮，还要厚着面皮，磨破嘴皮。

精诚所至，金石为开。功夫终于不负有心人，上级对岭脚村新农村改造工程项目非常支持，很快就立项并提供配套资金 2000 多万元。一个村能争取到这么多配套资金，用于新农村改造工程及配套设施建设，这在整个台州市都是不多见的。

二、以真情换真情，走进群众心里

项目跑下来了，落地又遇到了难题。新农村改造工程虽然是一件大事好事，但因为难度大，能不能顺利实施，村民心存疑虑。加上工程涉及全体村民的切身利益，总会有一部分人不理解、不情愿、不支持。而要得到这部分村民的理解与支持，往往比跑项目更难。比如，根据改造工程项目的统一规划，要先拆旧，再建新，为此要拆除全村危房、老房，整体实施新农村改造，就是一件相当棘手的难事。

我的方法是勤跑腿，抓住重点，各个突破。对思想有顾虑的村民，在掌握具体情况的基础上，我就三番五次上门做思想工作。长年在外的，我就趁着对方春节回家上门做工作。总之，一次不行就两次；今天不行就明天；一个人不行就组团去，有时候上午刚遭到村民反对，下午还得厚着脸皮上门去做工作。

我自己都记不清，村民吕月娥家到底去过几次、说了多少好话，可吕月娥就是死活不肯答应拆掉老房。最先几次，我去她家做思想工作时，她连门都不让进，更别提给一口水喝了。我不气不恼，反而走得更勤了。吕月娥见状，说："你是一个下派的指导员，不知什么时候拍拍屁股就走了。我的房子虽然老得不像样子，但还能住人，要是拆了，你却走了，改造项目实施不了，新房建不起来，我找谁？"再后来，吕月娥干脆撂下一句狠话："不拆，就是不拆，你说什么都没用！"我打听到吕月娥妹夫是横溪镇一个村的党支部书记，就请他出面，两人坐在吕月娥家灶头旁的小木凳上，在昏暗的灯光下，晓之以理，动之以情，用了整整两个星期，我喉咙都说哑了，老人总算点头同意了。

村民杨香梅家里经济非常困难，根本无力建新房。我就在为村里争取配套资金补助的同时，积极为他们申请到了 8400 多元危房改造补助款，和每平方米 300 多元的独生子女政策补助。除此，还为全村每个建房户争取到免担保的 10 万元低息贷款，解除了村民们的后顾之忧。

由于反复做工作，村里的新村改造规划终于得到了村民的支持，危旧房拆迁工作进行得比较顺利，一年内 100 多间旧房全部拆除。两年后，全村 259 间新房全部建成，新式小洋楼成为村里的风景线。

有人问我，是怎样做到和村民打成一片的？我说，我用的是笨办法，就是真心、真诚、真情。我不抽烟，但我的口袋里始终放着烟，为的是到农户家时能够走得进、坐得下、聊得起。孩子上学，老人生病，夫妻吵架，村班子闹矛盾，我都当作自己的事情来解决。对村民反映的问题和要求，不论事情大小，只要政策允许，我都会尽心尽责去解决。比如帮助村民落实招工、困难补助、联系农业新技术、补办各种证书等。当农村工作指导员的初心就是为农村做一些小事，让农民过上更好的生活。我认为，一个干部，只有把群众的冷暖挂在心头才算合格。就这样，我"走进"了村民的心里，村民也把我当成他们的亲人。

三、强化产业支撑，拔除“穷根”

过去，岭脚村曾经流传着这样一首民谣：“岭脚远在天尽头，一条咸鱼吃半年。有郎不娶岭脚女，有囡不嫁岭脚汉。”这首民谣充分反映出了岭脚村的贫穷景象。

我深切地意识到，要彻底挖掉岭脚村的穷根，绝不能仅仅停留在以往结对扶贫的旧模式上，必须创新思路，将单一的“输血”功能转变为自我“造血”功能，岭脚村才能够从根本上摆脱贫穷，走上可持续发展的道路。

当地人文资源丰富，比如具有传统文化价值的吕姓祠堂，具有红色文化价值的中共地下党组织活动旧址，具有旅游观光价值的省级非物质文化遗产清音寺等。我将之纳入岭脚村新农村整体改造规划，进行统筹挖掘、利用，并特地邀请仙居县十几个相关部门参加规划方案的会审。经过反复认证，规划方案最终获得批准。

结合村里的产业、历史和风向、水文、地质、民俗、民风等实际情况，我和村“两委”商量，把下一步工作定位在壮大村集体经济和村庄产业振兴上，以农民持续增收为核心，充分利用岭脚村的地理优势、环境优势，拉高标杆，重点开发民宿和农家乐，带动环仙居下岸水库库区经济发展。我们一边到温州、上海、杭州等地招商引资，商讨合作开发旅游项目，一边发动村民创办民宿、农家乐，带领村民共同创业致富。经过努力，仙居玖都风情旅游公司投资3000多万元，在岭脚村开发高端民宿、亲子乐园、游客接待中心等乡村旅游项目。这些举措成效十分显著，仅2018年“十一”假期和2019年“五一”两个假期，村里就分别接待游客两万余人次。村集体经济年经营性收入也从原先空白增长到15万元，村民年人均收入翻了两番。村集体经济由过去的空白一点点壮大到400多万元。

变化远不止这些。不少在外经商、打工的岭脚村民，听说了村里的变化，悄然回来了，他们对我说：“张书记，我们不走了，你就领着大家好好干吧。”

按照规定，我早就该结束在岭脚村的指导员工作返回台州市里了。但村民们不答应，100 多人按下鲜红的手指印，联名要求上级组织延长我的驻村时间。86 岁的吕小龙老人紧紧地拉着我不肯松手，他说：“一听说你要走，我的眼泪就忍不住地流下来了。老张啊，你要是走了，我们村怎么办？”村民吕牡丹一直对我非常好，把我当亲生儿子一样看待。2018 年 12 月，我在金竹岭脚村的第四届任期也满了。村民们又开始千方百计想留下我。但这一次，村民们的请愿信没能留住我。组织决定把我调到埠头镇振兴村当农村工作指导员兼第一书记。

当我离开岭脚村时，村民们自发组织送行仪式，并制作了一个金竹岭脚村的模型送我。这是对我最大的肯定。回想在金竹岭脚村和大家并肩奋斗的日日夜夜，有收获的喜悦，也有奋斗的辛酸，一切的辛苦都是值得的。

四、从金竹岭脚村到振兴村，不同的赛跑场地，同样的脱贫攻坚使命

振兴村位于仙居县埠头镇。这是一个移民村。1999 年，因当地水库建设需要，溪港乡移民住到埠头镇三溪村。2006 年，时任浙江省委书记习近平同志亲临三溪村考察。可以说，三溪村是仙居有名的先进村。然而，之后的十多年里，三溪村由于干部不团结、干群关系不和谐、村内矛盾纠纷多，发展逐渐滞后，各项工作难以开展，变成软弱涣散村。2018 年 9 月，全县行政村规模调整时，三溪村和寺东村合并组建振兴村。

要让振兴村这个名字名副其实。我认为首要的任务就是把干部队伍整顿起来，让大家心往一处想，劲往一处使。2020 年村级组织换届选举工作是重塑干部队伍、强化党的领导的重要契机。我深知换届选举工作的重要性，换届选举期间，我同镇干部走遍振兴村的每家每户、针对党员、村民代表、老干部多次进行深入谈心谈话，主动排查化解矛盾隐患，

近一个月没有回过家。在大家共同努力下，振兴村顺利高票选出新一届村“两委”班子，干部队伍综合素质全面提升，干事创业热情高涨，为下一步全面推进村庄建设打下结实的基础。

担任农村工作指导员的这几年，我深有体会的是，一个村子想改革、想发展，需要花费不知道多少精力，得罪多少人，挨多少骂。当然，群众心里都是有杆秤的，只要真心为了老百姓，就算当时不理解，回过头来，老百姓终究会认可你、记住你的。在振兴村进村的路口有一家锯板厂，随处堆放的板材严重影响村容村貌，成为埠头镇环境综合整治过程中必须解决的一个区块。由于租赁协议尚未到期，锯板厂的负责人软磨硬抗就是不拆。为了做通思想工作，我和村干部多次上门，却一次次吃了闭门羹。一次不成，那就多去几次。经过多次做工作，锯板厂顺利完成拆迁。

2019 年 8 月，超强台风“利奇马”来袭，古城临海遭遇洪水漫城。我岳父家就在临海府前街二层的木式老房子。老人被困家中整整 3 天 3 夜，没水没电没有食物，一度失联。我心里非常焦急，但面对村里同样严峻的抢险救灾任务，只能舍“小家”为大家，心里对老人和妻子的愧疚难以言表。强降水导致河水迅速上涨，岸边百姓生命财产安全遭受威胁，我就和村里的干部群众一起自制沙袋加固河道抗洪抢险，一遍遍地巡逻，防止已转移群众回流。风雨减弱后，我们在确保安全的前提下组织群众进行灾后自救。当看到“洪水围城、临海挺住”这些消息的时候，我只能在内心为自己抽不出身跟家里人道个歉。我是一名党员干部，我要对得起肩上的担子，守护好这方土地的平安。

振兴村要发展，项目是关键。我带着村干部三天两头东奔西跑学习经验，一次又一次到市里县里争取项目和经费。经过两年的努力，振兴村先后争取到 20 个项目，累计建设资金 1000 万元。目前，家宴服务中心、文体广场、污水零直排、进村道路拓宽、危桥改造、美丽庭院建设等 15 个基础设施建设全部完成，振兴村环境面貌全面提升。我还捐资 1 万元创办“东篱之家”，为留守儿童免费提供学习、培训机会；同时邀请相关部门和志愿者，开展义工下乡等各类服务，为困难群众解决实际困难，帮助残疾人解决家庭医生签约服务、医疗救助、家庭居住环境改善等困难问题，群众幸福感逐渐增强。

2020年是脱贫攻坚的决胜之年，我同镇村干部一起，重点围绕“三个落实”开展精准扶贫工作，一是落实“一户一策一干部”制度。我本人结对帮扶6户低收入农户，多次上门对结对户的收入、住房、教育、医疗等进行了解，确保相关政策落实到位，有一户结对户听力不好，我知道后第一时间为农户送上助听器。二是落实和帮扶单位的沟通协作。我积极加强同以县委组织部为首的帮扶团组的沟通，多次通过集中慰问、项目资金支持等形式开展帮扶，加大对低收入农户的关心关爱，累计慰问困难党员、困难群众60余人次。三是落实产业就业帮扶。坚持“授人以鱼不如授人以渔”原则，在综合考量低收入农户的实际情况后，同村“两委”商量，通过安排低收入农户从事村级保洁员、村级残联专职委员、企业打零工等方式，实现就业5人，户均增收3000元以上。

五、一波三折，大白鹅产业终于落地

振兴村与之前工作过的金竹岭脚村不同，这里无山无水无特色产业，生态资源贫乏，发展空间局促，村里还有90户低收入和残疾人家庭。要振兴产业，但如何找到产业突破口？我四处打听，寻找机会。转机出现在2019年6月25日，我到北京参加第九届“全国人民满意的公务员”表彰会，恰好遇到了另一位“全国人民满意的公务员”陈淑芳。同行路上，我把振兴村的难处和她说起。同是学农出身的陈淑芳立即建议：养殖浙东大白鹅！她说：“象山不少人通过养殖大白鹅致富，养殖技术和销售渠道成熟，只要找到合适的场地，振兴村就能‘复制’。”

奔着让村民致富的共同愿望，我俩一拍就合，定下了两地产业帮扶之约。经陈淑芳牵线搭桥，象山县文杰浙东大白鹅养殖合作社愿意提供养殖技术与市场，并垫资种鹅选送；振兴村只需找到场地，挑选好带头人出资，就能建大白鹅养殖场了。

帮扶项目敲定，但鹅场选址却一波三折。我看中的第一块地，远离村庄，水源充足，适宜鹅群生活，但陈淑芳到现场一看，发现不远处是一片 200 亩的优质杨梅地，而大白鹅一年一次的换羽正好在杨梅成熟之际，随风飞舞的鹅绒会影响杨梅品质，因此该地点被否决了。后来，我找到一处山顶平地，旁边有自然蓄水水库。但一查档案，这里属于基本农田，又不能用。选址虽不顺，但我没有放弃，心想：做成最难做的事，才叫“做事”。时隔半年，我终于找到一块条件基本符合的场地——位于西亚村的废弃采石场，并说服西亚村“两委”一起发展养鹅项目来“借窝生蛋”。这期间，我还说动乡贤出资建种鹅场，通过“合作社 + 基地 + 低收入农户”的模式，将大白鹅种苗免费提供给振兴村的困难户养殖，并为其提供技术、饲料以及后期销售渠道。

目前大白鹅项目已经顺利落实，我还举办低收入农户、残疾人大白鹅养殖培训，并向低收入农户赠送鹅苗 500 余羽。同时通过合作社无偿提供 5 亩山地给振兴村发展光伏发电项目，该项目已完成投资 200 余万元，预计可以为振兴村带来每年 25 万多元的村集体经济收入。

翻盘归零再出发，我很荣幸组织能给我这么高的荣誉，这既是肯定更是期许，我将继续牢记使命，扎根基层，为祖国的脱贫攻坚事业奉献一切。

（采访整理：许宏志；采访时间：2021 年 5 月 21 日）

舍家报国，倾情援疆

罗运乾

一、初到新疆立“三心”，扎实工作促发展

2016 年 12 月，得知组织要派我去援疆并担任丽水市援疆指挥部指挥长，我感到很意外。当丽水市委组织部领导找我谈话时，我向组织反映了我家庭的现状，家里 4 个老人都已 80 多岁，实在不适合远行。但是，组织部领导对我说，市委已经决定，一定要我带队援疆。我当即表态；“既然组织已经决定，作为一名党的干部，我必须服从！同时，也请组织放心，既然我接受了，我就会安心、用心去做好援疆工作！决不会让组织失望！”

2016 年 12 月 24 日，我和全省援疆干部骨干一起从杭州萧山机场飞往新疆。在乌鲁木齐作短暂培训之后，就到丽水对口支援县——阿克苏地区新和县，开始“打前站”的工作。2017 年 2 月 26 日，全体援疆干部到达新和，正式开始 3 年援疆工作。从东海之滨到西北边陲，初来乍到，只见戈壁无垠，北风凄厉；黄沙漫漫，野草枯黄，正道是“大漠苍烟荒尽路，驼铃瀚海玉门远”，心中难免有些忐忑，有些别愁，有些伤感……但是，在这里，让我深深体会到什么叫“责任重大，使命光荣”。一种强烈的责任感、使命感促使我决定，这 3 年，我要好好干！我给自己提了三点要求，即三个“心”：一是安心，二是用心，三是良心。安心，就是既来之则安之。用心，就是要认认真真工作。良心，就是做人做事凭良心。

就这样，我们迅速融入新的工作环境，坚决贯彻执行党中央治疆

方略，紧紧聚焦社会稳定和长治久安总目标，秉承“三问四为”的援疆誓言，弘扬“浙西南革命精神”，以“丽水之干”担纲“丽水之赞”，以舍家报国、倾情援疆、接力使命、再立新功的抱负，全力实施援疆“3138”工程。

二、产业援疆见实效，精准扶贫促增收

新和县地大物博，资源丰富。针对当地农产品资源丰富且质量很好，但销售渠道较少导致老百姓收入不高这一现状，在全面调研的基础上，我提出“招商带产业，产业促就业，就业助增收”的工作思路，全面启动了“十城百店”“百村千厂”“万亩亿元”3大工程。我们通过与丽水市相关部门对接，确定丽水市农业投资发展有限公司为丽水“十城百店”运营企业，在丽水等地开设“十城百店”门店、网点，帮助销售新疆各类农产品5000多吨；与新疆生产建设兵团一师十三团达成农产品直供基地协议和每年收购红枣300吨的协议；促成丽水农投公司与新和县政府就公共区域品牌打造、农产品销售体系建设等5个项目签约，累计投资金额达1亿元。2018年4月，由丽水农投控股的新疆丽耕农业科技发展有限公司在新和县成立，注册资金1000万元，建立林果精品示范基地1500亩，带动贫困户31户。公司采用农户加盟、土地流转两种合作方式，农民不仅有土地流转费，还有打工收入，公司还以高于市场10%的价格回购果品，使农户实现收入翻番。我们还促成浙江讯唯电子商务有限公司与新和县政府达成协议，就运营新和县电子商务服务中心，线上销售“都护臻品”系列进行深入合作，全力助推疆果东送、农业增产、农民增收。经过我们多次对接，新和的农产品——“都护臻品”进入了世纪联华超市及浙江政采云扶贫馆。

新和是传统的农业大县，工业基础十分薄弱。我们一方面积极协助新和县做好招商引资工作，发挥新疆丽水商会等民间组织的作用，以在疆浙商企业为重点，积极开展“以商招商”。我们和县里招商部门一起牵头举办各类产业招商推荐会。比如，2017年9月，在丽水举办了以

"筑梦丝路从新出发"为主题的"1+3"新和县特色产业对接交流系列活动，组织新疆生产建设兵团一师十三团职工创业园区20多家企业赴丽水各县（市、区）开展名优农产品巡展活动。2018年11月，发挥丽水侨乡优势，举办主题为"'侨'连内外，'路'接西东，侨商投资新'丝'路"——新和县特色产业招商推介会暨新和县区域公共品牌"都护臻品"经销商大会，向世界丽商、丽水侨商群体推介新和县优质产业，助推新和县产业招商，促进丽、新两地共赢发展。2019年4月，促成浙商商贸城项目落户新和县。该项目总投资约5亿元，占地面积约250亩，建成后年税收将达到1亿元以上，提供就业岗位5000余个。另一方面，我们把"百村千厂"和"农民双创园"有机结合起来，在条件成熟的乡镇，如依其艾日克镇、排先拜巴扎乡等地，建设"卫星工厂"。通过建设标准厂房、购置生产设备、完善相关配套设施，积极筑巢引凤，实现民族群众就地就近就业，帮助解决就业1200多人，其中建档立卡贫困人口260多人。我们还投入"万亩亿元"资金150万元，帮助新和县建设六个高标准日光温室，种植各类食用菌100多万棒，年产出450吨，辐射带动贫困户500户，户均年增收3000元以上。

我们坚持把助力打赢脱贫攻坚战作为重中之重，把80%的资金项目安排于基层和民生。重点实施"安居富民""助力脱贫攻坚211行动计划"等民生工程。丽水援疆指挥部带头结对深度贫困村，还积极协调丽水县市结对新和县九个贫困村、新疆生产建设兵团第一师十三团一个困难连队，实施精准结对扶贫，累计捐赠资金和物品900多万元。指挥部共安排各类"涉农"资金2900多万元，深入实施"双十示范·双百提升"工程，助推乡村振兴。着力构建规划、投入、工作三大体系，促进乡村振兴工作规划的融合、资金的整合、力量的联合，全力推进产业发展、村庄整治、阵地建设3大任务。投入580多万元，对10所幼儿园进行改造提升。我们积极探索倒排机制下的区别化扶贫机制，对"四类人员"在安居工程等方面实行优先帮扶，加大补助力度，共帮助9900多户困难群众改善住房条件。我们还实施对考入内地高校的新和籍贫困大学生补助政策，每人每年补助6000元，累计为280多名贫困大学生发放了生活补助。我们还开展了“丽水华侨情·新和学子梦”丽水华侨助学奖学金发放活动，依托华侨资源，汇聚华侨爱心，共资助新和县优秀和贫困学生 240 多名。组织开展“和平新衣温暖新和”“大爱无疆传递真情”“爱心果树认领”“共读一本书”“春风送暖，与爱同行”等慈善捐赠活动，累计向新和县基层贫困群众、学生捐赠价值 80 余万余元的衣物和学习用品。发动丽水各界爱心人士捐款 7 万元，帮助十三团幸福城中学 500 余名同学完成“微心愿”。

三、项目援疆助发展，强化管理创标杆

进疆伊始，我们克服交接时间短和地域、气候性差异等困难，深入开展调研，加强与新和县的沟通，广泛走访部门和乡村、企业，熟悉情况、了解需求、对接工作。通过组织召开各类座谈会和务虚会等形式，认真总结前两批援疆工作经验，深入探讨援疆理念、工作目标、重点任务，精心谋划援疆工作思路。研究制定了《丽水市援疆指挥部三年工作规划》和年度工作计划，并对“十三五”援疆规划进行修订完善。精心编制援疆项目计划，更加科学安排援疆项目、优化资金统筹，确保新要求落到实处。在项目实施过程中，我们开展了“三保一强一控”专项行动，研究出台了新和县援建项目协调管理机制，健全完善了援建项目定期会商机制，加强项目建设全过程管理，创新开展“降成本、提质量、保安全”活动。在项目投资上，做到严格控制，主动寻求丽水后方智力支持，防止过度设计。在日常管理上，做到规范有序，紧盯质量、进度、安全等核心环节，强化事前、事中、事后控制。我们以开工时间倒排工作计划，发扬丽水援疆铁军精神，扎实做好援疆项目前期工作，研究制定了援疆项目建设的年度计划进度表、前期并联审批流程图、施工计划进度图，及时制定“时间表”“任务书”和“路线图”，细化工作目标和任务，建立目标清晰、任务清晰、要求清晰、时限清晰的项目清单。以“每天一电话，两天一上门，三天一现场”的工作法，通过“三紧”即绷紧思想、盯紧重点、抓紧落实，及时发现问题、及时协调解决，确保援

疆项目顺利推进。2017年5月，丽水援建的新和县新闻中心业务用房项目在全省援建项目中第一个结顶；总投资6000多万的丽水小学项目从开工到交付使用也仅用了不到1年的时间，创造了丽水速度。我们还强化了援疆项目档案规范化管理，组织开展对第九批援疆60个项目实施“回头看”，从项目推进、项目管理、资金使用、质量安全、运营绩效等5个方面入手，进行全面的梳理和自查，对已实施完毕项目的结余资金进行结转并投入当年度使用。及时整理完善第九批援疆各类项目资料台帐，分项目形成总结材料、绩效报告，确保“账清事了”，留口碑不留尾巴。我们的项目建设得到了新和县当地一致认可。为此，新和县还专门召开现场会，学习指挥部项目工作的经验做法。

四、智力援疆传帮带，倾心相授育人才

我们始终把智力援疆放在重中之重。一是创新帮带援助模式。实施人才帮带提升“双强”工程，着力为当地培养一批“带不走”的人才队伍。我们创新教育、卫生领域“组团式”人才支援模式，发挥教育、医疗人才“以点带面、区域辐射”的作用。创新实施“1总+15子”模式的“红柳·绿谷”工作室联盟建设，激励援疆教师依托学科教学以“传帮带研训享”为核心，将传帮带工作从受援学校拓展覆盖到全县范围。创新建立教坛新苗班、教师读书会、崇德课堂、“和合校园文化”“小葵花乐园”广播栏目等一批工作载体。更加注重援疆教师在教育教学中的领衔、带队和辐射作用，援疆教师团队指导青年教师参加2019年阿克苏地区技能“大比武”取得了新和参赛历史上的最好成绩。我们依托新和县医学技能培训中心，将原“心连新·瓯江情”传帮带工作室提升为丽水医疗专家传帮带工作站，定期开展丽水医疗专家“新和行”、援疆医生“2+1”结对帮带和岗位技能示范等活动，打造丽水医疗援疆特色品牌。我们还特别关注基层医疗卫生事业，建设“乡村流动医院”，每月定期开展援疆医生“走亲连心助脱贫”基层医疗活动，对乡镇卫生院进行业务帮带指导，参与基层健康防病知识的宣传教育工作，缓解基层

群众就医困难。二是丰富智力援疆载体。我们全面实施了学前及小学国家通用语言文字教育能力提升工程。市场化引进湖南祥林教育集团和165名内地教师，借助内地优质教育管理和教学资源，助推新和县国家通用语言文字教育工作。深入实施幼教提升“111”工程，围绕“一园一品”和“规范+特色”办园理念，重点帮扶改善一所示范幼儿园和10所标准幼儿园硬件设施，提升全县幼教师资水平。推进示范性国语幼儿园建设，探索幼儿园“整体托管教学”模式，配套建成140平方米的吉美有声童书馆。通过赠送国学读本、组织300名民族学生与内地学生交笔友等举措，在校园推行普通话，推广国学。我们创建了阿克苏地区首个“跨区域医联体”，充分发挥“互联网+”优势，援助升级了远程培训中心和远程会诊中心，开通远程培训和手术直播示教，让当地群众享受到更加便捷实惠的医疗服务。还牵头开展“最美新和人”评选、“新和风丽水情·指尖传真情”微家书网络展评等系列活动，推动“丽水新和一家亲”。三是拓宽交流交往渠道。共组织63名新和县及兵团一师十三团党政干部赴丽水市开展各类培训和挂职锻炼工作。选派两批共68名书记、校长、骨干教师赴丽水培训学习。选派七批次共42名骨干医生（护士）赴丽水对口医院进修学习。连续3年举办“爱我中华·携手成长”丽水新和两地青少年夏令营，进一步增强两地青少年之间的相互交流与学习。促成丽水、新和两地幼儿园结对帮扶。组织新和县老干部赴丽开展“丽新一家亲”考察交流活动，深化两地交往交流交融。连续3年举办“智汇新和”论坛暨丽水专家“新和行”活动，40余位教育、文化、旅游、农业等方面专家受邀到新和县，围绕“乡村振兴”“旅游发展”“教育管理”主题提供智力支持，开展10多场活动，为新和发展把脉问诊，积极建言献策。柔性引进丽水市农业、教育、医疗等方面专家65人次，开展学术交流35场次、带教手术56例。选派电子商务专家，为新疆生产建设兵团第一师十三团实地培训农村电子商务创业意向人才120余人。深化“民族团结一家亲”活动，组织援疆干部人才与新和县76户民族群众结对认亲，开展走亲900多人次。

五、建章立制促规范，严管厚爱铸“铁军”

做好援疆工作，干部是关键。带好队伍，也是我作为指挥长的首要职责。所以，进疆后，我就特别重视班子和队伍建设。有人会觉得指挥部是个驻外单位，可以放松些。但是我认为，在外更要严格管理，严管就是厚爱。这既是本职要求，也是丽水援疆干部人才形象的展示，更是确保援疆干部人才安全的保障。所以，我们始终把党的政治建设摆在首位，突出党委班子头雁效应。我们健全完善了指挥部党委理论中心组学习和工作制度，坚持民主集中，严格落实民主生活会、“三会一课”等党内组织生活制度。全面修订完善干部人才日常管理、项目资金管理等六大类 31 项工作制度。同时，严格落实各项规章制度，进一步强化纪律约束，执行进出住处请销假和登记制度，严禁私自外出，实行晚 11 点点名和夜巡查工作制度。指挥部还深入开展“不忘初心、牢记使命”主题教育，还有“学转促”和“三承诺一决心”等活动，并创新提出开展“三带头”“三不做”队伍建设主题活动和以“干净干事创新业”为主题的作风建设专项活动，并以“六问六查”推进“四比四创”，开展争做“四有”援疆干部人才活动。组织开展了“红船精神我践行、开拓创新我先行”、弘扬践行浙西南革命精神及学习黄群超、姚仁汉等先进典型人物等活动，专题组织援疆题材《勇做天山守灯人》观后感学习讨论会，通过交流思想、感悟体会、寻找不足，学思践悟，形成学习典型事迹、弘扬主旋律、传播正能量的良好氛围，让全体干部人才都成为有信念、有情怀、有作为、有形象的“四有”援疆人。

我始终坚持寓关心关爱于严格管理之中。建立完善了指挥长定期谈心制度，经常找干部人才谈心，和他们交流思想，倾听呼声，及时疏导和缓解他们的焦虑和思乡情绪。指挥部还尽量改善大家的工作生活条件，还成立球类、书法等 8 个兴趣小组，积极开展 8 小时外的各类文体娱乐活动。我们每月过集体生日，干部人才家里有什么事，我们都进行慰问。

通过这些活动，进一步增强了指挥部的凝聚力和战斗力，增进了干部人才之间的情感交流，使指挥部真正成为一个大家庭。

援疆的 3 年，我用自己的行动书写了忠诚、担当与奉献。我在援疆的岗位上踏实工作，所做的工作受到了受援地党委政府和各界群众的好评。指挥部连续 3 年被新和县委、县政府记集体三等功；2018 年 5 月，被丽水市委、市政府授予“模范集体”称号；还获得浙江省援疆指挥部和受援地党委政府的多项荣誉；2019 年，我本人作为浙江省唯一代表荣获中宣部授予的“全国最美支边人物”称号。

万里援疆路，一生新和情。这 3 年，丰富了人生，砥砺了品格。我可以自豪地说，这 3 年，虽然我很平凡，平凡的人做了些平凡的事，但我无愧于良心，无愧于组织！

（采访整理：钟春雷；采访时间：2021 年 7 月 19 日）

千里巴江情，三年平昌春

林雷

一、一衣带水，他乡亦是故乡

平昌县位于四川省东北部，是国家扶贫开发工作重点县、秦巴（秦岭、大巴山）山区连片特困地区县、川陕苏区革命老区县。2018 年 3 月，作为浙川新一轮扶贫协作干部成员之一，我赴四川省巴中市平昌县挂职，担任平昌县委办副主任、县府办副主任，开展为期三年的东西部扶贫协作。

接到援川通知后，我做的第一件事就是拿出手机搜索了“巴中市平昌县”，“平昌”这个名字第一次出现在自己生活中。这是一个距离丽水 1700 多公里，处于大巴山深处的一个国家级贫困县。全县建档立卡贫困人口总数 15 万人。面对艰巨的脱贫任务，我深深感受到了巨大的压力。

2018 年 4 月，我带着简单的行李匆匆启程。一路西行时，我想的最多的就是当地风土人情如何？工作该如何开展？青田有哪些优势资源可以利用？如何把青田的优势嫁接到平昌去？怎样把浙江的先进经验带到四川，带领乡亲们一起脱贫？

到达四川成都之后，我才知道从成都到平昌县还有 5 个多小时的车程，心情就更加焦虑。“同志，谢谢你来平昌哦，我们这里条件不好，你受苦喽！”这一声谢谢，意外地令我焦虑的情绪一下子平静下来。望着窗外连绵的群山，我发现窗外的风景和家乡何其相似，秦巴山脉中的平昌和括苍山脉中的青田，都是革命老区和偏远山区，都有连绵不断的群山和热情质朴的老区群众。

脱贫攻坚是中国共产党人的千钧一诺。当年为了让百姓过上好日子，大巴山无数优秀中华儿女牺牲在这片土地上，半个多世纪过去了，这里依然贫穷。东西部扶贫协作这项伟大决策把沿海山区的青田和大巴山区的平昌紧紧连在了一起，“他乡亦是故乡”，作为党的干部，不管到哪里，只要把群众当作亲人，把群众事记挂在心上，再大的困难都只是心中的记挂和脚下的路。明白了自己要做的事，我心里就豁然开朗。

二、横下决心，迈出援川第一步

脚下沾有多少泥土，心中就沉淀多少真情。最要用快的时间熟悉平昌的情况、融入平昌的工作、适应平昌的生活，并给自己制定了 2 个月的工作计划。

每天 8 点出发去乡镇开展调研，晚上 7 点回办公室整理调研材料，22 点回宿舍。这是刚到平昌挂职时，我每天的工作安排。吃不了辣椒就带点榨菜、豆腐乳，听不懂“川普”就多和同事、群众聊天，不了解风土人情就到当地同事家串门蹭饭，周末没事就去走街串巷熟悉地形。功夫不负有心人，慢慢地我感觉自己融入平昌的进度在加快，对于尽快克服饮食、语言和思乡三大难关，我越来越有信心。

在调研中，我慢慢了解到，革命年代老区人民曾为中国革命的胜利付出过巨大牺牲，而当地老百姓由于受到地理条件等因素的制约普遍比较贫困。他们勤奋刻苦，缺的是机遇和眼光。这让我更加迫切地想开展我的工作，尽快推动平昌、青田两地开展协作。

我用了一个多月时间，走访了全县 44 个乡镇、街道以及发改、扶贫、农业、林业等相关部门，在田间地头、机关单位，向当地群众和干部了解脱贫情况和产业发展现状。习近平总书记强调，要把精准扶贫、精准脱贫作为基本方略；扶贫开发成败系于精准，要找准“穷根”、明确靶向，量身定做、对症下药，真正扶到点上、扶到根上；要增加资金投入和项目支持，实施精准扶贫、精准脱贫，因乡制宜、因村施策、因户施法，扶到点上、扶到根上。调研走访让我对平昌有了更深刻的认识，“要把精准方略贯穿脱贫全过程”，这是我和扶贫工作组同事们的坚定共识。大家边调研边思考边谋划，仔细描绘着平昌的“扶贫地图”，把扶持的突破点和产业布局思路一点点地标绘在地图上。

三、谋计长久建园区，激发产业新动能

产业扶贫是最直接、最有效的办法，也是增强贫困地区“造血”功能、帮助群众就地就业的长远之计。但产业扶贫发展什么产业，怎么帮？成为摆在挂职干部面前的首要问题。

平昌县是川东北地区重要的青花椒主产地之一。近年来，随着政府对青花椒产业持续培育，产业基础不断夯实，产量和品质持续提高，到2018年，全县累计发展青花椒种植30万亩。走访调研中我们发现，平昌的青花椒产业由于生产基地小且散、产业链条不完整、加工技术原始、产品附加值低等原因，经济收益较低，产业发展处于较低水平。

在谋划扶持平昌青花椒产业发展的过程中，我们发现平昌青花椒产业面临的问题，同样也是浙江许多农业产业在发展初期遇到的问题。我和扶贫工作组的同事们便思考着借鉴浙江专业市场培育经验，以培育青花椒专业市场为突破口，建设一个具备精深加工、商品交易、货物集散等完备功能的产业园区。2018年7月，经青田、平昌两县党委、政府共同努力，争取到5500万元的东西部扶贫协作资金，启动建设以平昌青花椒为主、配套其他特色农产品的东西部扶贫协作农品“双创”产业园。园区包括青花椒交易中心、花椒精深加工车间、农产品交易市场、农品主题馆和体验展示馆等。其中，青花椒交易中心还配建花椒冷藏保鲜、烘干、花椒油、花椒精油和花椒调味品等多条精深加工生产线。2019年，平昌县东西部扶贫协作农品双创产业园的平昌县天府商品交易所青花椒交易中心成功获批，成为全国首个青花椒交易中心。园区开园仅一个多月，青花椒交易量便突破5000万元。通过发挥青花椒交易中心的定价功能，平昌青花椒价格比之前提高出了近20%，椒农每亩土地可多增收2000元，1000余户贫困户享受到了市场带来的红利。园区还吸引了巴中及其周边业主、种植户500余家，省内外经销商、加工商340家入

场交易。平台正式运营1年，线上线下交易干花椒5000吨，交易额突破2个亿。

园区建成并实现产出后，我们开始探索如何持续增强“造血”功能、帮助群众就地就业持续稳定增收，特别是对脱贫不稳定户、边缘易致贫户、临时困难户“三类对象”提前实施帮扶，防止“三类对象”意外返贫。经过多轮调研和商讨，我们最终确定了实施方案：一是每年从花椒交易市场、冷藏冷冻加工车间的租金、佣金和营运收入中，按6%的比例提取和缴纳扶贫专项基金，精准用于“三类对象”救助帮扶；二是优先招收有意愿、有条件的贫困户进入园区务工，解决贫困户就地就近就业的问题；三是细化专项资金管理，制定《平昌县东西部扶贫协作基金使用管理办法》，分年度细化《基金年度使用管理方案》，及时调整补贴补助标准，按月通过“一卡通”将补助救助资金足额直接发放到户，真正让贫困群众受益，实现了“小基金”兜底保障“大民生”。截至目前，“专项基金”3年累计收入1513.65万元。2020年8月25日，四川召开全省现代农业园区建设现场会，平昌县东西部扶贫协作农品双创产业园作为全省第一个园区点位接受检查。

人无远虑，必有近忧。产业扶贫不是权宜之计，而是一项打赢脱贫攻坚战的根本之策。援川期间，我们前方工作组在反复调研和论证确定重点扶持平昌青花椒、茶叶、乡村旅游三大特色产业时，观点一直高度统一，即产业扶贫必须打好“组合拳”，做到“一子落而满盘活”，平昌产业发展落脚点必须放在全产业链培育和可持续发展上，目标是当援川扶贫结束后，我们帮扶的项目能落地开花，扶持产业能成为当地的“摇钱树”，拔去他们“穷根子”，让群众脱贫之后不再返贫。

四、探索产业复兴模式，贡献扶贫“青田方案”

产业是发展的根基，产业兴旺，乡亲们收入才能稳定增长，小作物也能成就大产业；产业是脱贫之基、富民之本、致富之源，一个地方要发展，就必须有产业的支撑。

由于地理位置的优势，平昌县得胜镇自元朝起就是一个繁荣的肉牛交易市场，至今已有600多年历史，当地百姓户户都有养殖肉牛的习惯和技术，常年活跃在当地的贩牛经纪人就有300多人。可是在调研中我们发现，600多年过去了，得胜牛市依然保持着原始的交易模式，没有固定的交易场所，没有机械化的屠宰设备，交易环境脏乱差。

实施“牛市复兴”项目成了我和扶贫工作组同事们探索因地制宜深耕和拓展当地原有产业的一次尝试。我们认为，相对于引进新产业，对传统产业实施转型升级能避免发生“水土不服”的可能，且能节约产业发展的时间成本和资金成本，是为群众提供持续可靠收益，且能复制推广的一条扶贫捷径。

我们迅速组织在川农业企业座谈、发动社会力量推广、召开项目推介会等一系列推介活动，紧锣密鼓地推出这一项目，同为浙江援川扶贫的其他县市区也纷纷帮助推广，很快推广取得了效果，并引来不少浙商企业的关注。2018年10月，经过多轮沟通，我们成功引进浙江省台州市九云牧业公司。该公司计划投资6.3亿元在得胜镇建设现代肉牛生态循环产业园，包括种养循环产业肉牛养殖园、优质肉牛养殖区、商品肉牛集散交易区、良种牛繁育场、架子牛调养场、商品牛屠宰场、粮油产业、茶叶产业、花椒产业、牧草产业等“一园、两区、三场、四产业”。目前，平昌县现代肉牛生态循环产业园项目第一期已建成肉牛集散中心34000平方米，有机肥加工厂7000平方米，肉牛繁育基地50000平方米、养殖基地60000平方米，存栏肉牛5000头，项目二期正在紧锣密鼓建设之中。

产业平台搭建好了，如何将贫困群众纳入产业链，分享产业发展收益，增强自身脱贫能力，成了摆在我和扶贫工作组同事们面前的第二道难题。青田县在“山海协作”中探索出的“飞地”扶贫模式给了我们经验借鉴。结合平昌实际，我们创新实施了“借牛还牛”双向托养模式，让贫困户零成本参与产业发展，即青田政府先期匹配70万元扶贫资金用于购买原始母牛，由企业统一提供种牛、统一技术标准、统一防疫、统一饲料供给、统一回购，贫困户无偿养殖5年（5年后，母牛归还公司，期间所繁殖小牛属于贫困户），而对于重病、重残或无条件养殖的农户，则实行反向委托“借牛”给公司代养，贫困户每年收取 1000 元分成补贴，同时农户还可以种植草料资源贩卖给公司。通过这样的操作，合作社农户每养一头小黄牛可获得纯收入 5000 元，种植草料每年可以增收 3000 元。这种“借牛还牛”利益联结模式获得很大成功。2019 年 6 月，这一结模式被《人民日报》报道。

这种立足原有农业产业基础，实施“企业 + 基地 + 农户”“专合作社 + 农户”利益联结机制，通过园区务工、入股分红、土地流转等方式将贫困群众纳入产业链，实现就近稳定增收的农业产业发展模式，能在很大程度上把传统文化变成当地人民脱贫的重要推动力，在扶贫工作中发挥了非常有效的作用。依托这种模式，我们先后复兴了得胜牛市、种猪生猪等多个传统农业产业，围绕平昌农业“3+1”产业体系，对当地花椒、茶叶产业进行全方位帮扶。3 年来，青田县累计投入 10980 万元，实施产业发展、促进就业、保障残疾人收入等项目 34 个，带动平昌新建茶叶基地五万亩、花椒基地 6.7 万亩，建成鹿鸣茶叶小镇、土兴花椒小镇，带动贫困人口 52426 人次，为产业扶贫贡献了“青田”方案。

五、殷殷山海情，戮力同心千里扶贫

人心齐，泰山移。脱贫致富不仅仅是贫困地区的事，也是全社会的事，要更加广泛、更加有效地动员和凝聚各方面力量；要引导社会扶贫重心下沉，促进帮扶资源向贫困村和贫困户流动，同精准扶贫有效对接。

青田县有 30 多万华侨，遍布 130 多个国家和地区，华侨资源丰富。在解决农业产业复兴、平台搭建等问题后，我和扶贫工作组同事们谋划最多的事情就是如何通过引导“侨商西行”，借力青田在外华侨资源，把平昌优质的农特产品、无公害产品带出山门、跨出国门，推广至更广阔的市场。我们前方工作组多次专程回到青田，积极同青田在外华侨对接交流，终于成功和捷克华侨叶华创办的青田中智物产贸易签下每年 350 吨干青花椒的长期采购协议，将平昌青花椒销往西班牙、意大利、新加坡等海外市场，迈出了平昌农产品“跨海销售”第一步。除此之外，青田华侨还积极向平昌县捐款捐物共同扶贫，3 年间共捐赠社会帮扶资金、物资合计近 3000 万元，帮扶平昌实现各类特产销售收入达 2000 余万元，带动 600 余户贫困户增收致富。

在把平昌的农产品成功推销至海外的同时，我们前方工作组和青田的同志一起借鉴“以购代销”模式实施消费扶贫，即青田每年拿出 100 万元奖励消费扶贫，支持和鼓励青田企业、机关事业单位、社会组织与平昌建立长期稳定的扶贫产品供销关系。为了让平昌的农产品真正在青田“落地生根”，我和平昌供销社的同志立足青田市场需求，专门开发出“青平果”酒、椒茶等产品，整合平昌腊肉、巴山土鸡、美味魔芋等农特产品推出“青平裹”扶贫礼包，并在青田侨乡农品城设立平昌农特产品“飞店”专门销售。3 年累计销售“青平裹”礼包 21600 套，实现收入 1000 余万元。

2020 年新冠疫情防控期间，电子商务在经济恢复中发挥了重要的作用，我们筹划已久的电商扶贫计划乘势上马。依托 50 万元电商启动资金，2020 年 6 月 11 日，“平昌原产地商品”官方旗舰店正式上线，当天旗舰店浏览量超过 5 万人次，销售 1609 单，总金额达 142744 元。目前，“平昌原产地商品”官方旗舰店日均销售 3 万元，平昌青花椒、朱氏腊肉、驷马豆瓣、巴山土鸡、魔芋粉等均成为了商店“爆款”产品。

在青田侨商、青商以及社会各界人士的共同努力下，平昌的农产品打通海外、东部和线上 3 条销售渠道，实现了东西部联动、海内外联销、线上线下融合的全方位销售。

贫穷并不可怕，怕的是智力不足、头脑空空，怕的是知识匮乏、精神委顿，扶贫必扶智，治贫先治愚。我和扶贫工作组同事们始终坚持将项目和资金的分配向教育倾斜。3 年来，我们累计发动世界各地华侨社团组织和个人汇集捐资近 500 万元，助力平昌开工建设占地面积 7 万平米，可容纳学生近 3000 人的平昌 · 青田伯温小学；中国宝兔皮件服饰有限公司捐赠价值 778 万元服装给平昌县贫困户过冬保暖；青田起步股份公司拿出价值 300 万元的 8000 多双鞋，捐赠给平昌中小学建档立卡贫困户子女；四川成都丽水商会、意尔康鞋业有限公司都分别捐赠近 80 万元和 30 万元的保暖衣物和鞋。

我们还积极开展技能培训。在对口扶贫协作中，我们前方工作组始终坚持把人才交流作为两地协作的桥梁和纽带，坚持事先沟通、按需选派、对口安排的原则，实施干部人才互派挂职行动、人才培训提能行动，着力建强党政干部、专业人才、新型职业农民“三支队伍”，精心选派党政干部、专业人才、新型职业农民交流学习，推进两地观念互通、思路互动、技术互学、作风互鉴，实现了不同领域、不同层级的人才常态化交流，有效提高了平昌干部推动脱贫攻坚、产业培育、电商营销的能力，提升了教育医疗卫生水平。3 年来，累计培训干部和人才 3200 余人次，培育新型致富带头人 200 余名，有效带动 1000 余个家庭增收致富。

六、道阻且长，行则将至

2020 年 2 月，四川省政府正式批准平昌退出贫困县序列，全县建档立卡贫困人口 124772 人全部脱贫，146 个贫困村全部退出，脱贫攻坚取得了决定性胜利。

岁月铭记，山河为证，千里巴江守，三年平昌春。三年援川协作扶贫，我感到很庆幸，我们协作干部和当地扶贫干部一道以真抓实干、攻坚克难的工作姿态，走过攻城拔寨、充满艰辛的非凡历程，留下了一批夯实脱贫基础的民生项目、一批持续产生效益的优质产业、一批“带不走”的人才队伍、一批两地交流协作的畅通渠道、一批携手共绘的发展规划和思路，如期完成新时代脱贫攻坚目标任务。

脱贫摘帽不是终点，而是新生活、新奋斗的起点，征途漫漫，接续奋斗永无止境。我相信前赴后继的党员干部一定会铆足干劲，以永不懈怠的精神状态、一往无前的奋斗姿态，努力绘就乡村振兴的壮美画卷，朝着共同富裕的目标稳步前行，谱写更加精彩的“中国故事”。

（采访整理：钟春雷；采访时间：2021 年 7 月 15 日）

干在实处，走在前列，决战决胜脱贫攻坚

叶伯军

一、见证云和，一个山区县的脱贫攻坚

云和县地处浙江省西南山区，是革命老区县、全国扶贫改革试验先行先试县，县域总面积989平方千米，辖4街道3镇3乡，共有71个行政村、15个社区，户籍人口11.38万、常住人口12.92万。2015年8月，根据组织安排，我调任云和县委副书记、代县长，之后于2016年2月任县委副书记、县长，2016年10月任县委书记，有幸成为云和脱贫攻坚的亲历者、参与者、推动者。

到任云和以来，我坚持把脱贫攻坚作为贯彻落实习近平新时代中国特色社会主义思想的首要政治任务，始终以对事业的忠诚、对群众的挚爱，团结带领全县上下以“燕子垒窝”的恒劲、“蚂蚁啃骨”的韧劲、“老牛爬坡”的拼劲，向脱贫攻坚发起总攻，推动云和在高质量全面建成小康社会上取得决定性成就。截至2020年底，全县51个省定经济薄弱村全部摘帽，实现了“两不愁三保障”突出问题、家庭人均年收入8000元以下情况、集体经济薄弱村、零就业家庭“四个清零”；城乡常住居民人均可支配收入分别从2015年的31053元、14108元增加到46584元和22022元，年均增长8.4%和9.3%。2018年、2021年，云和先后荣获“全国脱贫攻坚奖组织创新奖”“全国脱贫攻坚先进集体”称号。

二、无中生有，一个山村的美丽蝶变

石塘镇长汀村坐落在八百里瓯江边，是我担任县长时的联系村。记

得第一次到村里，就觉得这里山清水秀、清新幽静，仿佛一块被人们遗忘的璞玉。村支部书记向我介绍，长汀村虽然坐拥瓯江美景，但村里没产业、没人气、没资金，就留下了“一老一小”（留守老人和留守儿童），是个典型的“空心村”。村干部想尽各种办法，如出售当地土特产等，都收效甚微，美景难以变为“钱景”。村民们只能守着绿水青山过穷日子。如何摆脱这种困境，成了摆在我和全体村民面前的一道难题。

群众有所呼，我们有所应。为了破解这道难题，我坚持每周到长汀村“打卡”，走进村干部、农户家里，与群众坐在一条板凳上拉家常、话发展，探讨长汀村脱贫致富路径。经过一段时间的深入调研，我发现长汀村有三大优势：一是随着长汀大桥及康庄公路的建成，长汀村过去靠渡船出入的封闭状态已不复存在，交通上的劣势得到彻底转变，区位优势正在逐步凸显；二是长汀村两岸青山葱郁，湖光山色美不胜收，村内徽派建筑林立，并且由于瓯江流域梯级水电开发，村前的湖岸线悠长且水位平稳；三是随着美丽乡村建设与乡村旅游蓬勃发展，云和正致力串珠成链、连线成面，大力推进“十里云河”美丽乡村风景线建设，而长汀村正好处于关键节点。同时，综观丽水瓯江沿线村庄，虽然水资源丰富，但没有一个沙滩可供人们休闲，再结合山里人对大海的朴素向往，为何不利用长汀村湖面开阔、水位稳定的天然优势，沿湖造一个人造沙滩，让人们在大山里也能有在海边的感觉呢？

“金点子”有了，关键就是要靠实干、靠落实。我带着有关部门与村干部、村民代表进行面对面座谈，很快统一了大家的思想。在县里支持和村里努力下，我们仅用三个月就建成了长约一千米、平均宽度 30 米的淡水沙滩，一举填补了丽水市及周边区域人工沙滩的空白，使长汀村一跃成为远近闻名的“网红村”。

沙滩有了，游客来了，如何让资金进乡，将人气“变现”，这又是一道新难题。为此，一方面，我们制定了“云和云居·六头民宿”等配套政策，鼓励在外村民返乡创业。比如，村民徐宇军过去在村里养过鸭，去县城企业打过工，但赚得都不多。在看到村里的变化后，他筹资 100

多万元返乡将自家老房子改造成民宿，带头创办长汀村第一家民宿——“汀海”，开业之后生意火爆。徐宇军尝到民宿发展带来的甜头后，主动参选并当上村委会主任，带领村民开办民宿发家致富。另一方面，我们探索推进全县空闲农房“二次创业”，允许农民将闲置农房流转给下乡市民创办民宿，推动空闲农房从“养老鼠”到“养老板”转变。长汀村从无到有孵化了 13 家民宿，原本 80% 的村民外出打工，如今 80% 的村民返乡创业就业，实现了从“衰落”到“复兴”的蝶变之路，村民人均可支配收入从 2016 年的 14000 多元跃升至 2020 年的 35000 多元，全村 23 户贫困户全部成功脱贫。

长汀沙滩的美丽蝶变，让我更加坚信，乡村要振兴，必须从实际出发，围绕村庄的资源禀赋、产业基础、发展条件、历史人文等进行差异化发展。为此，我们将全县 71 个行政村分为重点发展型、潜力发展型和生态保护型 3 类，进行三色分类管理、差异有序发展，并把未来乡村建设作为推进乡村振兴的重要切入点，聚焦云和梯田、云和湖、美丽乡村风景线等重点区域谋篇布局，试点先行、分步推进，系统谋划建设邻里、文化、健康、生态、创业、建筑、交通、数字、服务和治理等应用场景，高标准打造一批服务均等化、环境生态化、生活智慧化、文明现代化的未来乡村，将星罗棋布的美丽乡村串联起来，绘就童话乡村美丽画卷。近些年来，赤石乡、安溪畲族乡相继创成了小城镇环境综合整治省级样板，崇头镇创成了省级美丽城镇样板，云和也创成了省级新时代美丽乡村示范县。

三、易地搬迁，一批山民的梦想成真

云和境内有海拔千米以上山峰 184 座、水域 38.7 平方千米，是个“九山半水半分田”的山区县。2000 年以前，全县总人口 10.93 万，其中农业人口 9.13 万，散落在 168 个行政村、800 多个自然村，其中 100 人以下的自然村占 50% 左右，是浙江省典型的欠发达县，穷在山上、困在路上、弱在“散”上成了制约云和跨越式发展的最大现实问题。

从2001年起，云和县委、县政府针对山多地少、村多人散、县小而城相对较大的实际，在全国首创“小县大城”发展战略，把县城作为县域增长极来打造，创新实施易地搬迁安置等5大专题扶贫改革试验，大力开展农民易地搬迁，推动一大批山区农民搬迁至县城，促进了人口集聚和城镇化发展。作为实施“小县大城”发展战略以来的第六任县委书记，我坚持一张蓝图绘到底、一以贯之抓落实，持之以恒推进全县人口、资源、功能等要素向县城集聚。

记得2017年，丽水市启动了地质灾害综合治理“大搬快治解危清零”三年行动，旨在全力消除地质灾害隐患威胁，切实保障隐患点群众生命财产安全。在我看来，云和这样的山区县想要彻底消除地质灾害隐患威胁，必须按照“以搬为主、应搬尽搬”的工作思路，将“大搬快治”与易地搬迁有机结合、统筹推进，才是让群众尽快远离危险的治本之策。于是，我们对全县地质灾害隐患点和搬迁人员情况进行了全面排摸，并多方筹集相关经费，有效保障安置小区建设资金，同时为了确保搬迁群众尽快妥善安置，我们进一步精简审批程序，提高审批效率，加快安置小区建设。在这期间，全县党员领导干部深入一线、夜以继日、破难攻坚，赢得了广大群众的理解支持，提前完成了丽水市下达的13个避让搬迁隐患点79户、237人，以及2个历史遗留隐患点86户、287人的房屋拆除工作。

到了2019年，丽水市乘势而上，启动了“大搬快聚富民安居”工程，以更大决心、更大力度、更大范围、更大规模全力推进农民下山转移。乘着这股东风，我们成立了“大搬快聚富民安居”工程指挥部，组建工作专班，建立“一套人马、一张图纸、一枚公章”的运行机制，明确搬迁对象、安置方式、补助标准，合理选定搬迁地址，让更多农民实现了祖祖辈辈的“市民梦”“小康梦”。围绕“聚民”篇，我们鼓励引导农民采用自建房式下山、公寓式下山、资金补助式下山、县外安置补助等方式，实现4600余名群众下山进城、安居乐业。全县已累计建成数十个易地搬迁安置小区（点），实现农民易地搬迁数万人。围绕“安民”篇，我们整合县域教育、医疗、文化、社会救助等资源，加强优质公共服务有效覆盖，高质量完成了全国社会救助综合改革试点，创成了国家慢性病综合防控示范区、省教育基本现代化县、省公共文化服务重点县，加快实现“同城同待遇”。围绕“富民”篇，我们针对山区农民进城普遍担心失去原有的山林、土地等权益问题，一方面实行进城农民经济身份和社会身份相分离，即进城农民户籍迁至县城以后，经济身份仍保留在原村集体经济组织，为股份经济合作社成员，凭借社员证可享受原有的土地承包经营权等“三权”，消除他们的后顾之忧；另一方面启动了新一轮农村产权制度改革，在全国首创农村产权抵（质）押融资免担保模式，推出以农村产权抵（质）押的“农权贷”特色产品。农民凭农房不动产证、农村土地承包经营权证、林权证、集体股份经济合作社股权证、生态公益林收益权证、承包经营权流转证“六证”中的任意一证，都可单独进行抵（质）押融资。这一创新做法，打破了农民所拥有的资源因体制机制障碍而“沉睡”的困境，进一步推动农民“带权进城致富”。

随着人口不断聚集，融入难、管理难等问题也逐渐凸显，出现了“看得见的管不了、管得了的看不见”等治理难题，既给政府管理带来困难，也为百姓办事造成麻烦。恰逢 2019 年 12 月，云和入围了全国首批乡村治理体系建设试点。在谋划试点任务时，我提出像云和这样一个人口高度集聚的山区小县，在实施乡村治理乃至县域治理时，应该把整个云和看作一个大乡村，综合运用传统治理资源和现代治理手段，创新由农民流入地街道（社区）和流出地乡镇（村）联合治理的“街乡共治”路径。之后，我们选择了进城农民相对集聚的白龙山街道大坪社区为“街乡共治”试点，通过选举，让流出地村党组织主要负责人兼任流入地社区党委委员，形成了大事共议、实事共办、要事共商的良性互动局面，同时建立了“街乡共治’服务中心，进城农民可以直接到社区办理各类事务，并结合数字化改革，推行“乡事城办”“乡事城服务”，打破空间和时间限制，有效解决了进城农民原需往返户籍地办理乡镇本级事项等操心事、烦心事、揪心事，切实提升进城群众的归属感和幸福感。全县各街道（社区）围绕“街乡共治”进行了多元探索，逐步完善街乡纠纷联调、村社结对帮扶、志愿服务联办、乡贤参事议事等一批新的做法与机制正，为全国优化进城农民服务管理、加快社会治理现代化提供了“云和经验”、做出了“云和示范”。

四、AAAAA 景区创建，一丘梯田的复苏振兴

云和梯田位于云和县崇头镇，总面积 51 平方千米，是华东地区最大的梯田群，有着千年历史、千米落差、千层体量的特点，被誉为“中国最美梯田”，早在 2011 年就创成了国家 AAAA 级旅游景区。但梯田景区的知名度、影响力以及通达程度、市场热度，一直都差强人意、不温不火。通过多次深入调研走访，我发现梯田景区的开发建设大多由政府投入、国资公司运营，没有实现市场化、专业化运营，同时景区设施陈旧、沿线景观杂乱、交通不便等问题严重影响景区的发展。

问题就是发展方向，出路在于思路转变。立足云和“一城一湖一梯田”的旅游空间布局，2016 年，我在县第十四次党代会上明确提出将全域旅游作为云和未来五年发展的战略重点。2017 年，我创新提出了以云和梯田创建国家 AAAAA 级旅游景区为龙头的全域 AAAAA 战略，启动建设“以 AAAAA 景区标准建设木玩童话特色小镇”“云和湖创国家级旅游度假区”“云和梯田创 AAAAA 景区”3 个 AAAAA 工程，以全域 AAAAA 发展推动实现全域景区化。随后几年，我们一直坚持招大商、招强商、整体招商，努力把专业企业、资金人才引进来，实现专业化、规模化、整体化开发，先后吸引中景信集团、浙旅投集团、杭州商旅集团等 10 多家实力财团前来考察梯田。为了找到“好婆家”，我们一轮又一轮甄别择优、方案比选、重点跟进，直到 2018 年 2 月，我们正式与杭州商旅集团签订了云和梯田创 AAAAA 合作开发协议，预计总投资超过 20 亿元，梯田景区成为了当时浙江省为数不多、丽水市首个与实力财团达成全面合作的旅游景区。在与企业洽谈的同时，我们以“大项目顶天立地、小项目铺天盖地”的宏大气势，主动推进景区路网改造，先后投入资金 10 多亿元，建成了复兴路、后交线二期等通景公路，高效联通了

县城高速路口到景区入口道路，实现大巴、自驾40分钟内到景区，还建成了四个梯田停车场，让堵车长龙、乡村小道成为了历史；我们全速推进游客接待中心、玻璃观光塔、梯田博物馆、管线改造等大型项目，加快完成旅游公厕等零星项目，还推出了华东最长的观云索道、高空秋千、梅竹露营基地等体验类项目以及梯田主题酒店、云逸的院子小木屋、悬河餐厅等特色酒店，到目前已累计完成投资13亿元。

经过几年努力，云和梯田的知名度、美誉度越来越高，先后荣获中国重要农业文化遗产、国家湿地公园、国家水利风景区多块“国字招牌”。2020年11月，我到杭州参加国家文旅部组织的创AAAAA线上评审会，将云和梯田景区情况进行详细汇报。评审专家组一致认为云和梯田景区在资源吸引力和市场影响力等方面，达到了国家AAAAA级旅游景区景观质量要求。最终，云和梯田景区顺利通过了国家AAAAA级旅游景区景观质量评审，正式被列入国家5A级旅游景区创建名单，标志着AAAAA创建迈出了关键一步。

在云和梯田景区创建AAAAA过程中，我们始终把共建共享作为一个重要原则，积极引导景区周边农户发展农家乐民宿，鼓励广大投资者来云创业。几年来，梯田景区周边新增民宿农家乐100多家，户均年营业额超过20万元，带动就业创业上千人，坑根、梅竹、下垟等村更是从破旧贫困的小山村变为了景村融合的精品村。比如，我的青田老乡谷小杭，以前一直在云南丽江经营民宿。2016年她来到坑根村，租下了几间牛栏和老宅，改造成了一家名为“云谷山房”的高端民宿，虽然每间定价上千元，但节假日还是一房难求。这让村民们开了眼，纷纷前去学习请教，之后开始改造自家老宅经营农家乐民宿。全村共有农家乐民宿10余家，有100多人从事相关产业，坑根村也成了农家乐民宿集聚村，纳入梯田景区整体运营。

云和梯田的复苏正推动着崇头山村的振兴，也带动了周边农户的致富。2020年，云和梯田景区克服新冠疫情的影响，综合营业收入达2700万元，增长5.5%；景区核心村土地抛荒率也从40%下降到5%，村民人均收入超过了3万元。

五、干群同心，一座小城的无私大爱

江山就是人民，人民就是江山，让人民生活幸福是“国之大者”。云和虽然早在2015年就摘掉了欠发达县帽子，但客观来讲，发展水平还是偏低，人民生活水平还有待提高。作为县委书记，我对困难群众格外关注，千方百计帮助他们排忧解难，切实把党和政府的温暖送到千家万户，确保全面小康路上一户不落、一个不少。

2018年，我在调研民政工作中，发现社会救助工作存在资源分散化、政策碎片化、信息孤岛化等问题。对此，我带领民政部门，创新打造社会救助“联连帮”智慧救助平台，整合全县39个职能部门、10个乡镇（街道）、200余家社会组织资源，实行群众救助申请“一窗受理、联合审批、协同办理”，有效解决了“漏救、重救、过度救”等救助不精准问题，让困难群众最大程度公平享受政策红利。自该平台上线以来，已主动发现帮助1200多人享受社会救助政策。

在依托数字化兜牢民生底线的同时，我一直坚持用脚步丈量民情、用心思倾听民意、用行动贴近民生，带头开展“一户一策一干部”低收入农户结对帮扶工作，带动全县4000余名干部按照“1名帮扶干部结对1名低收入农户”的模式，定期深入低收入农户家中走访，详细了解家庭基本情况、扶持政策落实等情况，现场解决困难问题，将结对帮扶工作落到实处。“幸福清单”是县里的一大创新，它由“联连帮”智慧救助平台自动生成，明确每名受助对象的基本情况、帮扶部门、帮扶措施、帮扶资金等信息，并以“一人一单”形式按季度发放给受助对象，让受助群众更直观地感受到党和政府的温暖。同时，我们坚持扶贫与扶志扶智相结合，制定出台《云和县实施乡村振兴战略之产业兴旺26条》《云和县推进精准扶贫工作若干扶持政策》等，深入实施“一亩山万元钱”、“十箱蜂万元钱”等“八个万元”系列富民增收行动，鼓励支持有劳动能力的困难群众依靠勤劳双手摆脱贫困。同时，我们高度重视农村实用人才培训，紧紧围绕“培育新型农民、促进增收致富、创建培训强县”目标，全面实施千万农民素质提升工程，建立“1+10+X”的农民培训基地，累计开展以惠民利民措施、农业种植养殖技术等为主的各类培训活动800余次，受益群众达近8万人次。云和“三位一体帮培式”农民教育培训案例和“云和师傅”精准助力产业扶贫案例均入选全国农民教育培训发展典型案例。

云和是全省少数人口净流入的山区县，大量外来人口来云和就业创业，为云和发展带来了生机活力。这其中也包括不少困难群众。在包乡走村过程中，我发现他们长期生活在云和，但面临户籍地低保救助难以申请办理、居住地户籍限制不能享受这一“救助真空”问题。为此，我们在全国率先推出“新市民”低保，将持有云和居住证且居住满两年以上的非本县户籍困难群众纳入低保救助范围。如来自山东兰陵的“新市民”周金锁，家庭月收入仅2000元左右，我们将其纳入低保后，每月可享受1850元救助，极大保障了他的基本生活。他由衷地说：“云和没有把俺当外人，云和就是俺的家。”目前，已有来自山东、湖北、贵州等地的50户、210名外地户籍困难群众享受低保救助。

解决“两不愁三保障”突出问题，是全面建成小康社会的重要内容，而住房安全是重中之重，是人命关天的大事。为此，我带头深入联系村开展“两不愁三保障”大走访活动，并部署开展城乡危房治理工作，推动各乡镇（街道）和有关部门紧盯“人解危”“房解危”，坚持“动态清零、一户不落、长效治理、走在前列”，科学统筹、聚焦重点、精准施策，高质量全面完成城乡危房治理工作。同时，坚持建章立制，建立健全巡查发现、改造补助和常态化治理机制，动态管理、长效治理，做到发现一户、治理一户，切实保障群众住房安全和农村困难家庭基本住房条件，确保群众住有所安。

回望过去，在脱贫攻坚的征程上，我们坚持从实际出发，带领人民群众一起做好经济社会发展工作，努力让云和老百姓生活越来越好。展望未来，党中央赋予浙江高质量发展建设共同富裕示范区的重大任务，我们将坚决扛起政治责任，进一步增强“四个意识”、坚定“四个自信”、做到“两个维护”，把思想和行动统一到党中央的决策部署上来，努力在共同富裕示范区这个大场景中找准云和的“小切口”，率先走出推进山区县共同富裕的县域发展新路子！

（采访整理：钟春雷；采访时间：2021 年 8 月 5 日）

小茭白播种致富希望

李春萌

一、钻研技术，带领村民发家致富

1997 年，我和丈夫在永康做香菇生意。在一次聊天中，无意中听说茭白可能会成为新的农业产业，会有很好的前途。经和丈夫商量，我们决定回到缙云，把村里的荒田承包种茭白。就这样，1998 年，我们走上种茭白的道路，这一种就是 20 多年。刚开始起步的时候，由于不懂得技术，只得一边干一边摸索，干得比较辛苦。为了多点收入，我一边自家种植，一边收购其他茭白卖到外地。在这个过程中，我从茭农那里学到了很多经验技术。就这么干了几年，茭白市场不断扩大，需求量也不断增加。

2008 年，我带领缙云县壶镇镇农兴村周边 100 多户茭白种植户成立了五羊湾果蔬专业合作社。在种植过程中，大家遇到技术问题都会来询问我，如果我能解决就马上解决，如果不能解决，我就把遇到的问题拍照片发给中科院的专家，请他们帮忙解决。2009 年，随着田租、人工费用的不断增长，一年只能采收一季的茭白利润空间受到压缩。我就想着如何能够让茭白一年采收两季，开始研究茭白种植技术。当时，一方面没有书本知识可以参考，另一方面也没有其他地方的经验可供借鉴，我只能扎在茭白水田里反复“做实验”。通过对茭白施叶面肥，原本 8 月份才能收割的茭白，7 月份就可以采收了。采割之后，对茭白再施一次肥，加强田间管理，特别是防治害虫。我尝试使用将缙云麻鸭放到茭白田里灭虫的办法。鸭子不仅吃害虫还吃浮萍水藻，这样连杀虫剂都省下了，达到绿色环保的效果。到了 10 月，茭白果然又长出来了，虽然只是薄薄的叶片，但晶莹剔透，口感鲜脆。第二年，在试验成果推广基础上，我又钻研秧苗新技术，让第二季产出的茭白质量更上一层楼。

到了 2010 年、2011 年左右，壶镇几乎每个村都有人种茭白。2015 年，经缙云县农业部门总结提炼，以五羊湾果蔬专业合作社名义，将单季茭白“一种两收”模式申报发明专利，得到了国家知识产权局授权。这让我感到十分欣喜。缙云也就成了远近闻名的“中国茭白之乡”，有 10 多项茭白种植技术在全国领先。到了 2016 年，壶镇 90% 的水田都种上了茭白。

2018 年，第一届丽水乡愁富民产业茭白丰收节在壶镇举办。通过这次宣传，壶镇茭白名声远播，很多外地客户都赶到壶镇收茭白。自此之后，壶镇茭白的收成一年比一年好。过去壶镇种水稻，一亩田一年只能赚两三百元，转种茭白以后，亩均收入达到数千元。2019 年，一般农户一亩茭白都能赚到 1 万多元，好一点的一亩能赚到 2 万元。那年，壶镇就有 4500 户农户实现增收，周边茭白基地已经达到 16000 多亩。到了 2020 年，最多的茭白种植户一亩地已经能赚到 3 万多元。截至目前，五羊湾果蔬专业合作社共种植茭白 1000 亩左右，年产值平均每亩能达到 15000 元。

壶镇镇南田村党支部书记有次跟我开玩笑说，现在冬天只有 30 来个人住村里了，大家都因为种植茭白致富，在壶镇买房子居住了。暑假期间，缙云以及周边地区的很多厂都需要临时招大批的暑假工，因为很多工人都要请假回家割茭白。还记得 2007 年的时候，雇人收割茭白的费用是 45 元一天，现在是 220 元一天。以前是很多人主动找上门收割茭白，现在是我四处雇人还不好找，因为大家都在忙着收割自家的茭白。在合作社进行茭白包装的，很多是低保户或者低收入农户，而且年纪都比较大。他们在这里从 5 月干到 11 月，一天也能赚到 150 元—220 元。

壶镇茭白产业兴起后，合作社附近很多低保户、低收入农户开始种茭白，大家生活有保障了，很多农民的新房子也都造起来了。我还记得，最开始大家都用独轮车装茭白，然后是人力三轮车，再到三轮摩托车，到现在的工具货车，这些车的变迁也在见证大家的钱包一点点鼓起来了。到现在，整个缙云县有六万多亩田种茭白，年产值 1 个多亿。

二、出口海外，茭白市场走向世界

最近，五羊湾果蔬专业合作社有 10 吨茭白漂洋过海运到美国。其实，早在前几年，我们这边部分茭白产品就已经通过欧盟的农残检测，外销至西班牙、意大利、法国等欧盟国家。当初，因为我们的茭白品质比较好，有很多商家主动找上门来，让我们将茭白出口到国外去。但是因为没有出口食品原料种植场备案资质，我们只能作罢。在了解到我们的需求后，丽水海关多次上门，深入田间地头，对照出口食品原料种植场备案的有关要求，帮助我们取得相关资质。2019 年，一批 3 吨重的茭白在宁波装船出关运往意大利，这是五羊湾果蔬专业合作社首批出口到海外的茭白。

另外，五羊湾果蔬专业合作社作为茭白罐头原料供应商，还与一些食品有限公司合作，将茭白罐头出口美国市场。2020 年 8 月，我们将 6000 斤缙云茭白空运到美国试销，虽然出口价达到每公斤 80 元以上，但一经投放到美国的各大超市，茭白就以其鲜嫩脆口、质优味美的特色受到了当地市民的青睐。9 月，我们将茭白以冷柜贮藏的方式通过货轮集装箱运到美国。经过 30 多天的运输抵达美国后，良好的市场反馈让美国的经销商又追加了订单。缙云茭白的整体市场需求量很大，已经出现供不应求的情况。美国的经销商与我们沟通，希望通过建立长期合作关系的方式，待茭白产出后及早供应美国市场。

三、千里驰援，助力南江顺利脱贫

和四川省南江县结下缘分是在 2018 年。那年，缙云县农业局找到我，说缙云县和四川南江县结对，希望我能够把茭白种植技术移植到南江去，帮助当地百姓脱贫致富。3 月底，我和我的团队带着 13.8 万株茭白苗坐了 43 个小时的货车前往南江。当时南江县已经有红光镇茨竹村、长赤镇莲池村、永新村 3 个茭白种植基地，共 65.4 亩。这次我们在南江待了半个多月时间，直到茭白苗种活之后才回到缙云。可是到了 6 月，缙云的茭白已经开始丰收，但南江的茭白因为缺肥发病，出现了叶片长斑、大面积枯黄的情况，扶贫干部和当地种植户都很着急。缙云县农业局的同志认为是南江县茭白种植户存在技术不过关的问题。我当即表态，请南江茭白种植户来缙云，我负责把他们教好。6 月中旬，南江派了两个人过来学习种植技术。其中一个是长赤镇莲池村的贫困户刘昌国。他们到之后，我直接通知几个农户把他们领回家，一同吃住一同种植茭白，并嘱咐农户们在生活上要好好照顾他们，但在种茭白上不能含糊，你们怎么做，他们就照样学样怎么做。当时正值茭白丰收时节，早上 3 点钟就要起床收割茭白。下午 3 点，等茭白卖完之后，他们还到合作社来，我对他们进行种植技术指导。刚开始他们觉得很辛苦，但是事实胜于雄辩，茭白热闹的交易场景给了他们极大的震撼。他们纷纷跟我讲："老板娘，我相信了，这次真不是忽悠我们，种茭白真的能赚钱！"因为他们看到每天都有客户来预定茭白，甚至有的时候人手不够，客户都自己亲自动手打包茭白。刘昌国和我熟悉之后也跟我说了实话，家里种了两亩茭白，是村里分配的，但自己一次也没下过田。我心想，不下田怎么种田。我跟他们说，你们回去之后要好好宣传，你们说比我们说可信度要高很多，让你们那边的人认真种，都能种出钱来。他俩在缙云待了一个星期，亲眼看到很多农户一年能挣十几万甚至几十万元，下决心回去后好好种茭白。当年 9 月，刘昌国试种的两亩多茭白收入 2.5 万元，一下子摘掉了贫困户的帽子。2019 年，他继续扩大种植面积到 7 亩，把家里的水田都种上茭白，脱贫效果非常可观。因为技术好，他还成了当地的茭白种植专家，经常指导周边村民种植茭白。

2018 年 7 月，我放心不下南江的茭白种植，担心由于种植技术原因导致效果不佳，影响当地百姓的脱贫致富，就让缙云这边懂技术的人过去指导一下。经过科学指导，加上精心管理，2018 年南江的 65.4 亩茭白试种成功，直接带动当地 37 户茭白种植户 150 人增收，带动当地贫困户

17 户、64 人实现脱贫。

马显福是长赤镇永新村的贫困户，2018 年，他以种植长豇豆为主业，同时试种茭白 10 余亩，结果长豇豆种植出现亏损，反而试种的茭白赚了 6 万多元。这让马显福看到了茭白种植的潜力。第二年，他联合其他人组建乐土农业有限公司，流转土地 300 亩全部种植茭白，年产值达 200 多万元，贫困户一下子成了“暴发户”。2018 年，南江县明旺茭白种植场的负责人马明试种了 11 亩茭白，亩产只有 2600 斤，收入了 8 万多元。2019 年，他又将种植规模扩大到了 100 亩，2020 年，他将种植扩大到了 500 亩，同时从选苗、育种、大田移栽、施肥、治虫，全程有技术人员精心指导，亩产达到 4000 斤以上，现在正在加大推广力度。

2019 年，南江县的茭白种植面积达到了 2000 多亩，从之前的“要我种”到现在的“我要种”。该县红光镇茨竹村全村种植茭白 300 多亩，带动了 50 多户贫困户增收，涌现了一批茭白种植能手、技术骨干和销售大户。2020 年茨竹村种植规模已经突破 400 亩。

茭白试种成功只是第一步，下一步我们开始考虑“卖出去”的问题。为了保障茭白产品顺利销售，提高茭农积极性，我们合作社专门制定《2018 年南江茭白销售方案》，计划帮助茭农把南江茭白运往周边的成都、重庆、西安等大中城市销售，填补这些城市的市场空白。通过落实方案，2019 年南江茭白就卖到了西安、成都等周边大中城市，也入驻了永辉、一品等连锁超市。南江茭白在各地很受欢迎，销售额十分可观。

到现在为止，南江县有 6000 多人种植茭白。为了能够让更多农户掌握茭白的种植技术，我们合作社派出李德鹏常年蹲点在南江，送茭苗、送茭肥、送技术。3 年时间，茭白已经帮助南江县 400 多位贫困户实现脱贫，带动 3414 名贫困群众增收。2021 年南江县将发展 3235 亩茭白连片种植面积，预计可出产茭白 5000 多吨，产值突破 3600 万元，将直接或间接带动周边 6300 个贫困群众持续增收。

2021 年 2 月 25 日，全国脱贫攻坚总结表彰大会在北京人民大会堂举行。习近平总书记宣告，我国脱贫攻坚战取得了全面胜利。我感到无比自豪，为国家自豪，同时也为自己骄傲，因为在脱贫攻坚的伟大事业中有我的一份心力。那一刻觉得自己这么多年的坚持，都是值得的。我希望自己还能一直这样做下去，让这个产业带动更多人过上富裕生活。

（采访整理：麻潇尹；采访时间：2021 年 5 月 10 日）

我与沿坑岭头村的富裕梦

李跃亮

一、初识沿坑岭头村

我现在还记得第一次到松阳县枫坪乡沿坑岭头村的情景。那是在2012年，我沿着盘山小路朝着村庄走去，刚进村口，就被眼前的画面震住了：湛蓝的天空下，延绵起伏的山脉层峦叠嶂，因远近距离而呈现出深蓝翠绿的渐变色彩，白云在这浓淡变化的峰谷间出没游走，数百棵不规则分布的高大树木向蓝天伸展着，枝头挂着累累的果实，黑红瓦片相间的、土黄色泥墙的乡村土房，三三两两聚集，呈高低起伏分布在山间。这天然的完美构图分明就是一幅色彩浓烈而透着原始自然生命力的现代油画。我自己也没有想到，这一“走进”就是5年，让这个当时几乎面临整村撤离彻底消失的小山村成为全国有名的“画家村”，并为村民的传统生活提供了另一种新的发展方式。

二、离校下乡，寻找艺术生命中的“大溪地”

为了帮助乡村发展，丽水市委、市政府每年都从市里各单位选派一些干部到乡村当工作指导员。作为丽水职业技术学院美术系的一名教师，我对到乡村当工作指导员也很有兴趣。一方面，我想通过自己的努力给农村做一点事情，帮助乡亲们富裕起来；另一方面，我也可以借着这个机会深入乡村生活，增加画画的灵感。于是在2012年，我向上级部门提出了申请。

丽水职业技术学院的对口指导乡镇是松阳县枫坪乡，那是一个交通不便，山高路远，而且以贫穷闻名的乡。于是我带着行李驱车近 3 个小时，顺着蜿蜒盘旋的山道，到枫坪乡报到。到枫坪乡后，我所做的第一件事情就是到处“跑”，了解基本情况。在前 2 个多月时间里，跑遍枫坪乡管辖的方圆 98 平方千米，17 个行政村，54 个自然村。

三、“画家村”创意救活面临撤村的沿坑岭头

沿坑岭头村是当时全乡最穷最困难的一个村，也是全县最穷的村之一。由于找不到合适的发展路径，我到的时候，政府已经酝酿整村下山移民搬迁。

沿坑岭头村不大，全村只有 107 户，但是村子却有 300 多年历史。村民的房子星状般地散落在落差 200 多米的一个山坳里，大部分是建村 300 年以来各个时期的普通民舍。由于一些村民离开搬到镇上或县城去了，空下的房子日益破旧不堪，东倒西歪摇摇欲坠。交通的不便和农业收入的低微，年轻人都走出大山另谋出路。全村户籍上有 370 多人，但平日里只剩下 80 多名老人和孩子在此居住。村子里高大的柿子树让我印象深刻。后来我得知，早在唐宋时期，这种柿子就被老百姓烘制成晶莹剔透状如红枣般的柿干果。因色香形俱佳，曾被宋代著名诗人苏东坡誉为“金枣柿”。沿坑岭头村周边有两百多棵金枣柿树，最高的树龄已有 300 多年。

我开始频繁地走进村子，在村子的小路小巷、山坡上，支起画架，在画布上画下了沿坑岭头村的美丽。那段时间，我一口气画出了许多表现沿坑岭头风土人情的油画。但是，仅仅靠着 200 多棵金枣树以及我眼中的这些美景，并不能挽救沿坑岭头的日益衰落。用什么力量才能拯救这个村子，让它继续存在下去？我决定做一些深入的了解。对我影响最深的是在 2012 年夏季的一天，当我走进沿坑岭头村一处低矮阴暗的破屋时，房东大爷问了我一个问题：“李老师，外面都发展得很好，我们村怎么还是这个老样子？”面对他的问题，我无法回答。当天晚上，我失眠

了。我下决心要为沿坑岭头村做点事情。几经酝酿，我有了一个设想：让沿坑岭头村成为画家们都爱来写生的“画家村”！

为了实现这个设想，我先从沿坑岭头宣传推广方案入手。我设计出一个“三步曲”的宣传推广方案。第一步，首先用我的画做宣传，通过画作告诉同行：沿坑岭头村是一个具有原生态美的适合写生的地方。为此，我在丽水连续举办了3次油画展，一时间，丽水的画家和绘画艺术爱好者们，都知道了沿坑岭头村，很多画家陆续到沿坑岭头村写生创作。第二步，联系丽水市的文联、美协，在沿坑岭头村举办活动，并邀请省里美术界的代表来参加。在较短时间里，省内的画家都知道有一个“画家村”叫沿坑岭头村。第三步，广泛联系全国美术界熟识的老师朋友同学，邀请国内外知名的油画家到沿坑岭头村写生创作。上天不负有心人，正好在这一时间，2013年4月，我的一幅油画作品《枫坪沿坑岭头》获浙江省油画展的最高奖。许多参观者都在打听，画中那晨雾飘渺恍若仙境的沿坑岭头村在哪里。此后，国内名家、油画，美术工作者、艺术学生陆续找到这里，沿坑岭头村一下子得到了全国油画界的关注。

考虑到沿坑岭头村风景的高低错落特点，为了让各地来写生创作的画家能全方位多角度取景，我又动员村干部，组织农民在村里的不同位置，建了五个写生景观亭和四个写生平台。这些写生的位置，都是我经过精心观察，从写生角度考虑，结合自己在沿坑岭头的创作过程和体验而挑选的。

在建设写生亭的过程中，我让全村人都出工出力、出智慧。我想，既然吸引画家来是为了让村子恢复生机，那么就要让每个村民都有参与意识。同时，村民也能从这些工程建设中得到经济收益。此后，凡村子里的建房修屋筑路造亭之类的粗活或技术活，本村人自己能完成的，一律用本村人。“画家村”的建设，人人关心、人人参与、人人出谋划策，建设过程渐渐收到聚民心、集民智的社会效益。这五个亭子建造的费用，仅花了7万多元，如果按当初人家设计标准请外面承包商建设，少说也要20多万元。

亭子建好之后，来沿坑岭头村画画写生的画家、美术学院的师生就更多了。中国美术学院一名知名教授评价：沿坑岭头美术写生的亭子是国内美术写生基地的创举，它非常专业地考虑到画家需要什么，并且能使画家，美术学院的学生在野外写生时有很舒适的创作环境。

四、卖不出价的野生金枣柿变成供不应求的“善果”

“画家村”名声出来了，寂静的小山村热闹了，这个即将消失的小山村保住了。但是，农民的收入并没有和名声一起水涨船高。我开始思考如何让村民致富的问题。

沿坑岭头村村民收入来源之一就是那200多棵古老的金枣柿树。每年秋冬时节，村民从树上摘下金枣柿，再削去皮、晒成干，运到松阳县城去售卖，价格不到每斤5元。如此质量上乘的柿干却只卖出这样低的价格？我一直在深思其中缘由。

2013年11月，我趁着去杭州参加画展的机会，专门上门拜访名叫“自然公社”的营销机构，这是一个专门网上做原生态农产品介绍的机构。我的登门拜访和一番助农致富心切的介绍，感动了他们。很快他们就派人前往沿坑岭头村，对金枣柿进行深入挖掘，并组成60多人的专业团队进行产品的检验、品控、包装，以及全新理念的推介。他们采取最原生态的手工艺造纸材料做包装，以提升金枣柿野生原生态的品质，同时给它取了个商品名叫“善果”，寓意产地山村乡民淳朴而善良的心。那段时间，全村人总动员，1万多斤从村民手里收购来的干果，经反复筛选出质量最好的2000斤，投放到网上。最终价格高达每500克78元。仅这一项，当年沿坑岭头村人均增加收入300多元。自此，沿坑岭头“善果”品牌成了“画家村”一大知名特产。

五、“柿子红了”带动了全村的民宿业

画家们、学生们的到来，为沿坑岭头村带来了生机和活力，但是在经济收益方面还不够明显。我想如果将沿坑岭头的民宿业发展起来，无

疑既让来“画家村”写生的人们更为方便，也为村民的经济发展找到了新的产业，于是，我又有了一个新的发展规划。

当时，松阳县委、县政府对于如何保护发展乡村提出了一个“活化”保护发展传统村落的思路。为激发村民保护乡村的主体意识，吸引人才回归和乡村旅游业发展，县里出台了不少鼓励政策，其中一个就是对于旧房改造成民宿，政府会给予补贴。

本来不具备保护价值而即将撤村的沿坑岭变为“画家村”，为松阳县提供了“活化”发展的一个新模式、新样本。在补贴政策的推动下，我和乡干部一起，动员村里有条件的民房先行改造。

从2013年9月开始，沿坑岭头村前后分三批进行了改造。刚开始村民非常有顾虑：就算政府有补贴，自己还是要投资，改造好了没有客人来住怎么办？为了打消村民顾虑，第一批民宿改造的时候，我义务帮助村民设计，用4个月的时间，以比较低的投入做到尽可能好的质量。建好后，从2014年3月开始试营业，连续3个月，50多个床位都是爆满的，总收入达到10万元。村民不出村，在家里就可以赚钱了，这在以前想都不敢想。由于可以住在山村里，不用每天往返县城，美术院校来的师生就更多了。很快，50多个床位就不够了。村民们看到了希望，第二批8户开始主动要求将民房改造做民宿业。由于有了第一批成功的经验，一些外出做生意打工的村民都回来放心投资了，投入资金和档次在第一批的基础上，又有大幅度的提高。村里戏称这是2.0版。

从此，各地要求前来写生创作的预约就不断，游客和访者接踵而来。村民自办的民宿农家乐一下子就如春潮般地涨了起来。1家、2家、3家，不到一年，竟一下子冒出了10家。“云上日子”“清泉人家”“翠竹小筑”“曲径通幽”“仙谷幻景”“妙境在我”“雾海探胜”……，如此具有诗情画意和想象力的民宿名称吸引着美术院校的师生们，也让沿坑岭头的农民们在接待服务中受到了艺术熏陶，同时真正体会到了什么叫“绿水青山就是金山银山”。

民宿业火爆之后，我认为还需要提升质量标准服务标准，以及打造出更浓厚的文化氛围。于是，被称之为沿坑岭头民宿3.0版的“柿子红了”应运而生。

由枫坪乡政府出资租赁了一所已经半破败的村民老宅，由我牵头施工设计，尊重原房主的想法，尊重当地对于住宅的一些民俗，打造成“柿子红了”民宿。我将艺术审美和乡土特色相结合，力求打造比较高端的民宿，同时又是本土化的，不追求奢华，这样才能成为引领当地民房改造的样本。我给这个民宿定位是“热爱自然，回归简单生活、追求小而微的生活，以及这样的乡村生活所带来的心灵修复和成长”。我希望自己对沿坑岭头村的美的感受，对乡村生活的理解，对到此地居住其中者的尊重与体恤，都落实到“柿子红了”的内外设计以及每一个细节中。

我率领本村农民就地取材，充分利用当地的旧木料、旧青砖为主材料。为了寻找内外协调，朴实又美观高雅的内部装饰材料，我一趟趟驱车去丽水市，找室内装饰设计师一次次讨论方案，一次次去市场选材料。经过 4 个月的改造，“柿子红了”终于完工了。“柿子红了”从材料和外形结构，都完全保留了乡村民宅的基本风格，但内部简约的装饰风格，却又处处透出匠心独具的创意和格调。独立客房采用“幽兰生前庭”“野竹自成径”“采菊东篱下”“为梅且拆屋”“陌上缓缓行”5 个主题，将中国传统诗意审美和乡村自然野趣巧妙结合在一起。尤其是卫生间的设计，融乡土之风和现代功能于一体，花钱不多，却美观大方舒适。

“柿子红了”不仅有客房，还开辟了休闲的茶吧咖啡吧，作为画家和美术院校师生举办娱乐活动的公共空间。这个公共空间聚集了乡村收集的各种旧木料制作桌子，保留原有斑驳的旧墙壁，将其设为留言墙，给来这里的客人们随意留下自己的感想和记忆。整个空间呈现出时光在这里相遇同时又流动的时空感。这个空间现在不仅成为画家和学生们喜爱的活动场所，也给乡村的夜晚带来了活跃的文化氛围。2015 年，“柿子红了”被誉为“浙江省十大小而美”民宿之一，现在已成为沿坑岭头画家村的标志性建筑和精神象征。

六、建立中国第一个乡村美术馆

2 年时间很快过去了，下派乡村工作指导员任期已满，我该回去了。但是，全村百姓联名请愿，希望组织能让我继续在这里待上 2 年，带领他们将村子建得更好。几天之后，我做出了一个决定：接受乡亲们的挽留，我再待 2 年。我要在这 2 年里，帮助村里建起村民自己的合作组织，建成具有内生发展动力、自主发展能力的运作体系。于是，我给丽水市有关部门打报告，主动要求继续留在枫坪乡担任乡村工作指导员。然后，我开始着手做几件事。

第一件事，帮助村里十几户民宿组建了合作社，推选了合作社社长。合作社采取对外统一经营，将所有人家的床位集中起来统一管理，统一安排、统一收费，最后统一分配的方法。

第二件事，就是打造柿子红了 4.0 版本——再次让“柿子红了”成为沿坑岭头村民宿业的龙头样板，引导沿坑岭头村发展休闲养生旅游业。这次升级，我引进一对从杭州来的 90 后年轻恋人，由乡政府和他们签订 5 年经营合同。这对 90 后本身对乡村民宿情有独钟，而且代表着新生代对于经营乡村民宿的理念和情怀。他们的到来，不仅会为“柿子红了”带来新的客源、新的活力，而且将会对本村上学出去了的年轻人形成回归创业的榜样力量。

果然，2016 年 5 月，这对 90 后接手“柿子红了”后，马上将它挂到全球知名网站“爱彼迎”上，立刻吸引了一批上海、杭州的游客。端午节期间，客房全满。暑假之前，又有人提出包租二楼 3 个房间一个月度假的意向。他们又结合自己原来的工作资源，联系一些新生代小制作的影视人，到沿坑岭头拍摄外景。客源的拓宽，无疑也为乡村的土特产销售也开拓了新的商机。

原来经营民宿的都是村里的中老年人，现在，好几家的 90 后年轻人回家看到村子的变化，都想回来经营民宿，同时还考虑做家乡原生态土特产的电子商务。

为推进“画家村”持续不断发展。我决定在沿坑岭头村建设一个乡村美术馆。美术馆利用两家破败废弃民房改造，于 2016 年春天动工。一楼作前来写生学生团队们的集中接待点，同时有一个空间供教师讲课用。二楼是展厅，画家们在沿坑岭头画好的画，需要一定时间干燥后才能带走，可以先在这里进行展示，同时也可定期举办一些画展。在二楼，我还给自己留下一个工作室，不定期地经常到这里来作画，同时和画家在这里相聚交流，暑假也可以在这里做培训，办讲座。

我对美术馆建成充满了憧憬。沿坑岭头是我艺术生命的一个新起点。我用艺术拯救这个村子，这个村子也给我的艺术注入了新的生命力。

（采访整理：叶培红；采访日期：2021 年 5 月 15 日）